新编21世纪人力资源管理系列教材

绩效管理

第2版

Performance Management

方振邦　杨　畅　编著

中国人民大学出版社
·北京·

主 要 作 者 简 介

方振邦 中国人民大学公共管理学院组织与人力资源研究所所长，教授、博士生导师，公共组织绩效管理研究中心主任；中共中央组织部领导干部考试与测评中心专家、人力资源和社会保障部高级专业技术职务评审委员会委员。主要研究领域为人力资源开发与管理、战略性绩效管理、领导干部选拔与考核、平衡计分卡理论与应用、管理思想的演变等。主持国家社科基金项目及中共中央组织部、人力资源和社会保障部委托课题等40余项；著（编）有《管理百年》《战略性人力资源管理》《公共部门人力资源管理》《战略性绩效管理》《政府绩效管理》等专著和教材30余部。

内 容 简 介

本书在总结与归纳绩效管理相关理论与实践的基础上，从绩效管理工具、绩效计划、绩效监控、绩效评价、绩效反馈、绩效薪酬等角度，构建了一个科学系统、简便易行的绩效管理系统模型。

本书体系完整、结构严谨，内容详实、紧贴实践，简明扼要、深入浅出，科学实用、操作性强，在系统论述绩效管理理论及工具的基础上，深入阐述了绩效管理的四个环节及具体问题，并融合了大量的实践案例。尤其在绩效计划部分，详细阐释了组织的绩效计划如何分解到部门再分解到个人的过程，还介绍了公共组织与企业组织在绩效计划方面的异同，供读者参考。

本书可以作为普通高等院校管理类专业本科生学习绩效管理理论与实践的教材和研究生入学考试参考用书，也可以作为各类管理者了解绩效管理前沿的案头书。

前　言

弗雷德里克·泰勒于1911年出版的《科学管理原理》标志着管理学的诞生。从此管理学的丛林呈现出百花齐放、百家争鸣的局面。回溯管理思想发展的百年历史，梳理管理思想演变的百年脉络，我们会发现组织绩效、群体（部门）绩效以及个人绩效的提升始终是各个学派研究的最终落脚点。从某种意义上讲，管理学的历史就是绩效管理的历史。

20世纪末，随着科技进步、社会发展和环境变迁，人们越来越意识到无形资产在组织发展中的决定性作用。这一时期有关组织使命、核心价值观、愿景、战略、业务流程、知识、文化、团队以及领导力的创造性研究，极大地丰富了组织用以改进与提高绩效的手段和工具。绩效管理的研究及实践也愈发与组织的使命、核心价值观、愿景和战略联系紧密，使之真正成为组织化战略为全员行动的系统工具和推进组织战略有效落实的重要抓手。与此同时，绩效管理的内涵也随之不断地丰富和完善，人们开始全方位地思考绩效管理体系的构建，使之充分体现战略性、平衡性及协同性。如何实现财务绩效与非财务绩效、长期绩效与短期绩效、外部绩效与内部绩效、滞后性绩效与前置性绩效的平衡，如何有效协同组织绩效、群体（部门）绩效以及个人绩效，如何兼顾绩效计划、绩效监控、绩效评价以及绩效反馈等已成为管理者在绩效管理领域无法回避的问题。

为了回答绩效管理实践中人们遇到的种种问题，提升各类组织绩效管理的有效性，本书在总结归纳绩效管理相关理论与实践的基础上，试图构建一个科学系统、简便易行的绩效管理系统模型。总体来说，本书有以下四个特点：

第一，体系完整，结构严谨。本书的篇章结构紧紧围绕绩效管理系统模型的四个环节这一主线，用通俗易懂的语言对绩效管理的相关知识点进行了系统阐述。在剖析绩效、绩效管理以及战略性人力资源管理等基本概念的基础上，将组织绩效、群体（部门）绩效和个人绩效融入绩效管理的四个环节，进行系统描述，体现了不同层次的绩效在绩效管理过程中的差异性。详细介绍了绩效管理实践中常见的工具，如目标管理、标杆管理、关键绩效指标以及平衡计分卡等。

第二，内容翔实，紧贴实践。本书坚持问题导向，着重分析了绩效管理实践中经常遇到的疑点问题和难点问题，有针对性地解答了一些容易出现错误的关键技术难题。

第三，简明扼要，深入浅出。本书在理论介绍部分力求使用简洁、生动的语言进行描述，并融合了大量的鲜活案例，使理论不再生涩枯燥，同时兼顾了专业性和可读性。

第四，科学实用，操作性强。本书在编写过程中始终秉持科学性和可操作性、先进性和实用性相结合的原则，以能够解决管理实践中的具体问题为出发点和落脚点。

本书不仅可以作为普通高等院校管理类专业本科生和研究生了解绩效管理理论和实践的教材，也可以作为企业和公共部门管理者接触绩效管理前沿的案头书。读者既可以通篇阅读，建立起战略性绩效管理的理论体系，也可以根据实际需要对某些章节进行重点研读，以提高对具体问题的认识和理解。

结集成书的艰辛过程汇聚了团队的辛劳付出和智慧。值本书付梓之际，我要感谢我的研究团队成员陈曦、姜颖雁、韩宁、唐健、刘琪、刘庆、杜义国、李英珠等，他们为本书的编写和出版付出了很多的时间和精力。同时，中国人民大学出版社工商管理分社的编辑为本书的审校和顺利出版提供了诸多宝贵建议，感谢他们的辛勤劳动！虽然我们力臻完美，但限于水平，书中的纰漏和不足在所难免，敬请各位同仁、专家和读者朋友批评指正、不吝赐教。

方振邦

中国人民大学公共组织绩效管理研究中心主任

目　录

第1章
概　论

绩效是衡量组织成功与否的关键要素，绩效管理是组织管理关注的核心问题。因此，如何对组织绩效、群体（部门）绩效、个人绩效进行有效的计划、监控、评价和反馈，不断改进并提高绩效水平，从而实现组织战略，始终都是管理学界的热门话题。本章将从基本概念入手，展开有关绩效、绩效管理等问题的讨论。

第1节　绩　效

一、绩效的内涵

随着管理实践的不断拓展和理论研究的逐渐深入，人们对绩效概念的认识也在不断变化和发展。在不同的学科领域、不同的组织及其不同的发展阶段，人们对绩效有不同的理解。但不论是组织还是个人，都应该以系统和发展的眼光来认识和理解绩效的概念。著名管理学家彼得·德鲁克（Peter Drucker）认为："所有的组织都必须思考'绩效'为何物。这在以前简单明了，现在却不复如是。战略的制定越来越需要对绩效的新定义。"如果不能明确界定绩效，就不能有效地对其进行评价和管理。因此，作为绩效管理的逻辑起点，对绩效的概念进行确切的定义和深入的理解至关重要。

绩效一词来源于英文单词 performance，其一般意义是指工作的效果和效率。也有人采用"业绩""实绩""效绩"等相近或相似的词语来表达，但这些概念或使用领域比较狭窄，或意思表达不够完整。"绩效"一词恰恰能够更完整、准确地反映 performance 的内涵，同时也为国内的学者和管理者所广泛接受，故本书统一采用"绩效"的概念，并在此基础上讨论绩效管理问题。

对绩效概念的探索起源于对员工绩效的界定。对于员工个人绩效的内涵，学者们提出过各种不同的看法，概括起来主要有三种典型的观点：第一种观点认为绩效是结果（结果观）；第二种观点认为绩效是行为（行为观）；第三种观点则认为绩效是行为和结果的统一体（综合观），如表1-1所示。无论是结果观还是行为观，都有其局限性。如果把绩效作为结果，会导致行为过程缺乏有效监控和正确引导，不利于团队合作、组织协同及资源的合理配置。如果把绩效作为行为，则容易导致员工行为短视化，拘泥于具体工作，缺乏长远规划，最终难以实现预期结果。因此，结果观和行为观都无法全面、完整、准确地描述绩效的内涵。但在管理实践中，绩效既强调工作的过程，也重视工作的结果，也就是说，个人绩效包括了工作行为及其结果，不仅要考虑投入（行为），也要考虑产出（结果）。更多的学者提出，应当采用更为宽泛的概念来界定个人绩效，将个人绩效定义为“行为与结果的统一”更为恰当。

表1-1　关于个人绩效的不同观点及划分

划分	观点描述	评价内容
结果观	●《韦氏词典》（*Merriam-Webster's Dictionary*）将绩效定义为完成某种任务或达到某个目标。 ● 伯纳丁和贝蒂（Bemardin and Beatty，1984）认为绩效是在特定时间范围内，对特定工作职能、活动或行为产出的结果记录。 ● 凯恩（Kane，1996）指出绩效是一个人留下的东西，这种东西与目的相对独立存在。	结果/产出
行为观	●《牛津词典》（*Oxford Dictionary*）将绩效解释为执行或完成一项活动、任务或职能的行为或过程。 ● 卡茨和卡恩（Katz and Kahn，1987）把绩效分为三个方面：加入组织并留在组织中；达到或超过组织对员工所规定的绩效标准；自发地参加员工职责之外的活动，如与其他成员合作、保护组织免受伤害、为组织的发展提供建议、自我发展等。 ● 坎贝尔、麦克洛伊、奥普勒和塞杰（Campbell，McCloy，Oppler and Sager，1990）提出的工作绩效理论则将工作绩效定义为：员工所控制的与组织目标有关的行为。 ● 墨菲（Murphy，1990）指出，绩效是与一个人在其中工作的组织或组织单元的目标有关的一组行为。 ● 博尔曼和摩托维德罗（Borman and Motowidlo，1993）提出“关系绩效-任务绩效”二维模型。关系绩效指自发的行为或与非特定的工作熟练有关的行为；任务绩效指所规定的行为或与特定的工作熟练有关的行为。	行为/态度等
综合观	● 布卢姆布里奇（Brumbrach，1988）认为绩效指行为和结果。行为由从事工作的人表现出来，人又将工作任务付诸实施。行为不仅仅是结果的工具，行为本身也是结果，而且是为完成工作任务所付出的脑力和体力的结果，并且能与结果分开进行判断。 ● 奥利安和瑞恩斯（Olian and Rynes，1995）指出行为能够并且应当是任何绩效定义中的一部分，正如结果或成果能够在理论上与行为相联系一样。 ● 奥特利（Otley，1999）指出绩效是工作的过程及其达到的结果。 ● 姆维塔（Mwita，2000）认为绩效是一个综合的概念，它应包含三个因素：行为、产出和结果。 ● 彭剑锋（2011）认为绩效是具备一定素质的人通过符合组织要求的行为达成的效果和效率。 ● 董克用和李超平（2015）认为绩效是指员工在工作过程中所表现出来的与组织目标相关的能够被评价的工作行为与结果。	行为+结果

准确理解个人绩效的内涵还需要了解态度、能力与绩效的关系。阿瑟·S. 雷伯(Arthur S. Reber)在其主编的《心理学词典》中强调，“绩效通常只包括外显行为，因而与能力有别”。对于员工个人绩效而言，员工的工作态度直接反映员工为实现绩效目标所付出的努力程度，这种努力程度能够在获取绩效结果的工作过程中得到体现，表现为员工的工作行为。但员工个人能力水平的高低仅是达成个人绩效结果的调节变量，不能作为绩效评价的内容。换言之，有能力而无意愿工作的员工在组织中有很多，能力是影响绩效的关键因素，而不是绩效本身。美国学者贝茨和霍尔顿(Bates and Holton)指出，“绩效是一个多维构建，观察和测量的角度不同，其结果也会不同”。因此，对于员工而言，评价内容、评价主体、评价周期、评价方法以及评价结果的应用就显得尤为重要。笔者认为除了工作结果，员工在工作活动过程中表现出来的行为以及该行为所反映的员工的工作态度，也是管理者进行绩效评价和监控的重要内容。工作态度、工作能力与工作结果的关系如图1-1所示。此外，处于组织不同层级的员工个人绩效的评价内容也应该有所不同。通常，中高层管理者的绩效评价内容主要以结果为主，而对于基层员工，则要综合评价工作态度及工作结果。

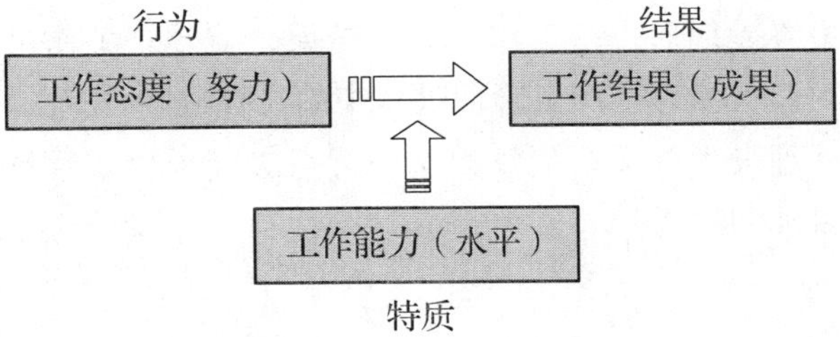

图1-1 工作态度、工作能力与工作结果的关系

综合众多学者的观点，我们认为，绩效是指组织及个人的履职表现和工作任务完成情况，是组织期望的为实现其目标而展现在组织不同层面上的工作行为及其结果，它是组织的使命、核心价值观、愿景及战略的重要表现形式。要想全面理解绩效的概念，需要注意以下几个方面：

首先，绩效必须与组织战略的要求保持一致。绩效是组织的使命、核心价值观、愿景和战略的重要表现形式，其中组织战略对绩效的影响最为直接。每个组织的战略选择和战略目标存在差异，造成其重点关注的绩效领域、绩效目标、绩效指标等大相径庭。以同处于汽车制造行业的宝马公司和丰田公司为例，宝马公司选择的是产品领先战略，其绩效关注的重点在于产品和技术的创新以及率先进入市场；丰田公司则采用总成本最低战略，绩效关注的重点是产品和服务的一致性、及时性以及低成本。

其次，绩效是有层次的。组织内的行为主体按照层次的不同可以分为组织、群体(部门)和个人三个层次，相应地，绩效也可以划分为组织绩效、群体绩效和个人绩效三个层次，如图1-2所示。组织绩效是组织在宏观层面的整体绩效，是组织任务在数量、质量及效率等方面的完成情况；群体绩效是组织中以部门为单位的绩效，是群体任务在数量、质量及效率等方面的完成情况；个人绩效是个体所表现出的、能够被评价的、与组织及群体目标相关的工作行为及其结果。其中，组织绩效具有最高的战略价值，是绩效管理系统的最高目标。组织绩效和群体绩效是通过个人绩效实现的，离开个人绩效，也就无所谓组织绩效和群体绩效。个人绩效是绩效管理系统的落脚点，是组织绩效的基础和保障。脱离组织绩效和群体绩效的个人绩效是毫无意义的，个人绩效的价值只有通过群体绩效和组织绩效才能体现出来。

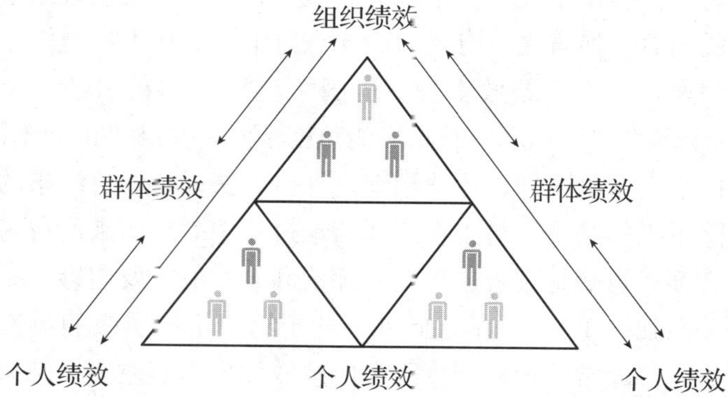

图1－2　绩效的三个层次：组织绩效、群体绩效和个人绩效

最后，绩效的最终表现形式是工作行为与结果。绩效是工作过程与结果的统一体，只关注结果而忽略工作行为容易产生管理过程中的失控危险，只关注工作行为而忽视工作结果则会让绩效管理失去意义。绩效的这一特点决定了绩效管理既要重视过程监控，也要重视最终绩效目标的达成。

二、绩效的性质

由之前的定义可知，绩效是一个多层次的有机整体，影响因素较多，性质构成复杂。为了更深入地理解绩效的概念，需要把握绩效的性质。一般来说，绩效具有以下三个性质。

（一）多因性

绩效的多因性指的是绩效的好坏高低并不取决于单一因素，而是受主客观多种因素的共同影响。其中，主观因素主要包括员工的工作积极性、情绪等方面；客观因素又可以进一步细分为组织内部因素和组织外部因素。组织内部因素主要包括组织战略、组织文化、组织架构、技术水平以及管理者领导风格等；组织外部因素主要包括社会环境、经济环境、国家法规政策以及同行业其他组织的发展情况等。不是所有影响因素的作用都是一致的，在不同情境下，各种因素对绩效的影响作用各不相同。在研究绩效相关问题时，只有充分研究各种可能的影响因素，抓住影响绩效的关键因素，才能更有效地对绩效进行管理，从而促进绩效水平的提高。

（二）多维性

绩效的多维性指的是在分析和评价绩效时需要从多维度、多角度入手。对于组织绩效，布雷德拉普（Bredrup）认为组织绩效应当包括三个方面，即有效性、效率和变革性。有效性指达成预期目的的程度；效率指组织使用资源的投入产出状况；变革性则指组织应对将来变革的准备程度。这三个方面相互结合，最终决定一个组织的竞争力。在对员工个人绩效进行评价时，通常需要综合考虑员工的工作结果和工作行为两个方面。对于工作结果，可以通过对工作完成的数量、质量、效率以及成本等指标进行评价。对于工作行为，主要通过对工作态度的评价来展开，可以通过全局意识、纪律意识、服从意识以及协作精神等评价指标来衡量。

（三）动态性

环境的动态性和复杂性造成了员工的绩效会随着时间的推移而发生变化；原来较差的绩效有可能好转，而原来较好的绩效也可能变差。因此，在确定绩效评价周期和绩效管理周期时，应充分考虑绩效的动态性特征，具体情况具体分析，根据不同的绩效类型确定恰当的绩效周期，从而保证组织能够根据评价的目的及时、充分地掌握组织不同层面的绩效情况，减少不必要的管理成本，并获得较高绩效。无论是组织还是个人，都必须以系统和发展的眼光来认识和理解绩效。

三、绩效的主要影响因素

绩效具有多因性，影响绩效的因素也是多方面的。在分析和判断影响绩效的因素时，可以从技能、激励、环境以及机会这四个方面着手，如图1-3所示。

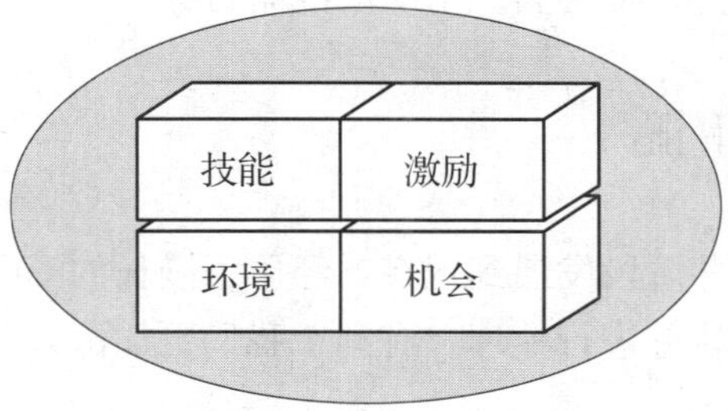

$P=f(S, M, E, O)$

绩效$=f$（技能，激励，环境，机会）

图1-3 影响绩效的主要因素

（1）技能。技能（skill）指的是员工的工作技巧和能力水平。技能对绩效的影响比较直接。一般来说，影响员工技能的主要因素有：天赋、智力、经历、教育、培训等。因此，员工的技能不是一成不变的，组织可以通过各种方式来提高员工的整体技能水平，从而提升不同层次的绩效水平。一方面，可以在招聘录用阶段采用科学的方法技术把技能较高的人甄选出来；另一方面，可以为员工提供满足其工作所需的个性化培训或通过员工的主动学习来提高其工作技能。

（2）激励。激励（motivation）作为影响绩效的因素，是通过提高员工的工作积极性来发挥作用的。为了使激励手段真正发挥作用，组织应根据员工的个性、需求结构等因素，选择适当的激励手段和方式。

(3) 环境。环境（environment）可以分为组织内部环境和组织外部环境两类。组织内部的环境因素一般包括：劳动场所的布局和物理条件；工作设计的质量及工作任务的性质；工具、设备以及原材料的供应；公司的组织结构和政策；工资福利水平；培训机会；企业文化和组织气氛等。组织外部的环境因素包括社会政治经济状况和市场的竞争强度等。不论是组织的内部环境还是外部环境，都会通过影响员工的工作行为和工作态度来影响员工的工作绩效。

(4) 机会。与前面三种影响因素相比，机会（opportunity）是一种偶然性因素。机会能够促进组织的创新和变革，给予员工学习、成长和发展的有利环境。在特定的情况下，员工如果能够得到机会去完成特定的工作任务，可能会使其达到在原有职位上无法实现的工作绩效。在机会的促使下，组织可以拓展新的发展领域，加速组织绩效的提升。因此，无论是对于组织还是个人，机会对绩效的影响都是很重要的。

第2节　绩效管理

绩效管理应承担的职责就是在组织战略的指引下对绩效进行科学、全面和系统的计划、监控、评价与反馈，最终实现管理所追求的效果和效率两大目标的双赢。绩效管理的目的是通过系统性和精细化的管理活动将组织绩效、部门绩效和个人绩效协同起来，实现各层次绩效的全面提升，最终实现组织的战略目标。

一、绩效管理的发展历程

绩效管理从早期的萌芽阶段发展到现在，经历了漫长的酝酿、产生、发展和完善的过程。对绩效管理的发展轨迹进行梳理，有利于我们更加深入、全面和准确地理解绩效管理。

组织、管理和绩效是密不可分的概念。组织是管理活动及其绩效的载体，管理是组织借以创造绩效的手段，绩效是组织实施管理的目的。纵观百年管理思想史，不论是各类组织中管理者的实践摸索，还是管理学界对管理工作的理论研究，都围绕绩效展开。不同时期的不同学术流派虽然研究假设有别、观察和分析问题的视角不尽相同，但都以改善组织绩效为探索的出发点，并始终致力于促进绩效水平的提升。从这个意义上讲，管理学发展的历史就是绩效管理探索的历史。绩效管理思想从萌芽逐步发展到绩效管理经历了一个较长的历程。

19世纪初期，被誉为“人事管理之父”的罗伯特·欧文（Robert Owen）在苏格兰的新拉纳克进行了最早的绩效管理实验。欧文坚持以人为本，强调人性化管理。他将工人的工作绩效分为恶劣、怠惰、良好和优质四个等级，并分别用黑、蓝、黄、白的四色木块表示。每个工人的前面都有一块不同颜色的木块，部门主管根据工人的表现进行考核，厂长再根据部门主管的表现对部门主管进行考核。为了保证考核的公正，欧文还规定厂长需要听取任何人对规章制度的意见，且每个工人都可以查看有关自己行为的表现记录，如有不公正，可以向他提出申诉。考核结果摆放在工厂里的显眼位置，所有员工都可以看到个人木块的不同颜色，从而知道对应的员工表现如何。刚开始实行这项制度的时候，表现恶劣的工人很多，表现良好的工人却很少。在众人目光的注视中和自尊心理的驱使下，表现恶劣的频次和人数逐渐减少，表现良好的工人不断增多。欧文开创了企业建立工作绩效考核系统的先河，也给他自身带来了丰厚的回报。但是，欧文的实验并没有立即引起足够的重视。

20世纪早期，科学管理占据管理学主导地位，以弗雷德里克·泰勒为代表的科学管理学派秉承亚当·斯密（Adam Smith）的“经济人”观点和大卫·李嘉图（David Ricardo）的“群氓假设”，将人们看作一群无组织的利己主义个体。这个时期提高绩效的方式是通过工作标准化和培养“第一流的工人”来实现的。20世纪20—40年代，基于埃尔顿·梅奥（Elton Mayo）的“社会人”假设研究，人际关系学派和行为科学学派对个体的社会性需求、非正式组织的影响以及管理者的领导能力等方面进行了系统分析，对人的心理因素对绩效的影响有了更深的认识。

20世纪50年代，彼得·德鲁克综合科学管理学派和行为科学学派的研究成果，把“重视物”和“重视人”的观点结合起来，提出了目标管理的思想，强调员工参与目标制定和充分尊重员工意愿以激发其内在动力。德鲁克的“目标管理和自我控制”管理思想促使目标管理发展为一个卓越的管理工具。目标管理以制定目标为起点，以目标实现情况的评价为最重要的节点，以绩效反馈为终结；工作成果是评定目标实现程度的标准，也是评价管理工作绩效的最重要的标准。总之，德鲁克的目标管理理论为绩效管理发展做出了重要的贡献。50年代以后，激励理论、领导理论、权变理论、战略管理理论等研究成果的涌现，使个体绩效的影响因素呈现出多层次、多维度和动态性的特征，并逐渐与组织的战略联系起来。

自科学管理运动兴起到20世纪80年代，企业内部绩效评价和控制的研究及实践主要关注组织财务绩效的衡量、个体绩效标准及其影响因素。这种传统的绩效衡量模式产生于工业经济时代，立足于事后评价，关注企业自身状况，重视明确可见的短期绩效，并且以财务指标为主。这种模式对依靠会计信息披露进行投资决策和管理的投资者和分析家来说曾经是一个有力的工具，但是随着知识经济的兴起，无形资产对企业获取核心竞争优势的影响日益扩大，这一典型的“秋后算账”式的绩效衡量模式暴露出不少缺点。

其一，滞后性。企业的运营处于持续不断的变化中，与之相适应的企业绩效管理系统也应该是一个持续不断的动态循环。但传统的绩效衡量模式只是企业会计期末的分析和总结，停留在单一的事后评价环节，不利于对企业运营进行实时监控和及时调整。

其二，封闭性。企业是一个多维的开放系统，其运营不仅涉及内部各种因素，而且时刻受外部环境的影响。由于产业时代的企业外部环境相对稳定、简单，企业管理的重点在企业内部，与之相适应的传统绩效衡量模式也是一个封闭的系统，仅关注企业自身运作，忽视了外部环境因素。

其三，抽象性。传统的绩效衡量模式主要以会计信息为依据、以财务指标为主体，会计信息和财务指标是对企业运营的一种综合的、抽象的反映。传统的绩效评价无法触及企业复杂的内部环节和层次，这就容易导致许多深层次问题及其产生原因被隐藏起来。换言之，传统的绩效衡量模式能在一定程度上反映综合的绩效结果，但不能揭示深层次的绩效动因。

其四，功利性。传统的绩效衡量模式过分重视取得和维持短期财务成功，助长了企业管理者的急功近利思想和短期投机行为，从而忽视了企业的发展潜力和长远利益。在当今竞争日趋智力化、无形化的经营环境中，企业在先进技术、市场声誉、人员素质等方面的长期积累对于企业的生存和发展至关重要。从这个角度说，传统的绩效衡量模式显然有些“鼠目寸光”。

在组织绩效方面，1903年，美国杜邦火药公司开始使用投资报酬率法对企业整体绩效进行衡量，并将其发展成一个评价各个部门绩效的手段，奠定了财务指标作为评价指标的统治地位。尽管之后不同的时期在财务指标的选择以及衡量的手段上存在差异，但以财务指标为主导这一事实从未改变。

到了20世纪70年代后期，学者们在总结绩效评价局限性的基础上进一步丰富了绩效的内涵，并提出绩效管理（performance management，PM）的概念。80年代出现的关键绩效指标（key performance indicators，KPI）试图通过不同层级的绩效评价指标之间的承接和分解来建立组织战略与个人绩效的联系。关键绩效指标虽然描述了绩效评价指标的设计思路及其关键环节，但未能在个体绩效的衡量内容上形成比较明确和统一的系统框架。随着管理实践的不断发展，后来形成了以投资报酬率和预算比较为核心，包括销售收入、利润、现金流量和各种财务比率在内的组织绩效评价指标体系。总之，这一时期的个体绩效仍然从组织的生产效率和经济效益出发，提炼出以财务指标为主体的结果性指标。

20世纪90年代以来，由于时代特征和竞争环境的变化，以及传统预算存在淡化战略意识、难以促进企业绩效持续提高以及编制成本高等缺陷，企业开始重视对客户、质量、技术、品牌、文化、领导力等非财务要素进行评价，出现了把财务指标评价和非财务指标评价、过程评价和结果评价紧密结合的趋势。1992年，卡普兰和诺顿在《哈佛商业评论》上发表了《平衡计分卡——驱动业绩的衡量体系》一文，标志着平衡计分卡（balanced scorecard，BSC）作为衡量组织绩效的工具正式问世。1996年，卡普兰和诺顿出版《平衡计分卡——化战略为行动》，将平衡计分卡从绩效衡量工具转变为战略实施工具，标志着平衡计分卡理论体系的初步形成。之后，卡普兰和诺顿又出版了一系列著作，建立起了全面、科学和系统的化战略为行动的绩效管理体系，通过平衡计分卡正式将绩效管理系统与组织战略对接起来，使绩效管理上升到了战略高度。

二、绩效管理的内涵

（一）绩效管理的概念

绩效管理本身代表着一种管理思想和管理观念，是对绩效相关问题系统思考的集中体现。对于绩效管理的内涵，很多学者都进行了论述。理查德·威廉姆斯（Richard Williams）在《组织绩效管理》中将绩效管理的观点归纳为三种体系。一种观点认为，绩效管理是管理组织绩效的系统。该观点是从对组织绩效进行管理的角度来解释绩效管理的，强调通过对组织结构、生产工艺、业务流程等方面的调整来实施组织的战略目标；员工虽然受到技术、结构、业务流程等变革的影响，但并不是重要的考虑对象。另一种观点认为，绩效管理是管理员工绩效的系统。该观点是从对员工个人绩效进行管理的角度来解释绩效管理的，强调以员工为核心的绩效管理概念。该理论隐含的前提假设是在对员工绩效进行管理时，组织的目标已经明确，并得到了组织内部员工的认同和肯定。在这两种观点的基础上，又综合形成了第三种观点，即认为绩效管理是综合管理组织与员工绩效的系统，也就是组织与员工相整合的绩效管理。此种观点的内涵因强调的重点不同而不统一。一种更加强调组织绩效，持该观点的代表人物考斯泰勒（Kostele）认为，"绩效管理通过将每个员工或管理者的工作与整个工作单位的宗旨连接在一起来支持公司或组织的整体事业目标"。另一种更加强调员工个人绩效，该观点指出绩效管理的中心目标是挖掘员工的潜力，提高他们的绩效，并通过将员工的个人目标与企业战略结合在一起来提高组织的绩效。

赫尔曼·阿吉斯（Herman Aguinis）认为绩效管理是对个人绩效和团队绩效识别、测量和发展并根据组织战略进行绩效改进的持续过程。雷蒙德·A. 诺伊（Raymond A. Noe）等认为绩效管理是指管理者确保雇员的工作活动以及工作产出能够与组织目标保持一致的过程，是企业赢得竞争优势的中心环节。石金涛认为，绩效管理是指为了达到组织的目标，通过持续开放的沟通，推动团队和个人做出有利于目标达成的行为，形成组织所期望的利益和产出的过程。彭剑锋认为，绩效管理的根本目的是持续改善组织和个人的绩效，最终实现企业战略目标。林新奇认为，绩效管理是对组织和员工的行为与结果进行管理的一个系统，是充分发挥每个员工的潜力，提高其绩效，并通过将员工的个人目标与企业战略相结合以提高组织绩效的一个过程。

很多学者对绩效管理的内涵、特点、管理机构以及系统模型等方面进行了探索和研究。管理理论界和管理实践者在如下三个方面逐渐取得了共识：第一，绩效管理强调实现战略目标是绩效管理系统的最高目标，战略性是绩效管理的首要特性；第二，绩效管理强调坚持系统思考和持续改进的思想，需要对绩效管理的过程和结果进行全面的关注；第三，绩效责任的第一责任主体是直线部门而不是人力资源部门。总体上看，目前绩效管理已经发展到战略性绩效管理的阶段。但是，绩效管理涉及组织管理的方方面面，如组织战略、组织文化、组织系统、领导、人力资源、激励政策、决策支持、控制系统、财务管理等都可以纳入绩效管理范畴，因此要给绩效管理下一个准确的定义并不容易，学术界对绩效管理的概念也没有形成共识。

从绩效管理的本质含义出发，综合学者们的观点和研究成果，笔者认为绩效管理是指组织及其管理者在组织的使命、核心价值观的指引下，为达成愿景和战略目标而进行的绩效计划、绩效监控、绩效评价以及绩效反馈的循环过程，其目的是确保组织成员的工作行为和工作结果与组织期望的目标保持一致，通过持续提升个人、部门以及组织的绩效水平，最终实现组织的战略目标。对绩效管理的理解，主要应该把握以下几点：

第一，绩效管理是在组织使命和核心价值观的指引下，承接愿景和战略的管理系统。组织的使命和核心价值观应该指引绩效管理的全面工作。愿景和战略必须通过绩效管理系统落地，战略目标的实现是绩效管理系统的最终目的，绩效管理系统就是化战略为日常行动的系统。绩效管理渗透到管理实践的方方面面，是组织赢得竞争优势的关键环节，不能将其仅限定在人力资源管理范畴。

第二，绩效管理是一个由绩效计划、监控、评价及反馈四个环节构成的持续改进的封闭循环系统。任何一个环节出现问题，都会影响组织内各层面的绩效水平。整个管理过程需要管理者和下属进行持续沟通，通过设定绩效目标、了解绩效现状、分析绩效差距、寻求解决方案、进行绩效反馈等系列行动，确保组织绩效水平的持续提升，最终确保组织绩效目标以及组织战略目标的实现。

第三，绩效管理是对组织绩效、部门绩效和个人绩效的全面管理。组织绩效是绩效管理系统的最高层次目标，个人绩效是绩效管理系统的落脚点。绩效管理通过确保个人绩效和部门绩效的提升为组织绩效的提升服务，全面协同三个层次的绩效，最终推动组织战略目标的达成。

第四，绩效管理应该坚持全员绩效管理，但是主要管理责任应由直线管理者承担。绩效管理强调化战略为每个员工的日常行动，组织内所有人员都是绩效管理的责任人。组织各层级的管理者，特别是直线部门管理者是绩效管理的主要责任人，需要保证下属的行为和结果与组织期望保持一致，不能将绩效管理当作额外事项，更不能认为绩效管理仅是人力资源部门管理者的任务。

（二）绩效评价与绩效管理

在理解绩效管理概念的同时，搞清楚绩效评价和绩效管理这两个概念具有重要意义。不论是在中文文献还是英文文献中，绩效评价与绩效管理这两个概念都被广泛使用。但很多人经常混淆这两个概念。从发展历程上看，绩效管理是在绩效评价的基础上产生的，是绩效评价的拓展，可以说绩效评价是绩效管理发展历史长河中的一个重要阶段。从管理实践上看，绩效评价仅仅是绩效管理的一个关键环节。绩效管理与绩效评价的对比如表1-2所示。

表1-2　绩效评价与绩效管理的对比

绩效评价	绩效管理
管理过程中的一个环节	一个完整的管理过程
注重考核和评估	注重信息的沟通与绩效目标的达成
只出现在特定的时期	伴随管理活动的全过程
滞后性	战略性与前瞻性
侧重事后评估	组织结构、职能

绩效评价是绩效管理的一个重要环节，不能将绩效评价等同于绩效管理。只有把绩效评价置于绩效管理的整个过程中，才能有效地实现绩效管理的目的。如果一个组织只

进行绩效评价而忽略了绩效管理的其他环节，组织的绩效目标将难以达成。绩效评价成功与否不仅取决于绩效评价本身，而且在很大程度上取决于与绩效评价相关的整个绩效管理过程。有效的绩效评价依赖于整个绩效管理活动的成功开展，而成功的绩效管理也需要有效的绩效评价来支撑。绩效评价的结果表明了组织选择的战略以及行动的结果，而绩效计划则为绩效评价提供了评价的内容和对象，并且绩效决策与改进措施都是在绩效评价的基础上进行的。只有通过绩效评价这个环节，才能将客观的绩效水平转变成完整的绩效信息，为改进个人绩效和组织绩效提供管理决策依据；同时，绩效管理的关键决策都围绕绩效评价展开，包括评价内容、评价主体、评价周期、评价方法以及评价结果的应用，这些决策虽然贯穿绩效管理过程的不同环节，但都是基于绩效评价来进行的。因此，我们需要发展、全面和系统地看待绩效评价和绩效管理的关系，只有将绩效评价纳入绩效管理体系，才能对绩效进行有效的监控和管理，从而顺利实现绩效管理的目标。

三、绩效管理的特点

深入理解绩效管理的特点对构建科学的绩效管理体系具有极大的意义。本书在参考众多学者的研究成果和管理实践经验的基础上，分析和提炼出绩效管理的四个特点，具体如下。

（一）战略性

战略性是指要将绩效管理提升到战略高度，在组织战略的指导下，紧紧围绕组织战略来展开绩效管理的各项活动，最大限度地助推组织战略目标的实现。绩效管理通过对组织战略分解和承接形成组织层面、部门层面和个人层面的目标与指标，将战略转化为行动，从而确保各层面绩效对战略的支撑作用。美国 Renaissance Solutions 公司和 CEO 杂志社对数百家实施绩效管理的企业进行调查分析的结果表明，绩效管理失败的主要原因是，这些企业的绩效管理是围绕年度预算和运营计划进行的，鼓励的是短期的、局部的行为，忽视了企业长期的发展战略和整体绩效的提升。由此可见，组织的绩效管理系统必须从组织战略出发，通过提高员工的个人绩效来提高组织的整体绩效，从而实现组织的战略目标。同时，战略性还要求绩效管理系统时刻保持敏锐的灵活性，能够根据组织战略的变化进行及时的调整，以便更好地实现组织、部门和个人三个层次的绩效在纵向上的一致，从而使组织绩效系统与发展战略保持动态的一致性。

（二）协同性

协同性是指通过绩效管理系统，实现组织、业务部门、支持部门、外部合作伙伴的全面协同，形成合力，促进竞争优势的形成。协同是组织设计的最高目标，也是绩效管理系统的基本特征。一个组织由不同的部门组成，为了使组织整体绩效超过组织内各部门所产生的绩效的总和，即产生“1＋1＞2”的整体效应，每个部门都需要打破部门职能的壁垒并克服沟通障碍，通过与组织战略的紧密联系实现相互协同。绩效管理系统的协同性需要重点关注组织与业务部门之间的纵向协同、业务部门之间以及业务部门与支持部门之间的横向协同、组织与外部合作伙伴的协同，从而形成全方位、多维度的协同体系，最终为实现组织战略目标服务。在信息化、网络化、全球化的竞争时代，现代所有的组织都处于一个复杂巨型系统之中，很多大型组织自身就是一个复杂巨型系统。同类企业在硬实力上的差距越来越小，现代企业如何实现全面协同、形成最大的合力已经成为组织获得竞争优势的重要方面。

（三）差异性

差异性是指不同组织、部门以及个人的绩效管理系统应该具有独特性，绩效计划的内容、绩效监控的重点、绩效评价的体系、绩效反馈的方式都要根据具体情况进行设计。特别是绩效评价系统应该存在差异，即使不同组织的绩效评价系统不一样，也不能用一个评价量表去评价组织系统内的所有部门，更不能用一个量表去评价所有人。组织绩效评价会因战略选择的不同而存在差异。个人绩效评价会因为组织绩效重心的不同，表现出更大的差异性，即使在同一个组织内部，因为职位和工作任务存在差异，绩效评价内容也各不相同。

（四）公平性

公平性是指绩效管理系统必须站在推动组织持续发展的立场上公平地处理各种关系，让所有员工感受到过程与结果的公平。在大多数情况下，一个绩效管理系统执行的效果好坏和效率高低与员工所感知到的公平感有很大关系。因此，组织需要通过广泛参与和持续沟通，克服绩效变革带来的阵痛，最终促使上下达成共识，形成一个各方都能接受的具有公平性的绩效管理系统。在绩效评价过程中，常被人们感知的公平有以下三种。

1. 程序公平

程序公平是指员工对做出绩效管理决策的过程所知觉到的公平，即员工对绩效评价程序以及将绩效评价结果与薪酬相联系的程序是否公平的感知。程序公平能够影响员工对组织的信赖和承诺，因此，在开发绩效管理系统的过程中，应该格外重视程序公平对于绩效管理系统的影响。

2. 结果公平

绩效管理系统的结果公平主要体现在结果与付出的关系上，是指员工对绩效评价结果以及绩效评价结果运用情况的公平感受。组织可以通过一些做法提高绩效管理系统的结果公平程度，如就绩效评价指标及其标准问题、绩效评价结果的应用与员工交换意见，告诉员工组织对他们的期望。

3. 人际公平

人际公平是指在绩效管理过程中员工从管理者那里所感受到的人际待遇公平程度，这是管理者在使用绩效管理系统时应重视的问题。管理者可以通过一些做法提高绩效管理系统的人际公平程度，如加强评价者培训，规范评价者的言行，确保评价者能够礼貌对待和尊重评价对象；在和谐友好的氛围中向被评价员工提供及时、准确的绩效评价结果；允许员工对绩效评价结果提出质疑等。

四、绩效管理系统模型

为了更加准确、全面地理解绩效管理，掌握绩效管理的运行机制，我们结合国内外绩效管理的相关理论和实践发展动态，在组织使命和核心价值观的指引下，通过对组织的愿景和战略的全面承接，设计了一个绩效管理系统模型——“三四五模型”，即三个目的、四个环节和五项关键决策，如图1-4所示。

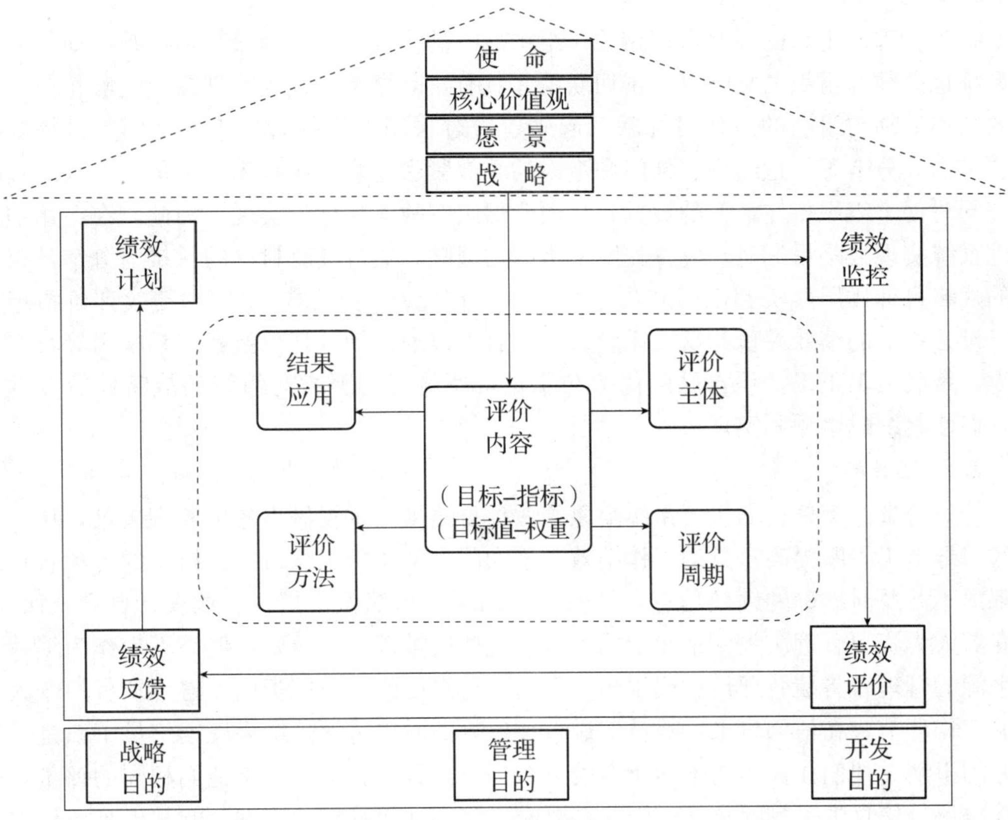

图1-4 绩效管理系统模型

组织的使命、核心价值观、愿景和战略对绩效管理具有规范和导向作用，是构建高效绩效管理系统的基础。战略性是绩效管理系统的首要特点，集中体现在使命、核心价值观、愿景和战略通过绩效管理系统落地。只有通过绩效管理系统将组织战略转化为整个组织系统内各个层级人员的行动指南，才能确保所有人员的绩效产出符合组织战略的需要。因此，全面和深入地理解使命、核心价值观、愿景和战略对构建绩效管理体系有决定性的作用和重要的意义。鉴于使命、核心价值观、愿景和战略对绩效管理系统的决定性作用，本书将在第3章第2节进行详细论述。

国内外的研究及实践表明，不论采用何种形式，一个科学、有效的绩效管理系统都应该包括以下三个方面的内容：目的、具体环节和关键决策。绩效管理系统是一个有机整体，我们需要在明确各自内涵与外延的基础上，全面、深入、系统地理解绩效管理系统模型。

（一）绩效管理的目的

绩效管理的目的是设计绩效管理系统的出发点和基础，是检验一个组织绩效管理系统设计和实施有效性的指南。组织内的一切绩效管理活动都是围绕绩效管理的目的展开的，偏离了目的，绩效管理就失去了存在的价值和意义，失败将不可避免。归纳起来，绩效管理的目的包括战略目的、管理目的和开发目的，只有三个目的同时实现，才能够确保组织绩效管理活动的科学性、有效性和合理性。

1. 战略目的

绩效管理与组织的战略密切相关。组织战略的实现离不开绩效管理系统，而绩效管理系统也必须与组织的战略目标密切联系才具有实际意义。绩效管理系统能够将员工具体的工作活动与组织的战略目标联系起来，通过采用先进的管理工具，如关键绩效指标、平衡计分卡等，把组织、部门和个人的绩效紧密地联系在一起，在员工个人绩效提高的同时促进组织整体绩效的提升，从而确保组织战略目标的实现。因此，在运用绩效管理系统实现战略目标时，应首先明晰组织的战略，通过战略目标的承接与分解，将组织的战略目标逐层落实到部门和员工个人，并在此基础上制定相应的绩效评价指标体系，设计相应的绩效评价和反馈系统。管理者可以通过绩效评价指标体系来引导员工的行为，帮助员工正确认识自己的优势与不足，使员工的努力与组织的战略保持高度一致，促使组织战略顺利实现。

2. 管理目的

绩效管理的管理目的主要是指要以绩效评价结果为依据做出各项管理决策，从而激励和引导员工不断提高自身的工作绩效，最大限度地实现组织目标。组织的各项管理决策都离不开及时准确的绩效信息，绩效评价结果是组织做出培训、调薪、晋升、保留、解雇等人力资源管理决策的重要依据。虽然这些决策都十分重要，但是不少作为绩效信息来源的管理者将绩效评价过程视为一个为履行自己的工作职责而不得不从事的令人生厌的工作环节。在他们看来，对员工进行评价，然后再将评价结果反馈给员工，是一件难办的事情。他们往往倾向于给所有的员工都打高分或者至少给予他们相同的评价，以致绩效评价信息失去实际意义。因此，要真正实现绩效管理的管理目的并不是一件容易的事情。这就要求管理者通过绩效计划为战略目标的分解和实施确定具体可行的行动方案；通过战略目标的实施过程进行有效的监督和控制，确保组织资源的合理利用和配置；更为重要的是，通过设计科学、规范的绩效评价系统保障绩效评价结果的公平性和有效性，从而不断提高员工的工作绩效和组织的管理水平，确保绩效管理目标的达成。

3. 开发目的

绩效管理的开发目的主要是指管理者通过绩效管理过程来发现员工存在的不足，以便对其进行有针对性的培训，从而使员工更加有效地完成工作。通过绩效评价环节，管理者可以发现员工绩效不佳的方面，这就为绩效反馈环节分析绩效差距、制定绩效改进计划提供了基础。通过绩效反馈环节，管理者不仅要指出下属绩效不佳的内容，同时还要帮助他们找出导致绩效不佳的原因，如技能缺陷、动力不足或某些外在的障碍等，继而针对问题采取措施，制定相应的绩效改进计划。只有这样，才能更有效地帮助员工提高他们的知识、技能和素质，促进员工个人的发展和实现组织绩效管理的开发目的。

从以上内容可以看出，一个有效的绩效管理系统应该将员工的工作活动与组织的战略目标联系在一起，并为组织对员工做出的管理决策提供有效的信息，同时向员工提供及时、准确的绩效反馈，从而实现绩效管理的战略目的、管理目的和开发目的。

（二）绩效管理的环节

绩效管理是一个包含绩效计划、绩效监控、绩效评价和绩效反馈四个环节的闭环系统。有效的绩效管理工作必须保证这四个环节的有序开展。本书的章节体系就是以绩效管理的四个环节为主线展开的。

1. 绩效计划

“凡事预则立，不预则废。”计划是对未来的预想及使其变为现实的有效规划，是对未来的预测和行动方案的制定过程。现代组织处于急剧变化的环境中，组织发展所面临的宏观、微观环境瞬息万变，组织要想生存和发展，比以往任何时候都更需要系统化的前瞻性思考，并需要时刻为未来做好准备，否则就会陷入难以预见的困境。

绩效计划（performance planning）作为绩效管理系统闭循环中的第一个环节，是指当新的绩效周期开始时，管理者和下属依据组织的战略规划和年度工作计划，通过绩效计划面谈，共同确定组织、部门以及个人的工作任务，并签订绩效目标协议的过程。绩效计划是管理者和下属通过追问如下问题进行的双向沟通过程：

（1）本绩效周期的主要工作内容和职责是什么？按照什么样的程序完成工作？何时完成工作？应达到何种工作效果？可供使用的资源有哪些？

（2）本绩效周期应如何分阶段地实现各种目标，从而实现整个绩效周期的工作目标？

（3）本绩效周期的工作内容的目的和意义何在？哪些工作是最重要的，哪些是次要的？

（4）管理者和下属计划如何对工作的进展情况进行沟通？如何防止出现偏差？

（5）下属在完成工作任务时拥有哪些权利？决策权限如何？

（6）为了完成工作任务，下属是否有接受培训或自我开发某种工作技能的必要？

从以上问题可以看出，绩效计划不仅仅是完成一份工作计划那么简单。作为整个绩效管理过程的起点，绩效计划非常注重管理者和下属的互动式沟通和全员参与，使管理者与下属在做什么、做到什么程度、怎么做等问题上达成共识。

2. 绩效监控

绩效监控（performance monitoring）是绩效管理的第二个环节，也是整个绩效周期中历时最长的环节。绩效监控是指在绩效计划实施过程中，管理者与下属通过持续的绩效沟通，采取有效的监控方式对员工的行为及绩效目标的实施情况进行监控，并提供必要的工作指导与工作支持的过程。绩效计划是绩效管理成功的第一步，绩效监控作为连接绩效计划和绩效评价的中间环节，对绩效计划的顺利实施和绩效结果的公平评价有极其重要的作用。它要求管理者在整个绩效计划实施过程中持续与下属进行绩效沟通，了解下属的工作状况，预防并解决绩效管理过程中可能发生的各种问题，帮助下属更好地完成绩效计划。但现实中存在一种错误倾向，即认为下属在了解绩效计划之后就能够正确地执行计划，管理者可以等到绩效周期结束后再进行绩效评价。这实际上是管理者的一种“偷懒行为”，忽略了管理者必须履行的重要管理职能——监督并控制下属的绩效，促进绩效计划的实现。在绩效监控阶段，管理者主要承担两项任务：一是采取有效的管理方式监控下属的行为方向，通过持续不断的双向沟通，了解下属的工作需求并向员工提供必要的工作指导；二是记录工作过程中的关键事件或绩效数据，为绩效评价提供信息。

从绩效监控的手段看，管理者与下属之间进行的双向沟通是实现绩效监控目的的一项非常重要的手段。为了实现对下属绩效的有效监控，管理者与下属应共同制定一个相互交流绩效信息的沟通计划，从而有针对性地帮助管理者指导并鼓励下属员工不断提高工作绩效，缩小绩效差距，确保绩效目标的顺利实现。

3. 绩效评价

作为绩效管理过程中的核心环节，绩效评价（performance appraisal）是指根据绩效目标协议书所约定的评价周期和评价标准，由绩效管理主管部门选定的评价主体采用有效的评价方法，对组织、部门及个人的绩效目标实现情况进行评价的过程。需要注意的是，应当把绩效评价放到绩效管理过程中考察，将其看作绩效管理过程中的一个环节，不能使之与绩效管理其他环节脱离。首先，绩效评价的基本内容是绩效周期开始时管理者与下属共同制定并签署的绩效目标计划协议，不能根据管理者的主观意图和喜好对其随意修改；其次，绩效评价所需要的信息和佐证材料是在绩效监控过程中收集的；最后，绩效评价的目的不只是了解现有的绩效水平，更为重要的是通过客观、公正的绩效评价找出绩效不佳的问题，为绩效反馈阶段的绩效改进提供依据。

4. 绩效反馈

绩效反馈（performance feedback）是指在绩效评价结束后，管理者与下属通过绩效反馈面谈，将评价结果反馈给下属，共同分析绩效不佳的方面及原因，并制定绩效改进计划的过程。绩效反馈在绩效管理过程中具有重要的作用，是绩效管理过程中的一个重要环节，也是一个正式的绩效沟通过程。绩效反馈是使员工产生优秀表现的重要条件之一。通过绩效反馈，员工可以知道管理者对他们的评价和期望，从而不断修正自己的行为；管理者也可以通过绩效反馈指出员工的绩效水平和存在的问题，从而有的放矢地进行激励和指导。因此，绩效管理的目的绝不仅仅是得出一个评价等级，而是要着眼于提高绩效，确保员工的工作行为和工作产出与组织目标保持一致，从而实现组织的绩效目标。绩效管理能否确保组织目标的实现，则在很大程度上取决于管理者如何通过绩效反馈环节使员工充分了解并不断改进自己的绩效水平。

从图1-4所示的系统模型可以看出，绩效管理系统是由绩效计划、绩效监控、绩效评价和绩效反馈组成的一个循环往复的闭循环。事实上，这些环节在发生的时间和方式上既有一定的连续性，也存在一些交叉，其目的在于确保组织的弹性，实现即时管理。这一点应该引起大家的重视。

（三）绩效管理的关键决策

为了实现三个目的，组织在实施绩效管理四个环节时，必须准确把握评价内容、评价主体、评价周期、评价方法及结果应用五项关键决策。具体来说，评价内容主要在绩效计划环节中确定，主要包括绩效目标、绩效指标、目标值及指标权重的制定等；评价主体、评价周期、评价方法在绩效计划制定时就应当明确，但具体实施应在绩效评价环节；结果应用则主要体现在绩效反馈环节。为了确保绩效管理过程内在的时间顺序和行文的方便，本书将五项关键决策的内容融入绩效管理的四个环节进行论述，这里仅做概要性的介绍。

1. 评价内容

所谓“评价内容”，即“评价什么”，是指如何确定绩效评价所需的评价指标、目标值及指标权重等内容。基于我们在界定绩效概念时所持的观点，我们主张对组织、部门和个人绩效的评价从工作过程和工作结果两个角度进行考虑。通过明晰组织的使命、核心价值观、愿景、战略以及明确组织的阶段性工作任务来设计组织绩效的评价指标；根据部门的职责以及承接或分解组织的战略目标来制定部门绩效的评价指标；员工个人绩效的评价指标则可以根据员工的职位职责以及承接或分解部门的绩效目标来确定，最终形成的绩效评价指标体系主要由工作业绩类指标及少量的态度类指标构成。因此，绩效评价指标体系的战略导向和行为引导作用在很大程度上体现在绩效评价指标的选择和设计上。绩效评价指标的设计是绩效管理中技术性较强的工作之一，本书将在第3章详细介绍评价指标体系设计的有关内容。另外，评价内容在绩效计划阶段就已基本确定，在绩效评价阶段则是根据已有计划实施评价。

2. 评价主体

所谓“评价主体”，即“谁来评价”，就是指对评价对象做出评价的人。通常，评价主体的划分可以从内部和外部两个维度来进行。内部评价者包括评价对象的上级、同级、下级；外部评价者包括客户、供应商、分销商等利益相关者。在设计绩效评价体系时，选择正确的评价主体以及确保评价主体与评价内容相匹配是一个非常重要的原则，即根据所要衡量的绩效目标及具体的评价指标来选择评价主体。根据这一原则，评价主体应当及时、准确地掌握信息，对评价对象的工作职责、绩效目标、工作行为及实际产出有比较充分的了解，只有这样才能确保评价结果的合理性和有效性。例如，对于工作业绩类指标，显然员工的直接上级最清楚，适合由上级进行评价；态度类指标的评价主体则可以扩展到同级和下级，甚至是外部利益相关者，由他们共同进行评价。

3. 评价周期

所谓“评价周期”，即“多长时间评价一次”。评价周期的设置应尽量合理，既不宜过长，也不能过短。如果评价周期太长，评价结果就容易出现严重的近因效应，即人们对最近发生的事情记忆深刻，而对以往发生的事情印象淡薄，评价主体会根据评价对象近期的表现来评判其整个绩效周期的表现，这样会导致绩效评价信息失真，并且不利于员工个人绩效的改善；如果评价周期太短，一方面，许多工作的绩效情况可能还没有体现出来，另一方面，过度频繁的绩效评价也会造成评价主体的工作量过大。决定评价周期长短的最重要因素是绩效指标的类型和内容。在此基础上，可以引申出不同类别的指标评价周期。比如，若根据职位的类别来确定评价周期，则研发类、职能管理类的评价周期相对较长，而生产类、销售类和服务类职位的评价周期稍短；若根据职位的等级来确定评价周期，则高级管理职位的评价周期较长，而低级一般职位的评价周期较短。同时，相较于工作业绩类指标，态度类指标的评价周期相对较短。由于评价周期与评价指标、组织所在行业特征、职位等级和类别以及绩效实施的时间等诸多因素有关，采用年度、季度、月度甚至工作日作为评价周期的情况都有，因此，选择绩效评价周期时不宜一概而论，搞“一刀切”，而应根据评价指标的特点，结合管理的实际情况和工作需要，综合考虑各种相关影响因素，合理选择适当的绩效评价周期。

4. 评价方法

所谓“评价方法”，即“如何评价”，就是判断员工个人工作绩效时所使用的具体方法。正确地选择绩效评价方法对于得到公正、客观的绩效评价结果有重要的意义。各种不同的评价方法都是管理实践积累的宝贵财富。通常，评价方法可以划分为三大类：比较法、量表法和描述法。每类又细分为若干具体的评价方法：比较法包括排序法、配对比较法、人物比较法等；量表法包括图尺度量表法、行为锚定量表法、综合尺度量表法和行为观察量表法等；描述法包括工作业绩记录法、态度记录法、关键事件法和指导记录法等。每种方法各具特点，并无绝对优劣之分，组织应根据具体情况进行选择，总的原则是根据所要评价的指标特点选择合适的评价方法。例如，评价员工的“工作主动性”指标时可以采用行为锚定量表法。当然，对于具体采用何种评价方法，还需要考虑设计和实施成本问题。有的评价方法虽设计成本高，但在避免评价误差方面非常有效；有的评价方法虽设计成本低，但在实际操作中容易出现评价误差。因此，应权衡各种评价方法的优缺点，综合使用，以适应不同发展阶段对绩效评价的不同需要。

5. 结果应用

绩效管理是人力资源管理职能系统中的核心模块，而绩效评价结果能否被有效利用关系到整个绩效管理系统的成败，也关系到人力资源系统运行有效性的高低。绩效评价结果主要用于两个方面：一是通过分析绩效评价结果诊断员工的绩效差距，找出产生绩效差距的原因，制定相应的绩效改进计划，以提高员工的工作绩效；二是将绩效评价结果作为各种人力资源管理决策的依据，如培训开发、职位晋升和薪酬福利等。绩效评价结果具体应用于哪些方面是与评价指标的性质相联系的，比如，态度类指标的评价结果就可以应用于职位晋升、培训开发和薪酬福利等方面的决策。如果绩效评价结果没有得到应用，就会产生绩效管理“空转”现象，造成“评与不评一个样，评好评差一个样”，绩效管理也就失去了应有的作用。

第3节　绩效管理与战略性人力资源管理

绩效管理是战略性人力资源管理（strategic human resource management）体系的核心职能模块，全面深入理解战略性人力资源管理及其系统模型的构成对理解绩效管理有重要作用。同时，将绩效管理置于战略性人力资源管理系统之中，有利于更加深入地理解绩效管理对战略性人力资源管理的重要意义，也有利于更加系统全面地理解组织如何通过人力资源管理赢得竞争优势。

一、战略性人力资源管理

（一）战略性人力资源管理的内涵

战略性人力资源管理于20世纪80年代产生，是相对于传统人力资源管理而言的一种新的人力资源管理形态。美国学者沃克（Walker）在《将人力资源规划与战略规划联系起来》一文中，第一次从理论角度深入阐述了如何更好地实现人力资源管理机制与组织发展战略的同步，提出了将战略规划与人力资源规划联系起来的思想，被认为是战略性人力资源管理理论的萌芽。《人力资源管理：一个战略观》（Devanna，Fombrum and Tichy）是战略性人力资源管理产生的标志性论文，被认为是战略性人力资源管理史上的一个重要里程碑。这篇论文深刻分析了组织战略与人力资源管理的关系，指出了组织有效运作的三个核心要素，即使命和战略、组织结构以及人力资源管理。战略性人力资源管理把各项职能活动（如招募与甄选、培训与开发、绩效管理及薪酬体系）与战略管理过程紧密地联系起来。一方面，人力资源管理活动要与组织战略保持动态协同；另一方面，人力资源管理活动要为组织战略的实施创造适宜的环境，发挥战略伙伴的作用，从而实现组织目标，为组织创造持续的竞争优势。

虽然战略性人力资源管理仅有30余年的历史，然而在这么短的时间内，关于战略性人力资源管理的研究却蓬勃发展。研究者从不同角度提出了战略性人力资源管理的定义，但到目前为止，关于战略性人力资源管理的概念，研究者还没有完全达成共识。

戴瓦纳、弗布鲁姆和狄凯（Devanna，Fombrum and Tichy）提出了关于战略性人力资源管理的基本框架。他们认为，当组织外部环境（如经济、政治、文化或技术环境等）变动时，将会促使组织内部的战略、组织结构及人力资源管理做出适应性调整，并通过相互间的协调与配合帮助组织迅速适应环境的变化。同样，组织内部也要自发地调整战略、组织结构及人力资源管理，从而构建出完整的战略性人力资源管理系统，其理论模型如图1-5所示。

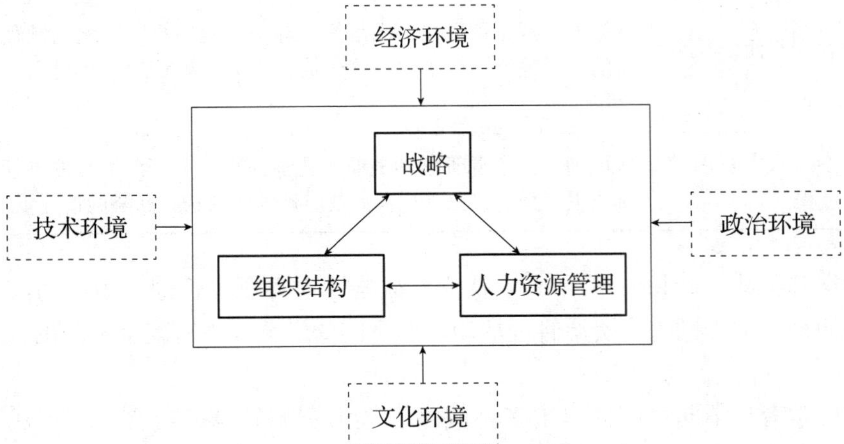

图1-5 戴瓦纳等人的战略性人力资源管理基本框架图

米勒（Miller）认为，战略性人力资源管理是企业中所有与人力资源有关的决策，而这些决策的制定主要是为了协助组织实施战略以获得竞争优势。

怀特和麦克马汉（Wright & McMahan）将战略性人力资源管理定义为使组织实现其战略目标的有计划的人力资源部署和管理行为。具体包括：将人力资源视为获取竞争优势的一种首要资源；强调通过人力资源规划、人力资源政策及具体的人力资源活动，实现可以获取竞争优势的人力资源配置；强调获取竞争优势的人力资源配置能够与组织战略垂直匹配，并能在组织内部各种活动间水平匹配；强调所有人力资源活动皆为一个目的，即实现企业目标。

舒勒（Schuler）将战略性人力资源管理定义为运用整合（integration）和调整（adaptation）的方式，以确保人力资源管理活动与组织的经营战略及战略性需求相匹配；人力资源政策与组织内的水平职能政策及垂直层级结构保持一致；人力资源管理实践是经过调整修正得到的，需要管理者与员工共同参与，并能够为组织成员所接受。

泰森（Tyson）将战略性人力资源管理界定为整合公司与战略业务单元（SBU）的人力资源战略，包括把员工视为资产、分析组织变革的需求、提出并购或合并的建议、确认人才需求以及战略性人力资源规划等。

马特尔和卡罗尔（Martell & Caroll）认为战略性人力资源管理具有以下特性：长期的观点；与人力资源管理及战略规划有新的联系；人力资源管理与组织绩效有关联；直线主管参与人力资源政策的制定过程。具体内容如表1-3所示。

表1-3　战略性人力资源管理的特性与内涵

特性	内涵
长期的观点	在战略性导向人力资源职能的演进中，建立人力资源使用的长期计划通常是要优先考虑的
与人力资源管理及战略规划有新的联系	这是许多战略性人力资源管理模型的重要因素，一种联系方式是人力资源管理支持战略推行，另一种联系方式则是人力资源管理主动地影响战略的形成
人力资源管理与组织绩效有关联	认为人力资源管理在达成组织目标的过程中扮演关键的角色；由于战略的结果是增加企业的经济价值，人力资源管理直接对企业的获利产生影响
直线主管参与人力资源政策的制定过程	认识到人力资源管理的战略重要性使得人力资源管理的责任渐渐落在直线主管身上，尤其是在涉及经理人的甄选和薪酬的情况下

德勒瑞和都狄（Delery & Doty）认为，战略性人力资源管理是组织为实现制定的经营战略而采取的不同人力资源管理活动，即不同的经营战略需配合不同的人力资源管理活动。

不同的学者从不同角度提出了多种战略性人力资源管理的定义，也形成了很多共识。比如，战略性人力资源管理有别于传统人力资源管理所扮演的职能性角色，以战略导向的方式探讨人力资源管理与组织战略的动态互动关系，将人力资源管理的各项活动与组织战略紧密结合，从而提升组织人力资源管理的地位，协助组织获取竞争优势，达成组织目标。综合上述学者的观点，笔者认为战略性人力资源管理就是以组织战略为导向，通过动态协同人力资源管理的各项职能活动，确保组织获取持续竞争优势和达成组织目标的过程。

（二）战略性人力资源管理的基本特征

战略性人力资源管理是现代人力资源管理发展的新阶段，无论在实践方面还是在理论创新方面，都有很大的进步。与传统人力资源管理相比，战略性人力资源管理是一种新概念、新模式，不仅具有新的内容，而且具有新的特征，主要表现在以下方面。

1. 战略性

战略性是战略性人力资源管理的本质特征。战略性人力资源管理强调所有人力资源管理活动的开展皆为一个目标，即组织战略的实现。战略性人力资源管理不再局限于人力资源管理系统本身，而且是自觉地将人力资源管理与组织的战略结合起来，让人力资源管理为组织战略目标的实现服务。在这种理念下，战略性人力资源管理的目标不仅仅是满足组织的短期发展需要，还着眼于未来，更加关注影响组织长期发展的战略性因素，注重从人力资源的角度构建组织的核心竞争力，确保组织持续、稳健地发展。同时，战略性人力资源管理使人力资源管理职能在组织中的地位发生转变，使人力资源管理部门的地位得到提升，使人力资源管理方式发生根本性改变。传统人力资源管理中大量具体、琐碎的日常事务被外包或以计算机代替，人力资源管理的重心向战略性工作转移。

2. 系统性

战略性人力资源管理的系统性主要体现在以系统论的观点看待人力资源管理。人力资源管理本身构成一个系统，并包含若干子系统。同时，人力资源管理系统又处于组织这个大系统中。系统性强调的是系统内各要素间的协调与配合，追求系统整体功能的最优化。战略性人力资源管理的系统性要求人力资源管理决策的系统性，更强调人力资源管理者的全局思想和整体观念。人力资源管理的业务边界逐渐淡化，人力资源管理不再只是人力资源管理部门的职责，非人力资源部门管理者的人力资源管理职责正日益增强。同时，系统性也要求人力资源管理部门更多地了解组织内其他部门的业务，以便更好地为组织战略服务。

3. 匹配性

战略匹配性是战略性人力资源管理的核心要求，战略匹配性包括纵向匹配和横向匹配。纵向匹配包括三个方面：人力资源规划、组织结构及组织文化与战略的匹配；人力资源具体的实践活动与人力资源规划的匹配；个体目标与组织目标的匹配。横向匹配也包括三个方面：人力资源规划与组织结构及组织文化的匹配；人力资源各种实践活动间的匹配；个体成员间的匹配。因此，战略性人力资源管理非常关注人力资源管理战略与组织战略的契合性，重视员工目标与组织目标的一致性，强调人力资源管理各项实践活动间的协作性，通过战略整合来实现人力资源管理实践与组织战略的动态匹配以及各项人力资源政策、职能活动之间的动态匹配，从而发挥战略性人力资源管理活动的协同效用，实现组织协同和促进战略达成。

4. 动态性

战略性人力资源管理的动态性基于一个基本假设，即组织的内外部环境是不断变化的。组织在进行战略性人力资源管理时，需要考虑到战略性人力资源管理对组织内外部环境的适应性和灵活性。动态性对组织和管理者提出了全新的要求，组织追求的不再是“最佳的”人力资源管理实践，而是要求人力资源管理实践与组织的内外部环境保持持续适应的动态过程。因此，组织需要不断地增强战略性人力资源管理的战略弹性，提高组织的学习创新能力。一方面，面对外部环境的改变时，组织应积极地调整人力资源管理战略；另一方面，在对内部进行战略匹配时，组织应保持灵活的动态互动过程，从而确保组织能够有效应对不同的发展需求和多变的竞争环境。

（三）战略性人力资源管理系统模型

战略性人力资源管理系统的构建始于对组织使命、核心价值观、愿景及战略的明晰。组织使命、核心价值观是组织所信奉的核心理念，愿景是组织所期望的美好未来，这些因素直接影响并引导组织战略的制定与执行，是构建有效的战略性人力资源管理系统的重要前提。一个较为完整的战略性人力资源管理系统通常由组织架构设计、工作设计与工作分析、招募与甄选、职业生涯管理、培训与开发、员工流动管理、劳动关系管理、薪酬管理以及绩效管理等职能活动组成。这些职能活动都受组织文化和员工激励政策的影响，并且各项职能活动相互联系、相互影响，共同为组织的人力资源战略与规划提供支撑。战略性人力资源管理系统模型全面展示了战略性人力资源管理的主要职能及其关系，将战略性人力资源管理活动与相关运作情境结合起来，从战略的角度诠释了人力资源管理的实质，如图1－6所示。

二、绩效管理在战略性人力资源管理系统中的地位

绩效管理在战略性人力资源管理系统中处于核心地位，它与战略性人力资源管理系统的其他职能活动存在非常密切的关系。全面、系统地了解并把握它们之间的相互关系，对更好地设计出科学有效的绩效管理系统和战略性人力资源管理系统，进而推动组织战略目标的实现有重要的意义。

（一）绩效管理同工作设计与工作分析的关系

工作设计（job design）是根据组织的战略目标及员工的个人需要规定某个职位的工作任务、工作责任及工作关系的过程。因此，进行工作设计时，既要考虑整个组织的管理方式、劳动条件、工作环境及政策机制等因素，也要考虑员工个人的素质、能力等各个方面的因素。工作分析（job analysis）是指研究组织内每一个职位包括的具体工作内容和责任，并对工作内容及有关因素做全面、系统的描述和记载，指明担任这一职位的工作人员必须具备的知识和能力。简单地讲，工作分析就是解决“某一职位应该做什么”和“由什么样的人做最适合”的问题。工作分析是人力资源管理的基础，也是获得

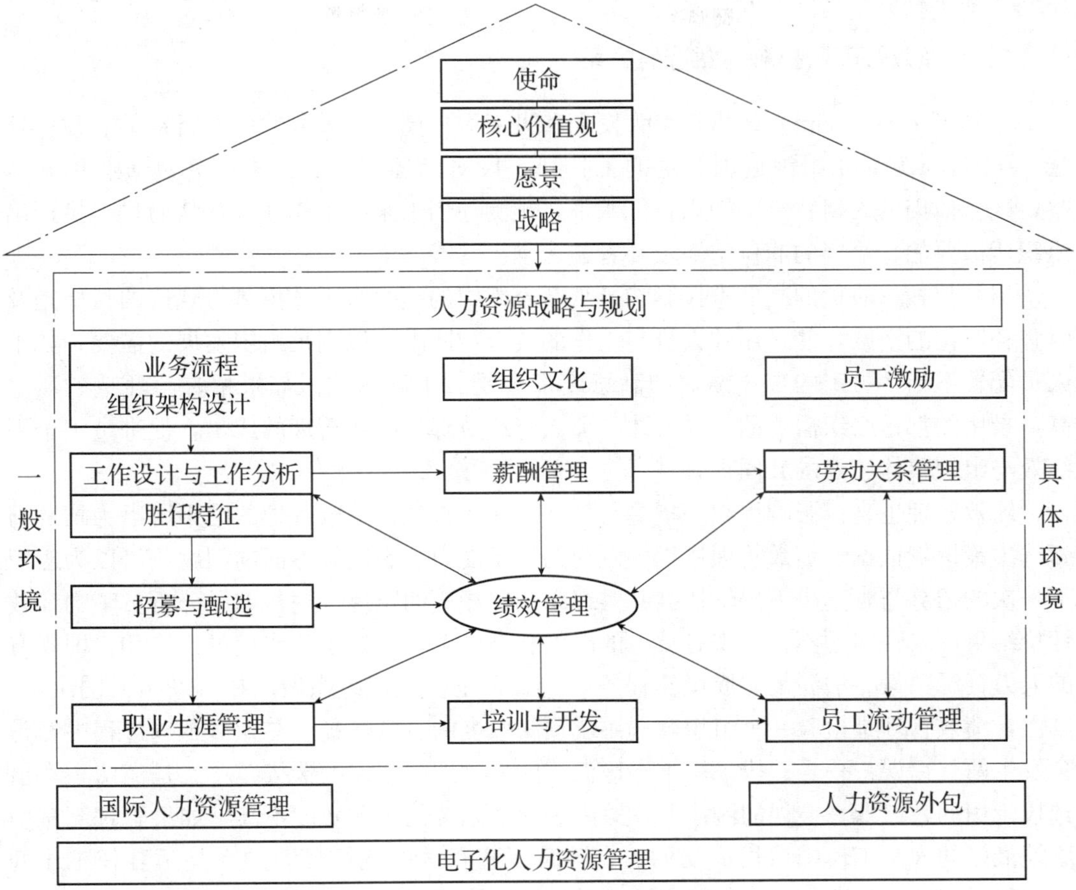

图 1－6 战略性人力资源管理系统

有关职位工作信息和界定某一职位工作与其他职位工作差异的过程，通过工作分析得到的信息可以用来制作职位说明书。工作分析与工作设计不同。工作分析主要对员工当前所从事的工作进行研究，明确顺利完成工作所必须履行的职责和达到的要求；工作设计则关注对工作的精心安排，以便能够提高组织绩效和员工的满意度。绩效管理同工作设计与工作分析的关系还表现在以下两个方面：

第一，工作设计与工作分析的结果是设计绩效管理系统的重要依据。工作设计和工作分析对绩效管理系统的作用表现在评价内容必须与工作内容密切相关，即做到“干什么考什么”。进行有效的绩效管理必须有客观的评价标准，而工作设计和工作分析为每一个职位的工作内容及要达到的标准进行了明确的界定，为管理者提供了评价员工绩效的客观标准，从而可以减少评价主体的主观因素，提高绩效评价的科学性。

第二，绩效管理也会对工作设计与工作分析产生影响。绩效管理的结果可以反映工作设计中存在的种种问题，是对工作设计合理与否的一种验证。例如，如果在较长一段时间内某位公认的优秀员工在绩效管理中得到的评价结果较差，组织在分析原因时，就应该考虑到可能是工作设计出了问题。因此，在绩效管理的过程中发现与工作设计有关的问题时，组织需要重新进行工作设计与工作分析，重新界定有关职位的工作职责，从而确保绩效管理工作的顺利开展。

（二）绩效管理同招募与甄选的关系

招募（recruitment）是指组织为发现和吸引潜在员工而采取的所有行动的总称；甄选（selection）是指组织运用一定的工具和手段对已经招募到的求职者进行鉴别和考察，区分他们的人格特点与知识技能水平，预测他们未来的工作绩效，从而最终挑选出组织所需要的、恰当的职位空缺填补者的过程。

招募与甄选质量的高低直接影响员工乃至组织的绩效水平。招募与甄选的目标是及时弥补职位的空缺，使录用的人员与工作的要求相匹配，以满足组织发展的需要。如果人员配置不当，员工的工作绩效和满意度都会受到不利影响。如果招募与甄选的质量高，录用的都是组织需要的优秀人才，那么将有效降低绩效管理的成本，促进员工个人绩效与组织整体绩效的共同提升。

绩效管理也直接影响组织的招募与甄选工作。首先，绩效管理的结果可以为招募与甄选决策提供依据。绩效管理过程中发现的员工能力、态度等方面的问题，可以为组织下一次的招募与甄选决策提供依据并供组织制定相应的招募计划；如果分析员工的绩效评价结果后发现问题不在于现有员工的能力和态度差，而在于工作量过于饱和，即现有的人力资源数量无法满足完成工作任务的需要，也会促使组织做出招募新员工的决策。其次，绩效管理是检验一个组织甄选系统预测效度的有效途径。在人员甄选过程中经常会发生两类错误：一是选拔录用了本该淘汰的人（即“错误的选拔”）；二是淘汰了本该选拔录用的人（即“错误的淘汰”），原因是甄选系统的预测效度不高。如果甄选测试中成绩最好的人是工作中取得成功的人，同时甄选测试中成绩最差的人是不胜任工作的人，就说明这一甄选过程具有较高的预测效度；相反，如果甄选测试中成绩较好的人在日后的工作中表现（即员工的绩效）不佳，而甄选成绩较差的人在日后的工作中表现（即员工的绩效）较好，则说明这一组织目前的甄选系统预测效度比较低。因此，运用员工绩效评价的结果检验组织现有甄选系统的预测效度，对于不断探索和开发更加适合组织自身特点的甄选方法具有重要的作用。

（三）绩效管理同职业生涯管理的关系

职业生涯管理（career management）是指组织和员工对员工的职业生涯进行设计、规划、执行、评估和反馈的一项综合性工作。它是人力资源管理的重要职能之一，分为组织职业生涯管理（organizational career management）和员工职业生涯管理（individual career management）。员工职业生涯管理是指员工以实现自身发展成就最大化为目的，对自己所要从事的职业、供职的工作组织以及在职业发展上要达到的高度等做出规划和设计，并为实现自己的职业目标不断积累知识、开发技能的过程，它一般通过选择职业、选择工作组织、选择工作岗位、在工作中提升技能、发挥才干等活动来实现。组织职业生涯管理是指组织将个人发展与组织目标相结合，对决定员工职业生涯的主客观因素进行分析、测定和总结，并通过规划、设计、执行、评估和反馈，使每位员工的职业生涯目标与组织发展的战略目标保持一致的过程。它集中表现为帮助员工制定职业生涯规划，建立各种适合员工发展的职业通道，针对员工职业发展的需要进行适时的培训，给予员工必要的职业指导，促成员工职业生涯的成功等。因此，职业生涯管理应被看作满足管理者、员工、组织三者需要的动态过程。

有效的绩效管理能够促进员工职业生涯的发展。随着绩效管理的不断深入，绩效管理正从传统意义上的监督考核机制向与战略管理紧密结合的激励机制转变，这使得员工更加关注自身工作与组织发展之间的关系，注重将个人的职业生涯发展道路与组织的未来发展相结合，因而有效的绩效管理有利于员工工作绩效的提升；同时，这也促使管理者在绩效管理的过程中注意发现员工个人发展的需要，帮助员工进行职业生涯规划，并将员工个人职业生涯发展规划与组织整体的人力资源规划联系起来，从而确保在推动员工职业生涯发展的同时，促进组织绩效管理目标的实现。

职业生涯管理促使管理者和员工在绩效管理过程中的角色发生变化。管理者由过去的“监督者”“消息传播者”“领导者”变成了“帮助者”“合作伙伴”“辅导员”。同时，员工也不再是绩效管理过程中的“被监督者”和“被领导者”，而是自己绩效的主人。职业生涯管理促使每个员工成为自己的绩效管理专家，使员工清楚地了解如何为自己设定绩效目标，如何有效地实现自己的职业目标，并知道如何在目标实现的过程中提高自我绩效管理的能力，从而使组织的绩效管理工作得到员工最大的理解和支持。

（四）绩效管理同薪酬管理的关系

薪酬（compensation）是指员工因雇佣关系的存在，从雇主那里获得的各种形式的经济收入、有形服务以及福利。薪酬主要包括基本工资、绩效工资、奖金和奖励以及福利与服务四种形式。薪酬管理（compensation management）是指组织在综合考虑各种内外部因素影响的情况下，根据组织的战略和发展规划，结合员工提供的服务来确定他们应得的薪酬总额和薪酬形式的过程。在这一过程中，组织必须就薪酬体系、薪酬水平、薪酬结构以及特殊员工群体的薪酬等做出决策。

在人力资源管理活动中，绩效管理与薪酬管理相互联系、相互作用、相辅相成。绩效管理与薪酬管理都是调动员工工作积极性的重要因素。其中，绩效管理是人力资源管理过程中的难点，直接影响薪酬管理的效能；薪酬管理则是影响人力资源管理活动成败的关键因素，是员工最为关心的敏感环节。一方面，绩效管理是薪酬管理的基础之一，建立科学的绩效管理体系是进行薪酬管理的首要条件。有效的绩效管理有利于建立科学的薪酬结构，将绩效管理过程中产生的评价结果与员工的薪资等级、可变薪资、奖金分配和福利计划等挂钩，能够确保薪酬管理过程的公平性、科学性和有效性，并在一定程度上简化薪酬方案的设计过程，降低设计成本，提高薪酬方案的运行效率。另一方面，针对员工的绩效表现及时地给予他们不同的薪酬奖励，能够合理地引导员工的工作行为，确保组织目标与员工目标的一致性，同时提高员工的工作积极性，增强激励效果，促使员工工作绩效不断提升。因此，只有将薪酬管理与绩效管理的结果相联系，才能使绩效管理真正发挥其应有的作用。鉴于薪酬管理和绩效管理的密切相关性，组织在进行薪酬管理和绩效管理时，应充分考虑两者之间的联系，避免相互冲突，以确保两者能够相辅相成，发挥协同作用。

（五）绩效管理同培训与开发的关系

培训与开发（training & development）是指一个组织通过相应的项目来改进员工能力水平和组织绩效的一种有计划的、连续的工作。培训的主要目的是使员工获得目前工作所需的知识和能力，帮助员工做好当前的工作；开发的主要目的则是使员工获得未来工作所需的知识和能力，帮助员工胜任组织中其他职位的工作。由于开发是以未来为导向的，因此在开发过程中学习的内容不一定与员工当前从事的工作有关。随着培训与开发的战略地位日益凸显，培训与开发的界限也日益模糊。

绩效管理同培训与开发之间的关系是双向的。不论是培训与开发还是绩效管理，都是通过引导员工的行为使其满足组织发展的需要。绩效评价的结果为培训与开发的需求分析提供了重要信息，管理者往往需要根据员工的绩效现状，结合员工个人的发展愿望，与员工共同制定绩效改善计划和未来发展计划。人力资源部门则可以根据员工当前绩效有待改善的方面，设计整体的培训与开发计划，从而使人力资源管理人员在设计培训与开发计划时能够有的放矢，并通过对培训与开发效果的评价，不断改善培训方案，确保培训与开发更具有针对性和有效性。培训与开发是一个系统化的行为改变过程，其最终目的是通过提高员工的工作能力、职业素质和知识水平，不断挖掘员工的个人潜能，调动员工的工作积极性，从而改善员工的工作绩效，实现组织的战略目标。通过培训与开发，组织可以弥补在绩效管理过程中发现的员工的不足，提高员工的工作能力，进而重新制定或调整相应的绩效评价指标或权重，促使员工绩效目标顺利实现。因此，绩效管理同培训与开发作为整个人力资源管理系统中两个重要的行为引导机制，应该向员工发出相同的“信号”，从而有效强化行为引导的效果。

（六）绩效管理同劳动关系管理的关系

劳动关系（labor relations）是指劳动者与用人单位之间在劳动过程中发生的关系。劳动关系管理（labor relations management）是以促进组织经营活动的正常开展为前提，以调整缓和组织劳动关系的冲突为基础，以实现组织劳动关系的合作为目的的一系列组织性和综合性的措施和手段。就管理职能而言，劳动关系管理一般包括基本业务管理、合作管理和冲突管理等三个方面。具体来说，员工合同管理、员工社会保障管理、安全生产和卫生管理、员工参与管理、集体谈判管理、集体冲突处理等都属于劳动关系管理的范畴。

人是生产力中最重要的因素，而劳动关系是生产关系的重要组成部分，规范和维护和谐稳定的劳动关系是人力资源管理活动的重要内容。劳动关系管理与员工的利益密切相关，是直接影响员工工作积极性和工作满意度的重要因素。通过劳动关系管理，组织可以强化员工的组织认同感和忠诚度，提高员工的工作热情和投入程度，营造一个和谐共进的组织氛围，从而确保员工对绩效管理工作的支持和配合，促进员工个人绩效的改善和组织整体绩效目标的实现。绩效管理对劳动关系管理也十分重要。科学有效的绩效管理可以加强管理者与员工之间的沟通和理解，有效避免或缓和矛盾与冲突，促进双方意见的达成和统一，确保员工的合法利益得到保护，促使劳动关系更加和谐。

（七）绩效管理同员工流动管理的关系

员工流动（employee turnover）通常是指人员的流出、流入和组织内发生的人员变动，它可以影响一个组织人力资源的有效配置。合理的员工流动可以不断改善员工的素质和结构，帮助组织长期保持活力与增强竞争优势。不合理的员工流动则会导致核心员工流失，造成人力资源浪费，进而对组织的发展产生诸多不利影响。因此，对员工流动进行有效管理十分必要。员工流动管理（employee turnover management）是指对组织员工的流入、内部流动和流出进行计划、组织、协调和控制，以确保组织员工的可获得性，从而满足组织现在和未来的人力资源需要和员工职业生涯发展的需要。

员工流动管理是强化绩效管理的一种有效形式。晋升、解雇等员工流动管理的方法可以激励员工不断地提高工作绩效，努力达成绩效考核目标，促进绩效管理工作的顺利进行。同时，绩效管理的结果也会影响员工流动管理的相关决策。在绩效管理过程中发现员工无法胜任现有的工作时，绩效管理的结果可作为职位变动或解雇、退休相关决策的依据。从绩效管理的结果中发现员工的长处时，也可以根据各个职位对人员的不同要求为其选择更适合的职位，同时可以通过绩效管理的结果来检验员工流动决策是否达到了预期的效果。

人力资源管理最直接的目标就是提高员工的工作绩效，而绩效管理的结果正是对这一核心目标的直接体现。绩效管理的结果可以在很大程度上判断各项人力资源管理职能是否取得了预期的效果，因而成为指导各项人力资源管理职能的“风向标”。绩效管理能否准确地衡量员工的真实绩效水平在很大程度上决定了其他人力资源管理职能能否充分发挥其应有的作用。因此，人力资源管理的其他职能也对绩效管理提出了更高的要求，设计一套符合组织实际的、科学的、动态的绩效管理系统就成为人力资源管理系统中的一项核心工作。

第4节 我国绩效管理的发展趋势

当今社会正处于高速发展的黄金时期，是知识经济占主导地位、无形资产决定未来的信息化时代。20世纪80年代末90年代初，以高新技术产业为主导的新科技革命促使生产力迅猛发展，科学技术成为经济发展的决定因素。伴随生产力的发展和社会财富的累积，世界经济一体化进程加快，市场竞争日趋激烈，各类组织面临着充满生机但又荆棘遍布的竞争环境。同时，管理思潮风起云涌，专业分工更为精细，研究视角更为深邃，学术流派相互砥砺，管理的未来让人憧憬但又让人难以揣摩。

在如此复杂多变的新时代、新形势下，绩效管理的发展走向又该如何呢？如果从传统的绩效衡量模式（包括表现性评价、目标管理、关键绩效指标等绩效管理工具）的历史贡献和局限性分析，似乎能够发现一些端倪。同时，根据德鲁克对21世纪的管理挑战所做的前瞻性思考，“管理范式”“战略”“变革”“信息技术”“知识经济”“自我管理”等关键词为人们预测管理的未来图景提供了指引。结合绩效管理的过去和管理的未来，我们针对绩效管理的发展趋势提出以下看法，希望能够得到读者的共鸣。

一、绩效管理发展演变的总体趋势是战略性绩效管理

德鲁克指出，在 21 世纪的管理领域，战略是新的必然趋势。组织需要通过战略将自己有关组织业务、发展目标、客户需求和价值的经营假设转变为现实绩效。他认为，如果没有战略，“机会”就不能称为机会，人们也就无法知道什么真正推动了组织预期成效的实现，什么占用了资源，以及什么分散了资源。在一个千变万化的不确定环境中，如何才能明确战略和实现战略呢？这就需要组织通过绩效管理手段来对模糊的战略假设进行诠释，将其转化为具体的组织绩效目标、部门绩效目标、团队绩效目标和个人绩效目标，以及各种财务指标和非财务指标，并通过对不同主体的决策和行为进行有效的计划、监控、评价和反馈，确实保障战略落到实处。这说明，绩效管理只是组织达成战略目的的一种手段或方式，只有与战略高度匹配并对战略形成有效支撑才具有实际意义。

二、平衡计分卡将成为主导性的绩效管理工具

罗伯特·卡普兰（Robert Kaplan）和戴维·诺顿（David Norton）所创建的平衡计分卡之所以被业界广为推崇，原因可能在理论本身，也可能在理论之外。就理论本身而言，相对目标管理、标杆管理、关键绩效指标以及其他理论或工具而言，平衡计分卡在理论的广度、深度以及包容性上具有比较明显的优势。它从战略的开发、诠释、衡量、协同到战略与运营的连接，从战略的执行、监控、学习到战略的检验与调整，对战略性绩效（来自客户的价值和来自企业的价值之和）的创造过程进行了全面深入的阐述。该理论体系包罗万象，而且开放性强，能够与任何组织管理理论进行对话，可以说是百年管理思想的集大成者。更为重要的是，平衡计分卡紧紧把握住了时代发展的脉搏，把无形资产的重要性提升到决定组织未来命运的战略高度，完全契合了知识经济和信息社会的特点。从理论之外的角度来说，平衡计分卡在各国各种类型组织中的应用从实践角度对平衡计分卡体系进行了不断的充实完善，应用范围不断扩大，应用效果也不断提高。理论上和实践上的发展让平衡计分卡日臻完善并将被广泛应用。

三、绩效管理体系将贯通战略管理和运营管理

战略管理和运营管理的相互分离是组织战略失败和运营不力的根本原因。传统的绩效管理体系采取将战略目标细化为运营计划的方式对两者进行衡量和管理，这种合二为一的做法看似实现了战略与运营的有效连接，实际上战略和运营之间的定位和关系模糊容易导致管理迷失。剖析卡普兰和诺顿对战略和运营连接机制的研究后，可以发现战略层面的关键业务流程和运营层面的关键成功因素是两者对接的节点，而且这两个节点是

通过绩效连接起来的。由此，随着对战略和运营连接机制的研究进一步深入，未来的绩效管理必将有效贯通组织的战略管理和运营管理，形成一个层次分明且高度整合的管理体系，它既能对战略绩效和运营绩效分别进行计划、监控、评价和反馈，又能确保战略与运营高度整合、协调一致。

四、无形资产将成为绩效管理的重点对象

在知识经济时代，组织赖以生存和发展的价值来源已经发生实质性的变化，组织之间的竞争不仅取决于有形资产，而且更多地依靠人力资源、技术、品牌、文化等无形资产的贡献，无形资产日益成为组织构建核心竞争能力的决定性因素。因此，无形资产必将成为组织未来绩效管理的重点对象。基于这一趋势，传统的绩效管理体系也会随之解构和重组。由于无形资产只有依附于有形资产并与战略保持协调才能创造高价值，因此未来的绩效管理应更加注重理顺价值创造的结果和驱动关系，更加注重平衡组织的长短期利益，在绩效衡量上也要兼顾财务指标与非财务指标，以实现组织的可持续发展。

五、人的能动性将在未来的绩效管理中得到加强

人力资源是第一资源，也是组织最为重要的无形资产。但是，在目前的绩效管理中，人的能动性还没有得到充分发挥。虽然目标管理提出了员工参与的核心思想，但是基于员工队伍构成的现实以及参与机制的不健全，普通员工在绩效计划的制定过程中仍然处于协商的劣势地位，仍然是绩效监控和辅导的被动接受者，仍然会遭受不公正的评价而申诉无果，也仍然会遭受基于政治目的的评价。随着知识经济的兴起，未来的组织将由知识工作者构成劳动力主体，员工的自我管理意识和能力将逐步提高，同时，通信、信息、自动化等领域的技术变革和发展将改变员工的工作地点、时间和方式。这些因素将共同作用于未来的绩效管理体系，使组织中的每一个人，包括体系的设计者、管理者、组织者和执行者，都有机会发挥自己的能动性和创造力。

六、电子化绩效管理系统将得到全面实施

电子化绩效管理系统是指组织利用互联网和计算机技术实现绩效管理的部分职能，它通过与组织现有网络技术相联系，保证绩效管理与变幻莫测的技术环境同步发展。电子化绩效管理系统能够提供轻松、快捷的在线信息访问与业务处理方式，大大优化组织的绩效管理业务流程。由于采取了基于网络的方式，组织可以采取易于使用的程序使组织成员方便、快捷地通过网络提交各种绩效信息，并访问有关绩效管理的内部站点，及时获取组织绩效管理政策。另外，由于采用了个人账户登录的方式，组织还可以设计个性化的绩效帮助，这种设计能够使成员享受“一站式”的优质服务。更重要的是，绩效管理系统所采用的这种实现方式进一步提高了人力资源部门的工作效率，使人力资源部门优化了业务处理流程和信息访问方式，从而获得了更加快捷的事务处理速度，并且缩

短了其他部门以及其他地域的成员向人力资源部门提交相关信息所需的时间。此外，这种基于网络的方式可以使数以千计的成员放弃纸质文档方式，转而访问人力资源门户站点，减少打印表格及相关事项的大量处理费用，由此节省的费用总额将是一个可观的数目。

七、政府绩效管理法制化建设进程不断推进

2014年10月，中国共产党第十八届中央委员会第四次全体会议在北京举行，会议审议通过了《中共中央关于全面推进依法治国若干重大问题的决定》（以下简称《决定》）。《决定》指出："全面推进依法治国，总目标是建设中国特色社会主义法治体系，建设社会主义法治国家。"有序推进政府绩效管理的法制化进程既是建设社会主义法治国家的内在要求，也是促进政府绩效管理制度化、规范化的必要举措。目前，我国还没有中央层面的政府绩效管理立法，各级地方政府在政府绩效管理立法方面则取得了较大的进展。2009年6月，黑龙江省人民代表大会常务委员会审议通过了《哈尔滨市政府绩效管理条例》，该条例共设7章48条，明确了哈尔滨市政府绩效管理的宗旨、基本原则、适用范围、机构职责，并对绩效计划、绩效评估、绩效信息、绩效诊断、绩效问责等多方面做了具体规范。这是国内首部政府绩效管理的专门立法，被誉为政府绩效管理的"哈尔滨模式"。随后，《南京市政府部门绩效管理暂行办法》《四川省人民政府部门绩效管理办法》《杭州市绩效管理条例》《深圳市政府绩效评估与管理暂行办法》等相继发布，标志着政府绩效管理法制化进程的不断深入推进。

关键词

绩效（performance）
绩效评价（performance appraisal）
绩效管理（performance management）
战略性人力资源管理（strategic human resource management）

复习思考题

1. 谈谈你对绩效的理解。
2. 绩效评价与绩效管理之间的联系和区别是什么？
3. 谈谈你对绩效管理的内涵和特点的认识。
4. 谈谈你对绩效管理系统模型的认识。
5. 谈谈绩效管理与战略性人力资源管理系统中其他职能的关系。
6. 试论述绩效管理的发展趋势。

案例分析

美林公司：从绩效评价到绩效管理的转变

美林公司（Merrill Lynch）是一家全球知名的财富管理、资本市场服务和咨询公司。美林公司为全球范围的私人客户、中小企业、机构和公司客户提供资本市场服务、投资银行和咨询服务、财富管理、投资管理、保险和相关产品及服务。作为投资银行，美林公司还是证券和资产等衍生品的交易商和承销商，是公司、政府、机构和个人的战略顾问。美林公司总部位于美国纽约。美林公司在全球150多个国家和地区设有分支机构，管理的客户总资产约为2.2万亿美元。

美林公司过去的绩效管理重点停留在对员工的简单评价阶段，转变之后的重点则着眼于提高员工绩效。为此，美林公司在绩效管理过程中非常重视绩效辅导、绩效反馈以及管理者与员工之间的绩效沟通。绩效评价在美林公司的绩效管理系统中仍然占有一席之地，但已不再是关注的唯一重点。每年年初，美林公司的员工要与其管理者共同制定工作目标。到了年中，管理者要对工作目标进行评价，并对员工行为适时做出调整，从而确保其能够达成工作目标。同时，管理者还要关注个人发展计划的实施情况。到了年底，管理者要对员工的绩效进行评价，并结合360度反馈获得的信息对员工需要改进的方面提出建议。在整个绩效管理周期内，管理者要给员工持续的绩效反馈，以帮助其顺利实现工作目标。为了适应绩效管理体系的变化，美林公司出台了一系列举措。一方面，美林公司将绩效评价结果的等级从五个缩减为三个，这样就避免了管理者在与员工面谈时总是解释为什么将其评价为某一等级的情况，能够将时间和精力放在如何提高员工绩效上。另一方面，美林公司加强了对管理者面谈技巧方面的培训。美林公司一直将管理者与员工的有效沟通视为绩效管理成功的重要基础。因此，为了让管理者在绩效管理周期内与员工持续不断地进行良好沟通，美林公司制定了全方位的培训计划，如对管理者如何开展面谈的培训、如何与员工共同协商从而制定目标的培训等。

案例来源：改编自 http://www.workforce.com/articles/managing-performance-the-merrill-lynch-way.

思考题

1. 你认为美林公司转变之后的绩效管理系统有哪些特点？
2. 试结合美林公司的实际，谈谈绩效管理与绩效考核的区别体现在哪些方面。

第2章

绩效管理工具

管理学是一门直接面向实践的科学，绩效管理工具作为管理实践与管理理论之间的桥梁与纽带，直接来自并应用于管理实践。绩效管理工具的革命性创新始于20世纪50—70年代。在50年代之前，不论是绩效管理的理论还是工具，都限于表现性评价。之后的几十年，绩效管理逐渐发展为人力资源管理理论研究的重点。学者们先后提出了目标管理、关键绩效指标、平衡计分卡等绩效管理理论和工具。纵观绩效管理工具的演变历程，它在横向上不断拓宽评价内容的范围，从单纯的财务指标扩展到全面考察企业；在纵向上不断提升关注经营的功能，从单纯的绩效评价工具上升到承接组织战略的绩效管理工具，如图2-1所示。

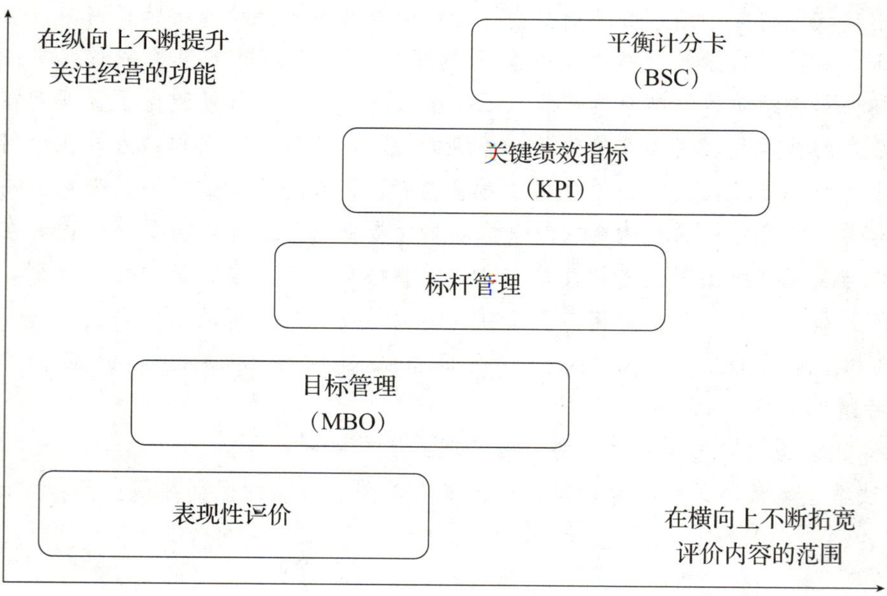

图2-1　绩效管理工具的演变

目标管理、关键绩效指标、平衡计分卡是应用非常普遍的系统性绩效管理工具。三个管理工具在产生的时代、性质、对象、特征、关注点、构成要素、指标构成等方面相互联系，但又不尽相同，其详细比较情况如表2-1所示。

表 2-1　　绩效管理工具的比较

项目		目标管理	关键绩效指标	平衡计分卡
时代		20 世纪 50—70 年代	20 世纪 80 年代	20 世纪 90 年代以来
性质		管理思想 重视工作与人的结合	指标分解的工具与方法 将战略与考核指标结合	集大成的理论体系 将战略管理与绩效管理有机结合
对象		个人	组织、群体、个人	组织、群体、个人
特征		员工参与管理 体现“我想做” 自我管理与自我控制	战略导向 指标的承接与分解 指标层层分解、层层支撑	战略导向 目标的共享与分享、承接与分解 强调因果关系、平衡
关注点		管理、考核（关注结果）	考核、管理（关注结果）	管理、考核（关注过程和结果）
要素		目标 指标 目标值	战略 关键成功领域 关键绩效要素 关键绩效指标	使命、核心价值观、愿景、战略 客户价值主张、四个层面目标、指标、目标值、行动方案
指标	设计	根据组织目标，由上下级协商确定	根据战略，自上而下层层分解	根据使命、核心价值观、愿景、战略、客户价值主张等，依据目标分层分别制定
	关系	指标之间基本上独立，彼此没有联系	指标之间基本上独立，彼此没有联系	目标的因果关系导致四个层面的指标之间有关联性
	类型	侧重定量指标	无前置指标和滞后指标之分，强调客观指标	有前置指标和滞后指标之分，强调客观指标、主观判断指标

第 1 节　目标管理

美国著名的管理学家彼得·德鲁克在 1954 年出版的《管理的实践》（*The Practice of Management*）一书中提出了目标管理（management by objectives，MBO），认为古典管理学派偏重于以工作为中心，忽视了人性的一面，行为科学则偏重于以人为中心，忽视了同工作相结合。目标管理综合了对工作的兴趣与人的价值，强调在工作中满足社会需求，同时又致力于组织目标的实现，这样就实现了工作和人的需要两者的统一。德鲁克提出的“目标管理和自我控制”的管理思想促使目标管理发展为一个卓越的管理工具。

一、目标管理概述

（一）目标管理的内涵

德鲁克认为，目标管理的具体形式多种多样，但其基本内容是一致的，即有了目标之后，才根据目标确定每个人的工作，而不是有了工作才有目标。组织的使命和任务都必须转化为具体目标，而组织目标只有通过分解变成多个更小的目标后才能实现。他还指出，目标管理和自我控制最大的优点在于可以用目标给人带来的自我控制力取代来自他人的支配式的管理控制方式，从而激发人的最大潜力，把事情办好。

从某种意义上说，目标管理是德鲁克提出的最重要、最有影响力的概念。德鲁克认为，所谓目标管理是一种程序或过程，它使组织中的上下级一起协商，根据组织的使命确定一定时期内组织的总目标，由此决定上下级的责任和分目标，并把这些目标作为组织经营、评估和奖励的标准。从员工的角度来说，目标管理实现的是从“要我干”到“我要干”的过程。本书讲的目标管理是指德鲁克提出的目标管理。在德鲁克之后，有很多学者对目标管理的概念进行了探索和研究。

约翰·亨布尔（John Humble）认为，目标管理是在管理者努力发展自己的前提下，积极整合组织的需要来阐明和实现组织利益的动力系统，是对管理风格的要求与奖赏。

戴尔·麦康基（Dale D. MeConkey）把目标管理看成一种业务管理计划和考核方法，即每一位管理者都按其应达成的目标与成果订立一年或一定期间具体可行的工作内容与进度，期满时以预定目标来衡量实际的成果。麦康基在分析近40位权威人士对目标管理的观点后认为，大家在以下三个方面的看法是一致的：目的和目标应当具体；应该根据可衡量的标准来定义目标；应当将个体目标与组织目标联系起来。

对目标管理理论做出重大贡献的乔治·欧迪伦（George Odiorne）曾将目标管理描述为如下过程：“一个组织中的上级和下级一起制定共同的目标；同每个人的应有成果相联系，规定他们的主要职责范围；用这些措施作为经营一个单位和评价其每个成员的贡献的指导。”他认为目标管理是一种秩序，它凭借上下层级对目标的共同了解，制定个人的工作目标及职责，使之能齐心协力地实现组织目标，并以预定的目标作为工作推进的指导原则和评审成果的客观标准。

（二）目标管理的特点

德鲁克提出的目标管理与一般意义上的目标分解、落实、执行、监督、检查、激励、惩罚等有原则性的区别。德鲁克提出目标管理具有三个重要的特点。

1. 目标管理是一种基本原则

目标管理更确切地说是“目标管理和自我控制”，是一种基本原则，即通过将管理者和员工的注意力及努力引向一个共同的目标，实现管理效率和效果的提升。通过有效的管理，目标管理可以保证各个层级的管理者和全体员工明白需要达到的结果是什么，同时确保上级充分了解每个下级管理者的期望，从而建立协作关系，将“要我做”变成“我要做”，把个人的潜力和责任心充分发掘出来，激励每个管理者和员工朝正确的方向做出最大的努力。

2. 目标管理是一种责任

德鲁克认为，目标应该从“我们的事业是什么？我们的事业将是什么？我们的事业应该是什么？”三个问题中获得，体现组织发展的方向，并作为组织最根本的策略；同时，目标还是一种承诺，是实现未来的手段，也是用来衡量组织绩效的标准。因此，德鲁克的目标管理表现为一种责任意识。关于责任，德鲁克曾经做出如下诠释：“责任既是外在的也是内在的。对外而言，它意味着组织或组织内其他人能够通过自己达到特定要求的绩效表现。对内而言，它意味着一种承诺，即一个负责任的人不仅对具体结果负责，也有权为产生这些结果采取一切必要的行动，或者他尽力去取得这些结果，并把它们看作个人的成就。”通过这种“责任”，目标管理在组织内部推行自我管理的方式，推动实现个人目标、部门目标和组织目标的统一。

3. 目标管理是一种管理哲学

德鲁克认为，目标管理和自我控制可以合法地称为管理的“哲学”。目标管理之所以可以称为一种管理哲学，是因为它适用于所有管理者，且不受职位和职责差异的影响，它也适用于任何类型的组织，不管组织性质和规模如何。目标管理通过将人类行动、人类行为和人类动机等基本概念与管理工作实践相结合，体现出管理实践的一种基本趋向；也通过将组织目标转化为个人目标，充分激发出员工的内在动力，使组织绩效得到保障。可以说，目标管理是在探索管理哲学基本问题（管理是什么、为什么和怎么做）的基础上发展起来的系统管理理论。

（三）目标管理的理论基础

德鲁克构建的目标管理体系是具有系统性、完整性、科学性和实用性等特点的理论体系，已经成为现代管理学理论体系的重要组成部分，在管理学理论中具有十分重要的地位。任何重要的管理理论都是在充分吸收前人的研究成果的基础上逐渐积淀和丰富起来的，对目标管理理论有贡献的主要理论基础有科学管理理论、管理过程理论以及人际关系学派理论等。

1. 科学管理理论对目标管理理论的贡献

泰勒认为，现代科学管理中最突出的要素是任务观念。《伟大的管理思想》的作者杰克·邓肯（Jack Duncan）认为“从纯理论的角度看，泰勒所说的任务实质上就是目标”，泰勒对“任务”的详细论述表明了泰勒对组织制定目标的重视。泰勒还认为，“计划如果同执行混在一起，计划就不能执行”，并提出了把计划职能与执行职能分开的思想。德鲁克认为，泰勒发现“计划不同于执行”，认识到计划是管理工作中单独的一部分对目标管理理论的贡献最大。

科学管理学派其他代表人物的研究也为目标管理理论的提出做出了贡献。莉莲·吉尔布雷思（Lillian Moller Gilbreth）进一步发展了泰勒的“任务管理”观点，意识到目标的实现涉及“手段和目的之间的相互关系”。基于此，她认为个人任务的实现是组织目标实现的一个前提，从而把组织中的“任务”发展为组织的“目标”。哈林顿·埃默森（Harrington Emerson）的“12条效率原则”的第一原则就是“十分明确的理想”，他认为组织中所有人都对组织的理想有一致的认识并通过齐心协力来实现它，这有助于获得良好的组织效果。

2. 管理过程理论对目标管理理论的贡献

管理过程理论侧重于对管理过程的研究，与科学管理理论侧重于提高劳动生产率不同，它着重研究组织职能。管理过程理论的主要代表人物亨利·法约尔（Henri Fayol）提出管理的五项基本职能，开始把计划作为管理的一种职能。林德尔·厄威克（Lyndall Urwick）把“目标原则”作为其系统化行政管理的原则之一，认为“除非是为了一个共同的目标，否则就无理由要求人们进行合作，也无理由把他们组织起来”。管理过程学派的另一个代表人物詹姆斯·穆尼（James Mooney）在《工业，前进！——组织原理及其对现代工业的意义》一书中谈到“组织效率原理”，强调“组织是每种人群实现某种共同目标的联合形式”，即协调原理。管理过程理论关于管理职能的分析、对组织中“计划”和“目标”的论述与德鲁克的目标管理理论相比有很多相似之处，不同的只是目标管理将管理重心从关注过程转移到关注结果，强调目标就是管理的根本。

3. 人际关系学派理论对目标管理理论的贡献

人际关系学派的理论对目标管理理论具有直接影响，其中很多观点为目标管理体系的形成提供了一个基本框架。目标管理理论主要基于前人有关人性假设的研究成果。这些成果可以用道格拉斯·M. 麦格雷戈（Douglas M. McGregor）提出的 X 理论和 Y 理论来阐释。

对人的假设决定了一个管理者将采取什么样的管理方式对待自己的下属员工，X 理论和 Y 理论是两种比较极端的假设。X 理论认为工作对大多数人而言是没有乐趣的，大多数人会逃避责任，因此管理的行为应该是“严厉的”或“强硬的”，管理者要采取严格的监督与控制方式；Y 理论则认为工作是一种像游戏和休息一样自然的事，人在工作中愿意负责任，人的自我实现的要求与组织的要求并不矛盾。在《企业中人的方面》一文中，麦格雷戈把 Y 理论叫作“个人目标与组织目标的结合”，在这种哲学的指引下，管理者的重要任务就是创造一种使人发挥才能的工作氛围，并主要通过员工的内在激励，给予员工更多的自主权，让员工参与决策，实现自我控制，满足自我实现的需要。目标管理正是一种以“员工”为中心，以“人性”为本位的管理方法，其本质是以“民主”代替“集权”，以“沟通”代替“命令”，使组织成员充分切实地参与决策，并采用自我控制、自我指导的方式，把个人目标与组织目标结合起来。

二、目标管理的实施

（一）目标管理的实施步骤

目标管理包括以下两方面的重要内容：第一，必须与每位员工共同制定一套便于衡量的工作目标；第二，定期与员工讨论其目标实现情况。具体来说，目标管理的实施过程主要有计划目标、实施目标、评价结果、反馈四个步骤。

1. 计划目标

计划目标就是建立每位被评价者所应达到的目标。这一过程是通过目标分解来实现的，通常由评价者与被评价者共同制定目标。在此需要明确的是：本部门的员工如何才能为部门目标的实现做出贡献。通过计划过程，员工可以明确期望达到的结果，以及为达到这一结果所应采取的方式、方法及所需的资源。同时，员工还要明确时间框架，即当他们为某一目标努力时，要了解自己目前在做什么、已经做了什么和下一步将要做什么，并合理安排时间。

计划目标是目标管理最重要的步骤，也是目标管理的关键环节。该环节需要高度重视如下两个方面的内容。首先，需要明确目标的类型。按照不同的分类标准，目标通常有三种分类方式。一是按照作用的不同，可将目标分为经营目标和管理目标，其中经营目标通常包含销售额、费用额、利润率等指标，管理目标则包含客户保有率、新产品开发计划完成率、产品合格率、安全事故控制次数等指标；二是按照组织结构的层级不同，可将目标分为组织目标、部门目标和个人目标；三是按评价方法的客观性情况，可将目标分为定量目标和定性目标，定量目标包含销售额、产量等，定性目标则包含制度建设、团队建设和工作态度等。其次，需要明确各种分类在管理实践中往往是相互交叉的，因此，需要具体问题具体分析，制定出适合组织管理实际的目标体系。

2. 实施目标

实施目标就是对计划实施的监控，它可保证制定的计划按预想的步骤进行，掌握计划进度，及时发现问题。如果成果不及预期，管理者应及时采取适当的矫正行动，如有必要还可对计划进行修改。通过监控，管理者也可注意到组织环境对下属工作表现产生的影响，从而帮助被评价者克服其无法控制的客观环境因素。

3. 评价结果

评价结果是指将实际达到的目标与预先设定的目标相比较。这样做的目的是使评价者能够找出未能达到目标或实际达到的目标远远超出预先设定的目标的原因，这有助于管理者做出合理的决策。

4. 反馈

反馈就是管理者与员工一起回顾整个周期，对预期目标的达成及其进度进行讨论，从而为制定下一绩效周期的目标及战略制定或战略调整做好准备。凡是已成功实现目标的被评价者，都可以参与下一次新目标的设置过程。

目标管理理论特别重视员工对组织的贡献。在传统的绩效评价方法中，评价者的作用类似于法官的作用，而在目标管理的过程中，评价者起的是顾问和促进者的作用，员工的作用也从消极的旁观者转变成积极的参与者。员工同他们的部门主管一起建立目标，在如何达到目标方面，管理者给予员工一定的自由度。参与目标建立使得员工成为该过程的一部分。在评价后期，员工和部门主管需要进行一次评价面谈。部门主管首先审查实现目标的程度，然后审查解决遗留问题需要采取的措施。在目标管理方式下，管理者在整个评价时期要保持联系渠道的公开。在评价会见期间，解决问题的讨论仅仅是另一种形式的反馈面谈，其目的在于根据计划帮助员工取得进步。与此同时，管理者可以为下一个评价期建立新的目标，并开始重复评价过程的循环。

（二）目标管理成功实施的关键点

很多组织都有清晰的战略目标，但是对如何实现目标并不清楚，员工更不清楚他们的工作与组织的战略目标有何关系。员工固然有努力的良好愿望，但是由于没有明确的目标，往往无所适从，不知道努力的方向，终日忙碌而不知所图。因此，要取得目标管理的成功，必须充分把握实施过程的关键点。目标管理的关键点主要体现在如下四个方面。

1. 选择最有效的管理风格

在成功的目标管理中，普遍采用的管理风格是参与式管理。从本质上讲，参与式管理是一种分散权力、用小组形式管理的方法，每一个管理人员被赋予最充分的自由去决定或影响其工作和前途，但又不能超出整个组织特定时期必须达到的要求范围。参与式管理要求管理人员及其上级首先就下属要达到的具体目标和实现目标的时限、下属享有的权限以及可以支配的资源取得一致意见，然后让下属独自管理其目标，上级的控制要最少，但也要有效。

员工参与是目标管理的精髓。从目标制定、目标实施到结果评价的全过程离不开员工的参与。管理者只有和员工进行充分的、持续的沟通，才能充分激发员工的创造性、主动性和积极性，促使员工信守承诺，从而真正实现员工的自我控制和自我管理，进而确保目标的实现。

2. 做到组织层次分明

要取得好的管理效果，先决条件是要求所有管理人员为已确定的目标负起绝对责任，这就需要明确每一个管理人员承担的具体目标，而每一个管理人员承担的目标必须与授予的权限相一致。任何在职责和权限之间出现的差距往往都会使目标无法达成，而且会使管理人员受到很大的挫折。为每个组织成员制定目标有助于发现组织设计上的弱点，即明确是否重复授予权限，或授予的权限与职责是否一致，对这些弱点的纠正必须由最高管理部门进行。在目标管理实践中，组织层次分明是目标体系具体明确的前提和基础，而目标体系本身的科学性、具体性、明确性及针对性则是决定目标管理成败的关键因素；在组织混乱的情况下，很难有效推行目标管理。

3. 制定有挑战性的目标

大量的理论研究和管理实践证明，具有挑战性的目标通常能带来高绩效。在目标管理中，目标制定是关键。因此，管理者和下属经过充分沟通制定出具有挑战性的目标就成了目标管理成功的关键。在管理实践中，很多组织的目标选择不是难度太高，就是难度太低，这两种情况都不利于最大限度地发挥个人的最大潜力；如何制定出难度适中且组织中绝大多数的部门和个人能通过努力实现的目标是成功实施目标管理的关键点之一。

4. 进行及时的工作反馈

进行工作反馈是目标管理的必要环节，工作反馈的必要性主要包含两个方面。第一，管理人员越以成就为导向，就越需要对自己的工作进行反馈。管理人员自始至终都要了解自己的工作做得好不好，他们不愿意在采取行动后对行动的结果一无所知。第二，管理人员越以成就为导向，就越不能忍受日常文书工作、不必要的日常事务和原始数据。他们需要的是决策时能直接采用的、最小量的、有质量的和经过组织的数据。

三、对目标管理的评价

目标管理是德鲁克提出的重要管理思想，也是重要的管理工具，对管理思想的系统化和操作化做出了重要贡献。20 世纪 50—70 年代，在西方管理学界和企业管理实践中，目标管理理论风行一时，产生了重要的影响。罗宾斯认为，目标管理是一种运用目标激励人而不是控制人的方法。美国旧金山大学商学院教授理查德·D. 巴布柯克（Richard D. Babcock）认为，“目标管理概念的提出具有划时代的意义，目标管理注重管理行为的结果而不是对行为的监控，这是一个重大贡献。因为它把管理的整个重点从工作努力（输入）转移到生产率（输出）上来”。美国南卫理公会大学商学院教授理查德·H. 巴斯科克（Richard H. Buskirk）认为，目标管理理论的提出是划时代的思想革命，它重视管理行为的结果而非监督活动本身，在管理者把管理中心从努力工作转移到生产率（产出）方面做出了极大的贡献。虽然目标管理理论已经取得长足的进步，但是任何管理理论都不能脱离管理实践，随着社会的发展，目标管理理论的弊端将逐渐显现。

（一）目标管理的优点

第二次世界大战后的各国经济由恢复时期转向迅速发展时期，企业亟须采用新的方法调动员工的积极性以提高竞争能力。目标管理由于适应了当时的环境变化和企业管理实践的需要，迅速地发展起来，并在企业管理中发挥巨大的作用。与传统的表现性评价（由主管根据绩效周期内下属的工作表现，包括工作的数量、工作的行为等，对其做出评价的绩效管理模式）相比，目标管理有巨大的优势。

1. 重视激发员工内在潜力

目标管理重视人的因素，强调“目标管理和自我控制”。在工作中，目标管理实行自我控制，通过让下属参与、由上级和下属共同协商确定绩效目标，激发员工的工作兴趣和价值，满足员工自我实现的需要。实施目标管理还可以提高员工个人的能力，由于目标管理所制定的目标是以个人能力为基础的，要达成目标，员工必须经过一番努力。因此，员工实现目标的过程也是其不断挖掘自身潜力和提高个人能力的过程。

2. 有利于组织目标的实现

目标管理可以帮助管理者理清思路，有利于组织目标的顺利实现。目标管理通过专门的过程，使组织各级管理者及所有员工明确组织的目标、组织的结构体系、组织的分工与合作及各自的任务。在目标制定的过程中，目标管理通过明确权力和责任，将个人的需求和组织目标结合起来，有利于目标实施过程中的相互配合和既定目标的顺利实现。目标管理还迫使管理者仔细思考实现目标所应采取的方式、方法、所需的时间和资源以及行动计划的效果和可能遇到的问题等，从而确保行动计划的切实可行。许多实施目标管理的组织通常会在目标管理实施的过程中发现组织体系存在的缺陷，这有助于组织对自己的管理实践进行改造。

3. 有利于改进管理方式和改善组织氛围

有效实施目标管理还能改进管理方式和改善组织氛围。目标管理以目标制定为起点，以目标实现情况的评价为重点，以评价结果反馈为终点，其中工作结果是评价工作绩效的最主要依据。这导致在实施目标管理的过程中，监督的成分较少，而控制目标实现的能力大大增强。由于目标的制定和执行过程中强调上下级充分沟通，目标管理能够有效地改善人际关系和营造良好的组织氛围；再加上重视员工激励，目标管理可以使员工的向心力大大提高。

（二）目标管理的不足

20 世纪 70 年代末，目标管理的不足逐渐暴露出来，目标管理开始遭到质疑。目标管理的弊端主要体现在以下四个方面。

1. 对目标管理人性假设的质疑

目标管理假定人们对成就动机、能力与自治有强烈的需求，员工愿意接受有挑战性的目标，因此，它允许员工制定自己的目标与绩效标准。但是，组织中的员工并非都具有高成就动机并愿意参与决策和承担挑战性任务，目标管理忽视了组织中的本位主义及员工的惰性和成熟程度，对人性的假设过于乐观使目标管理的效果在实施过程中大打折扣。正是基于这个原因，当今许多组织将目标管理的应用仅局限于中高层管理者或技术人员。

2. 实施目标管理的成本过高

目标管理实施过程中，上下级为了制定目标和统一思想，必须进行反复沟通，这要耗费大量的时间和成本。罗伯特·斯科法（Robert Schaffer）指出："值得嘲讽的是目标管理通常制造的是纸片风景，计划越来越长，文件越来越厚，焦点散漫，质量因目标标准过多而良莠不齐，能力都花在机制上而不是结果上。"这容易使目标管理流于形式。

3. 目标及绩效标准难以确定

目标管理过分强调通过量化指标来衡量绩效，然而组织中的许多工作是难以量化的，并且绩效标准因人而异，因而采用目标管理的组织无法提供一个相互比较的平台。目标管理的公平性因此受到质疑。

4. 容易导致短视行为

目标管理实施过程中，强大的考核压力使得员工倾向于选择短期目标，即更加注重评价周期内必须衡量的目标，导致组织内部员工为达到短期目标而牺牲长期目标。这最终会导致组织的长期利益受到忽视，不利于组织的可持续发展。

无论如何，目标管理在管理思想史上仍具有划时代的意义。它作为一种绩效管理工具，为绩效管理的发展奠定了基础，作为一种先进的管理思想，它也对后来的很多管理学理论产生了重大影响。

第 2 节　标杆管理

20 世纪 70 年代末 80 年代初，日本企业借助其产品质量和成本控制的优势，取得了举世瞩目的成就。在此背景下，美国企业掀起了学习日本企业的运动。1979 年，美国施乐公司首创标杆管理（benchmarking），后经美国生产力与质量中心系统化和规范化，标杆管理发展为支持企业不断改进和获得竞争优势的重要管理工具之一。

一、标杆管理概述

（一）标杆管理的内涵

施乐公司推行标杆管理取得明显成效之后，大型企业纷纷效仿。研究表明，1996 年世界 500 强企业中有近 90％的企业在日常管理活动中应用了标杆管理，其中包括柯达、AT&T、福特、IBM 等。随着研究的深入和管理实践的探索，标杆管理（又称基准管理）的内涵逐渐明晰。

施乐公司将标杆管理定义为“一个将产品、服务和实践与最强大的竞争对手或者行业领导者相比较的持续流程”。美国生产力与质量中心则将标杆管理定义为：“标杆管理是一个系统的、持续的评估过程，通过不断地将企业流程与世界上居领先地位的企业相比较，获得帮助企业改善经营绩效的信息。”其实，这个定义并不全面深刻，标杆管理不仅是一个信息过程和评估过程，而且涉及规划和组织实施的过程。

基于前人的研究，笔者认为，标杆管理是通过不断寻找和研究同行业一流公司的最佳实践，并以此为基准与本企业进行比较、分析、判断，从而使本企业不断得到改进，进入或赶超一流公司，创造优秀业绩的良性循环过程。其核心是向业内外最优秀的企业学习。通过学习，企业可重新思考和改进经营实践，创造自己的最佳实践，这实际上是模仿创新的过程。

标杆管理突破了产业界限，模糊了企业性质，重视实际经验，强调具体的环节和流程。其思想是企业的业务、流程、环节都可以解剖、分解和细化；企业可以根据需要去寻找整体最佳实践或者优秀部分来进行标杆比较；通过比较和学习，企业可重新思考和设计经营模式，借鉴先进的模式和理念，创造出适合自己的全新的最佳经营模式。通过标杆管理，企业能够明确产品、服务或流程方面的最高标准，然后做出必要的改进来达到这些标准。因此，标杆管理是一种摆脱传统封闭式管理方法的有效工具。

（二）标杆管理的类型

标杆管理可分为以下四类：

（1）内部标杆管理。内部标杆管理以企业内部操作为基准，是最简单且易操作的标杆管理法之一。辨识企业内部最佳职能或流程及其实践，将其推广到组织的其他部门，从而实现信息共享，是企业提高绩效的最便捷的方法之一。单独执行内部标杆管理的企业往往持有内向视野，容易产生封闭思维，因此内部标杆管理应与外部标杆管理结合使用。

（2）竞争标杆管理。竞争标杆管理的目标是与有相同市场的企业的产品、服务和工作流程等方面的绩效和实践进行比较，直接面对竞争者。它实施起来比较困难，原因在于除了公共领域的信息容易获得，有关竞争企业的其他信息较难获得。

（3）职能标杆管理。职能标杆管理是以行业领先者或某些企业的优秀职能操作为基准进行的标杆管理。职能标杆管理法的合作者常常能相互分享一些技术和市场信息，标杆的基准是非竞争性外部企业及其职能或业务实践。由于没有直接的竞争者，合作者往往比较愿意提供和分享技术与市场信息。

（4）流程标杆管理。流程标杆管理是以最佳工作流程为基准进行的标杆管理。由于比较的是类似的工作流程，流程标杆管理法可以跨不同类型的组织进行。它一般要求企业对整个工作流程和操作有很详细的了解。

（三）标杆管理的特点

标杆管理作为一个重要的管理工具，在组织变革、组织学习和绩效管理中都有广泛应用，在实施标杆管理的实践中，通常表现出如下特征：

（1）绩效比较和超越贯穿整个标杆管理的始终。选择标杆就是选择一个超越的绩效基准，超越标杆就是改进绩效、提升绩效并实现超越的过程。整个标杆管理都体现了比较和评价的基本思想。

（2）标杆通常是最佳实践或者最优标准。标杆管理通常在全行业范围内，甚至全球范围内选择最佳实践或者最优标准作为标杆。通过与标杆进行全面的比较和分析，可以找出差距，制定超越方案，实施超越。组织在选择标杆的时候，可以根据领域的不同，选择不同的标杆进行超越。比如，华为在选择标杆的时候就根据不同的业务领域选择不同的企业进行学习，在业务流程管理上，于1998年启动了“IT策略与规划”项目，通过向IBM学习，由电信设备制造商逐渐向电信整体方案提供商和服务商转变；在干部培养上，向GE学习，把组织发展和个人发展结合起来。

二、标杆管理的实施

施乐公司的罗伯特·坎普是标杆管理的先驱和最著名的倡导者。20世纪70年代末，施乐公司失去了复印机市场的领导地位。通过对竞争对手进行调查和分析，施乐公司发现竞争对手的销售价格与自己的制造成本相同。罗伯特·坎普决定在产品质量和特性上对制造活动进行改进，实施标杆超越。在制造领域的超越取得成功后，施乐公司又在企业内其他领域进行推广。施乐公司的标杆管理实践为标杆管理确立了一种基本范式，该公司将标杆管理活动划分为五个阶段，每阶段有2～3个步骤。

（1）计划。确认对哪个流程进行标杆管理；确定用于比较的公司；决定收集资料的方法并收集资料。

（2）分析。确定自己目前的做法与最好的做法之间的绩效差异；拟定未来的绩效标准。

（3）整合。就标杆管理过程中的发现进行交流并获得认同；确立部门目标。

（4）行动。制定行动计划；实施明确的行动并监测进展情况。

（5）完成。处于领先地位；全面整合各种活动；重新调校标杆。

标杆管理的规划实施有一整套逻辑严密的步骤，大体可分为以下五步：

第一步，确认标杆管理的目标。在实施标杆管理的过程中，首先，要坚持系统优化的思想，不是追求组织某个局部的优化，而是着眼于组织总体的最优。其次，要制定有效的实践准则，避免实施过程中的盲目性。

第二步，确定比较目标。比较目标就是能够为企业提供值得借鉴信息的组织或部门，比较目标的规模和性质不一定要与企业相似，但应在特定方面为组织提供良好的借鉴。

第三步，收集与分析数据，确定标杆。分析最佳实践和寻找标杆是一项比较烦琐的工作，对于标杆管理的成效非常关键。标杆的寻找包括实地调查、数据收集、数据分析、通过与自身实践比较找出差距、确定标杆指标。标杆的确定为企业找到了改进的目标。

第四步，系统学习和改进。这是实施标杆管理的关键。标杆管理的精髓在于创造一种环境，使组织成员在战略愿景下工作，自觉地学习和变革，创造出一系列有效的计划和行动，以实现组织的目标。另外，标杆管理往往涉及业务流程的重组和行为方式的变化。这时，组织需要采用培训、宣讲等各种方式，真正调动员工的积极性。

第五步，评价与提高。实施标杆管理不是一蹴而就的，而是一个长期渐进的过程。每一轮完成之后都有一项重要的后续工作，即重新检查和审视标杆研究的假设、标杆管理的目标和实际达到的效果，分析差距，找出原因，为下一轮改进打下基础。

标杆管理在企业发展中的重要作用已经逐渐被企业认同，其使用范围也从最初衡量制造部门的绩效发展到不同的业务职能部门，包括客户满意度、后勤和产品配送等方面。标杆管理也被应用于一些战略目的，如衡量一个企业在创造长期股东价值方面与产业内其他公司的差距等。标杆管理已经成为改善企业经营绩效、提高全球竞争优势最有用的一种管理工具，甚至很多非营利组织也开始采用这一工具。标杆管理作为一种管理思想，还可以与其他管理工具结合使用，比如，设置绩效目标或者提炼关键绩效指标时，都可以采用标杆管理的思想或方法。

三、对标杆管理的评价

树立标杆是手段，实现超越是目的。企业实施标杆管理时，必须抓住学习创新的关键环节，以适应企业自身特点并促进企业战略目标的实现为原则，既有组织又有创新，只有这样才能真正发挥标杆管理的作用。片面理解标杆管理且惰于创新不但与标杆管理的初衷背道而驰，而且不能从根本上提高企业的核心竞争力。对标杆管理的优点和局限性的全面理解有助于企业更有效地使用该管理工具。

（一）标杆管理的优点

标杆管理为企业提供了优秀的管理方法和管理工具，具有较强的可操作性，能够帮助企业形成一种持续追求改进的文化。标杆管理的优点主要表现在以下几个方面：

第一，标杆管理有助于改善绩效。标杆管理作为一种管理工具，在绩效管理中发挥重要作用，特别适合作为绩效改进工具。在管理实践中，实施标杆管理的组织通过辨识行业内外最佳企业的绩效及其实践途径，确定需要超越的标杆，然后制定需要超越的绩效标准，同时制定相应的改善措施，进而实施标杆超越，最后制定循环提升的超越机制，从而实现绩效的持续提升。

第二，标杆管理有助于企业的长远发展。标杆管理是企业挖掘增长潜力的工具，经过一段时间的运作，组织内部与标杆进行比较，使个人、部门甚至组织的潜力得到充分的激发，克服组织内部的短视现象。组织内在潜能的充分激发有利于形成稳定的企业文化，从而使外在动力转化为内在发展动力，为组织长期健康发展打下坚实的基础。

第三，标杆管理有助于建立学习型组织。学习型组织实质上是一个能熟练地创造、获取和传递知识的组织，同时善于修正自身的行为，以适应新的知识和见解。标杆管理的实施有助于企业发现其产品、服务、生产流程及管理模式方面存在的不足，通过学习标杆企业的成功之处，结合实际情况将其充分运用到自己的企业当中。同时，随着企业经营环境和标杆的变化，这一过程也在持续更新。

（二）标杆管理的不足

标杆管理是一种片段式的、渐进的管理工具，所有的业务、环节和具体的工作都可以作为比较的对象，都能够实施标杆管理。很多组织在实施标杆管理的时候，不能从整体最优的角度出发实施标杆超越，虽然这样也可能会取得一定的效果，但是很多时候组织会遇到困难和挫折。在我国的管理实践中，标杆管理的经典案例还非常匮乏。标杆管理通常只有在与其他管理工具配合使用时，才能发挥更大作用。

第3节　关键绩效指标

进入20世纪80年代，随着管理实践的发展，绩效管理作为人力资源管理的重要方面，受到了更加广泛的关注。这一时期，管理学界开始将绩效管理与企业战略相结合，采用各种评估方法，并将结果导向与行为导向的评估方法的优点相结合，强调工作行为与目标达成并重。在这种背景下，关键绩效指标应运而生。

一、关键绩效指标概述

（一）关键绩效指标的内涵

所谓关键绩效指标（key performance indicators，KPI）是指组织战略目标经过层层分解产生的具有可操作性的用以衡量组织战略实施效果的关键性指标体系。其目的是建立一种机制，将组织战略转化为内部流程和活动，从而促使组织获取持续的竞争优势。关键绩效指标作为一种绩效管理工具，核心思想是根据“二八”原则，认为只要抓住组织的关键成功领域（key result areas，KRA），洞悉组织的关键绩效要素（key performance factors，KPF），有效管理组织的关键绩效指标，就能以少治多、以点带面，从而实现组织战略目标，进而打造持续的竞争优势。其中，关键成功领域是为实现组织战略而必须做好的几方面工作；关键绩效要素是对关键成功领域的细化和定性描述，是制定关键绩效指标的依据。关键成功领域、关键绩效要素和关键绩效指标始终保持战略导向性，三者的关系如图2-2所示。

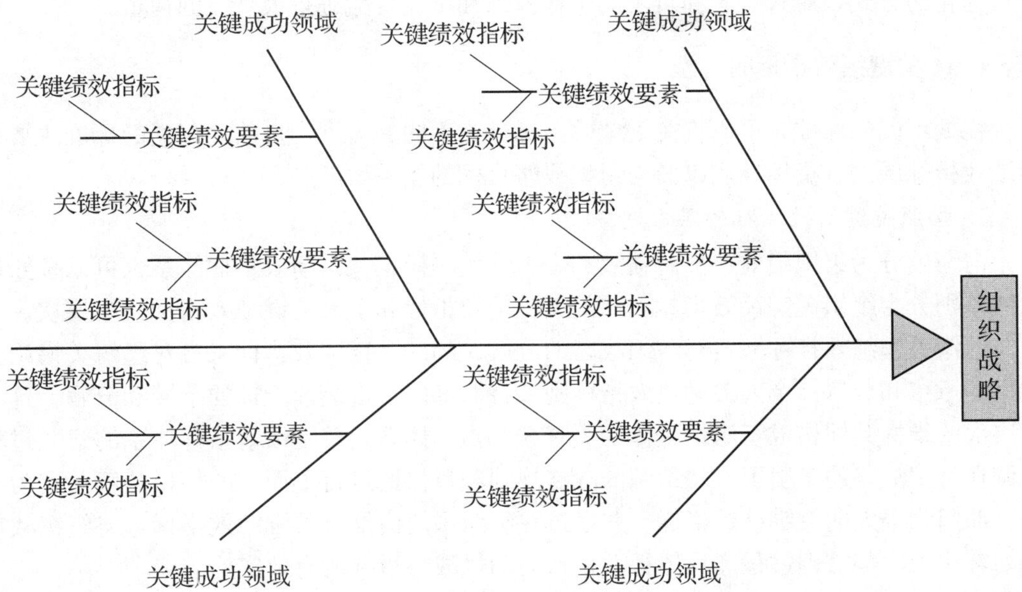

图 2－2　基于组织战略的 KRA，KPF 和 KPI 的关系鱼骨图

对关键绩效指标体系内涵的理解通常需要把握如下几个方面：

1. 关键绩效指标是衡量组织战略实施效果的关键性指标体系

设计关键绩效指标体系的目的是建立一种机制，通过将组织战略转化为内部流程和活动，促使组织获取持续的竞争优势。因此，必须确保关键绩效指标是衡量组织战略实施效果的关键性指标体系。这包括如下两方面的含义：一方面，确保关键绩效指标是战略导向的，即关键绩效指标是由组织战略层层分解得出的，是对组织战略的进一步分解和细化；另一方面，确保关键绩效指标必须是关键性的，是对组织成功具有重要影响的。

组织战略对关键绩效指标具有决定性的作用。当组织战略目标调整或改变的时候，关键绩效指标体系必须根据组织战略目标的变化做出相应的调整或改变，特别是当组织进行战略转型时，关键绩效指标必须及时反映出组织战略新的关键成功领域和关键绩效要素。

2. 关键绩效指标反映的是最能有效影响组织价值创造的关键驱动因素

关键绩效指标是对驱动组织战略目标实现的关键领域和重要因素的深入发掘，它实际上提供了一种管理的思路。管理者应该抓住关键绩效指标进行管理，通过关键绩效指标将员工的行为引向组织的战略目标。其主要目的是引导管理者将精力集中在能对绩效产生最大驱动力的经营行为上，使其及时了解和判断组织运营过程中出现的问题，及时采取提高绩效水平的改进措施。

3. 关键绩效指标体现的是对组织战略目标有增值作用的可衡量的绩效指标体系

关键绩效指标不是指与组织经营管理相关的所有指标，而是指对组织绩效起关键作用的指标。基于关键绩效指标的绩效管理是连接个人绩效与组织战略目标的桥梁。通过关键绩效指标，组织可以落实组织的战略目标和业务重点，传递组织的价值导向，有效激励员工，确保对组织有贡献的行为受到鼓励，通过关键绩效指标将员工行为引向组织目标，从而促进组织和员工绩效的整体改进与全面提升。关键绩效指标还通过可量化或可行为化的方式，对管理者和员工的工作效果和工作行为进行最直接的衡量。

（二）关键绩效指标的类型

根据不同的标准，可以将关键绩效指标分为不同的类型。目前，分类的标准主要包括绩效指标层次、指标性质以及与组织战略目标的相关程度等。

1. 按照关键绩效指标的层次划分

与绩效分为组织绩效、部门绩效和个人绩效一样，关键绩效指标体系也可以按照层次的差别分为组织关键绩效指标、部门关键绩效指标和个人关键绩效指标三个层次。其中，组织关键绩效指标来自对组织战略的分解；部门关键绩效指标来自对组织关键绩效指标的承接和分解；个人关键绩效指标则来自对部门关键绩效指标的承接和分解。这三个层次的指标共同构成了组织整体的关键绩效指标体系。关键绩效指标体系的建立过程强调在组织战略的牵引下，将组织的战略规划和目标通过自上而下的层层分解落实为组织、部门和个人的关键绩效指标，并通过在组织系统内推行关键绩效指标，将组织战略规划转化为内部管理过程和具体行动，从而确保战略目标的有效实施。

2. 按照关键绩效指标的指标性质划分

根据指标性质的不同，可以将关键绩效指标分为财务指标、经营指标、服务指标和管理指标。其中，财务指标侧重衡量组织创造的经济价值；经营指标侧重衡量组织经营运作流程的绩效；服务指标侧重衡量利益相关者对组织及其所提供的产品和服务的态度；管理指标侧重衡量组织日常管理的效率和效果。这种分类方式的目标、范例和作用如表2-2所示。

表2-2　按照关键绩效指标的指标性质划分

关键绩效指标类别	目标	范例	作用
财务指标	侧重与公司会计职责一致的价值创造	公司投资资本回报 业务单元损益	确保创造财务价值
经营指标	侧重在日常经营运作流程以及跨职能/跨业务辅助流程中创造价值	新品收入占总收入的份额 细分市场的份额 新渠道的收入份额	确保近期和长期的侧重点
服务指标	提供客户对公司经营注意度/满意度的看法	客户满意度指数	确保近期和长期的侧重点
管理指标	培养与保留人才	员工满意度指数 关键人才流失率 员工培训与发展	包括对公司业绩的内部和外部评价

（三）基于关键绩效指标的绩效指标体系

虽然关键绩效指标根据不同的分类方式可以分为不同的类型，但是在实际构建以关键绩效指标为基础的绩效管理系统时，通常是以组织关键绩效指标、部门关键绩效指标和个人关键绩效指标为主体，以其他分类方式为补充的。在管理实践中，关键绩效指标不是绩效指标的全部，还有一类绩效指标来源于部门或个人的工作职责，它们体现了组织各层次具体工作职责的基础要求，通常被称为一般绩效指标（performance indicators，PI）。在设计基于关键绩效指标的绩效管理体系的时候，通常组织层面的绩效指标都是关键绩效指标，而部门层面的绩效指标和个人层面的绩效指标则由关键绩效指标和一般绩效指标共同构成，如图 2－3 所示。但是，不同部门所承担的两类指标的构成不同，有的部门承担的关键绩效指标多，有的部门承担的关键绩效指标少，有的部门甚至不承担关键绩效指标。比如，对于一些支持性部门（如办公室、财务部、人力资源部等）而言，它们的绩效指标更多的是来自部门的职能或职责，而不是源于组织战略的分解，因此这类部门的一般绩效指标所占的比重较大，而关键绩效指标所占的比重相对较小。个人层面的绩效指标构成也是由关键绩效指标和一般绩效指标构成的。

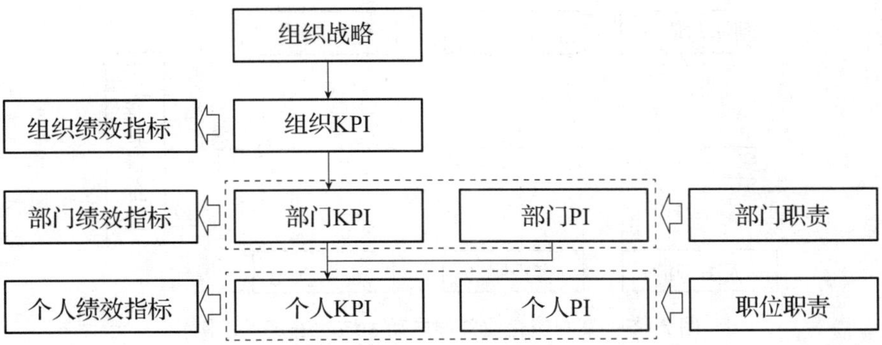

图 2－3　基于 KPI 的绩效指标体系

二、关键绩效指标体系的建立

关键绩效指标体系通常是采用画鱼骨图的方法来建立的。其基本思路是通过对组织战略的分析，找出组织获得成功的关键成功领域，再把关键成功领域层层分解为关键绩效要素；为了便于对这些要素进行量化考核和分析，须将要素细分为各项指标，即关键绩效指标。组织应把战略置于绩效管理的核心，善用关键绩效指标来推进绩效管理实践，发挥其战略导向的牵引作用。建立一个完整的基于关键绩效指标的绩效指标体系通常包含如下六个步骤：确定关键成功领域，确定关键绩效要素，确定关键绩效指标，构建组织关键绩效指标库，确定部门 KPI 和 PI，以及确定个人 KPI 和 PI（见图 2－4）。其中，组织 KPI 的制定涉及关键绩效指标体系建立的前面四步，这四步是设计关键绩效指标体系的关键和核心内容。

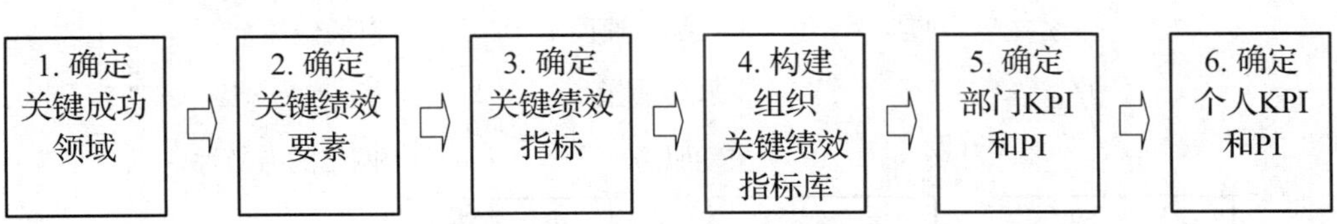

图 2－4　基于 KPI 的绩效指标体系的建立步骤

（一）确定关键成功领域

建立关键绩效指标体系的第一步是根据组织的战略，通过鱼骨图分析和寻找组织实现战略目标或保持竞争优势所必需的关键成功领域，即对组织实现战略目标和获得竞争优势有重大影响的领域。确定组织的关键成功领域时还必须明确三个方面的问题：一是这个组织为什么会取得成功，成功依靠的是什么；二是在过去的成功因素中，哪些能够使组织在未来持续获得成功，哪些会成为组织成功的障碍；三是组织未来追求的目标是什么，未来成功的关键因素是什么。这实质上是对组织的战略制定和规划过程进行审视，对所形成的战略目标进行反思，并以此为基础对组织的竞争优势进行剖析。某制造企业通过访谈和头脑风暴法，确定了该企业能够有效驱动战略目标的关键成功领域：优秀制造、市场领先、技术支持、客户服务、利润与增长和人力资源（见图2-5）。

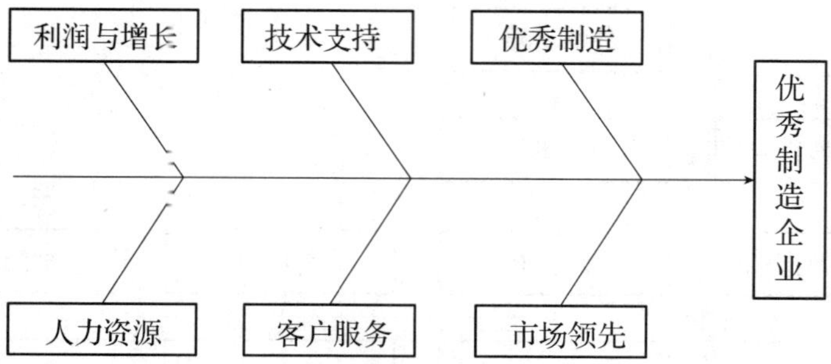

图2-5 某制造企业关键成功领域的确定（示例）

（二）确定关键绩效要素

关键绩效要素提供了一种描述性的工作要求，是对关键成功领域的解析和细化，主要解决以下几个问题：第一，每个关键成功领域包含的内容是什么；第二，如何保证在该领域获得成功；第三，在该领域成功所需的关键措施和手段是什么；第四，在该领域成功的标准是什么。上述制造企业的关键绩效要素如图2-6所示。

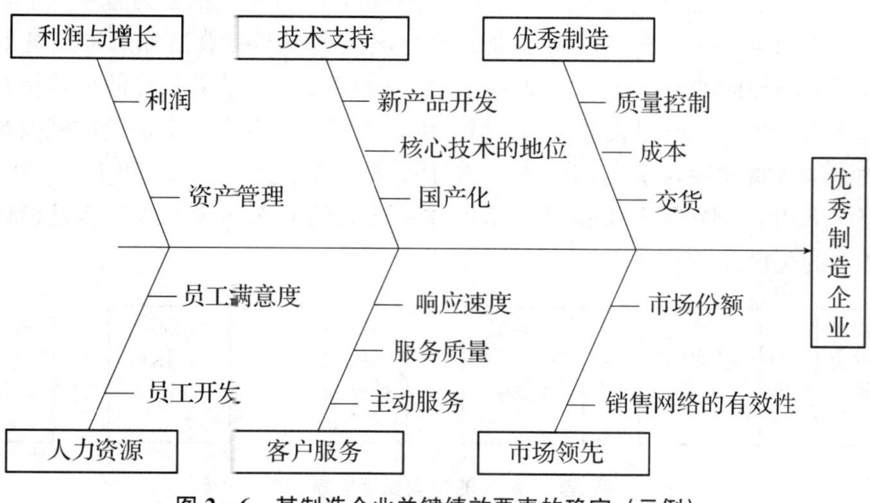

图2-6 某制造企业关键绩效要素的确定（示例）

(三) 确定关键绩效指标

对关键绩效要素进一步细化和筛选后，关键绩效指标便得以确定。选择关键绩效指标时应遵循三个原则：指标的有效性，即所设计的指标要能够客观地、最集中地反映要素的要求；指标的重要性，即通过对组织整体价值创造业务流程的分析，找出对其影响较大的指标，以反映其对组织价值的影响程度；指标的可操作性，即指标必须有明确的定义和计算方法，容易取得可靠和公正的初始数据，尽量避免凭感觉主观判断的影响。以优秀制造和市场领先为例，该企业确定的关键绩效指标如图 2-7 所示。

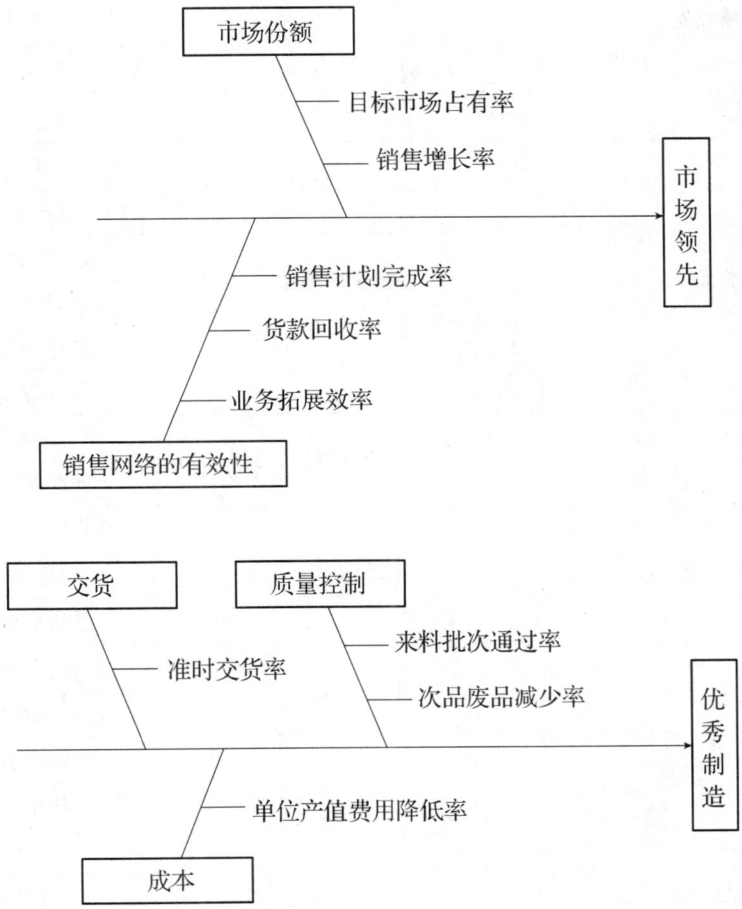

图 2-7 某制造企业关键绩效指标的确定（示例）

(四) 构建组织关键绩效指标库

确定组织关键绩效指标后，需要按照关键成功领域、关键绩效要素和关键绩效指标三个维度对组织的关键绩效指标进行汇总，建立一个完整的关键绩效指标库，以此作为整个组织进行绩效管理的依据。上述制造企业汇总后的关键绩效指标库如表 2-3 所示。

表 2-3　　某制造企业的关键绩效指标汇总表（示例）

关键成功领域	关键绩效要素	关键绩效指标
优秀制造	质量控制	来料批次通过率
		次品废品减少率
	成本	单位产值费用降低率
	交货	准时交货率
市场领先	市场份额	目标市场占有率
		销售增长率
	销售网络的有效性	销售计划完成率
		货款回收率
		业务拓展效率
技术支持	新产品开发	新产品开发计划完成率
		新产品立项数
	核心技术的地位	设备维修平均时间
		与竞争对手产品对比分析
	国产化	国产化的费用节约率
		国产化率
客户服务	响应速度	服务态度
		问题及时答复率
	主动服务	客户拜访计划完成率
		客户拜访效率
		产品售后调查及时性
	服务质量	质量问题处理及时性
		质量问题处理成本
利润与增长	资产管理	资产负债率
		应收账款周转率
		存货周转率
		净资产收益率
	利润	销售利润率
		成本费用利润率
		销售毛利率
人力资源	员工满意度	员工满意度综合指数
	员工开发	优秀员工流动性
		绩效改进计划完成率

（五）确定部门 KPI 和 PI

部门绩效指标一般由关键绩效指标和一般绩效指标构成。关键绩效指标绝大部分来自对组织关键绩效指标的承接或分解，也有一部分是部门独有的指标。一般绩效指标通常来源于流程、制度或部门职能。

组织目标的实现需要部门的支持。对组织关键绩效指标的承接和分解是制定部门绩效指标的关键环节。因此，在获得组织关键绩效指标后，应当考虑将这些指标通过承接和分解两种形式落实到具体部门，形成部门关键绩效指标，如图 2－8 所示。首先，要确认这些指标能否直接被相关部门承接。有些关键绩效指标是可以直接被部门承接的，如单位产值费用降低率、新产品立项数等，这些关键绩效指标可以直接确定为部门关键绩效指标。其次，对于不能被直接承接的指标，必须进行进一步的分解。对关键绩效指标进行分解通常有两条主线：一是按照组织结构分解；二是按照主要流程分解。比如，“次品废品降低率”这一关键绩效指标需要由采购部门的“采购有效性”、品质保证部的“不合格品再发生率”和生产部的“生产技术问题处理的有效性”这几个指标共同支撑才能实现。

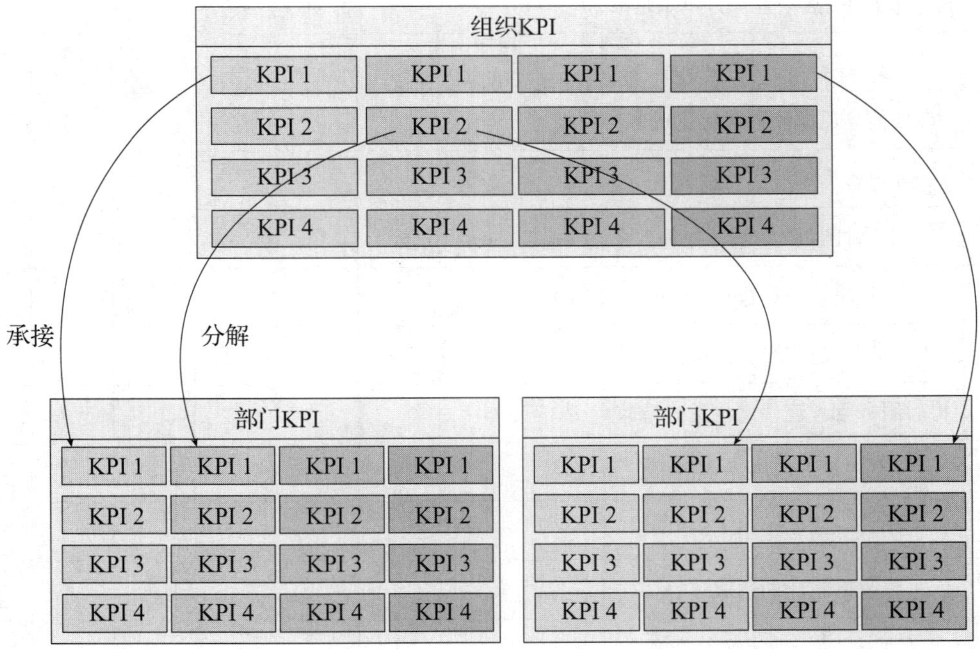

图 2－8　部门关键绩效指标的确定

在一般情况下，组织关键绩效指标需要全部落实到具体的部门，否则会导致重要工作遭到忽视。部门关键绩效指标的确定也可以看作在组织关键绩效指标库中根据分工进行指标选择的过程。比如，某汽车制造厂按照指标承接和分解的原则，将组织关键绩效指标落实到具体的部门，该厂关键绩效指标的分解矩阵如表 2－4 所示。

表2-4　　某汽车制造厂关键绩效指标分解矩阵表（示例）

序号	指标名称	销售中心	研发中心	采购中心	质保中心	生产管理中心	办公室	财务中心	…
1	盈利性产品比率	√	√	√				√	
2	委外设计管理制度建设达成/数量		√				√		
3	供应商评估流程优化达成评价			√			√		
4	产品一次性交验合格率				√				
5	内部质量损失金额				√				
6	优良供应商比率			√					
7	质量体系认证计划达成率				√				
8	零部件按时交货率			√					
9	订单满足率/战略客户订单满足率					√			
10	平均生产周期					√			
11	市场信息反馈流程优化达成率	√					√		
12	客户管理流程优化达成率	√					√		
13	战略性客户及时交货率					√			
14	战略客户销售比重	√							
15	期末应收账款数量	√							
16	售后服务管理流程优化达成指数				√			√	
17	客户投诉解决满意率				√				
18	销售费用	√							
19	整改措施计划达成评价	√	√	√	√	√	√	√	
20	人工成本总额/定额符合率						√		
⋮	⋮								

部门绩效指标通常包含关键绩效指标和一般绩效指标，并且所有的绩效指标需要全面体现在部门绩效计划中。上述汽车制造厂的销售中心通过承接或分解组织关键绩效指标确定了部门的关键绩效指标，再补充来自部门职责和工作流程的一般绩效指标，由此获得了该部门的绩效指标体系，如表2-5所示。

表 2-5　　某汽车制造厂销售中心绩效计划表（示例）

序号	关键绩效指标	权重	指标类型	目标值	评价周期	信息来源	实际得分
1	盈利性产品比率		KPI				
2	市场信息反馈流程优化达成率		KPI				
3	客户管理流程优化达成率		KPI				
4	战略客户销售比重		KPI				
5	期末应收账款数量		KPI				
6	销售费用		KPI				
7	整改措施计划达成评价		KPI				
8	部门行政人员出勤率		PI				
⋮	⋮		⋮				

部门经理签字　　　　主管领导签字　　　　年　月　日

（六）确定个人 KPI 和 PI

个人关键绩效指标的确定方式同部门关键绩效指标的设计思路一样，主要通过对部门关键绩效指标的分解或承接获得，如图 2-9 所示。个人绩效指标体系同样包括关键绩效指标和一般绩效指标两类指标。其中，一般绩效指标通常来源于员工所承担职位的职责，也有一部分来自对部门一般绩效指标的承接和分解。

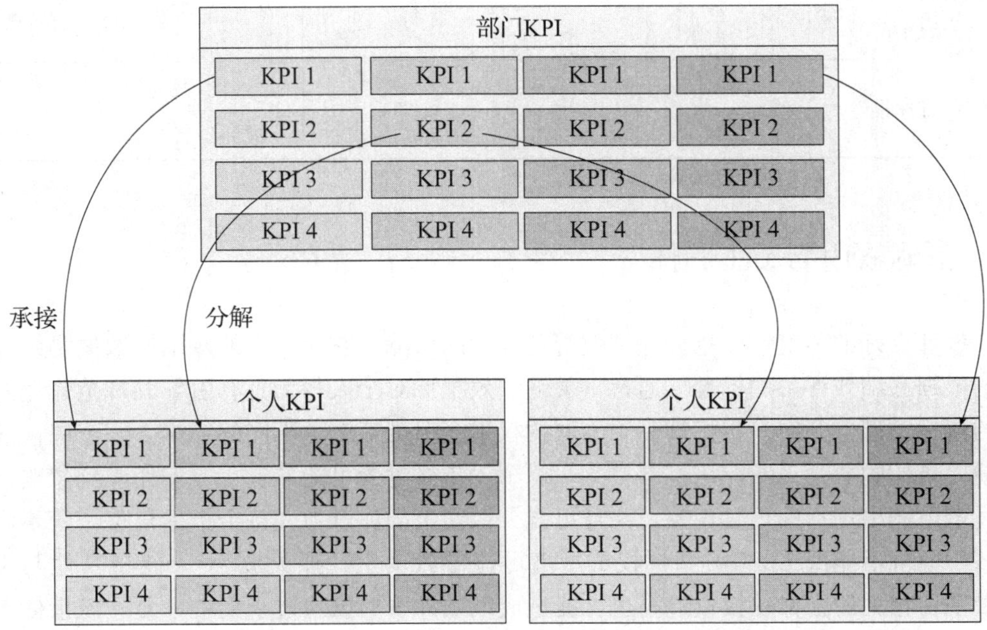

图 2-9　个人关键绩效指标的确定

所有部门关键绩效指标最终都需要有人来承担，这样可确保组织战略能够有效指导员工的工作行为。但是，不同的岗位承担关键绩效指标的数量有很大的差异，有的岗位承担的关键绩效指标数量多，有的岗位承担的关键绩效指标数量少，有的岗位甚至承担的全是一般绩效指标，没有关键绩效指标。从某公司企管部的信息化管理员的绩效评价表中可以看出，该员工承担了 6 个关键绩效指标和 3 个一般绩效指标，如表 2－6 所示。

表 2－6　　某公司员工月度绩效评价表（示例）

<table>
<tr><td colspan="2">姓名</td><td></td><td colspan="2">部门</td><td>企管部</td><td>职位</td><td>信息化管理员</td></tr>
<tr><td colspan="3">评价周期</td><td colspan="5"></td></tr>
<tr><td>序号</td><td colspan="2">指标名称</td><td>权重</td><td>指标类型</td><td>目标值</td><td>挑战值</td><td>完成情况</td><td>实际得分</td></tr>
<tr><td>1</td><td colspan="2">硬件故障发生率</td><td></td><td>KPI</td><td></td><td></td><td></td><td></td></tr>
<tr><td>2</td><td colspan="2">故障排除及时率</td><td></td><td>KPI</td><td></td><td></td><td></td><td></td></tr>
<tr><td>3</td><td colspan="2">硬件、软件升级的及时率</td><td></td><td>KPI</td><td></td><td></td><td></td><td></td></tr>
<tr><td>4</td><td colspan="2">策划报告的及时率</td><td></td><td>KPI</td><td></td><td></td><td></td><td></td></tr>
<tr><td>5</td><td colspan="2">增加网络节点的及时率</td><td></td><td>KPI</td><td></td><td></td><td></td><td></td></tr>
<tr><td>6</td><td colspan="2">网络故障排除的及时率</td><td></td><td>KPI</td><td></td><td></td><td></td><td></td></tr>
<tr><td>7</td><td colspan="2">维护检查频率</td><td></td><td>PI</td><td></td><td></td><td></td><td></td></tr>
<tr><td>8</td><td colspan="2">验货质量（发现问题数）</td><td></td><td>PI</td><td></td><td></td><td></td><td></td></tr>
<tr><td>9</td><td colspan="2">信息化方案完成率</td><td></td><td>PI</td><td></td><td></td><td></td><td></td></tr>
<tr><td colspan="2">其他日常工作的
完成情况</td><td colspan="4"></td><td colspan="2">最后等级</td><td>A/B/C</td></tr>
<tr><td colspan="2" rowspan="2">信息反馈</td><td colspan="4" rowspan="2"></td><td colspan="2">评价者签名</td><td></td></tr>
<tr><td colspan="2">被评价者签名</td><td></td></tr>
</table>

三、指标权重与员工责任

设计良好的关键绩效指标是绩效管理成功的保障，它所提供的基础性数据是绩效改进的依据和绩效评价的标准。通常，关键绩效指标对个人行为具有引导和规范作用。不同的指标类型以及同一指标被赋予不同的权重会对员工产生不同的影响。一个岗位的关键绩效指标的数量一般应该控制在 5～10 个。指标过少可能导致重要工作遭到忽略，指标过多可能出现指标重复现象，并且可能分散员工的注意力。每个指标权重一般不高于 30%，但也不能低于 5%。指标权重过高可能导致员工“抓大放小”，忽视其他与工作质量密切相关的指标；权重过高也可能造成绩效评价的风险过于集中，万一该指标不能完成，整个绩效周期的奖金薪酬会受到很大的影响。指标权重太低对评价结果的影响小，也容易产生无法突出重点工作的现象。为了便于计算，指标权重一般取 5 的倍数，得分也一般使用线性变化计算比例。下面针对每种类型的关键绩效指标的权重分配各举一个例子进行说明，如表2－7所示。

表2－7　　关键绩效指标类别（示例）

指标类型	关键绩效指标	单位	权重	目标值	完成情况	最后得分
财务指标	业务收入	亿元	25%			
	⋮	⋮	⋮			
经营指标	网络资源利用率	%	5%			
	⋮	⋮	⋮			
服务指标	服务对象满意度	%	5%			
	⋮	⋮	⋮			
管理指标	关键人员流失率	%	5%			
	⋮	⋮	⋮			

员工绩效是结果与行为过程的集合体。对于处在不同层次和担任不同管理角色的员工而言，反映其工作绩效结果和行为过程的关键绩效指标所占的比重是不一样的。因此，在设置关键绩效指标权重时，要考虑员工所处的不同层级。高层管理者由于对组织的整体经营管理负责，因此对财务指标负有更大的责任，在其评价指标中财务指标所占的权重较大。中层管理者的经营、服务指标的权重应该更大，如图2－10所示。

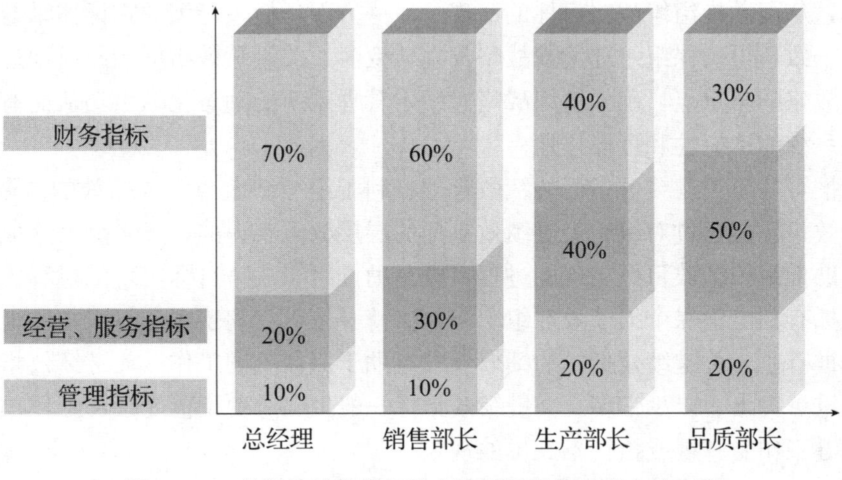

图2－10　关键绩效指标权重在不同层级管理者中的分配

在一个企业中，履行不同职能的管理者对企业绩效所发挥的作用是不同的，由此决定了其对关键绩效指标的责任也不同：企业前端部门（销售等）比后端部门（生产等）的财务指标权重大；一般情况下，职能部门财务指标权重偏小，经营、服务指标权重偏大，如图2－11所示。

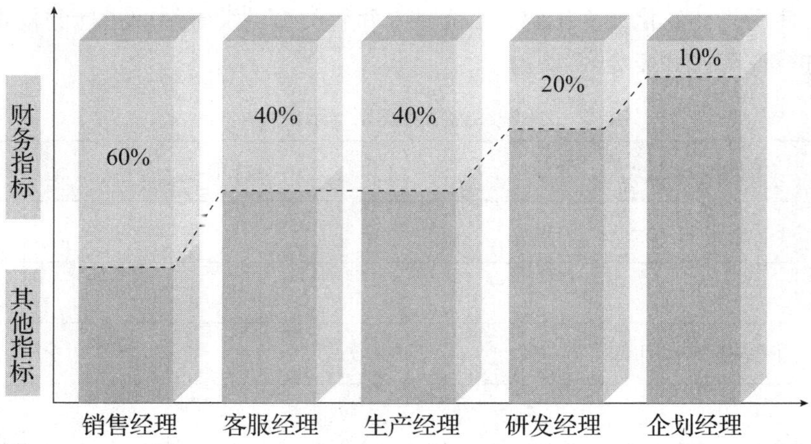

图2-11　关键绩效指标权重在不同职能部门管理者中的分配

四、对关键绩效指标的评价

（一）关键绩效指标的优点

关键绩效指标作为一个绩效管理工具，在绩效管理实践中得到了广泛应用。善于运用关键绩效指标对组织进行绩效管理，有助于发挥战略导向的牵引作用，形成对员工的激励和约束机制。具体来讲，关键绩效指标主要有以下优点：

（1）关键绩效指标强调战略性。一方面，指标体系直接源于组织战略，有利于组织战略目标的实现。先通过分解战略找出关键成功领域，然后确定关键成功要素，最后通过对关键成功要素的分解得到关键绩效指标，这一过程有助于在组织系统内形成一致的行动导向，从而助推组织战略目标的实现。另一方面，使关键绩效指标体系与组织战略保持动态一致，可确保组织环境或战略发生转变时，关键绩效指标会相应地进行调整以适应组织战略的新重点，确保组织战略对绩效管理系统的动态化牵引，从而有利于提升绩效管理系统的适应性和可操作性。

（2）推行基于关键绩效指标的绩效管理有利于组织绩效与个人绩效的协调一致。个人关键绩效指标是通过对组织关键绩效指标的层层分解获得的，员工努力达成个人绩效目标就是助推组织绩效目标实现的过程，也是助推组织战略目标实现的过程。因此，关键绩效指标有利于确保个人绩效与组织绩效保持一致，有利于实现组织与员工的共赢。

（3）推行基于关键绩效指标的绩效管理有助于抓住关键工作。关键绩效指标强调目标明确、重点突出、以少带多。关键绩效指标一般可以避免指标庞杂、工作重点不明确导致的关键工作受忽视或执行不到位的现象。

（二）关键绩效指标的不足

虽然关键绩效指标为管理者提供了一个新的思路和途径，为以后绩效管理思想和工具的发展提供了一个新的平台，得到了理论界和实践界的肯定与认可，但随着管理实践的不断深入，关键绩效指标也暴露出某些不足和问题，主要体现在以下几个方面：

（1）关键绩效指标的战略导向性不明确。关键绩效指标强调战略导向，但是对于具体的“战略”到底指的是公司战略、竞争战略，还是职能战略，关键绩效指标并没有明确指出；虽然绝大多数人将这里的战略理解为竞争战略，但同样没有指出可供选择的战略基本模板。另外，关键绩效指标没有关注组织的使命、核心价值观和愿景，这种战略导向是不全面的，也缺乏战略检验和调整的根本标准。在面对不确定性环境的时候，或在战略需要调整和修正的过程中，使用关键绩效指标的局限性尤为明显。

（2）关键成功领域相对独立，各个领域之间缺少明确的逻辑关系。关键成功领域是根据战略的需求确定的对战略有贡献的相关独立领域，这会忽略领域间横向的协同和合作，以致相互之间没有逻辑关系，并直接导致关键绩效指标间缺乏逻辑关系。在管理实践中，关键成功领域没有数量的限制，不同的设计者可能会提出不同的关键成功领域，最终会得出不同的关键绩效指标。

（3）关键绩效指标对绩效管理系统的牵引方向不明确。各关键绩效指标之间相对独立且缺乏明确的因果关系，可能导致关键绩效指标对员工行为的牵引方向不一致。关键绩效指标对资源配置的导向作用不明确，指标间甚至相互冲突，容易导致不同部门和不同员工在完成各自绩效指标的过程中，争夺有限的资源或重复使用资源，造成不必要的耗费和损失。

（4）关键绩效指标过多关注结果，忽视了对过程的监控。科学高效的绩效管理系统不仅需要关注最终的结果，还需要对实现路径进行全面的关注，便于在过程中加强监控和管理，从而保障组织获得持续稳定的高绩效。

第 4 节　平衡计分卡

20 世纪 90 年代，随着知识经济和信息技术的兴起，无形资产的重要性日益凸显，人们对以财务指标为主的传统绩效衡量模式提出了质疑。在此背景下，美国哈佛大学商学院教授卡普兰和 RSI 公司总裁诺顿针对企业的组织绩效评价创建了平衡计分卡。经过两位创始人 20 余年锲而不舍的努力，平衡计分卡得以不断推陈出新，逐渐发展成系统完备的战略管理理论体系，并广泛应用于企业、政府、军队、非营利机构等各类组织的管理实践。

一、平衡计分卡的形成与演变

20 世纪中后期，为了对环境变化和市场需求迅速做出反应，管理者需要全面掌握组织的经营业绩和运作情况，尤其是无形资产对价值创造的贡献。然而，传统的财务业绩衡量模式因其固有的滞后性，已无法满足管理实践的现实需要，这就为平衡计分卡的诞生提供了契机。

（一）平衡计分卡的产生

传统绩效衡量模式重财务指标，轻非财务指标，这种模式的弊端在 20 世纪 80 年代日益明显。这个时期的管理实践已经认识到非财务绩效是通过经营管理系统获得的内因、过程和无形资产的积累，与企业的盛衰成败关系极大，是本质的东西；也认识到将财务指标与非财务指标有机结合已经成为企业业绩衡量的发展趋势。但是，实践中尚缺乏一个将财务指标与非财务指标有机结合，并能协调好各个指标之间关系的系统框架。管理实践的需要为平衡计分卡的产生创造了必要条件。

1990年，美国毕马威会计师事务所（KPMG）的研究机构诺兰诺顿（Nolan Norton Institute）资助了一个名为“未来的组织业绩衡量”的研究项目，诺兰诺顿的首席执行官（CEO）诺顿担任该项目的负责人，卡普兰担任学术顾问。项目开始后，小组成员查阅了大量有关绩效衡量系统创新的案例研究，最终把目光锁定在模拟设备公司（Analog Devices）的“企业计分卡”上。企业计分卡不仅包括传统的财务指标，还包括与交货时间、制造流程的质量和周转期、新产品开发效率等相关的业绩指标。小组成员都认为这张计分卡最可能满足项目的预期要求，因此它成为平衡计分卡的原型。之后，小组成员经过反复的讨论，对计分卡的内容进行扩展，形成了一个新的具有四个独特层面的衡量系统，并将其命名为“平衡计分卡”。在项目结束后，卡普兰和诺顿总结了小组的研究成果，写成了一篇论文《平衡计分卡——驱动业绩的衡量体系》（The Balanced Scorecard: Measures that Drive Performance），发表于1992年初的《哈佛商业评论》上。该文的发表标志着用于衡量组织绩效的平衡计分卡正式问世。

（二）平衡计分卡的发展脉络

平衡计分卡自问世以来，得到管理界的广泛认可，迅速风靡全球，成为近百年来最具影响力的管理理论之一。这主要得益于卡普兰和诺顿虚怀若谷的胸襟和长期孜孜不倦的努力。两位创始人不断发展、丰富和完善平衡计分卡，形成了一批极具价值的研究成果。平衡计分卡理论体系全面阐述了组织获得高绩效的管理框架或基本原则：描述战略、衡量战略、管理战略、协同战略以及整合战略（连接战略与运营）。这些理论成果集中反映了两位创始人的思想轨迹，体现了平衡计分卡的理论演变脉络，如图2-12所示。

图2-12　平衡计分卡的主要理论成果

1. 构建平衡计分卡以衡量战略

在 1992 年发表《平衡计分卡——驱动业绩的衡量体系》一文之后，通过将平衡计分卡作为绩效衡量系统应用于企业管理实践以及与企业高层管理者进行深入交流，卡普兰和诺顿感悟到将平衡计分卡指标与企业战略挂钩的重要性。由此，平衡计分卡与战略之间的联系进一步完善，平衡计分卡逐渐从一个改良的绩效衡量系统演变成一个核心的管理系统。从最早运用平衡计分卡的公司以及后来采用平衡计分卡的公司中，都能观察到平衡计分卡的演变，这些公司的高层管理者不约而同地把平衡计分卡作为重要管理流程的核心架构，将其运用到制定个人和团队目标、薪酬制度、资源分配、预算编制和计划以及战略反馈和学习等众多管理模块中。卡普兰和诺顿总结了几年来的经验，于 1996 年出版了第一本平衡计分卡专著《平衡计分卡——化战略为行动》（*The Balanced Scorecard*：*Translating Strategy into Action*），这标志着平衡计分卡从绩效衡量工具转变为战略实施工具，也标志着平衡计分卡理论体系的初步形成。

2. 建立战略中心型组织

在实践的推动下，卡普兰和诺顿逐渐意识到一种新的组织形式——“战略中心型组织”开始出现。一些组织的高层管理者利用平衡计分卡，围绕整个战略目标把经营单位、共享服务单位、团队和个人联系起来；他们专注于计划、资源分配、预算、定期报告以及管理会议等有关战略的关键管理流程；他们按照自上而下的方式进行愿景、战略和资源分配的纵向传递，并通过执行、创新、反馈以及学习确保战略信息向上回流。换言之，这些组织拥有了新的管理中心、新的协调机制以及新的学习模式，使整体价值大于各部分价值的总和。组织创新和变革的种种迹象和趋势异常准确地验证了卡普兰和诺顿的早期预言，这让他们备受鼓舞。为了及时总结来自实践一线的管理经验，他们于 2000 年推出了《战略中心型组织——如何利用平衡计分卡使企业在新的商业环境中保持繁荣》（*Strategy-Focused Organization*：*How Balanced Scorecard Companies Thrive in the New Business Environment*），系统阐述了建立战略中心型组织的五个基本原则，为该理论的继续发展找到了新的支点。

3. 绘制战略地图以描述战略

战略地图（strategy map）将平衡计分卡由菱形结构改为矩形叠加的四个层面，将管理者的关注焦点从绩效指标转移到绩效目标，并实现了平衡计分卡的重要突破：目标应该通过因果关系连接。战略地图通过四个层面目标之间的因果关系描述战略，为战略沟通和战略描述提供了一个可视化的工具，为人们提供了一个清晰、逻辑性强且经得起考验的描述战略工具。战略地图的提出是对最初提出的平衡计分卡的发展和升华，对管理实践的解释更明晰，指导作用也更大。卡普兰和诺顿在《哈佛商业评论》2000 年 9—10 月号上发表了《战略遇到困难了吗？绘制战略地图》（Having Trouble with Your Strategy? Then Map It!）一文，论述了平衡计分卡四个层面目标之间的因果驱动关系，并提供了战略地图的通用模板。2004 年，两位创建者出版了平衡计分卡系列的第三部著作《战略地图——化无形资产为有形成果》（*Strategy Maps*：*Converting Intangible Assets into Tangible Outcomes*），创造性地解决了化无形资产为有形成果的技术路径问题，廓清了传统战略管理理论中存在于战略制定和战略执行之间的模糊地带。

4. 围绕战略协同组织

从协同的角度来看，战略地图具有将流程、人员、信息技术和组织文化协同于客户价值主张和股东期望的功能。然而，这只是组织整体协同的一环，仅限于某一单个战略业务单位（或共享服务部门）的内部协同。要释放组织系统的全部潜能，获得“1+1>2”的效应，必须在纵向上将组织、部门、团队和个人协调和整合起来，在横向上将组织中的业务单元、支持单元、外部合作伙伴等利益相关者协调和整合起来。

许多大型组织依然存在总公司、分公司、总公司职能部门、分公司职能部门、供应商和顾客之间不能协调一致的问题。为此，卡普兰和诺顿于 2006 年推出了第四本平衡计分卡系列专著《组织协同——运用平衡计分卡创造企业合力》(*Alignment: Using the Balanced Scorecard to Create Corporate Synergies*)。该书是平衡计分卡理论的又一重要成果，为组织高层管理者提供了一整套以战略地图和平衡计分卡为工具的治理框架，并为他们深入挖掘组织协同所产生的衍生价值提供了技术指导。

5. 连接战略与运营并对战略实施流程化管理

许多组织运用战略地图和平衡计分卡来明晰战略路径和协调组织行动，取得了卓越的经营业绩。但是，如何才能将持续的战略管理融入组织的经营活动以保持这一来之不易的卓越业绩成为困扰高层管理者的难题。

2004 年，卡普兰和诺顿与美国平衡计分卡协会的同事成立了一个工作组，旨在研究如何使组织持续聚焦于战略执行。该工作组最为重要的创新是让一组经理人专职监管战略执行所涉及的各个流程。为了介绍这一成果，卡普兰和诺顿在 2005 年 10 月号的《哈佛商业评论》上发表了《战略管理办公室》(The Office of Strategy Management)一文。经过在北美和欧洲地区开展的持续调研，卡普兰和诺顿终于找到了将战略与运营进行连接的所有关键流程，并于 2008 年推出了他们的第五本平衡计分卡系列著作《平衡计分卡战略实践》(*The Execution Premium: Linking Strategy to Operation for Competitive Advantage*)，描述了企业怎样在战略与运营之间建立强有力的连接，使员工的日常工作支持战略目标。

至此，平衡计分卡理论发生了根本性变化，已完全由组织绩效评价转向组织的战略管理，全面涉及战略描述、协同、衡量、管理以及与运营连接等诸多环节，演变成一个严谨的战略管理理论体系。

二、平衡计分卡的特点与功能

作为一个新的战略管理体系，平衡计分卡具有自身的鲜明特点和功能定位。了解这些特点及其功能有助于人们在平衡计分卡的设计与实施过程中准确把握其内在本质，发挥这一管理工具的比较优势，从而设计出科学有效的绩效管理体系。

（一）平衡计分卡的主要特点

1. 始终以战略为核心

平衡计分卡以提升战略执行力为出发点，结合时代背景和环境特征针砭了组织在战略管理中的纰漏之处，先后探讨了如何对战略进行衡量、管理、描述、协同以及如何实现战略管理与运营管理的有效结合等难题。

（1）战略衡量。卡普兰和诺顿指出，任何一个衡量系统的目的都应该是激励所有管理者和员工成功执行战略。在无形资产决定组织未来的信息时代，组织必须摒弃传统的财务业绩衡量模式，在战略的指导下综合财务、客户、内部业务流程、学习与成长四个层面，建立一套全面的、紧密关联的、相互平衡的绩效目标和指标体系，以充分发掘构成企业核心竞争力的价值源泉。

（2）战略管理。由于平衡计分卡提供了一个能够从四个不同层面描述战略的管理框架，组织的管理者能够站在全局的高度审视价值创造的绩效结果和驱动因素，因此利用平衡计分卡为管理平台构建战略中心型组织是管理者的优先选择，而战略中心型组织的根本特征在于将战略作为组织变革和管理流程的核心。

（3）战略描述。作为一种可视化的描述工具，战略地图的贡献在于通过四个层面之间层层向下牵引和向上支撑的逻辑关系，将概括性语言所表述的组织战略转化成一整套清晰明确的目标和指标。相对于表述笼统的战略，这些目标和指标不仅是清晰具体的，而且是围绕战略主题高度整合的，目标之间具有严密的因果关系，相应的衡量指标也具有明显的关联性。

（4）战略协同。平衡计分卡针对传统的职能壁垒提出了创造企业衍生价值的主张，提出了实现战略协同的八个查验点，并详细讲解了如何在董事会、企业总部、经营单位、支持单元、外部合作伙伴和客户之间实现协同作战和密切合作，以及对协同效果进行评估和对协同流程进行管理的方法。

（5）连接战略与运营。卡普兰和诺顿以战略为纲、以运营为目，利用平衡计分卡为管理工具构建了一套六阶段战略管理理论体系。该体系从战略制定开始，将关键流程改进和运营计划编制作为连接的节点，以结构化会议形式的战略检验和调整为终端，形成了一个良性循环的管理回路，从而将战略执行和运营管理有效地整合与协同起来。

2. 重视协调一致

为了实现化战略为行动的目的，平衡计分卡将协调一致提升到战略的高度，认为协同不仅是创造企业衍生价值的根本途径，也是实现客户价值主张的必要保障，有必要形成一套严谨的协同机制以确保战略"落地"。

（1）从逻辑上明晰协同思路。与关键绩效指标采取指标逐层分解的做法不同，平衡计分卡的逻辑思路主要是采取目标分层和在分层基础上分类的办法。分层包括分层面和分层级两个方面：分层面先有绩效结果层面（财务和客户）和驱动因素层面（内部业务流程和学习与成长）之分，然后才有四个层面目标之间从上往下牵引和从下往上支撑的因果关系；分层级是在组织、部门和个人三个层级实现目标的承接和分解。同样，分类也包括两个方面：一是每一层面的目标依据属性进行分类；二是在属性分类的基础上，每一层面目标依据横向和纵向协作关系进行分类。

（2）从体系上整合协同主体。在明晰组织协同的逻辑关系的基础上，卡普兰和诺顿从组织体系上对协同的主体进行分析，确定了外部协同和内部协同中四种不同的协同关系，涉及企业总部、董事会、总部职能部门、经营单位、支持服务部门、客户和外部合作伙伴等七个协同主体和八个协同查验点。通过目标之间的因果或协作关系以及指标之间的关联性，平衡计分卡创造企业衍生价值的协同思想覆盖了组织的整个架构体系。

（3）从机制上保障协同效果。平衡计分卡包含了一整套用以保障协同效果的管理机制，包括管理工具、管理流程、保障机制、沟通机制、监测和控制机制以及激励政策等。战略地图和平衡计分卡是协同的管理工具，也可以说是协同的操作平台，它从财务、客户、内部业务流程、学习与成长四个层面界定了协同的内容，以及协同效果的衡量指标。

3. 强调有效平衡

平衡计分卡所强调的平衡不是平均主义，不是为平衡而平衡，而是一种有效平衡。这种有效平衡是指在战略的指导下，通过平衡计分卡各层面内部以及各层面之间的目标组合和目标因果关系链，合理设计和组合财务与非财务、长期与短期、内部群体评价与外部群体评价、客观与主观、前置与滞后等不同类型的指标，实现组织内外部各方力量和利益的有效平衡。

（1）财务指标与非财务指标的平衡。为了弥补传统业绩衡量模式单纯依赖财务绩效指标的局限性，平衡计分卡引入了客户、内部业务流程、人力资源、信息管理、组织发展等方面的非财务指标，对组织绩效进行综合评价，这是平衡计分卡的基本特征。

（2）长期目标与短期目标的平衡。企业的主要目标是创造持续增长的股东价值，它意味着一种长期承诺，但是企业必须同时创造出较高的短期业绩。当市场竞争加剧而组织可利用的资源相对短缺时，管理上的短视行为和“寅吃卯粮”的现象时有发生，也就是说，追求短期结果通常以牺牲长期投资为代价。在平衡计分卡中，内部业务流程层面的每一类内部流程为组织带来益处的时间段都不同，管理者可以通过内部流程的组合形成不同的战略主题，以确保企业能够兼顾长短期利益，从而实现可持续发展。

（3）外部群体评价指标与内部群体评价指标的平衡。作为社会系统的构成单元，组织的经营管理决策和行为总是受到政府、供应商、辅助厂商、消费者、同业竞争者、行业协会等利益相关者的影响。它所生产和提供的产品或服务只有被目标客户认可，才能在市场上占有一席之地。同时，股东和董事会成员对于组织经营业绩的评价，以及由此在公司治理策略和高管团队调配上所采取的行动，能够从根本上影响组织的发展方向。另外，组织本身也是一个由不同群体构成的社会子系统，生产、研发、营销、人力资源等不同单元之间的互动，员工之间的人际沟通和工作协调，以及员工个人的职业发展、公平感受和组织承诺等，都会影响组织发展。平衡计分卡认识到了实施战略的过程中有效平衡这些群体的利益的重要性。

（4）客观指标与主观指标的平衡。由于传统的业绩衡量模式偏重于从财务数据考察员工个人的工作成效和组织的整体经营成果，因此目标管理、关键绩效指标等以往的绩效管理工具在指标设计和权重分配上都强调可量化性，倾向于选择定量指标并为这些指标赋予较高权重，这样难免会忽略一些十分重要的定性指标。平衡计分卡所倡导的绩效评价指标体系不仅包括能够即时获取客观数据的财务指标，而且纳入了客户、流程以及无形资产方面的指标。这些指标尤其是关于无形资产的衡量指标，常常难以根据单一数据做出准确判断，而更多地依赖亲身体验、主观感受和经验判断。

（5）前置指标与滞后指标的平衡。为了加强对绩效的预测、监测、评价和控制，平衡计分卡对四个层面进行了区分，其中财务和客户层面描述了组织预期达成的绩效结果，而内部业务流程和学习与成长层面则描述了组织达成战略的驱动因素。根据这一逻辑，平衡计分卡将前两个层面的指标界定为滞后指标，而将后两个层面的指标界定为前置指标。在此基础上，平衡计分卡依据动态管理的原则，对每一个层面的指标按照因果关系进一步划分为前置指标和滞后指标。一般来说，对工作过程或阶段性成果进行衡量的指标为前置指标，对工作的最终结果进行衡量的指标为滞后指标。

（二）平衡计分卡的功能定位

整体来看，平衡计分卡的功能随理论体系的不断发展和完善发生变化。这种变化表现在它由最初的绩效评价工具逐渐转变为战略管理工具，其应用领域也由企业组织逐步扩张至政府部门、非营利组织、准军事组织，乃至军事机关。

1. 战略管理工具

从平衡计分卡对战略管理的突破性贡献来看，主要有三点。第一，通过绘制战略地图这一管理工具，可实现对战略的可视化描述。卡普兰和诺顿说："战略地图创新的重要性丝毫不亚于最初的平衡计分卡本身。管理层找到了战略内在属性和外在力量的可视化表述方法。"可以说，对战略的清晰描述填补了传统战略管理过程中战略制定和战略规划之间的模糊地带。第二，通过战略地图和平衡计分卡，可建立战略协同机制。协同效应是战略构成要素之一，以往的管理工具未能很好地实现组织战略协同。平衡计分卡将协同视为经济价值的来源，构建了一个逻辑严密、体系完整和健全的协同机制。第三，尝试通过战略地图、平衡计分卡以及仪表盘等工具将战略和运营进行连接是平衡计分卡的最新理论成果，尽管存在有待完善之处，但是实现战略和运营无缝连接的宗旨是将战略转化为员工的日常行为、确保战略"落地"的必然选择。

2. 绩效管理工具

1990 年，"未来的组织业绩衡量"项目组所创建的平衡计分卡模型仅限于组织绩效的评价，没有涉及部门和员工个人的绩效。"化战略为行动"这一新的定位形成以后，平衡计分卡在绩效评价方面的应用范围覆盖了组织中的每个层级和个体。随着平衡计分卡理论的继续发展和丰富，绩效管理的计划、监控、评价和反馈环节都纳入了其理论范畴，涉及绩效目标的设置和评价指标的选择、绩效沟通和辅导、绩效监测和评估、绩效结果的反馈和应用等内容，平衡计分卡也因此成为一个以战略为核心的绩效管理工具。作为一个新的绩效管理工具，平衡计分卡不仅克服了传统财务绩效衡量模式的片面性和滞后性，相对于目标管理、关键绩效指标等绩效管理工具，也在目标制定、行为引导、绩效提升等方面具有明显的管理优势，能够为组织绩效目标的达成提供有力保证。

3. 管理沟通工具

平衡计分卡是一个具有鲜明个性的有效的管理沟通平台，通常可以从如下三个方面深入理解。第一，平衡计分卡具有一套层次分明、意义明确、表述清晰的统一概念和术语。其中有些是既有的管理专业术语，卡普兰和诺顿又明确界定了其内涵或赋予了其新的含义，如使命、愿景、战略、无形资产、人力资本等；有些则是根据需要创造出来的，具有明确含义，如客户价值主张、企业价值主张、战略主题、战略工作组群、准备度等。这些概念和术语在统一的平衡计分卡框架内形成了一种新的语言，保证了信息沟通的统一和规范。第二，平衡计分卡是一个具有严密逻辑关系的管理工具。从沟通的角度看，逻辑上的清晰和严谨具有两方面作用：一是它能够将平衡计分卡的概念和术语有机地组合起来，形成一个语言体系；二是目标之间严密的因果和协作关系以及指标之间的关联关系能够明确界定组织各构成单元和个人所遵循的沟通渠道、沟通内容以及责任权限。第三，平衡计分卡建立了一套良好的沟通机制。这套机制涉及领导者的沟通责任、员工的培训和教育、战略反馈和学习流程、结构化会议等，对沟通的渠道、传播媒介、沟通方式和频次以及沟通管理等内容做出了明确的界定。

三、平衡计分卡的框架与要素

对平衡计分卡的理解有广义和狭义之分。广义的平衡计分卡是就理论体系而言的，其本质是以战略为管理核心实现组织整体协同、提升战略执行力的管理体系，包括战略地图和狭义的平衡计分卡；狭义的平衡计分卡是就管理工具而言的，它是与战略地图并列的一种管理表格。本书从广义的视角出发，对平衡计分卡的内部构件及其组合原理进行全面的考察，即通过对战略地图和狭义的平衡计分卡的构成和逻辑结构的全面理解，系统阐述平衡计分卡化战略为行动的全过程。

（一）战略地图的框架

战略地图是对组织战略要素之间因果关系的可视化表示方法，是一个用以描述和沟通战略的管理工具。

1. 战略地图的框架及逻辑结构

（1）战略地图的框架。为便于理解和记忆，我们把通用的战略地图形象地比喻为一座四层楼房。房顶部分由使命、核心价值观、愿景和战略构成，房子的主体部分为四个楼层，从上往下依次是：财务层面、客户层面、内部业务流程层面、学习与成长层面，这四个层面是一个“2—4—4—3”框架，如图2-13所示。其中，“2”指的是两大财务战略，即财务层面的生产率提升战略和收入增长战略；“4”指的是四种通用的客户价值主张，即总成本最低战略、产品领先战略、全面客户解决方案、系统锁定战略；“4”指的是四类创造价值的内部业务流程，即运营管理流程、客户管理流程、创新流程、法规与社会流程；“3”指的是三种无形资产，即人力资本、信息资本、组织资本。

（2）战略地图的逻辑结构。战略地图的框架不仅包括以方框标示的各构成要素，还包括以箭头标示的用以将各构成要素串联起来的逻辑关系。就房顶部分而言，使命和核心价值观描述了组织长期奉行的核心理念，愿景和战略描述了组织特定期限内的发展蓝图和战略选择。这四者之间的关系是，使命指引核心价值观的形成，使命和核心价值观指引愿景和战略的形成，愿景指引战略的形成。对于四个层面的逻辑关系，须从两个层次来分析：一是层面之间的关系；二是各层面目标之间的关系。

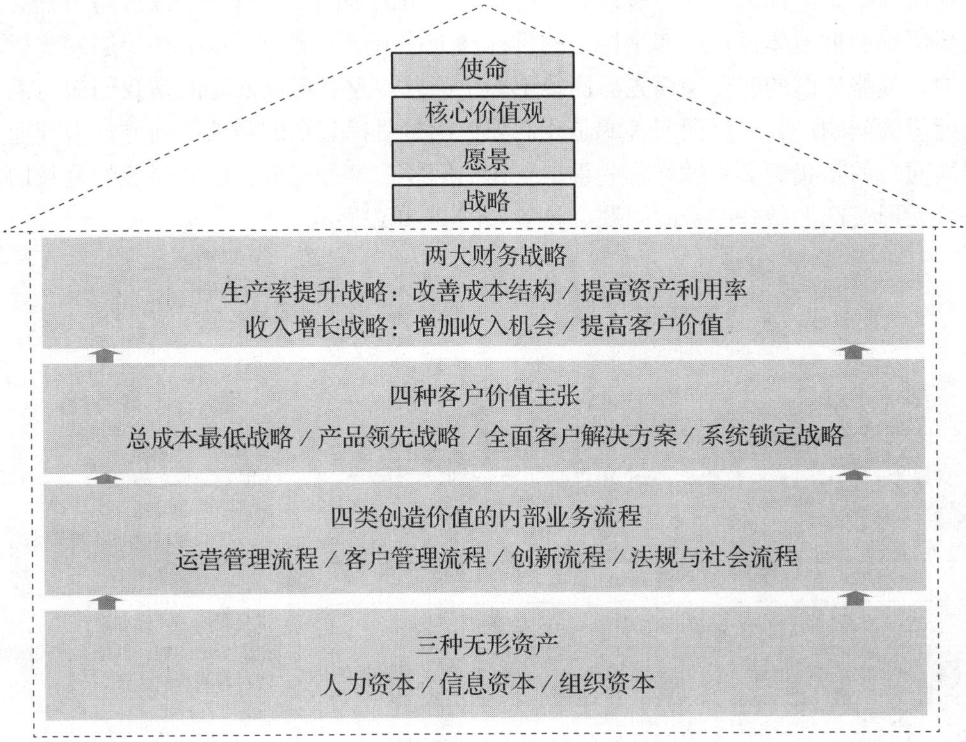

图 2－13　战略地图的框架

从层面来看，财务层面和客户层面分别描述了组织期望达成的财务绩效和客户（市场）绩效，界定的是战略的绩效结果；内部业务流程层面和学习与成长层面则分别描述了组织创造价值的关键流程和无形资产，界定的是组织达成预期绩效结果的战略性驱动因素，如图 2－14 所示。

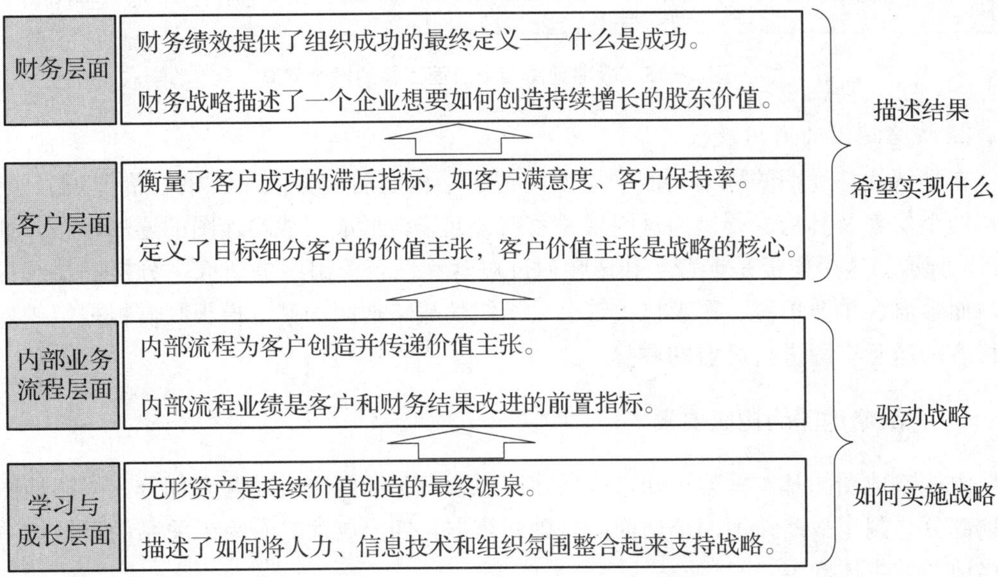

图 2－14　战略地图四个层面之间的关系

在明晰组织的使命、核心价值观、愿景和战略的基础上，形成了以战略为核心、因果关系明确的框架体系，这四个层面的目标从上往下层层牵引，从下往上层层支撑。具体来说，战略地图的四个层面先后回答了四个问题：财务层面回答的是我们如何满足股东的期望的问题；客户层面回答的是我们如何满足目标客户的需求的问题；内部业务流程层面回答的是我们必须做好哪些重点工作的问题；学习与成长层面回答的是我们必须在哪些无形资产上做好准备的问题。具体如图 2－15 所示。

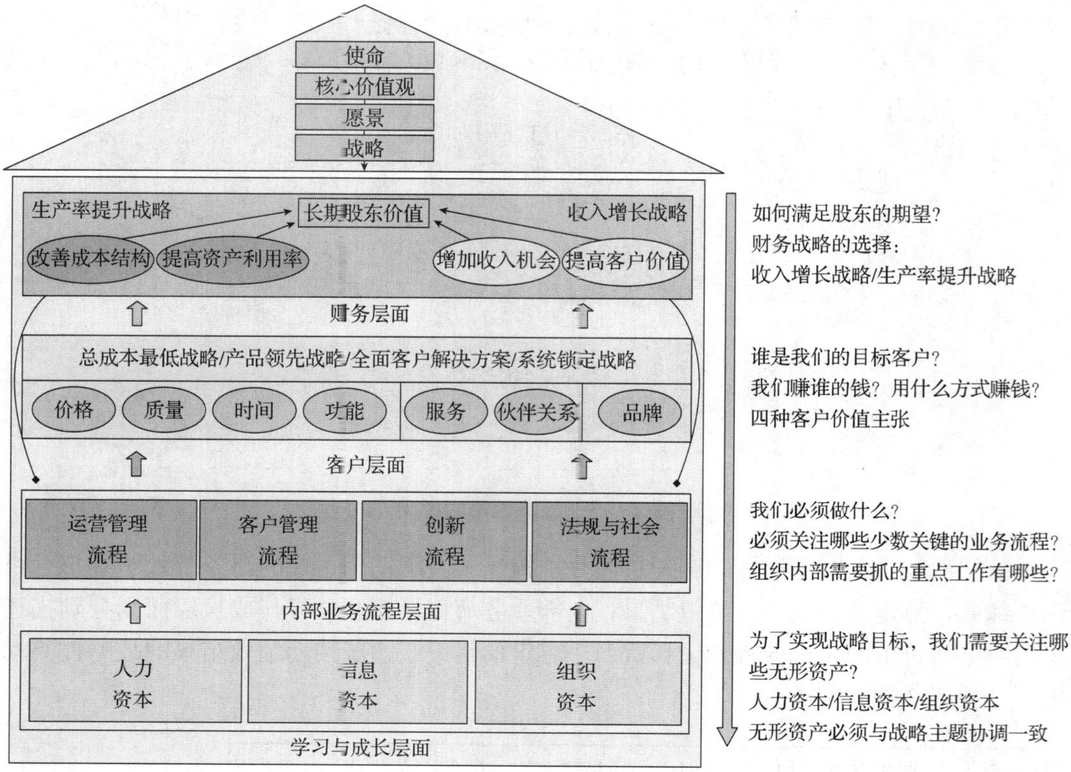

图 2－15　战略地图四个层面回答的四个问题

2. 战略地图的通用模板

在理解战略地图的框架和四个层面的逻辑结构之后，将使命、核心价值观、愿景、战略四个层面及其构成要素通过因果关系整合起来就形成了战略地图的通用模板，如图 2－16 所示。这个模板是卡普兰和诺顿通过对营利性企业组织的研究、分析和凝练提出的，而政府、事业单位、军事机关等公共组织的战略地图的基本模板则需根据组织属性及相应的运营实际进行必要的调整。

（二）战略地图的构成要素

由战略地图的基本框架可知，战略地图包含房顶和四个层面两大部分。战略地图的房顶部分是制定战略地图四个层面的基础和依据，四个层面具有因果关系的目标体系是战略地图的主体内容。

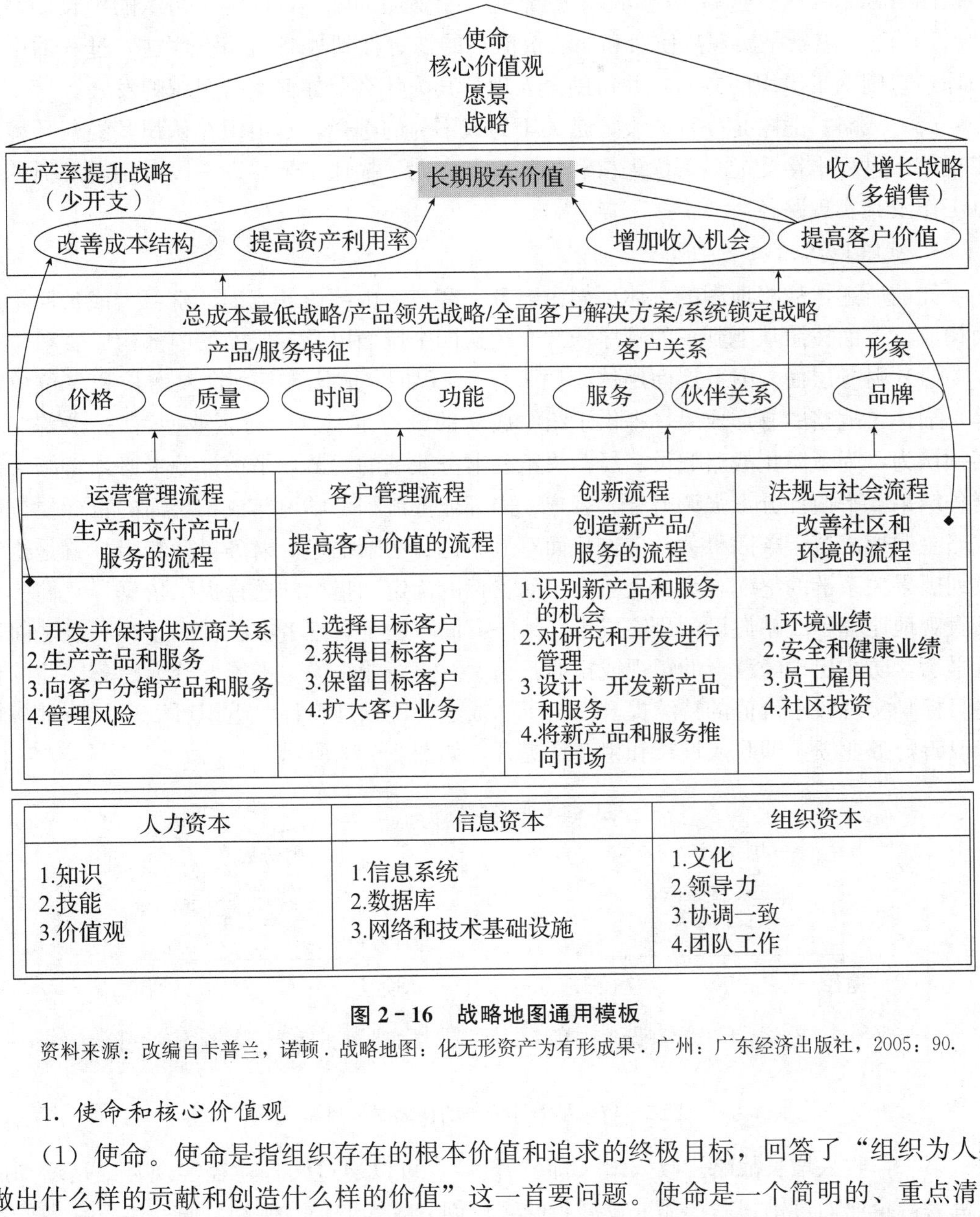

图 2－16　战略地图通用模板

资料来源：改编自卡普兰，诺顿．战略地图：化无形资产为有形成果．广州：广东经济出版社，2005：90.

1. 使命和核心价值观

（1）使命。使命是指组织存在的根本价值和追求的终极目标，回答了"组织为人类做出什么样的贡献和创造什么样的价值"这一首要问题。使命是一个简明的、重点清晰的内部陈述，应该说明企业希望如何创造并向客户传递价值。使命及伴随它的核心价值观在一段时间内是相对稳定的。

（2）核心价值观。核心价值观是指组织中指导决策和行动的永恒原则，回答了"组织长期奉守的坚定信仰是什么"这一基本问题。价值观体现了组织的态度、行为和特质。核心价值观源于领导人的个人信仰，是组织文化长期积累和沉淀的成果，为全体成员共同认可和遵从。

2. 愿景和战略

（1）愿景。愿景是指组织的发展蓝图，反映了组织对未来的期望，回答了"组织的中长期目标是什么”这一关键问题。愿景是一个简明的陈述，界定了组织的中长期目标（3～10年）。愿景是实现从使命和核心价值观的稳定性到战略的动态性这一过程的中间一环，它阐明了组织的方向，并帮助个人理解其为什么及如何支持组织的发展。

（2）战略。战略是一种假设，是关于为或不为的选择，是组织在认识其经营环境和实现使命过程中接受的显著优先权和优先发展方向，描述了组织近一段时期内要抓的重点工作及其实现路径。

3. 战略地图的四个层面

如前所述，战略地图的主体框架由财务、客户、内部业务流程、学习与成长四个层面构成。下面按照从上到下的顺序依次介绍这四个层面以及各层面的内部构成要素。

（1）财务层面。财务层面用传统财务术语（如投资报酬率、收入增长和单位成本等）描述了战略的有形成果，提供了组织成功的最终定义（针对企业而言）。卡普兰和诺顿认为，为了防止战略假设、经营决策和财务业绩的脱节，平衡计分卡必须持续关注财务结果。平衡计分卡强调财务、客户、内部业务流程、学习与成长层面的目标要按照战略主题形成若干条因果关系链，从而对战略进行清晰描述。财务目标和指标就是这一系列因果关系链的终端，为其余三个层面目标的确定和指标的选择提供依据。它们一方面直观地诠释了战略假设的最终成果，另一方面有助于管理者在各种力量和利益之间进行平衡，防止出现经营上的短视或扭曲行为。对于企业来说，平衡计分卡财务层面的最终目标是实现股东价值的持续提升。为了达成这一统领性目标，组织可以通过两种战略来改善财务业绩，即收入增长和生产率提升，如图2-17所示。

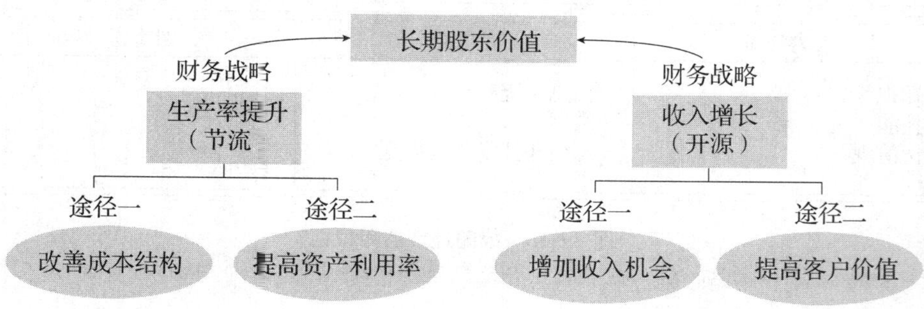

图2-17　平衡计分卡的两大财务战略

第一，收入增长战略。收入增长即“开源”，可以通过两种途径实现。一是增加收入机会，企业通过销售新产品或发展新的客户创造收入增长。例如，商业银行在做好传统的中间业务和对外担保业务的基础上，通过业务组合与创新推出了金融期货、远期利率协议、互换等一系列新的金融产品。二是提高客户价值，即加深与现有客户的关系，销售更多的产品和服务。例如，银行努力使其账户客户使用本行发行的信用卡并从本行借款购房或买车。

第二，生产率提升战略。生产率提升即“节流”，也可以通过两种途径实现。一是改善成本结构，即企业可以通过降低直接成本或间接成本来改善成本结构，这可以使企业在生产同样数量产品的情况下消耗更少的人、财、物等资源。例如，订单式生产在加快资金流转速度的同时，可以使生产制造企业大幅降低材料和成品的储存成本。二是提高资产利用率，即通过更有效地利用财务和实物资产，企业可以减少支持既定业务量水平所必需的流动资金和固定资本。例如，通过减少计划外的设备停工时间，企业可以充分利用现有生产能力，在不增加厂房和设备的情况下生产更多的产品。

相比而言，收入增长通常要比生产率提升花费更长的时间。出于向股东显示财务成果的压力，企业通常倾向于支持短期行为而非长期行为，这对组织发展的可持续性构成了威胁。为此，平衡计分卡强调在确定财务层面的目标时，必须同时关注收入增长战略和生产率提升战略，在竞争战略的指引下实现四种途径的有机组合，使企业在短期利益和长期目标之间保持平衡。

（2）客户层面。客户层面由组织在市场上的预期绩效成果和驱动绩效达成的客户价值主张构成。预期绩效成果代表了组织希望在既定的细分市场上取得的最终业绩，通常表现为组织针对预期成长和获利能力最大的目标客户群确定的概括性目标和指标。客户价值主张是一种针对竞争对手的战略模式，是企业经过战略分析，在界定细分市场和目标客户的基础上，为客户提供的一整套有关产品与服务特征、关系和形象等方面的独特组合。差异化的客户价值主张不仅决定了战略所瞄准的市场群体，而且决定了企业如何使自己比竞争对手更具特色。因此，企业应当通过深入的市场调查，揭示不同的市场和客户群体及其对价格、质量、功能、形象、商誉、关系和服务的偏好，进而针对自己所选择的客户和细分市场确定客户价值主张。通常，客户价值主张有一套鲜明的特征，这些特征主要可以归为三类，即产品/服务特征、客户关系以及形象和声誉，如图 2－18 所示。

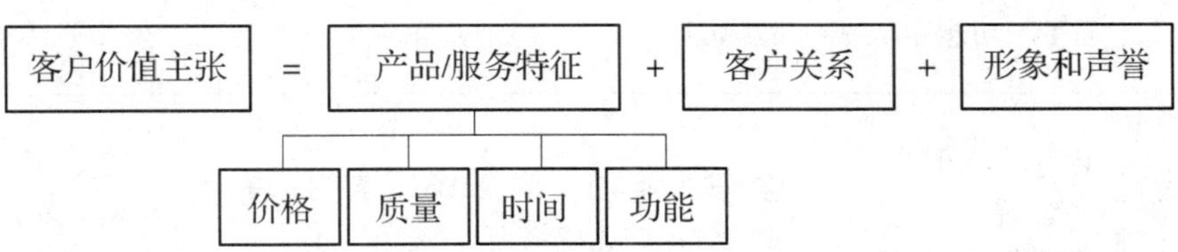

图 2－18　客户价值主张的维度

第一，产品/服务特征。产品/服务特征包括价格、质量、时间和功能。及时交货和上市时间的先后、采购和使用产品或服务的成本差异、产品质量的稳定性和服务承诺的履行状况、产品功能的齐全程度和领先水平体现了不同的客户价值主张在产品/服务特征上的区别。例如，沃尔玛公司采取“天天平价，始终如一”的价值定位，通过低廉的价格吸引对价格敏感的顾客。

第二，客户关系。客户关系涉及客户购买产品的体验、产品/服务的交货周期、客户需求的响应时间。例如，IBM 采取的服务战略主题为“创新服务、成就客户”，针对行业客户的需求，提供端到端的行业解决方案，增强开发能力并提供“交钥匙”解决方案，关注中小企业和发展高可用性服务。

第三，形象和声誉。形象和声誉是企业吸引客户的无形因素，有些公司能够利用广告及高质量的产品和服务创造客户忠诚，使客户对其品牌的支持程度远超过产品或服务本身的有形价值。例如，迪士尼作为主题游乐园品牌、百事和可口可乐作为饮料品牌、阿迪达斯作为运动服饰品牌等都对其目标客户具有极强的吸引力。

客户价值主张的选择是战略确定的核心环节。不同的组织通过向目标客户群体提供的独特产品/服务特征（价格、质量、时间、功能）、客户关系（服务、伙伴关系）以及形象（品牌）等客户价值主张定义其战略选择，并形成相对于竞争对手的差异化战略。卡普兰和诺顿在前人研究的基础上，总结出四种通用的客户价值主张：总成本最低、产品领先、全面客户解决方案以及系统锁定。战略的本质在于选择，因此，组织应当在综合分析环境因素以及自身情况的基础上，选择一种合适的客户价值主张，并将它转化为特定的目标、指标、目标值和行动方案，以便组织成员更深入地认识、更准确地把握体现差异化的战略要素，从而把客户价值主张落实到每个人的具体工作中。四种客户价值主张的内涵及区别如表2-8所示。

表2-8　　四种通用的客户价值主张

项目	类型			
	总成本最低	产品领先	全面客户解决方案	系统锁定
价值定位	为客户提供可靠的、及时的、成本低的、选择有限的产品和服务	为客户提供品质高的、领先的、选择多样化的产品和服务	为客户提供全面的、定制化的产品和周到的、持续的服务	为客户提供需要高额转换成本的、标准化的产品、服务或交流平台
差异化因素	关注价格、时间、质量、功能和品牌	关注时间、功能和品牌	关注服务、伙伴关系和品牌	关注功能、服务、伙伴关系和品牌
代表性企业	丰田、松下电器、西南航空、戴尔、麦当劳、沃尔玛	宝马、奔驰、耐克、索尼、英特尔	IBM、高盛、美孚石油	微软、苹果、思科、eBay、黄页、美国运通、万事达卡
基本要求	具有很强的成本控制能力，善于调查大众消费偏好	具有很强的创新和产品研发能力，能快速将产品投入市场	擅长客户关系管理，强调同客户建立长期的友好关系	拥有专利、许可协议或专有知识，能够创建行业标准并持续创新

（3）内部业务流程层面。流程是指一系列活动的组合，这一组合接受各种投入要素，包括信息、资金、人员、技术等，最后产生客户所期望的结果，包括产品、服务或某种决策结果。平衡计分卡的内部业务流程层面阐述了创造价值的少数关键业务流程，这些流程驱动企业的两个关键战略要素，即为客户创造和传递价值主张，降低并改善成本以实现生产率改进。根据创造价值时间的长短，内部业务流程划分为四类：运营管理流程、客户管理流程、创新流程、法规与社会流程。每类流程都由若干子流程构成，如图2-19所示。

运营管理流程	客户管理流程	创新流程	法规与社会流程
生产和交付产品/服务	提高客户价值的流程	创造新产品/服务的流程	改善社区和环境的流程
生产并向客户提供产品和服务	建立并利用客户关系	开发新产品、新服务、新流程和新关系	遵纪守法 满足社会的期望 建立繁荣的社区
1.开发并保持供应商关系 2.生产产品和服务 3.向客户分销产品和服务 4.风险管理	1.选择目标客户 2.获得目标客户 3.保留目标客户 4.扩大客户业务	1.识别新产品和服务的机会 2.对研究和开发进行管理 3.设计和开发新产品和服务 4.将新产品和服务推向市场	1.环境业绩 2.安全和健康业绩 3.员工雇用 4.社区投资
短波	中波	长波	长期

图 2－19　四类创造价值的内部业务流程

资料来源：改编自卡普兰，诺顿．战略地图：化无形资产为有形成果．广州：广东经济出版社，2005：36.

第一，运营管理流程。运营管理流程是指生产和交付产品/服务的流程，包括四个子流程：1）开发并保持供应商关系。良好的供应商关系可以降低总获得成本，也就是降低获得货物、材料和服务的总成本，还可以提高供货和服务的及时性。随着外包业务的发展，提高外包服务的绩效（成本、质量和反应时间）也是运营管理的一个重要目标。有的企业依赖其供应商进行产品革新和设计，或者将自身的产品和服务与供应商的产品与服务集成起来，以强化客户价值主张。在这种情况下，供应商关系管理还应该包括供应商创新或直接向企业的客户提供增值服务的目标。2）生产产品和服务。运营管理的核心在于高效率、高质量、快速地为客户生产产品和服务。这一子流程的目标主要包括降低生产产品和服务成本、持续改进流程、改进流程反应速度、提高固定资产利用率和提高营运资本效率等。3）向客户分销产品和服务。典型的分销流程目标包括企业的成本、质量和时间业绩，如降低服务成本、快速反应、向客户交货、提高质量等。和降低与供应商合作总成本一样，企业在与分销商合作或者直接向客户销售并提供产品和服务的过程中，在确保分销目标达成的前提下，要从整体上控制分销总成本。4）风险管理。企业的潜在风险通常包括财务风险、信用风险、运营风险和技术风险等。当今的组织面临动荡的社会环境，风险与机遇并存，如果期望零风险，很可能会失去组织发展的大好机遇。因此，加强风险管理是所有组织都要面对的一个重要问题，组织要在其战略地图中设置至少一个风险管理类目标。

第二，客户管理流程。客户管理流程是建立并利用客户关系以提高客户价值的流程，它反映了组织选择、获得、保留目标客户并不断扩大客户规模的能力。同样，客户管理流程也包括四个子流程：1）选择目标客户。选择目标客户就是确定对企业有吸引力的细分客户，构思吸引这些客户的价值主张，并创建吸引这些细分客户的产品和服务的品牌形象。2）获得目标客户。获得目标客户就是向市场宣传公司的价值主张，吸引目标客户购买公司的产品和服务。通常，企业利用入门级产品或高折扣产品启动客户关系。3）保留目标客户。保留目标客户就是确保产品质量、迅速纠正问题并提供卓越的客户服务，提高客户的忠诚度。客户的忠诚表现为重复购买、客户参与（为企业提供有关改善产品和服务的信息反馈）和客户所有（客户参与新产品设计和供应商推荐）三种形式。企业创造高度忠诚的客户，一方面通过持续地传递其基本价值主张实现，另一方面靠万无一失的服务质量实现。4）扩大客户业务。通过了解客户需求，培育并深化客户关系，企业可以增加客户购买活动中本企业的份额。企业应该积极地管理其客户的生命周期价值。也就是说，企业应利用入门级产品获得新客户，通过向新客户提供其他高盈利产品和服务来扩大客户的购买份额。

第三，创新流程。创新流程是指开发新产品、新服务、新流程和新关系，它是提升客户获得率和增长率、创造客户忠诚和增加利润的必要条件。不管战略如何，所有企业都应该在战略地图中至少设置一个创新目标。对于采取产品领先和系统锁定战略的公司，创新流程的业绩可能是最具决定性的成功因素。通常，创新流程包括以下四个子流程：1）识别新产品和服务的机会。通过这一流程，企业可了解和预测未来的客户需求，从而开发新的、更有效的或更安全的产品与服务。一般情况下，新产品的思想来源于对过去产品和流程创新中积累的技能和技术的理解。但是，组织不应当仅仅局限于在内部获得创新思想，它们还必须从外部，如各类实验室、大学，特别是供应商和客户，获得创新思想。2）对研究和开发进行管理。获得新产品/服务的思想后，管理者必须决定是否应该资助、延迟或否决具体的研发项目。管理者应该在完全依靠内部资源生产、进行合资生产或从其他公司获得许可证和外包等方式中做出选择。3）设计和开发新产品和服务。成功的产品设计和开发能够使产品符合市场的期望，从而对客户产生吸引力，并在一致的质量和一定的成本条件下为企业赚取令人满意的边际利润。4）将新产品和服务推向市场。新产品上市是产品开发循环的最后阶段，即项目团队发布新产品，并逐步增加产品的生产批量，最终进入商业生产。

第四，法规与社会流程。法规与社会流程主要是指改善社区和环境的流程，如遵纪守法、满足社会期望、建立繁荣的社区等。有效的法规与社会流程可以驱动长期股东价值创造，有利于提高效率和降低运营成本。企业一般从以下四个方面管理其法规与社会流程：1）环境业绩。环境业绩主要包括能源和资源消耗、污水排放、废气排放、固体废弃物产生和处理、对上代产品的处理和重新利用、综合的环境指标等。管理者必须确定与客户价值主张相关并对长期价值创造至关重要的环境衡量指标。2）安全和健康业绩。企业在生产和运营过程中必须遵守相关的政策和法规，确保安全生产，为员工健康提供必要的职业保障。当然，并非所有安全、健康、职业等方面的指标都应纳入平衡计分卡的指标体系。平衡计分卡不是企业唯一的指标体系和监控系统。管理者应当将有助于降低成本、增加收入，能够推动战略实现的目标和指标纳入平衡计分卡。3）员工雇用。多样性是组织创新的源泉，多样化的员工队伍能够从不同的视角看待和处理问题，更有效率、更好地完成工作任务，提高组织的整体竞争力。4）社区投资。为了实现组织的可持续发展，越来越多的有实力的企业开始注意到社区投资所带来的收益。其中，大多数企业通过基金组织甚至是建立基金会，为所在社区的非营利组织系统化地提供资金。但是，很少有企业对社区投资的产出进行衡量，因而企业通常无法系统地了解持续性投资所产生的影响。运用平衡计分卡，管理者可以建立社区投资方面的目标和指标以衡量其产出和成果，从而真正达到社区投资的目的。

（4）学习与成长层面。学习与成长层面描述了组织的无形资产及其在战略中的作用。所谓无形资产是指没有实物形态，但能被所有者占有、使用并带来经济效益的非货币性长期资产。一切与企业生产经营有关和能为企业带来经济效益的资产以及不具备物质实体的资产都属于无形资产。无形资产是组织价值创造的源泉，是每一个持久转变的真正起点，其重要性容易被大家认可。但是，对如何定义、衡量和实现相关目标，人们的认识程度还较低，难以达成共识。经过对大量实践案例的分析和总结，卡普兰和诺顿将无形资产划分为三种类型，即人力资本、信息资本和组织资本，如图 2－20 所示。

人力资本	信息资本	组织资本
执行战略所需的知识、技能和才干等	支持战略所需的信息系统、数据库、网络和技术基础设施	执行战略所需的动员和维持变革流程的组织能力
有用性（战略能力）	有用性（战略信息）	有用性（变革议程）
1.知识（工作所需的一般知识） 2.技能（谈判/协商/项目管理） 3.价值观（价值取向）	1.信息系统 2.数据库 3.网络和技术基础设施	1.文化 2.领导力 3.协调一致 4.团队工作

图 2－20　三种无形资产

资料来源：改编自卡普兰，诺顿．战略地图：化无形资产为有形成果．广州：广东经济出版社，2005：42.

第一，人力资本。在平衡计分卡中，人力资本被划分为知识、技能、价值观三个方面。其中，知识是指完成工作所需的一般背景知识，既包括具体的工作知识，也包括使具体工作适应环境所需的外围知识，如了解客户；技能是指弥补一般基础知识要求的技能，如谈判、协商和项目管理等技能；价值观是指在既定工作中能产生突出业绩的特性和行为，比如，有些工作要求团队合作精神，有些工作则要求以客户为导向。

第二，信息资本。信息资本可以分为“硬件”和“软件”两个部分，即技术基础设施和信息应用程序。技术基础设施包括能有效传递和利用信息应用程序的技术（如中央服务器和通信网络）以及管理专长。信息应用程序是由信息、知识和技能组成的程序包，它建立在技术基础设施之上，支持组织的内部业务流程。技术基础设施和信息应用程序构成了信息资本组合。不同的信息资本组合可以支持运营管理、客户管理、创新等内部业务流程。例如，供应链管理（SCM）和物料需求计划（MRP）是支持运营管理流程的典型系统。管理者必须知道如何为组织的特定战略选择信息资本组合，以及如何管理支持战略所需的信息资本组合。

第三，组织资本。组织资本被定义为执行战略所需的动员和维持变革流程的组织能力，通俗地说，就是将组织拥有的能力和技术协同起来以实现战略目标的能力。有较强组织资本的企业对愿景、使命、价值观和战略有共同的认识，它们围绕战略创造绩效文化，并在整个企业内共享知识，保证每个员工共同工作且方向一致。管理者通常没有一个统一的框架将注意力集中于组织文化和氛围，使其与战略保持协调一致。为了便于描述和衡量组织资本，平衡计分卡提供了一个仍处于测试阶段的框架，这个框架将组织资本划分为四个组成部分：文化、领导力、协调一致和团队工作。其中，文化是指对执行战略所需的使命、核心价值观和愿景的认知和内在化；领导力是指组织各层级中能够动员组织朝战略方向发展的领导能力的可获得性；协调一致是指个人、团队和部门的目标与战略目标的结合以及激励政策对战略实现的有效性；团队工作侧重于知识共享，即在整个组织中创造、组织、开发和分配知识。

（三）平衡计分卡的框架及构成要素

狭义的平衡计分卡与战略地图一样，由财务、客户、内部业务流程以及学习与成长四个层面构成，是将战略地图四个层面的目标转化为衡量指标和目标值，并制定行动方案和预算计划的管理工具。应特别注意的是，战略地图所制定的目标与平衡计分卡中的目标需要完全一致，这是平衡计分卡体系化战略为行动的重要体现。

1. 平衡计分卡的框架及逻辑关系

（1）平衡计分卡的框架。平衡计分卡的表现形式是一张二维表格，如表2-9所示。纵向是财务、客户、内部业务流程、学习与成长四个层面，横向是目标、指标、目标值、行动方案和预算。由于战略地图和平衡计分卡是配套使用的，因此在战略地图开发出来之后，平衡计分卡四个层面的目标也随之确定，也就是说，制作平衡计分卡的过程实际上就是针对每个目标确定其指标、目标值、行动方案和预算的过程。

表2-9　平衡计分卡（样表）

层面	目标	指标	目标值	行动方案	预算
财务					
客户					
内部业务流程					
学习与成长					

（2）平衡计分卡的逻辑关系。平衡计分卡的逻辑关系包括两个方面：一是四个层面及其目标之间纵向上的因果关系与战略地图是一致的，不再赘述；二是目标、指标、目标值、行动方案和预算之间的横向推导关系。具体来说，目标是战略与绩效指标之间的桥梁，它说明了战略期望达成什么，即要想实现战略，在各层面中要做好哪些事情；指标则紧随目标，用以衡量该目标的实现程度；目标值是针对指标而言的，

说明了该目标在特定指标上的期望绩效水平；行动方案说明了怎么做才能实现预定的战略目标，制定行动方案时要综合考虑目标、指标和目标值；预算则说明了实施行动方案所需的人、财、物等资源。由于指标是由目标推导出来的，而目标之间具有因果关系，因此指标之间也形成了一定的关联关系。从整体上看，平衡计分卡的逻辑关系呈现为一个由纵向因果关系、横向推导关系以及指标关联关系构成的网状结构，如图 2－21 所示。

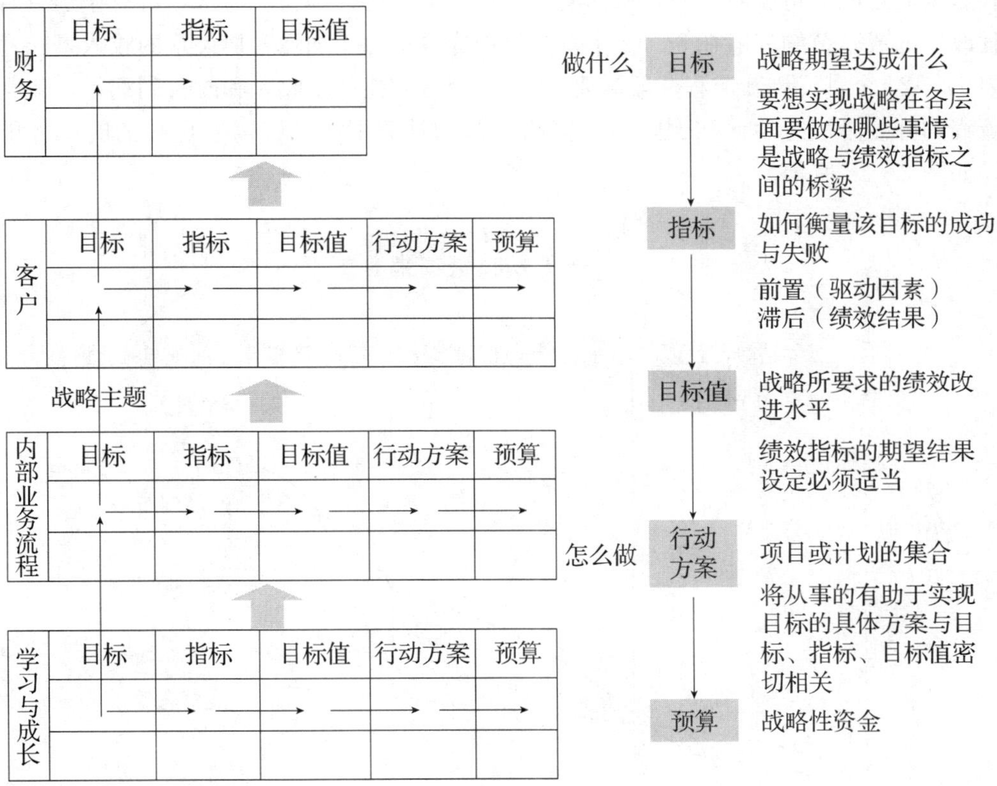

图 2－21　平衡计分卡的逻辑关系

2. 平衡计分卡的构成要素

从上述框架中可以看出，平衡计分卡的基本构成要素包括目标、指标、目标值、行动方案和预算等内容。在很多情况下，明确绩效管理责任制也是平衡计分卡的重要构成要素。

(1) 目标及其类型。目标是组织在一定时期的特定绩效领域内希望取得的理想成果，是战略的重要组成部分。目标指出了有效实施战略所必须做好的事情，是对组织使命、愿景和战略的展开和具体化，在战略所选择的比较宽泛的优先权与用于绩效评价状况的指标之间架起了一座桥梁，它们比战略的内容具体，又比绩效指标抽象。通过战略地图，组织的战略在组织、部门和个人三个层次均被具体化为一整套财务目标、客户目标、内部业务流程目标、学习与成长目标。这些目标围绕战略主题协同起来，形成若干个战略绩效领域，共同支撑组织战略的实现。下面从具体类型对平衡计分卡中的目标进行分析。

第一，长期目标、中期目标、短期目标。从价值创造周期来看，平衡计分卡中内部业务流程层面的目标可以划分为长期目标、中期目标和短期目标。平衡计分卡的构成是以战略主题为基本单元的，而单个战略主题的确定主要是对内部业务流程层面中少数的关键流程进行组合，继而通过因果关系链与财务、客户以及学习与成长的目标进行连接，这意味着内部业务流程中价值创造的长短波将决定不同战略主题在时间期限上的区分。不同时限战略主题的组合能够从整体上直接反映战略的意图，保证组织在短期利益和长远发展之间取得有效平衡，从而实现股东价值的持续增长。通常，得益于运营管理流程改善的成本节约一般在6～12个月内显现成效；源于加强客户关系的收入增长通常需要12～24个月；创新流程一般需要24～48个月才能产生收入和改善利润；法规与社会流程的好处是规避诉讼和倒闭以及提高组织的社会形象，这需要更长的时间才能获得，如图2-22所示。

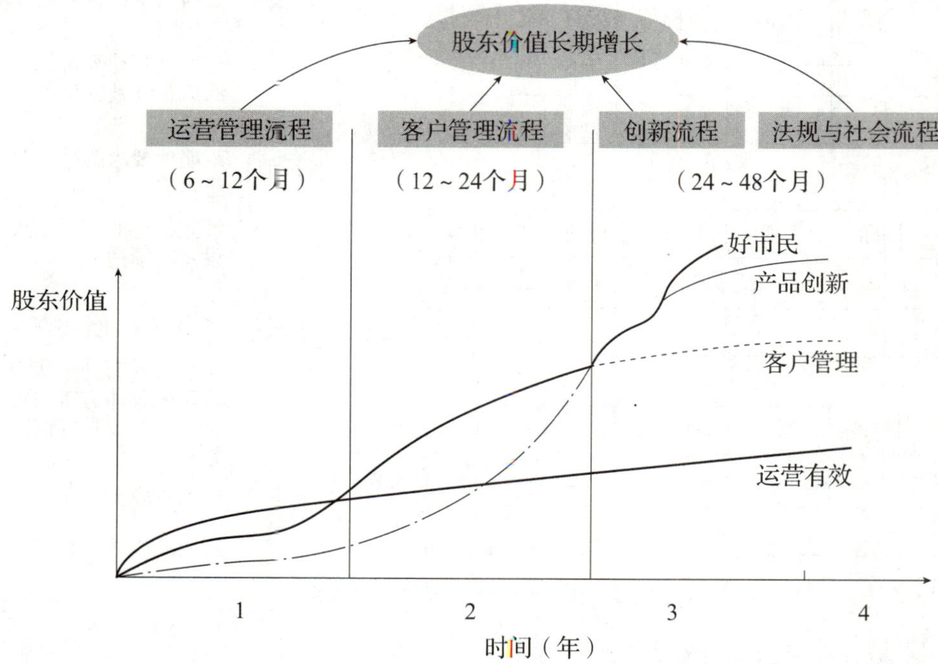

图2-22　不同的价值创造周期

资料来源：改编自卡普兰，诺顿．战略地图：化无形资产为有形成果．广州：广东经济出版社，2005：39.

第二，组织目标、部门目标、个人目标。从组织的纵向协同来看，平衡计分卡是通过分层进行承接和分解的方式，可把战略转化为组织目标、部门目标和个人目标。根据组织不同层级的主要作用，这三类目标的侧重点也有所不同。组织目标主要是创造企业价值，即把各个分散的业务单元和职能部门的不同工作协同起来，实现"1＋1＞2"的功效；部门目标主要是创造客户价值，即通过生产和提供产品和服务传递客户价值主张，从而创造企业利润；个人目标则是落实战略，即通过决策和执行具体落实战略行动方案和运营计划。

第三，共享目标、分享目标、特有目标。从组织的横向协同来看，平衡计分卡按照分工与协作相结合的原则，把部门和个人的目标划分为共享目标、分享目标和特有目标。共享目标是指所确定的事项是一个整体，不可分解，需要不同部门或不同员工的合作才能实现的目标。分享目标是指所确定的事项虽然是一个整体，但可以分解，由不同部门或不同员工根据各自的职责承担部分任务，按照各自所处的流程节点位置进行衔接和配合实现的目标。特有目标是根据职责、权限的划分，由单个部门或员工独立实现的目标，通常不需要与他人进行协作。

（2）指标及其类型。指标是衡量目标实现程度的标尺，是对绩效因子或绩效维度进行提炼后形成的评判绩效状况的媒介。通常，对单个指标进行评价所形成的结果只能反映绩效的某个方面，只有从工作的数量、质量、时间、成本、效率、效果等不同维度进行指标设计和组合，才能得到一个综合的评价结果，从而真实地反映目标的预期绩效与实际绩效的吻合程度。因此，在平衡计分卡中，指标也被划分为不同类别。

第一，财务指标与非财务指标。平衡计分卡在保留财务指标的同时，将非财务指标划分为客户类指标、流程类指标和无形资产类指标，从而形成一个基于目标因果关系链的有机指标体系。

第二，客观指标与主观指标。将指标分为定性指标和定量指标是管理实践中最为常见的做法。实际上，无论是定性指标还是定量指标，都能转化为数值形式，从而模糊了两者之间的界限。为避免这一现象，平衡计分卡将指标的定性和定量之分改为主观指标和客观指标之分。两者的区别在于，主观指标的评价建立在对数据和信息的综合分析之上，受制于评价者的知识、经验和主观感受，而客观指标的评价依赖于直接的数据。

第三，前置指标与滞后指标。平衡计分卡为了凸显价值创造过程中绩效结果和驱动因素之间的因果关系，将指标划分为前置指标和滞后指标，并力求在两者之间取得平衡。把前置指标纳入组织绩效管理的体系克服了以往的绩效管理工具只重视滞后指标的片面性，能够衡量对组织成功有利的、不容易发现和评价的行为，如表 2 - 10 所示。

表 2 - 10　　滞后指标与前置指标的比较

项目	滞后指标	前置指标
定义	一段时期结束时的结果指标 通常具有历史绩效的特征	驱动或导致滞后指标绩效的指标 通常评价中间过程和活动的绩效
举例	市场份额 销售额 员工满意度	花在客户身上的时间 书面提议 缺勤率
优势	易于辨别和确认	起预测作用 允许组织根据结果随时调整
劣势	侧重于历史，无法反映现时活动 缺乏预测力	难以辨别和确认 许多新指标在组织中缺乏历史数据支持

第四，计分卡指标和仪表盘指标。计分卡指标涉及财务、客户、业务流程和无形资产四个层面，通常是战略性的、结果性的、员工的日常行为不能直接影响的指标，多为聚焦跨业务和跨职能的滞后指标。其更新频率往往以月或年为周期，作用在于牵引组织将资源投入有限的战略重点，对关系组织战略成败具有战略意义的目标进行衡量。仪表盘指标主要涉及内部业务流程，通常是运营性的、过程性的、员工的日常行为可以影响的指标，多为聚焦局部的部门、职能和流程的前置指标。其更新频率往往以天甚至是小时为周期，作用在于规范员工的具体行为和监测日常运营过程。计分卡指标和仪表盘指标通过目标的衔接相互连接，形成一个有机的整体，而非主次有别的、互不关联的不同指标。计分卡指标和仪表盘指标的比较如表2-11所示。

表2-11　　计分卡指标与仪表盘指标的比较

计分卡指标	仪表盘指标
● 战略性的 包括财务、客户及人力资本开发等指标	● 运营性的 可能没有财务、客户或人力资本开发指标
● 结果性的 员工的日常行为不能直接影响的指标 更新频率是月度或年度	● 过程性的 员工的日常行为可以影响的流程指标 更新频率为天甚至是小时
● 聚焦跨业务和跨职能的结果指标	● 聚焦局部的部门、职能和流程绩效
● 多为滞后指标	● 多为前置指标
● 引导资源分配和衡量目标绩效	● 规范员工行为和监测运营过程

第五，评价指标和监控指标。组织的经营管理所涉及的指标成百上千，十分复杂。为了从这些名目繁多的指标中找出对战略成败最具影响力的因素，平衡计分卡将绩效指标划分为评价指标和监控指标。评价指标又称战略指标，是指为取得竞争优势而界定一个战略的指标，这类指标一般需纳入绩效评价量表以便定期对目标进行衡量。监控指标又称诊断指标，是指可以监控组织是否按部就班地运转并在出现异常情况时需要立刻注意的指标。平衡计分卡中的指标多是帮助组织取得战略成功的战略性指标，而不是监控组织运行的诊断性指标。正是在此基础上，人们才能将平衡计分卡指标控制在极其有限的数量范围之内。

（3）目标值。目标值是组织所期望的绩效结果，一般用一个带有时间限制和具体数值的表述，将目标和指标转变成今后一段时期内所期望达到的状态，其作用在于确立既定目标相应指标上的期望标准。如果说目标描述了实现战略所需做好的事项，指标显示了如何追踪和评价目标的实现程度，那么目标值则规定了衡量目标的指标应该做到何种程度。通过有时间限制和量化的目标值，人们可以把笼统的、描述性的目标转变为明确具体的绩效任务。如同目标一样，目标值既提供了前进的方向，指明了需投入的资源规模和应有的努力程度，又能对员工产生内在激励的作用。激励作用的形成取决于目标值设置的合理性。也就是说，目标值要具有一定的挑战性，使员工经过一定的努力才能达成；同时，目标值也不宜过高，以免员工望而生畏，产生过大的压力。目标值定得过高，员工无法达成，必将影响员工的绩效评价结果，从而对其薪酬和个人发展产生影响。久而久之，会使员工产生焦虑，增加不满，甚至导致员工流失。

（4）行动方案。战略行动方案是指有时间限制的、自主决定的项目或计划，旨在确定达成战略目标的途径，从而帮助组织实现目标绩效，应该将其与组织的日常运营计划和活动区分开来。一般来说，每个非财务目标至少由一个行动方案支撑。行动方案的制定要兼顾目标、指标、目标值的要求，因为目标界定向度，指标描述维度，目标值说明力度，行动方案将具有时间限制的、量化的目标值转化为具体的行动。至此，组织的战略经过目标、指标、目标值和行动方案的步步阐述，已经从一个静态的、笼统的战略思维转变成组织在某一个时间段内必须完成的若干个具体的计划或项目。不同目标的行动方案通过战略主题捆绑起来，形成一个整体性的行动方案组合，基于同一个战略主题的所有行动方案必须同步实施。需要注意的是，组织中存在数量众多、形式多样的行动方案，管理者必须对行动方案进行筛选、管理和评估，确保所选择的行动方案能够有效支撑战略目标并切实得到有效执行。

（5）预算和责任制。与行动方案密切相关的是预算和责任制，其中预算要解决的问题是为战略行动方案提供资金支持，责任制的目的则是明确战略行动方案管理和执行的责任人及其职责。在确定行动方案之后，组织需要为这些行动方案编制预算。平衡计分卡主张将组织的战略规划过程和预算制定过程结合起来进行，而不是将其作为两个完全独立的流程。利用平衡计分卡来驱动预算程序可以使组织明确制定预算的根本目的是什么，确保组织将有限的资金分配给最重要的战略行动方案。在为战略行动方案提供资金保证的同时，组织应该建立起有关战略执行的责任机制。平衡计分卡要求组织根据管理层级、职责权限以及执行和管理跨业务和跨职能流程的需要，以战略主题为单元为相应的战略行动方案选择主题负责人和团队，以执行战略行动方案，并通过一系列管理会议来定期回顾战略行动方案的进程和效果。由此，组织的战略管理形成了一个包括计划、执行、监测、评价、调整和问责等诸环节的封闭循环，为战略的实施提供了清晰路线和有力保障。

四、基于平衡计分卡的战略管理流程

卡普兰和诺顿在《战略中心型组织——如何利用平衡计分卡使企业在新的商业环境中保持繁荣》中提出了一套战略管理框架，并确立了构建基于平衡计分卡的管理框架的五个基本原则：高层领导推动变革，将战略转化为可操作的行动，使组织围绕战略协同化，使战略成为每个人的日常工作，使战略成为一个持续的流程，即从动员、转化、协同、激励和管控五个方面构建完整的战略管理体系。很多使用平衡计分卡取得卓越绩效的公司在具体构建战略管理体系时，通常完整实施前三个原则，同时实施第四个原则和第五个原则的一些活动。但是，第五个原则需要重新构建各种规划、预算和控制系统，因此很多组织在实施平衡计分卡一段时间之后才开始导入第五个原则。

卡普兰和诺顿对平衡计分卡第五个原则的最佳实践进行了深入研究，形成了一套独立的、全面的管理体系 构建了基于平衡计分卡的战略管理流程，该流程是一个六阶段环形图，依次为：开发战略、诠释战略、协同组织、规划运营、监控和学习、检验与调整，如图2-23所示。这六个阶段的工作几乎覆盖了综合管理的所有重要方面，以此为主线谋划和带动组织的全局工作无疑会带来管理水平的大幅提升。同时，通过对六阶段流程的全面贯彻，助推组织实现战略的流程化管理，使组织获得持续稳定的高绩效，不会因为领导的更替而导致业绩的波动。下面从开发战略开始，探讨这一战略管理流程。

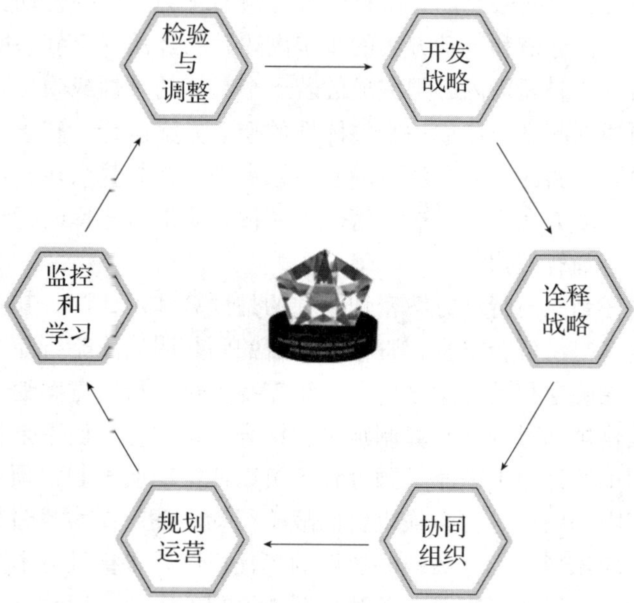

图 2-23 基于平衡计分卡的战略管理流程

（一）开发战略

战略管理流程始于管理层的战略开发。开发战略阶段的主要任务是回顾组织的使命、核心价值观和愿景，分析环境信息，完成战略开发或对组织战略进行微调或变革。在这个过程中，组织主要通过全面回答如下三个问题来完成：

（1）我们做的业务是什么，为什么？回答这个问题主要是为了明晰组织的使命、核心价值观和愿景，即明确组织存在的目的，为组织内部的行为提供指导原则，以及确立令人鼓舞的未来目标。

（2）获取竞争优势的最关键因素是什么？回答这个问题需要进行全面的战略分析，即从外部环境分析、内部环境分析以及现有战略执行情况三个方面入手，审视组织竞争与运营环境，尤其要重点关注上一轮战略制定之后发生的重大变化，将具体开发战略需要注意的重要问题列出来。针对战略分析中的重大问题向组织成员进行沟通或说明，强调只有变革才能实现挑战性目标或赢得竞争优势，营造出变革的氛围，必要时可以启动“战略变革日程”的管理工具来为变革提供动力。所谓战略变革日程是指为达成愿景所确定的组织最高层面的宏伟的战略目标，组织必须对现有的结构、能力、流程、文化等方面的状况与未来 3～5 年组织想要达成的状况进行分项对比，指明组织将在何种范围、规模、领域进行必要的变革。下面以加拿大血液服务中心为例加以说明。

加拿大血液服务中心创立于 20 世纪 90 年代，其前身是加拿大红十字会。当时，加拿大红十字会由于管理失误使几千人被污染血液感染，这导致整个血液系统的信任危机。新组建的加拿大血液服务中心经过大约 4 年的紧张工作，才使得公众对血液产品的安全性重建信心。此时，中心新任负责人格雷厄姆·谢尔（Graham Sher）发现组织内同时启动了相当多各自独立的行动方案，每个方案都在争夺有限的组织资源，而且缺乏协同管理。为了改变这一状况，将服务中心建成现代化的、有活力的血液系统，并为加拿大其他卫生保健服务做出更大贡献，谢尔和他的高层管理团队制定了一份具体的变革日程，如图 2-24 所示。这份变革日程清楚、详细、有说服力，不仅表明了中心领导层改变现状的愿望和持续变革的决心，也向全体员工说明了变革的需要，有效地克服了员工的抵触情绪。

	从……	到……
使命	血液产品	延伸产品和服务
管理重点	策略性、运营性，危机处理	长期战略对话
优质体系的实施	抵触，不理解	倡导，主动承担
融资	短期、单一来源融资	多渠道融资、战略性投资
基础架构	承袭、低效	创新、现代、目的明确
医疗研发	被动，有限的透明度	目标明确、有力，通过领导实现透明度
核心流程	手工	标准化、自动化
领导	自上而下	甄别、发展、授权
单元成本	模糊的标杆	精确定义、接近标杆
人员	只关注本职工作和任务，无战略意义	与战略相联系

图 2-24　加拿大血液服务中心的战略变革日程

资料来源：卡普兰，诺顿．平衡计分卡战略实践．北京：中国人民大学出版社，2009：35.

（3）我们如何做到最好地参与竞争？最后一步是完成战略开发或战略调整。在这个阶段我们必须明确组织的竞争领域，明确在该领域我们应当确定的客户价值战略，明确什么样的关键业务流程能带来战略上的差异化，清楚什么样的人力资源、信息技术以及组织资本能支撑战略等问题。

（二）诠释战略

诠释战略是将战略化为可操作的行动的重要环节。诠释战略的主要任务是将战略转化为基于战略主题的战略地图，为战略地图中每一个战略目标设定相应的计分卡指标和目标值，以及开发达成战略目标的行动方案和资源计划。诠释战略过程是平衡计分卡理论对战略管理领域的重要贡献之一，犹如在传统的战略制定和战略规划之间增加了一个显微观察的环节，放大了战略所包含的细节元素，从而使人们对战略有更微观、深入和透彻的理解。从这个意义上讲，诠释战略可以说是整个战略管理流程的关键一环，是开发战略过程的拓展和延伸。这一阶段主要围绕如下五个典型的问题展开：

（1）我们应如何描述战略？回答这个问题主要是为了开发战略地图，用直观的战略地图展示所有的战略主题，并对每个战略主题进行规划和管理，保障每个战略主题协同运作。

（2）我们应该如何衡量战略？回答这个问题主要是为了制定绩效指标和确定目标值，将战略地图确定的绩效目标转化为可衡量的具体规划。

（3）我们应该采取什么样的行动才能实现战略？回答这个问题主要是为了确定系统的、具体的和相互协同的行动计划，从而实现战略地图上的绩效目标。

（4）我们如何为行动方案配置资金？由于传统的预算管理是组织按照既有的部门或业务单元进行资金分配的，跨部门、跨业务单元的战略性行动方案常常得不到足够的资金支持，因此高层管理者需要特别确保所有重要的战略行动方案都有相应的预算支持。

（5）由谁来牵头制定战略？回答这个问题主要是为了使每个战略主题都有负责人，一般需要由一个高层管理者来牵头组建主题团队，对每个战略主题负责。

（三）协同组织

平衡计分卡认为组织创造的价值不仅包括来自客户的价值，还包括来自企业的价值。前者由组织的业务单元通过创造产品和服务为目标客户提供独特的客户价值主张来实现；后者产生于组织创造的跨职位、跨层级、跨部门和跨边界的协同效应。按照系统论的观点，平衡计分卡从技术角度全面深入地阐述了组织中不同管理层级之间、不同业务单元之间、业务单元和职能部门之间以及与外部利益相关者之间实现协调一致的思路和方法。如果说诠释战略是从组织层面对战略进行可视化分析，使组织成员针对共同的战略目标和竞争方式达成共识，那么组织协同则是进一步将战略逐层推向管理一线和市场前沿，使每一个部门、员工和利益相关者都能理解自身的战略角色和工作任务，进而实现密切配合和协同作战。在协同过程中，组织需要回答如下三个问题：

（1）如何确保组织的所有业务单元都理解战略并达成一致？回答这个问题主要是为了实现总部与业务单元的协同。对组织价值主张的清晰阐述和有效管理是总部的首要责任。总部与战略业务单元不同，它没有自身的客户，也没有能够提供产品和服务的操作流程。归根到底，总部的全部工作就是协同不同业务单元的价值创造活动，使其能够为客户创造更多的价值或降低总体运营成本，从而超越每一个业务单元独立运作所能达到的程度。在管理实践中，战略地图通常可以清晰地描述和显示各种系统优势的来源，管理者需要将战略地图纵向分解到每一个业务单元，确保每个业务单元都能反映战略；同时，管理者还需要特别注意组织协同的差异和组织价值主张的统一这两个方面的问题。

（2）如何实现支持单元与业务单元、组织层面的战略协同？回答这个问题主要是为了实现协同支持单元与业务单元。组织的支持和服务单元，如人力资源、财务、法律、公共关系等部门，起源于 19 世纪的职能型组织，其员工通常具有专业知识和技能，承担支持业务部门从事产品生产和服务提供的职能性和辅助性工作。支持单元由于不直接创造经济价值，产出是无形的且难以量化，因此在组织中经常被称作“纯费用中心”。同时，支持单元的工作人员通常是某一领域的职业经理人，他们的观念意识与长期在一线工作的业务经理往往有较大差异，由此导致的结果是，支持单元与业务单元常常各行其是，业务经理总是指责他们置身职能壁垒中不能响应业务需求。为此，组织的高层管理者一直在努力寻找有效的方法来监控和评估组织的支持单元，以确保它们带来的收益大于花费的成本。平衡计分卡的问世不仅能够通过因果关系清晰描述支持单元为实现股东长期价值所做的贡献，而且为有效地整合与协同业务单元和支持单元提供了管理平台。

（3）如何激励员工帮助组织实施战略？回答这个问题主要是为了实现协同员工。所有的战略到最后都需要员工去执行，只有将战略与员工连接起来才能实现战略“落地”。战略的成功执行离不开员工的积极参与，再完美的战略只有转变成员工日常工作的一部分才具有现实意义。在明确了组织战略且制定了总部机构、业务单元、支持单元，乃至外部合作伙伴的战略地图和平衡计分卡之后，必须将战略落地到协同员工上。运用平衡计分卡协同员工和战略的流程有三个步骤：向员工传授和沟通战略；将员工的个人目标和激励与战略相连接；协同个人培训和发展计划，培养员工执行战略所需的各种知识、技能和能力。

（四）规划运营

战略和运营虽然是组织体系的两个不同功能模块，但两者都非常重要，并且需要融为一体。一份美好的战略如果没有优异的运营系统予以支撑，就像没有基础的空中楼阁，不可能成功地达到预期目标。反之，一个优异的运营系统虽然有可能在成本控制、质量改进和效率提升上取得不俗的成绩，但如果缺少战略的指引以及聚焦效应，最终将迷失在市场竞争大潮中，纵然竭尽全力也难以到达成功的彼岸。如果不能解决战略执行和运营管理之间的整合与协同问题，组织的战略和运营出现脱节就在所难免。平衡计分卡从改进关键流程和制定运营规划两个方面，探讨了连接战略与运营的机制和方法，有助于企业在实现战略软着陆上迈出至关重要的一步。在规划运营阶段，管理者需要回答如下两个问题：

（1）哪些业务流程的改进对战略执行最关键？回答这个问题主要是为了改进关键流程。从管理思想发展的历史脉络可以看到，关于流程改进的主张及研究成果主要分为两大类：一是渐进式流程改进，以戴明和朱兰的全面质量管理为代表；二是激进式流程改进，以哈默和钱皮的流程再造思想为代表。这些理论自问世以来，在全世界范围内引发了一次次管理变革的风暴，对组织的管理思维和流程业绩产生了深刻的影响。但是，无论是全面质量管理还是流程再造运动，其在协同流程改进计划与战略目标上都存在明显不足。这些理论要么聚焦于局部的、缺乏关联性的流程改进，要么拘泥于策略性的流程变革，往往孤立地看待运营短板和进行资源配置，难以获取持续性的流程改善。作为连接战略和运营的封闭性综合管理体系，平衡计分卡在流程改进与客户价值和股东价值创造之间建立了清晰的因果关系，可以帮助组织围绕战略进行关键流程识别、衡量和改进。平衡计分卡的流程改进主要包括识别战略性流程、改进战略性流程和衡量战略性流程三个方面。

（2）如何将战略与运营规划、预算联系起来？除了改进关键业务流程之外，连接战略与运营的另一个重要任务就是把高层的战略规划转化为具体的运营计划和预算。虽然公司在战略行动方案和流程改进项目上的投入对有效实施战略至关重要，但是公司的战略性支出和流程改进费用通常只占公司预算总额的10%左右，剩下的90%都用于具体的运营计划。为了将战略规划与资源分配、财务预测及动态预算有效连接起来，平衡计分卡提供了一个基于时间驱动作业成本模型的管理框架。

（五）监控和学习

在实现战略和运营的有效连接之后，组织就进入具体的战略执行过程，包括实施战略行动方案、流程改进项目以及销售和运营计划。为确保战略目标顺利达成，组织需要在战略执行过程的不同阶段，通过不同的反馈机制，掌握执行的进展和效果，以便采取相应的控制措施纠正各类偏差。组织的战略监控和调整机制主要是一套结构化的会议，会议内容主要是回顾组织的运营和战略，并根据需要调整和改变战略。也就是说，在基于平衡计分卡的战略管理流程中，组织通过运营回顾会议和战略回顾会议进行监控与学习。运营回顾会议主要通过回顾部门和业务单元的绩效情况，找出问题。战略回顾会议则讨论各业务单元平衡计分卡上的指标和行动方案，评估战略执行的过程和障碍。这个过程主要回答如下两个问题：

（1）组织的运营受控吗？这个问题主要通过召开运营回顾会议回答，该会议主要讨论短期内必须马上解决的问题。运营回顾会议召开的频率与运营数据产生的频率是一致的，主要监控的是仪表盘指标。

（2）战略执行有效吗？这个问题主要通过每月召开的战略回顾会议回答，该会议主要监控战略制定过程中存在的问题，并找出原因、提出修正意见和明确责任人。

（六）检验与调整

运营回顾会议和战略回顾会议都是在不质疑战略本身的情况下，对战略执行情况的监控。但是，战略本身所含的假设和推理是否正确和有效也需要进行验证。由于战略制定和战略选择本身就是艺术，不一定是完全科学的，因此在管理实践中还需要深入分析内部运营数据和外部环境信息，通过运营到战略的反向链接，对战略进行检验。召开战略检验与调整会议是对战略进行检验与调整的主要形式。高层管理者通过运营数据分析和环境分析，以及积极倾听来自组织内部关于战略修订和调整的想法及行动方案，保障战略能获得及时的修正和调整，而不是引入新战略或进行战略转型。

总体上看，运营回顾会议、战略回顾会议和战略检验与调整会议这三个结构化会议有不同的目的、频率、与会者和内容，并且通常分开进行。三种管理会议的比较如表 2 - 12 所示。

表 2 - 12 三种管理会议比较

	运营回顾会议	战略回顾会议	战略检验与调整会议
频率	每天/每周	每月/每季度	每季度/每年
定位	不质疑且不回顾战略	不质疑战略的有效性	审视战略的有效性
目的	解决短期问题，促进持续改进	微调战略，做中期调整	战略调整或转型，修改或重新制定战略地图、平衡计分卡、运营规划
信息要求	仪表盘指标、每周财务报表	战略地图和平衡计分卡	战略地图和平衡计分卡、作业成本盈利报告、战略分析报告、战略调整或转型预案
与会者	与会人员来自同一部门、职能或流程小组	高层管理团队/战略主题负责人/战略管理办公室	高层管理团队/战略主题负责人/战略管理办公室/职能和规划专家/业务单元负责人
内容	探讨运营是否可控；监控和管理短期财务和运营绩效	探讨战略执行得如何；监控和管理战略行动方案和平衡计分卡	探讨战略是否可行；评估战略假设的因果关系是否有效
关注焦点	找出并解决运营问题（销售下滑、交付延迟、设备停机、供应商问题）	战略执行中的问题，战略行动方案的进展情况	根据产品线和渠道的盈利性、变化的外部环境、出现的新战略机会以及新的技术发展等，审视和调整战略

资料来源：改编自卡普兰，诺顿．平衡计分卡战略实践．北京：中国人民大学出版社，2009：239.

五、公共组织的平衡计分卡

（一）公共组织平衡计分卡总体介绍

平衡计分卡最初是针对企业组织开发设计的，但随着平衡计分卡在企业组织获得极大成功，平衡计分卡也逐渐被公共组织所采纳。卡普兰和诺顿认为，“虽然平衡计分卡最初的焦点和运用是改善营利性企业的管理，但是平衡计分卡在改善政府部门和非营利组织的管理上效果更好”。由于政府组织结构复杂，涉及领域众多，政府在绩效管理实践中更需要消除部门沟通的鸿沟，实现全面的协同。目前，已经有越来越多的政府组织开始或者已经着手实施平衡计分卡。全面引入平衡计分卡是提高政府绩效的有效途径，也是政府组织绩效管理的发展趋势。

关于平衡计分卡在公共组织中的应用，卡普兰和诺顿提出了三点建议：第一，公共组织应当根据自己所承担的社会责任选择一个长期性的使命目标作为平衡计分卡的终极目标，如“减少贫困”“消除种族歧视”等；第二，公共组织需要拓展“客户”的内涵，根据既定战略来识别并选择真正的客户，进而提炼相应的客户层面目标；第三，政府组织应将平衡计分卡框架调整为包含实际成本、价值创造和合法性支持三个层面的框架。

作为对完善公共组织平衡计分卡做出较大贡献的学者，保罗·尼文（Paul R. Niven）对卡普兰和诺顿的公共组织平衡计分卡框架提出了六点修订意见：第一，使命位于平衡计分卡的最顶层；第二，战略依然是平衡计分卡的核心；第三，顾客层面得到提升；第四，没有财务层面，平衡计分卡将不完整；第五，辨认驱动顾客价值的内部业务流程；第六，学习与成长层面为构建良好的平衡计分卡奠定基础。关于公共组织绩效指标体系，尼文还提出了两点建设性意见：在前置指标和滞后指标的基础上，将投入指标、产出指标和成果指标嵌入平衡计分卡框架；就各层面的指标选择问题提出建议，如客户层面主要衡量公共产品和服务的“准确性”“易获取性”“时间性”“可选择性”“效率”“顾客满意度”等。此外，其他学者也进行了相关研究和探索。比如，多多尔（Dodor）和古普塔（Gupta）等人开发了政府组织平衡计分卡（GO-BSC），该模型自上而下分别是“财务状况”“服务选民”“内部运营”“学习与成长”四个层面。

由于我国与西方在政治体制和政府职能等方面存在显著差异，西方学者提出的公共组织平衡计分卡框架必须根据我国国情和实际情况进行模式重构后才能应用。组织使命、核心价值观、愿景和战略等方面的相关知识在公共组织和企业组织中没有本质的差别。但是，财务绩效不是公共组织追求的结果性目标，因此公共组织平衡计分卡在层面构成及其具体内涵上都与企业有较大的差异。

（二）我国政府组织的平衡计分卡

政府组织战略地图的制定与企业组织有一定的差别。基于我国的政治体制和政府治理模式，在设计符合我国政府实践的平衡计分卡体系时，只有对西方国家相关成果进行中国化转换之后，才能将其用于中国政府的管理实践。笔者在充分吸收国外研究成果的基础上，结合我国实际提出了适用于我国党政机关的战略地图框架，如图2－25所示。在该框架中，使命、核心价值观、愿景与战略仍然处于顶层，它们是战略诠释和化战略为行动的指针。该框架的结构则由原来的“财务”“客户”“内部业务流程”“学习与成长”变为“利益相关者”“实现路径”“保障措施”三个层面。利益相关者层面作为绩效结果层面，由平衡计分卡通用框架的财务层面与客户层面改造而成。由于“内部业务流程”一词与政府组织的沟通风格相悖，同时这一层面描述的是驱动结果层面目标得以实现的因素，因此我们将创造公共价值的层面命名为实现路径层面。保障措施层面处于最底层，与原来的学习与成长层面相对应。原有的人力资本、信息资本和组织资本不能完整描述我国政府组织的无形资产内容，因此我们在保障措施层面设置了“政府自身建设”和“党的建设”两个战略主题，提高了地方政府无形资产的周延性；同时，还辅以

“财政资金”这一有形资产方面的战略主题，从而为实现路径层面提供了无形资产和有形资产的双重保障。

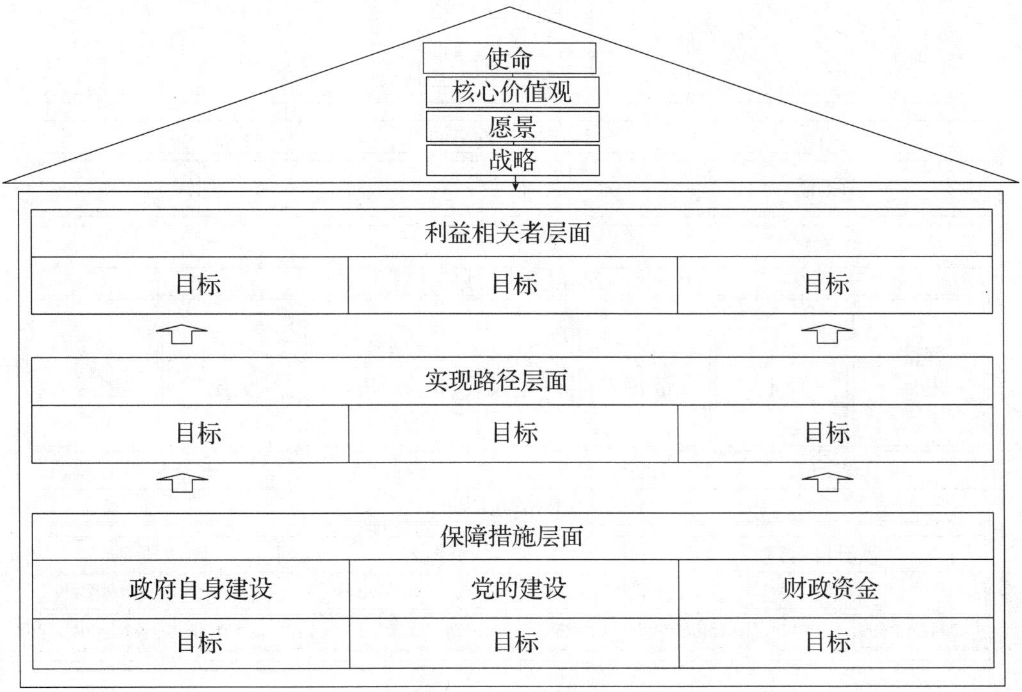

图 2－25　我国党政机关战略地图框架

在这一框架的指导下，笔者又进一步对我国地方党委政府和党政工作部门的特点进行了细致剖析，总结出了这两类组织的战略地图基本模板，下面分别做简要介绍。

1. 地方党委政府的战略地图与平衡计分卡

在利益相关者层面，各级地方党委政府要针对“政府”“社会”“居民”三类服务对象设置相应的目标；在实现路径层面，由于我国地方行政管理体制的独特性，各级地方党委政府在职责上存在相似性。因此，地方党委政府的战略主题相对固定。各级地方党委政府的战略主题大致可以分为“经济发展”“改善民生”“社会管理”“城乡建设”“生态环境”“文化发展”“改革创新”等，通过在各战略主题下设置不同的目标来体现地区差异。同时，各地也可以根据实际情况对战略主题进行适当调整；在保障措施层面，依据我国党委政府在组织建设、队伍建设和财政资金等方面的具体要求，将各级地方党委政府战略主题划分为“政府自身建设”“党的建设”“财政资金”三项，并在各战略主题下设置相对固定的目标。地方党委政府战略地图模板如图 2－26 所示。

这个模板仅仅是地方党委政府战略地图基本框架的一个素描，在地方政府具体的绩效管理实践中，还需要结合地方实际，进行具有针对性和具体化的设计。下面以北京市延庆县①委县政府 2012 年度的战略地图绘制过程为例对该模板的操作化过程进行详细讲解。

① 现为延庆区。因案例时间在其撤县改区前，故仍称延庆县。后同。

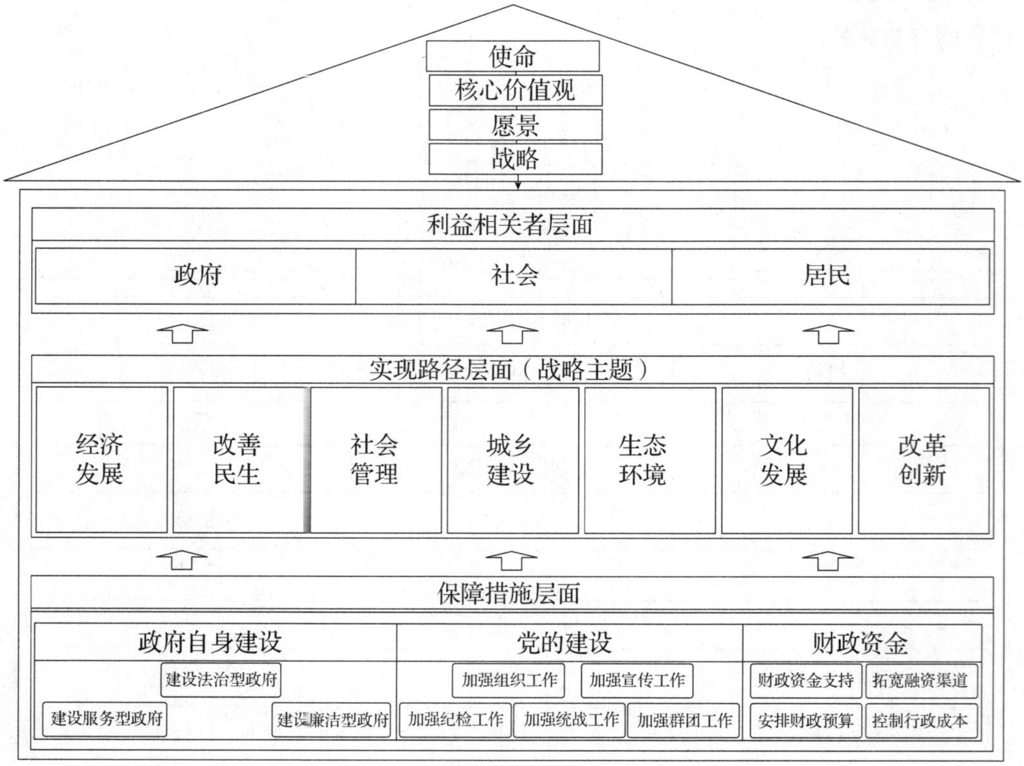

图 2－26　我国地方党委政府战略地图模板

北京市延庆县是我国首都西北重要的生态屏障，有着北京“夏都”之美誉。依据北京市和延庆县的“十二五”规划、2011年度县委县政府工作报告等，制定延庆县委县政府2012年度的战略地图，如图2－27所示。总体上，绘制延庆县委县政府的战略地图分为两个阶段：第一阶段是依据“十二五”规划、年度工作报告等文件对政府的战略地图的顶层进行梳理或设计；第二阶段是制定战略地图三个层次目标体系。具体来讲，可以分为如下四个步骤。

（1）战略地图顶层设计。顶层设计主要包括四项内容，依次是使命、核心价值观、愿景和战略。根据市委市政府和全县人民赋予的基本职责，延庆县委县政府将其使命确定为“贯彻落实市委市政府的路线、方针、政策，全心全意造福延庆人民”。同时，结合近年延庆在经济社会建设中一贯秉承的发展理念，县委县政府将其核心价值观概括为“绿色发展，高端一流，以人为本，开拓创新”。这既是全县人民的共同心声和行动准则，也是践行“北京精神”的具体表现。此外，根据延庆县“十二五”规划中提出的中长期发展目标，县委县政府确定其愿景为“到2016年，全面建设环境优美、生态宜居、富裕文明、幸福和谐的‘绿色北京示范区’”。最后，延庆县委县政府将践行使命、核心价值观和实现愿景的战略确定为“以加强绿色环境建设为基础，以加快绿色产业发展为核心，以推广绿色生产生活方式为切入点，以绿色发展成果惠及民生为出发点和落脚点，推动‘县景合一’”。

使　　命：贯彻落实市委市政府的路线、方针、政策，全心全意造福延庆人民
核心价值观：绿色发展，高端一流，以人为本，开拓创新
愿　　景：到2016年，全面建设环境优美、生态宜居、富裕文明、幸福和谐的“绿色北京示范区”
战　　略：以加强绿色环境建设为基础，以加快绿色产业发展为核心，以推广绿色生产生活方式为切入点，以绿色发展成果惠及民生为出发点和落脚点，推动“县景合一”

图2-27　延庆县委县政府战略地图

（2）利益相关者层面设计。按照隶属关系，延庆县委县政府需对北京市政府负责；按照管辖范围和服务对象，其利益相关者又可进一步细分为社会、企业和居民。为了巩固党的执政地位，充分体现社会主义优越性，体现首都北京的政治、经济、文化中心地位，必须抓紧落实市政府各项惠民政策，切实有效地维护全县人民的根本利益。因此，在利益相关者层面设置了经济、社会、资源与环境、文化发展、改革发展、服务质量等8个战略目标。这些目标与北京市有关经济社会发展的总体思路保持高度一致，是延庆人民共同追求的预期成果。

（3）实现路径层面设计。实现路径层面的目标要紧扣既定战略的重点，成为县委县政府及其二级单位班子的工作抓手，对利益相关者层面的全部目标起到有效支撑的作用。为此，实现路径层面设置了8个战略主题，其中“经济发展”“改善民生”“社会管理”“城乡建设”“生态环境”“文化发展”“改革创新”是实现延庆中长期目标必须坚持的战略主题，“世葡会筹备”则是年度重点工作项目。随后，以每个战略主题为基本分析单元进行实现路径层面的目标设置。例如，在经济发展战略主题下设置了“构建合理的产业空间布局”“以旅游休闲产业为主导大力发展第三产业”“聚焦新能源环保产业做大做强第二产业”“积极发展都市型现代生态农业”“促进产业融合”“加大招商引资力度”等目标作为支持。

（4）保障措施层面设计。根据当前我国地方政府的管理体制和基本职能，一级地方党委政府既要抓好经济社会建设，又要抓好党的建设、群团组织建设，团结和带领人民干事创业。所以，在保障措施层面既要体现政府工作，又要体现党群工作，二者应相辅相成。保障措施层面共设置了12个目标，政府自身建设突出建设法治型、服务型、廉洁型政府的要求。党的建设主要设置了提升党的组织工作、宣传思想工作、纪检工作、统战工作、群团工作的科学化水平等方面的目标；财政资金是顺利推进全县各项事业的重要物质保障，延庆目前的状况是经济基础薄弱，财力物力不充足，必须从开源与节流两方面保障财政资金支持。开源包括两种途径：一方面，要确保经济持续稳定增长，提高政府财政收入；另一方面，要想方设法“争取上级财政资金支持”，同时还要“拓宽融资渠道”，吸引社会投资。节流则通过“科学安排财政预算”、严格控制三公消费和大力削减行政成本等举措来实现。

绘制完战略地图之后，延庆县委县政府经过细致讨论、多轮协商，针对每个目标设置相应的指标、目标值、指标等级、指标类型、主管领导、责任部门和行动方案，形成县委县政府的平衡计分卡，示例见表2-13。

表2-13　延庆县委县政府平衡计分卡（示例）

■ 利益相关者层面

目标	指标	目标值	指标等级	指标类型	主管领导	责任部门	行动方案
经济又好又快发展	地区生产总值年增长率	10%	县级	考核指标	略	发改委	略
	财政一般预算收入年增长率	10%	县级	考核指标	略	财政局	略
人民生活明显改善	城镇居民人均可支配收入年增长率	8%	县级	考核指标	略	发改委	略
	农民人均纯收入年增长率	9%	县级	考核指标	略	发改委	略

■ 实现路径层面

目标	指标	目标值	指标等级	指标类型	主管领导	责任部门	行动方案
■ 经济发展							
构建合理的产业空间布局	“一城一川两园四带”建设进展度	%	县级	监控指标	略	发改委	略
	十个新的战略增长及建设进展度	%	县级	监控指标	略	发改委	略
	新能源环保产业占规模以上工业产值比重	30%	县级	考核指标	略	经信委	略
	万元 GDP 能耗同比下降	4%	市级	考核指标	略	发改委	略
	万元 GDP 水耗同比下降	5%	市级	考核指标	略	发改委	略
积极发展都市型现代生态农业	农业产值年增长率	5%	县级	考核指标	略	农委	略
	有机农业占农业产值比重	%	县级	考核指标	略	农业局	略
	耕地保有量	286 平方公里	县级	考核指标	略	农业局	略
促进产业融合	融合产业产值同比增长率	%	县级	考核指标	略	发改委	略
加大招商引资力度	引进项目数量	个	县级	监控指标	略	投资促进局	略
	招商引资当年形成固定资产投资额	元	县级	考核指标	略	投资促进局	略
■ 改善民生							
为劳动者创造充分的就业机会	城镇登记失业率	<3.5%	县级	考核指标	略	人保局	略
	城镇失业人员就业率	>60%	县级	考核指标	略	人保局	略
	失业人员就业率	>80%	县级	考核指标	略	人保局	略
■ 社会管理							
完善社会管理格局	网格化管理覆盖率	%	县级	监控指标	略	相关部门	略
	新增服务类公益性社会组织数量	个	县级	考核指标	略	社会办 民政局	略
■ 城乡建设							
加快建设宜居宜业新城	新城公共基础设施建设累积投资额	元	县级	考核指标	略	发改委	略
	城镇居民生活工作便利度	等级	县级	监控指标	略	住建委	略
	住宅小区改造建设面积	平方米	县级	考核指标	略	住建委	略

续前表

目标	指标	目标值	指标等级	指标类型	主管领导	责任部门	行动方案
■ 生态环境							
塑造优美县域景观	新增林地面积	2万亩	县级	考核指标	略	园林绿化局	略
	城市人均公共绿地面积	平方米	市级	考核指标	略	园林绿化局	略
■ 文化发展							
切实加强精神文明建设	精神文明先进单位数量	个	县级	考核指标	略	宣传部	略
	精神文明先进个人数量	个	县级	考核指标	略	宣传部	略
■ 改革创新							
深化体制改革	群众对经济体制改革满意度	%	县级	监控指标	略	相关部门	略
	事业单位改革进展度	100%	县级	考核指标	略	编办 人事局	略
	医药卫生体制改革进展度	%	县级	考核指标	略	卫生局	略
■ 世葡会筹备							
加大基础设施建设力度	基础设施建设投资额	元	县级	考核指标	略	发改委	略
	年内开工和建设工程数量	4个	县级	考核指标	略	住建委	略

■ 保障措施层面

目标	指标	目标值	指标等级	指标类型	主管领导	责任部门	行动方案
■ 政府自身建设							
建设法治型政府 坚持依法行政	行政诉讼案件败诉次数	0次/年	县级	考核指标	略	法制办	略
	行政处罚案卷合格率	100%	县级	考核指标	略	法制办	略
■ 党的建设							
提升党的组织工作科学化水平	班子和干部队伍建设工作	达标	县级	考核指标	略	组织部	略
	党的基层组织建设工作	达标	县级	考核指标	略	组织部	略
	人才队伍建设工作	达标	县级	考核指标	略	组织部	略
■ 财政资金							
争取上级财政资金支持	市级以上财政资金支持总额	元	县级	加分项	略	发改委 财政局	略
拓宽融资渠道	社会融资总额	元	县级	加分项	略	发改委 财政局	略
科学安排财政预算	预算执行率	%	县级	考核指标	略	财政局	略
	基本公共服务支出比率	%	县级	监控指标	略	财政局	略
控制行政成本	“三公”经费占总支出比重	%	县级	考核指标	略	财政局	略

2. 党政工作部门的战略地图与平衡计分卡

党政工作部门的战略地图模板则与地方党委政府不同，主要区别在两个方面：在实现路径层面，党政工作部门要依据各自工作性质及分工确定差异化的战略主题，但为了顺应建设服务型政府的要求和强调工作创新，各部门要在“服务管理”和“工作创新”两大共同的战略主题下设置具体目标；在保障措施层面，党政工作部门要突出机关自身建设，并在此主题下设立体现依法行政、政务公开等原则的目标。党政工作部门的战略地图模板如图2-28所示。

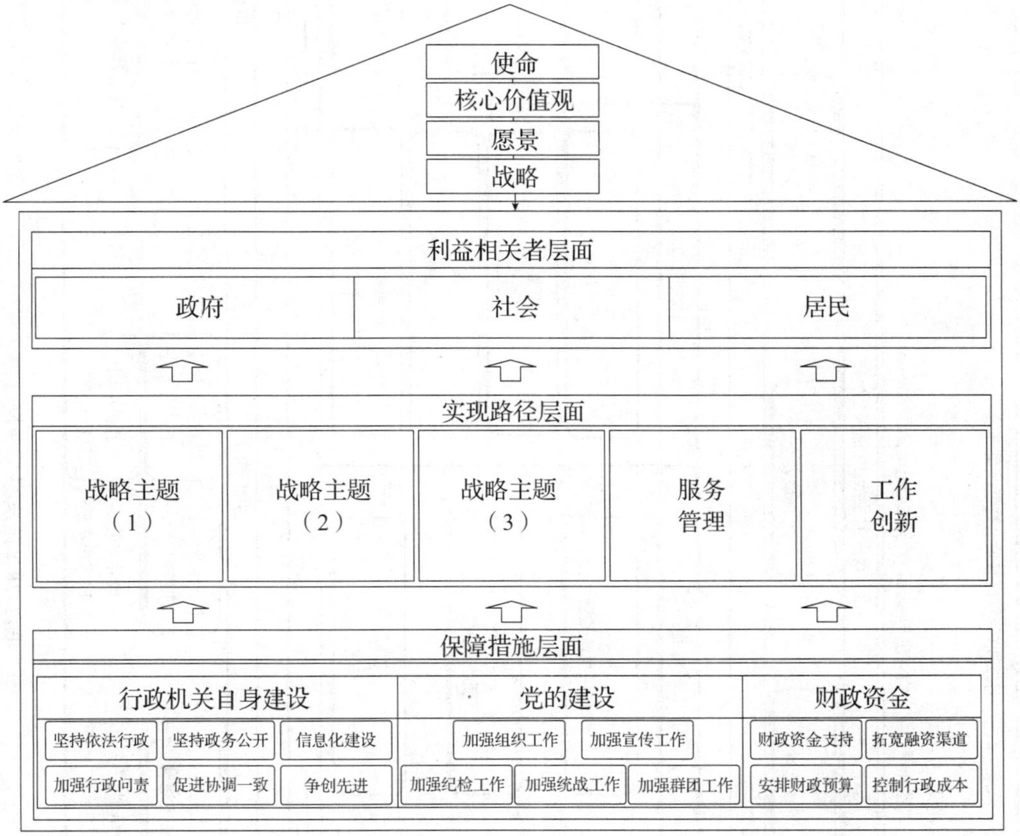

图2-28　我国党政工作部门战略地图模板

下面以延庆县环保局为例，说明党政工作部门如何运用该模板绘制战略地图。延庆县环保局以“三定方案”、年度工作计划等内容为依据，综合延庆县委县政府的相关要求，绘制了战略地图。在战略地图中，延庆县环保局分别针对政府、社会、组织和居民等利益相关者设置了“提升环境质量”“减少排放总量”等绩效结果类目标；在实现路径层面，延庆县环保局将其日常工作划分为“污染预防”和“环境监管”两大战略主题，并在相应的主题下设置工作目标，与“社会服务”和“工作创新”战略主题下的各项目标共同支撑利益相关者层面的绩效结果顺利达成；在保障措施层面，延庆县环保局以党政工作部门战略地图模板为参照，将与本部门工作无关的或不符合实际情况的目标剔除。延庆县环保局的战略地图如图2-29所示。

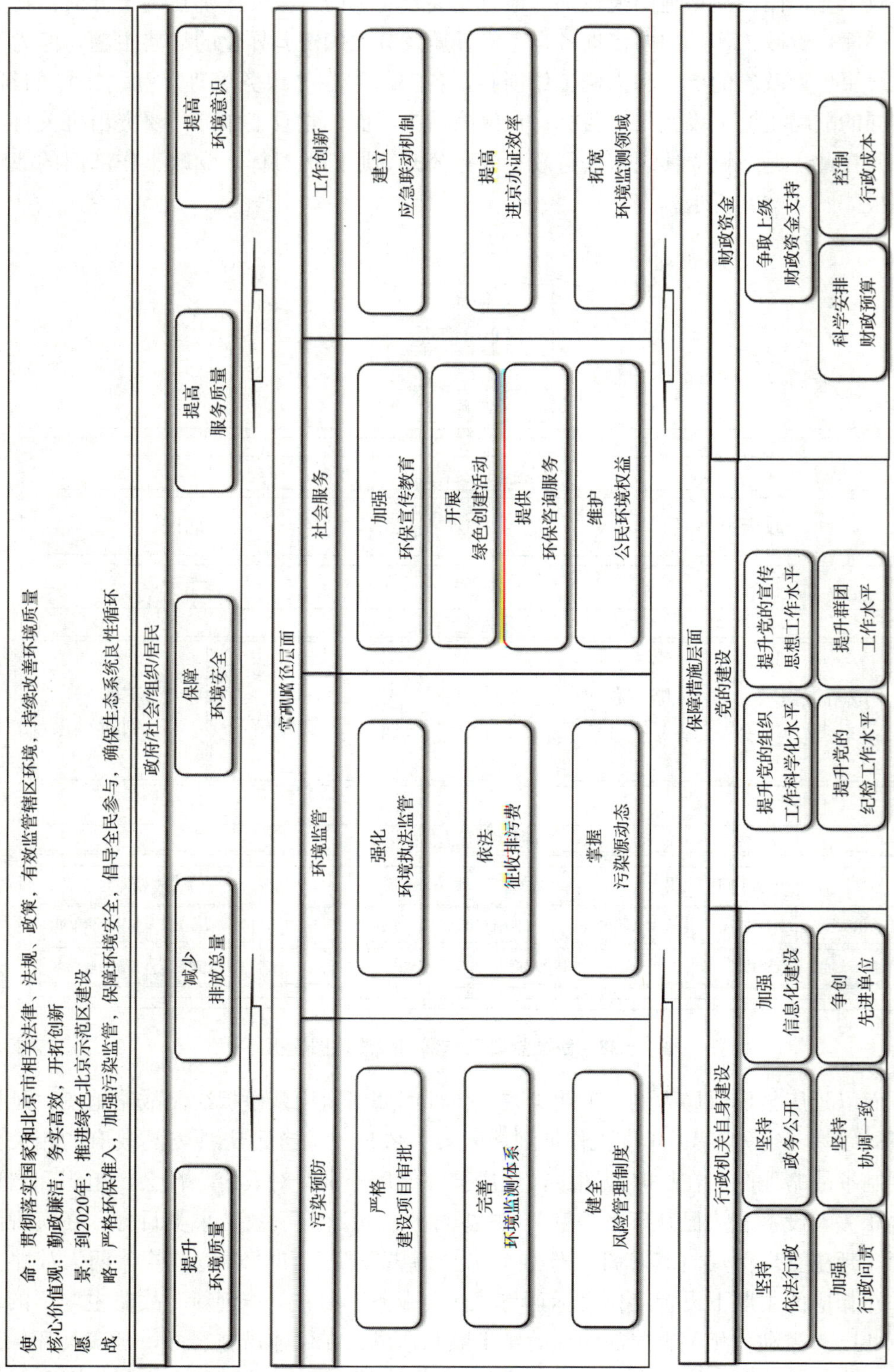

图2-29　延庆县环保局战略地图

环保局根据延庆县年度重点工作目标，结合年度工作任务，为战略地图中三个层面的目标确定了指标和目标值，建立了责任制，开发了行动方案，形成了环保局平衡计分卡，如表 2-14 所示。

表 2-14　延庆县环保局平衡计分卡（示例）

■ 利益相关者层面

目标	指标	目标值	指标等级	指标类型	主管领导	责任部门	行动方案
提升环境质量	空气质量二级和好于二级的天数占全年比重	84%	市级	考核指标	略	综合科 监察队 机动车	清洁空气行动计划
保障环境安全	重大环境污染责任事故发生次数	0 次/年	县级	减分项	略	监察队 监测站	环境应急预案
提高服务质量	环保工作群众满意度	90%	县级	考核指标	略	全局	
提高环境意识	公民环保意识调查	%	县级	监控指标	略	科研所	宣教计划

■ 实现路径层面

目标	指标	目标值	指标等级	指标类型	主管领导	责任部门	行动方案
■ 污染预防							
严格建设项目审批	依法审批率	100%	处级	考核指标	略	管理科	建设项目许可流程
完善环境监测体系	监测任务完成率	100%	市级	考核指标	略	监测站	北京市环境监测任务书
■ 环境监管							
强化环境执法监管	国控源年现场监察频次	≥12 次	市级	考核指标	略	监察队	环境监察工作计划
依法征收排污费	污染源排污申报登记率	100%	市级	考核指标	略	监察队	工作计划
掌握污染源动态	污染源动态更新	1 次/年	市级	考核指标	略	综合科	工作计划
■ 社会服务							
加强环保宣传教育	年度环境宣教受众人次	20 000 人	县级	考核指标	略	科研所	宣教计划
开展绿色创建活动	绿色社区	个/年	处级	监控指标	略	科研所	工作计划
提供环保咨询服务	新建项目跟踪服务率	100%	处级	监控指标	略	全局	工作计划

续前表

目标	指标	目标值	指标等级	指标类型	主管领导	责任部门	行动方案
维护公民环境权益	环境信访处理率	100%	县级	监控指标	略	监察队	信访工作程序
■ 工作创新							
建立应急联动机制	跨省应急联动研讨	≥1次/年	处级	监控指标	略	监察队 监测站	工作计划
提高进京办证效率	开发机动车信息自动识别系统	年内正式启用	处级	监控指标	略	机动车	工作计划
拓宽环境监测领域	新建生化试验室	完成硬件建设	处级	监控指标	略	监测站	工作计划

■ 保障措施层面

目标	指标	目标值	指标等级	指标类型	主管领导	责任部门	行动方案
■ 行政机关自身建设							
坚持政务公开	主动公开信息比列	%	县级	监控指标	略	政工科	信息公开实施办法
加强信息化建设	各类基础数据库健全度	达标	县级	考核指标	略	全局	
■ 党的建设							
提升党的组织工作科学化水平	班子和干部队伍建设工作	达标	县级	考核指标	略	政工科	
提升群团工作水平	工会工作	达标	县级	考核指标	略	政工科	
■ 财政资金							
争取上级财政资金支持	市级以上财政资金支持总额	元	县级	加分项	略	综合科	
科学安排财政预算	预算执行率	%	县级	考核指标	略	办公室	
控制行政成本	“三公”经费占总支出比重	%	县级	考核指标	略	办公室	

关键词

目标管理（management by objectives，MBO）

标杆管理（benchmarking）

关键绩效指标（key performance indicators，KPI）

平衡计分卡（balanced scorecard，BSC）

复习思考题

1. 谈谈绩效管理工具和技术的发展和演变。
2. 目标管理的内涵是什么？如何认识和评价目标管理的历史地位？
3. 谈谈标杆管理的含义和类型以及实施步骤。
4. 关键绩效指标设计的理念和思路是什么？
5. 谈谈你对平衡计分卡的特点与功能的认识。
6. 谈谈你对平衡计分卡的框架与要素的认识。
7. 论述基于平衡计分卡的战略管理流程。

案例分析

美国教育的平衡计分卡体系

美国教育（Teach for America，TFA）成立于1989年，是一个近年来非常成功的非营利组织。其创始人温迪·科普的愿望是确保美国的所有孩子有一天都有机会获得优秀的教育。TFA从有才能的、士气高昂的、即将毕业的高年级学生中招聘教师，这些学生承诺在城市和农村的公立学校任教两年。在过去几年中，面临非营利组织的投资减少和检查增多等挑战，TFA始终保持繁荣发展。2001年，其教员人数不到5 000人；到2002年，已有超过1.3万名年轻人作为教员为TFA在16个城市和农村的100万名学生提供教育服务；2003年，教员人数接近1.6万，收入超过2.8亿美元。TFA在明晰战略和确定战略优先任务上表现突出，为开发组织的战略地图奠定了坚实的基础。反过来，TFA在沟通和阐明未来挑战和关键流程以及衡量优先任务方面有效运用了战略地图和平衡计分卡，这又为TFA的战略成功提供了保障。

1. 战略

TFA的战略基于一个清晰的社会变革模式，即“TFA将使现在的学生积累两年的教学经验和生活体验，这些学生将通过随后的职业选择和志愿者活动，影响未来的教育改革”。基于此，TFA确立了五个战略优先任务，具体如下：

（1）确保教员在缩小他们的学生和更有特权地区的学生之间的成绩差距方面体验真正的成功。

（2）在追求系统性变革时，培养毕业生的领导力。

（3）确保TFA的行动规模尽可能大，尽可能是种族和民族多样化的。

（4）开发一个持续性的基金库来支持TFA的事业。

（5）构建一个繁荣的多样化组织，使其自始至终都能产生突出的业绩。

2. 战略地图和平衡计分卡

由于对战略及愿景目标有清晰的了解，TFA 的高级主管在开发组织的战略地图和平衡计分卡时得心应手。他们根据非营利组织的特性对战略地图的通用模板进行了调整，如图 2-30 所示。

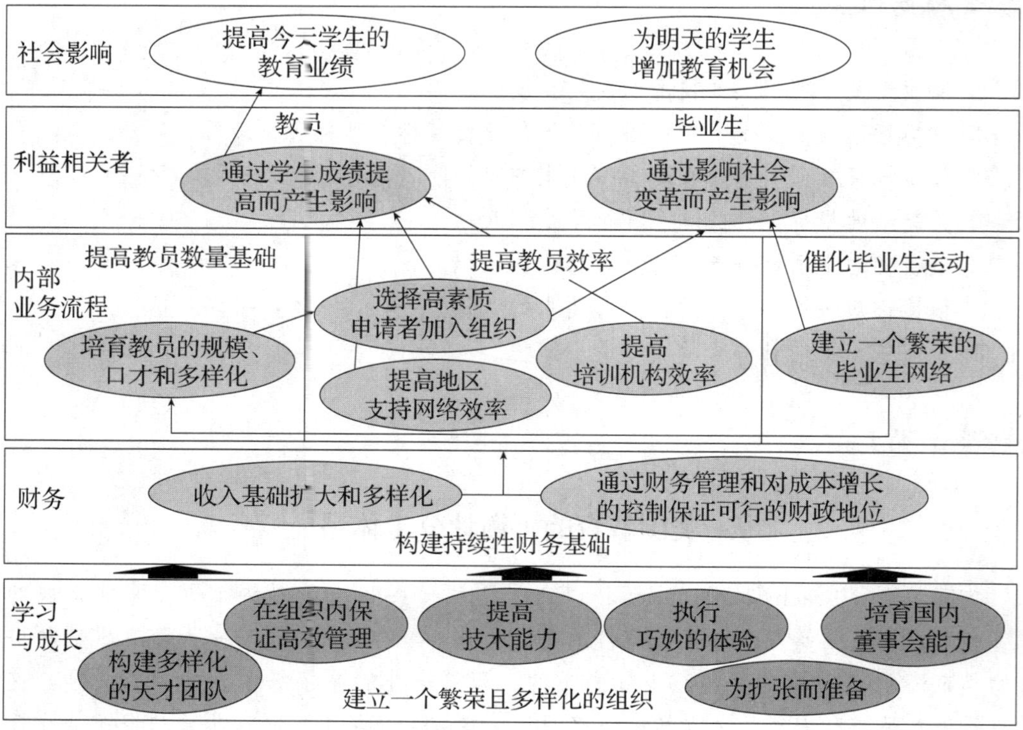

图 2-30 TFA 战略地图

为了便于管理和考核，针对战略地图中的每个目标，TFA 设计了衡量指标和目标值，从而形成了组织的平衡计分卡，如表 2-15 所示。

表 2-15 TFA 平衡计分卡

层面	目标	指标	目标值
社会影响	提高今天学生的教育业绩	教员效率指标	略
		接受服务的孩子数量	略
		定期研究结果	略
		教员完全承诺百分比/教员数量	略
	为明天的学生增加教育机会	对毕业生事业机会的影响	略
		在特殊行动方面的成长	略
		以前研究的结果	略

续前表

层面	目标	指标	目标值
利益相关者	通过学生成绩提高而产生影响	满意度	略
		感受到TFA努力价值的百分比	略
	通过影响社会变革而产生影响	满意度	略
		参与指数	略
内部业务流程	培育教员的规模、口才和多样化	高素质申请者数量	略
	选择高素质申请者加入组织	教员素质指标	略
		首次研究精确的百分比	略
	提高培训机构效率	教员对培训的满意度	略
		教员排名	略
	提高地区支持网络效率	教员支持网络百分比	略
		聚类指标	略
	建立一个繁荣的毕业生网络	沟通渠道效率	略
		毕业生参与事务百分比	略
财务	收入基础扩大和多样化	总收入	略
		个人捐赠者数目	略
		获得公众资助的地区数目	略
	通过财务管理和对成本增长的控制保证可行的财政地位	高于/低于预算的资金	略
		单位教员成本	略
		经营储备规模	略
学习与成长	构建多样化的天才团队	潜在申请渠道数量	略
		被保留的高业绩者百分比	略
		教员多样化	略
		员工满意度	略
	在组织内保证高效管理	满足关键年度目标百分比	略
		接受培训的管理者百分比	略
	提高技术能力	教员对技术的满意度	略
		及时实施新项目百分比	略
	执行巧妙的体验	已实施战略体验百分比	略
	培育国内董事会能力	从国内董事会成员处筹措的资金	略
	为扩张而准备	新址数量	略
		已建新机构数量	略

(1) 社会影响层面。在顶部的社会影响层面，TFA设置了两个目标：“提高今天学生的教育业绩”和“为明天的学生增加教育机会”。衡量目标的指标既有客观指标，也有主观指标，如“教员效率”和“对毕业生事业机会的影响”等。

（2）利益相关者层面。TFA的利益相关者主要有两类，第一类是现在的教员，第二类是毕业生（从前的教员）。这两个群体都是TFA对社会产生影响的依靠力量，通过前者的教学提高孩子成绩，能够对社会产生影响；通过后者对社会变革的影响，间接影响社会。衡量指标包括"满意度""感受到TFA努力价值的百分比""参与指数"等。为了实现对社会产生间接影响这个目标，TFA鼓励毕业生按照以下四条路径来选择职业或谋求发展：第一，竞选公职或在公共政策办公室工作；第二，进入学校或地区领导层；第三，成为表现突出教师；第四，发表关于教育和低收入地区的文章。

（3）内部业务流程层面。在内部业务流程层面，TFA确定了三个与战略优先任务紧密连接的战略主题，分别是"提高教员数量基础""提高教员效率""催化毕业生运动"。其中，第一个主题设置了一个战略目标，即"培育教员的规模、口才和多样化"，衡量指标是"高素质申请者数量"；第二个主题包括三个战略目标，分别是"选择高素质申请者加入组织""提高培训机构效率""提高地区支持网络效率"，相应的衡量指标有"教员素质指标""教员对培训的满意度""教员排名""聚类指标"等；第三个主题设置了一个战略目标，即'建立一个繁荣的毕业生网络"，衡量指标是"沟通渠道效率"和"毕业生参与事务百分比"。

（4）财务层面。由于TFA是非营利组织，因此财务被作为驱动因素看待，相应的层面位置在战略地图的底部。该机构设置了两个财务目标，即"收入基础扩大和多样化"和"通过财务管理和对成本增长的控制保证可行的财政地位"，相应的衡量指标有"总收入""个人捐赠者数目""获得公众资助的地区数目""单位教员成本"等。

（5）学习与成长层面。为建立一个繁荣且多样化的组织，TFA在学习与成长层面精心设置了一系列目标，包括"构建多样化的天才团队""在组织内保证高效管理""提高技术能力""执行巧妙的体验""培育国内董事会能力""为扩张而准备"。针对每个目标，TFA设计了相应的衡量指标，包括"潜在申请渠道数量""接受培训的管理者百分比""从国内董事会成员处筹措的资金""新址数量"等。

资料来源：卡普兰，诺顿．战略地图：化无形资产为有形成果．广州：广东经济出版社，2005.

思考题

1. 试比较TFA的战略地图与我国公共组织战略地图的异同。
2. 你认为TFA在推动战略落地的过程中需要关注哪些重点问题？

第3章

绩效计划

绩效计划是绩效管理的第一个环节，也是绩效管理成功实施的关键环节。该环节要求在明确组织的使命、核心价值观、愿景和战略的基础上，制定出组织、部门和个人三个层次的绩效计划，形成一套具有较高系统性、协同性和可操作性的绩效计划体系。个人绩效计划是整个绩效计划体系的落脚点，要求各级管理者与下属一起，就下属在该绩效周期内要做什么、为什么做、需做到什么程度、应何时做完等问题进行充分讨论，以促进相互理解并达成协议。

第1节　概　述

一、绩效计划的内涵

计划是重要的管理职能之一，全面了解计划的内涵对理解绩效计划具有重要的意义。计划是指对未来的预想及使其变为现实的有效方法的设计，即对未来进行预测并制定行动方案。简言之，计划就是设立目标和编制方案。计划既是制定目标的过程，也是这一过程预期达成的目标。它既涉及目标（做什么），也涉及达到目标的方法（怎么做）。计划的目的和作用在于给出行动的方向、减少变化的冲击、减少浪费和冗余、设立标准以利于控制等。现代组织处于急剧变化的环境中，组织发展所面临的宏观、微观环境无时无刻不在发生变化，组织要想生存和发展，比以往任何时候都需要进行系统化的前瞻性思考。管理者必须具有远见并为未来做好准备，否则就会陷入难以预见和无法挽救的困境。

绩效计划作为一种重要的计划形式，具有计划的一般功能和特点。绩效管理系统通过绩效计划来连接战略与运营，使管理中的计划职能得以实现。绩效计划作为绩效管理的首要环节，也是谋划绩效管理的关键环节，在绩效管理系统中具有非常重要的作用。绩效计划（performance planning）是指当新的绩效周期开始的时候，管理者和下属依据组织的战略规划和年度工作计划，通过绩效计划面谈，共同确定组织、部门以及个人的工作任务，并签订绩效目标协议的过程。对绩效计划内涵的深入理解需要全面把握以下几个方面。

（一）实现组织的战略目标是绩效计划的目的

绩效管理的战略性集中体现在绩效管理实践要体现并支持组织战略。具体到绩效管理的绩效计划环节，就是要将组织的战略目标转化为组织层面、部门层面和个人层面的绩效目标，使每个员工的工作行为和结果都能有效促进组织绩效的持续改进和提升。因此，绩效计划的目的就是确保部门和每个员工的绩效目标与组织的战略目标协调一致。确保绩效计划与组织战略目标的一致性，一般是通过在组织的使命、核心价值观、愿景和战略的指引下制定绩效计划来实现的。

（二）绩效计划面谈是绩效计划的重要环节

绩效计划面谈是管理者与下属就绩效计划的问题所进行的双向的、全面的和持续的沟通过程。通过绩效计划面谈，管理者与下属就绩效目标、指标和评价标准进行充分的沟通，形成共识并共同确定行动计划。绩效计划面谈是一个双向沟通和全员参与的过程，管理者和下属需要对此进行深入了解。

1. 绩效计划面谈是管理者与下属双向沟通的过程

传统的目标制定过程通常是由最高管理者先制定总目标，然后依据组织结构层层分解，它是一个单向的制定过程。绩效管理中的绩效计划则强调互动式沟通，需要管理者和下属共同参与绩效目标、指标、目标值和行动方案的讨论和确定。也就是说，在这个过程中管理者和下属双方都负有责任。在这个双向沟通的过程中，管理者需要向下属解释和说明如下几个问题：组织的整体目标是什么；为了实现这样的整体目标，本部门的目标是什么；为了实现组织整体目标及各部门目标，对下属的期望是什么；对下属的工作制定什么样的标准；应如何确定完成工作的期限。下属需要向管理者说明的问题则包括：自己对工作目标和如何完成工作的认识；自己对工作的疑惑和不理解之处；自己对工作的计划和打算；在完成工作的过程中可能遇到的问题和需要的帮助等。

2. 绩效计划面谈是全员参与的过程

在绩效沟通过程中，人力资源管理专业人员、管理者和员工需要全面参与，但三者的职责不一样。

人力资源管理专业人员的主要责任是帮助相关人员制定绩效计划。人力资源管理专业人员应提供政策框架，开发相关的培训材料，指导管理者和下属进行绩效计划工作，并且解决管理者与下属之间的冲突，确保绩效计划工作围绕如何更好地实现组织目标顺利进行。在许多组织中，人力资源管理专业人员与管理者共同设计一个符合组织需要的绩效管理框架，以指导管理者与下属针对每个职位的情况制定具体的绩效计划。总的来说，人力资源管理专业人员的责任就是向管理者（有时包括普通员工）提供必要的指导和帮助，以确保组织的绩效计划系统中的绩效结果和绩效标准保持稳定性和协同性，从而保证组织绩效管理系统的战略一致性。

制定绩效计划要求掌握许多有关的职位信息，而直线经理恰恰最了解每个职位的工作职责和绩效周期内应完成的各项工作，由他们与下属协商并制定绩效计划最能保障计划更符合现实情况，更具有灵活性，更有利于部门内部人员之间的合作。直线经理在整个过程中扮演着十分重要的角色，并且是部门绩效计划工作的责任人。

员工参与是绩效计划得以有效实施的保证。目标设置理论（goal-setting theory）认为，员工参与制定计划有助于提高员工的工作绩效。社会心理学家认为，人们对亲自参与做出的选择投入程度更高，可提升目标的可执行性，有利于目标的实现。这就要求管理者在制定绩效目标和绩效标准时，尽可能让员工参与进来，制定具有挑战性的目标，通过员工目标的实现来实现组织目标。另外，绩效计划不仅要确定员工的绩效目标，更重要的是让员工了解如何才能更好地实现目标，了解组织内的绩效信息沟通渠道，了解如何才能得到来自管理者或相关人员的帮助等。从这个意义上讲，绩效计划面谈更离不开员工的参与。

（三）确定绩效目标、绩效指标、绩效评价标准和行动方案是绩效计划的主体内容

绩效计划的主体内容是在充分沟通的基础上，管理者和下属确定一个绩效周期内应该“做什么”的问题。“做什么”在绩效计划中具体体现为确定绩效目标、绩效指标和绩效评价标准。管理者和下属还需要通过沟通，确保组织战略目标能分解到部门目标和个人目标，最终实现组织战略目标在个人目标上的落地。这需要制定绩效计划，为实现化战略为每个人的行动创造基础和前提条件。

在制定绩效计划过程中，“做什么”的问题确定之后，最重要的是确定“如何做”的问题，即确定行动方案。在确定行动方案过程中，应该重点关注行动方案能否有助于使管理者和下属都达到规定的绩效标准，并确定各类行动方案如何配合和协同，从而达成组织的战略性目标。目前，许多组织在执行各种各样的行动方案，不幸的是很多行动方案与组织目前既定的战略目标关联不大，各种方案相互争夺有限的资源，消耗管理者和员工的时间和精力。因此，如何通过制定科学的绩效计划，实现行动方案与组织的绩效目标和指标无缝对接，让行动方案为达到绩效标准保驾护航，就成了具有高度创造性和挑战性的工作。

（四）签订绩效协议是绩效计划的最终表现形式

根据社会心理学家多伊奇（Deutsch）和杰勒德（Gerard）的研究，做出公开承诺或比较强的私下承诺的人非常倾向于坚持最初的意见。大量研究发现，人们坚持或改变某种态度的可能性主要取决于两种因素：一是人们形成这种态度时的卷入程度，即是否参与了态度形成的过程；二是人们是否为此进行了公开表态，即做出正式承诺。因此，人们对亲自参与做出选择的投入程度更大，增加了行动方案的可执行性和实现目标的可能性。在绩效计划阶段，通过沟通，管理者和下属就绩效目标达成共识，签订正式的绩效计划协议，就是为了让下属对自己的绩效计划内容做出很强的公开承诺，促使他们履行自己的工作计划；同时，管理者也通过向下属做出承诺，提供必要的支持、帮助和指导，从而实现管理者和下属上下一心，共同推动组织目标的达成。

绩效协议就是关于工作目标和标准的契约。管理者与下属根据组织和部门的目标共同制定并修正个人绩效目标以及实现目标所需的步骤。绩效协议的主要内容包括绩效目标、绩效指标、目标值、指标权重和行动方案等。管理者和下属经过充分沟通，就绩效协议的内容达成共识，经双方确认后，签订绩效协议，标志着绩效计划工作的完成。

二、绩效计划的类型

明确绩效计划的分类是理解绩效计划概念外延的有效途径。根据不同的分类标准，可以将绩效计划分为不同的类型。根据绩效层次的差别，可以将绩效计划分为组织绩效计划、部门绩效计划、个人绩效计划；根据不同人员在组织内所处岗位层次的不同，可以将绩效计划分为高层管理者绩效计划、部门管理者或团队领导绩效计划、一般员工绩效计划；根据绩效周期的差别，可以将绩效计划分为任期绩效计划、年度绩效计划、半年绩效计划、季度绩效计划、月度绩效计划、周计划甚至日计划等。各类绩效计划并不是独立的，而是相互影响、相互渗透、相互融合的。绩效管理实践中最普遍的分类方式仍然是组织绩效计划、部门绩效计划和个人绩效计划。

（1）组织绩效计划。组织绩效计划是对组织战略目标的分解和细化，组织绩效目标通常是战略性的目标。组织绩效目标和绩效指标是整个绩效计划体系的指挥棒和风向标，决定着绩效计划体系的方向和重点。

（2）部门绩效计划。部门绩效计划的核心是从组织绩效计划分解和承接而来的部门绩效目标体系，是一个绩效周期内部门必须完成的各项工作任务的具体化。同时，部门绩效计划还需要反映与部门职责相关的工作任务。

（3）个人绩效计划。从广义上讲，个人绩效计划包含组织内所有人员的绩效计划，即高层管理者绩效计划、部门管理者绩效计划和员工绩效计划。高层管理者绩效计划直接来源于组织绩效计划，是对组织绩效目标的承接；部门管理者绩效计划直接来源于部门绩效计划，是对部门绩效目标的承接；员工绩效计划是对部门绩效计划的分解和承接，同时也反映个人岗位职责的具体要求。从狭义上讲，个人绩效计划就是指员工绩效计划。

三、制定绩效计划的原则

在制定绩效计划的过程中，无论是制定组织绩效计划、部门绩效计划还是个人绩效计划，都应该遵循一些基本原则。

（1）战略性原则。在制定绩效计划体系时，必须坚持战略性原则，即要求在组织使命、核心价值观和愿景的指引下，依据战略目标和经营计划制定组织绩效计划，然后通过目标的分解和承接，制定出部门绩效计划和个人绩效计划。

（2）协同性原则。绩效计划体系是以绩效目标为纽带形成的全面协同系统。在纵向上，要求依据战略目标和经营计划制定的组织绩效目标、部门绩效目标和个人绩效目标是一个协同的系统。在横向上，业务部门和支持部门的目标也需要相互协同，特别是支持系统需要为业务部门达成绩效目标提供全面的支持。

（3）参与性原则。在制定绩效计划的过程中，管理者必须与下属进行充分的沟通，确保组织战略目标能够被组织所有员工正确理解。同时，管理者还需要认真倾听下属的意见，妥善处理各方利益，确保绩效计划更加科学合理。总之，管理者需通过全员参与绩效沟通，确保管理者和下属就绩效计划中的绩效目标、绩效指标、绩效标准、行动方案等内容达成共识，以保证签订绩效协议时做出充分的承诺。

（4）SMART 原则。在绩效计划的制定中，特别是在设置绩效目标和绩效指标时，需要遵循 SMART 原则。该原则将在本章第 3 节详细介绍。

四、制定绩效计划的步骤

围绕组织战略制定绩效计划，需要保障几个层次的绩效计划层层支撑，以确保绩效管理系统全面反映组织战略目标的具体要求。在绩效管理实践中，通常将制定绩效计划分为绩效计划的准备、绩效计划的制定、绩效协议的审核和签订三个步骤。

（一）绩效计划的准备

绩效计划的制定是一个管理者和下属双向沟通的过程。绩效计划准备阶段的主要工作是交流信息和动员员工，使各层次绩效计划为实现组织的战略目标服务。绩效计划的准备工作主要包括组织信息、部门信息、个人信息以及绩效沟通四个方面的准备。

1. 组织信息的准备

充分的组织信息的准备是绩效管理成功实施的重要保障，其核心是让组织内部所有人员熟悉组织的使命、核心价值观、愿景和战略，使其日常行为与组织战略保持一致。组织信息的相关内容一经确定，一般需要及时传递给所有成员。传递这些信息的形式很多，除了组织专门的培训之外，还有每年的总结大会、部门或业务单元的传达会、高层领导的走访，或者各种文件、通告，组织的内部网以及内部刊物等。组织信息的相关内容将在本章第 2 节详细讲解。

2. 部门信息的准备

部门信息主要是指制定部门绩效计划所需的各种信息。第一，需要准备部门战略规划相关材料。部门战略要反映组织的使命、核心价值观和愿景，对组织战略有直接的支撑作用，与组织文化保持一致。第二，需要准备部门职责相关材料。部门职责所规定的很多事项尽管不是战略性的，却是部门执行战略所必需的，各部门在制定计划的时候必须通盘考虑这些因素。第三，需要准备部门上一绩效周期的绩效情况。绩效计划的制定是一个连续的循环过程，新绩效周期的计划都是在上一绩效周期完成情况的基础上制定的。第四，需要准备部门人力资源配置的基本情况。在制定部门绩效计划的时候，应该考虑到部门的分工，以便为每一个绩效目标的达成做好准备。

3. 个人信息的准备

除了组织信息和部门信息之外，绩效计划的制定对个人信息的准备也有很高的要求。个人信息的准备主要包括所任职位的工作分析和前一周期的绩效反馈。工作分析用于说明达成某一工作预期绩效所需的行动要求。从工作分析入手，可以使员工更好地了解自己所任的职位，明确自身职位在组织职位系统中的地位和作用，并把职位与部门目标和个人目标联系在一起。新绩效周期开始时，环境和目标可能会改变，个人的职位要求也可能会调整，这时需要重新思考和定位，并且旧的职位说明书很可能已经过时，管理者需要将最新的要求和信息准确地传递给员工。同样，上一绩效周期的反馈也是很重要的信息，虽然在绩效周期结束的时候已经有过绩效反馈，但是在制定新的绩效计划的时候，还需要再次明确上一绩效周期绩效的完成情况，管理者必须对高绩效员工给予肯定，对绩效不佳的原因进行深入分析，提出绩效改进的建议并协助制定绩效改进的办法，从而使员工不断提高工作绩效。

4. 绩效沟通的准备

这里讲的绩效沟通主要是指为制定具有科学性和可操作性的绩效计划，在组织内部进行的各种形式的沟通面谈。制定绩效计划是一个充分沟通的过程，也是管理者与下属就绩效计划的内容达成一致意见，并通过绩效协议做出绩效承诺的过程。绩效沟通的准备主要从沟通形式和沟通内容入手。绩效沟通的形式需要根据绩效管理实际的需要确定，可以召开全员性的动员大会，也可以召开小型动员会或讨论会，还可以进行一对一的绩效计划面谈。

不同发展阶段的组织的沟通内容不一样。比如，首次实行规范的绩效管理的组织在制定绩效计划的时候，通常需要让所有人员明确如下问题：

（1）绩效管理的主要目的是什么？

（2）绩效管理对员工个人、部门以及组织有什么好处？

（3）员工个人绩效、部门绩效与组织绩效的关系是什么？如何保持一致？

（4）绩效管理系统中，重要环节和关键决策有哪些？

（5）如何才能在组织内部建立起高绩效文化？

对于已经建立了健全完善的绩效管理系统的组织，其沟通内容可以直接聚焦绩效计划本身。组织需要在良好的沟通环境和氛围下，集中沟通如下几个方面的内容：

（1）高层管理者需要提供组织信息，这些信息主要与战略目标和行动计划相关。

（2）中层管理者需要传达组织信息，并提供全面、翔实的部门信息，特别是部门的关键业务领域、重点任务和主要计划等相关信息。

（3）选定绩效管理工具，并在此基础上进行沟通。

（4）管理者向下属提供系统全面的绩效反馈信息。

（5）员工提供初步的绩效计划以及行动方案，并针对绩效执行过程中可能遇到的困难和需要的帮助提供相关的信息。

（6）为确保绩效计划兼具科学性、实效性和可操作性，管理者和下属还需要在计划制定之前收集其他信息。

（二）绩效计划的制定

绩效计划制定工作具有重要的意义和作用，绩效计划的质量决定整个绩效管理系统的成败。在绩效计划制定过程中，组织需要考虑绩效计划能否有效执行、是否便于有效的监控、是否面向绩效评价，以及计划成功执行后，结果能否有效应用等。绩效计划制定的过程就是一个持续沟通的过程，其主要成果就是在充分沟通的基础上，制定切实可行的绩效计划，并保障个人绩效计划和部门绩效计划对组织绩效计划的有效支持，最终为实现组织战略目标服务。绩效计划的制定是绩效计划工作的核心步骤，本书以组织、部门和个人三个层面的绩效计划为主线对绩效计划制定进行深入全面的讲解。

（三）绩效协议的审核和签订

绩效协议的审核和签订阶段是对初步拟定的绩效计划的再审核和确认的阶段。这个阶段的时限可以根据绩效计划的复杂程度或者不同层次确定具体期限。一般来说，组织绩效计划和部门绩效计划审核的时间更长、反复修订的次数更多，个人绩效计划审核修订的时间较短。

绩效协议审核阶段主要是针对绩效计划拟定过程中的未尽事宜进行增补或修订，主要是对细节的进一步确认。管理者和下属都有义务对完善初步的绩效计划做出努力，需要对一些细节问题深入思考、反复推敲和最后确认。具体问题如下：

（1）在本绩效周期内，主要工作内容和职责是否明确？

（2）应达到何种工作效果？

（3）这些结果可从哪些方面去衡量？评判标准是什么？

（4）各个绩效指标的权重分配是否科学？各类目标主次是否明确？对战略实现非常重要的目标是否受到足够的重视？

（5）在本绩效周期内，绩效目标是否需要分段实现？对目标实现过程中存在的困难和挑战的估计是否充分？领导应该提供的帮助是否足够？

（6）下属在完成工作任务时拥有哪些权利？决策权限如何？

（7）管理者和下属对绩效计划执行过程中的沟通程序是否清楚？如何防止出现偏差？

（8）为了完成工作任务，下属是否有必要接受某一方面的培训或通过自我开发的手段掌握某种工作技能？

经过严密的审核之后，管理者和下属都应在绩效协议上签字确认。绩效协议的签订标志着绩效计划的完成。绩效协议的签订不仅仅是书面协议的签订，也代表着管理者和下属在心理上做出的一种承诺。

第 2 节　绩效计划的准备

为了保障绩效管理系统具有战略导向性，绩效管理流程一般从审视与重申使命、核心价值观、愿景和战略开始。通常，在制定组织绩效计划前，高层管理团队需要就组织的使命和核心价值观达成一致，并对愿景和战略有清晰的描述。

一、明晰使命

（一）使命的内涵

使命是组织存在的根本原因，概括了组织为人类做出的贡献和创造的价值。使命就像是组织远航时的灯塔，指引着组织发展的方向，指导和鼓舞着组织成员不懈努力。使命就像启明星，是组织永不可及的追求，虽然使命本身不变化，但它可以激发改变。“使命永远不可能完全实现”这一事实恰恰激励着组织持久地追求。

一个有效的使命反映了员工对组织事业的重视程度，决定了他们的动机。使命的陈述不应该着眼于组织的产品线或顾客，而应该为组织的生存寻找深层的原因。使命不等于经济目标，“利润最大化”并不能激励组织中各个层级的成员，且不具有指导作用。正如管理学家柯林斯（Collins）所说：“对于那些尚未认清真正核心目的的组织来说，‘股东财富最大化’是一种现成的、标准的目的，它实际上是一种无效的替代品。”

使命可以延续上百年，因此不能将其和具体的目标、战略混为一谈。目标和战略可以随组织环境和发展的需要改变，但使命恒久不变；目标和战略可以一步一步地实现，使命则不可能完全实现。使命不仅锚定了组织发展方向，也是组织战略制定的根本指南，而且为组织配置资源提供了最高准则，为组织所有管理系统的协同提供了根本依据。

（二）明晰使命的方法

使命经过适当的构思，可以成为基础广泛且长盛不衰的动力源泉；清楚地认识组织的使命，对组织持续健康发展具有根本性意义。需要注意的是，使命的主要作用是指引和激励，而不是一定要造成不同。换言之，使命陈述的关键在于真实，不必独一无二，不在于与众不同。在管理实践中，很多组织都认识到使命的重要性，但不明确自身的真正使命。例如，对迪士尼来说，“我们的存在，是为了替小孩制作卡通”，这必然是个差劲的使命宣言，既不引人入胜，也没有可延续百年的弹性，与之相比，“用我们的想象力，带给千百万人快乐”就是一个让人动容和富有弹性的使命。

明晰使命的一种有效方法是提出下面的问题：“为什么不干脆把这个组织关闭，出售资产，获取利润?”然后，致力于寻找现在和百年后同样正确的答案。探询这一答案的做法是问五个“为什么”。从描述性的声明开始，“我们制造了甲产品”或者“我们提供乙服务”，然后问五次“那为什么是重要的?”在问了几个“为什么”之后，你会发现自己正逐渐接近公司的根本使命。例如，一家市场调研公司的管理层首先召开几个小时的会，得出下列有关公司使命的陈述：“提供可得到的最好的市场调研数据。”然后，进一步追问：“为什么提供可得到的最好的市场调研数据很重要?”讨论之后，他们的回答反映出公司使命的深层意义：“提供可得到的最好的市场调研数据是为顾客找到一种了解市场的途径，这种途径比其他任何方法都更好。”接下来的讨论让管理层意识到他们的价值并不在于卖掉市场调研数据，而在于为顾客的成功发挥作用。这一系列的自我发问帮助他们明确了公司的使命：“通过帮助顾客了解他们的市场，为顾客的成功服务。”有了这个使命之后，公司在做产品决策时考虑的问题就不再是“这有市场吗?”而是“这对我们顾客的成功有用吗?”

具体操作时，可从职责和价值两个方面对组织的使命进行陈述。阐述职责就是界定组织归根到底是做什么的，即为何存在；阐述价值就是表明做好这些事能够给社会带来何种益处，即存在的理由。这需要组织成员采用追问的方式不断寻找组织存在的深层次原因，这直接决定了使命的准确性和清晰度。例如，一家制药厂可以把“为人类的医疗制药”作为使命，其中“制药”是职责，“为人类的医疗”是价值。但是，该使命并未触及该组织使命的本质，因为随着技术的发展，公司很有可能创造全新的、不用传统的药物来改进人类医疗的方法。经过几番深入的讨论，最终形成的使命是“为人类的健康致力于医疗的重大改善”，其职责由“制药”深入到“医疗的重大改善”，其价值由“为人类的医疗”清晰化为“为人类的健康”。

（三）使命的陈述

一个正确有效的使命，在内容上，必须抓住组织存在的本质，能够起到指导和激励的作用；在语言上，必须精练、准确；在传播上，必须易于理解与沟通。几乎每一个卓越的组织都有一个指引组织长期发展、脍炙人口的使命。下面列举几个组织的使命陈述，如表 3－1 所示。

表 3－1　　使命陈述实例

组织名称	使命陈述
长庆油田	我为祖国献石油
重庆富侨	弘扬中华养生文化，造福人类健康
海林市卫生局	关爱百姓健康，提高生命质量
中国移动	创无限通信世界，做信息社会栋梁
国家电网	奉献清洁能源，建设和谐社会
万达集团	共创财富，公益社会
腾讯	通过互联网服务提升人类生活品质
沃尔玛	让普通百姓买到有钱人用的东西
迪士尼	用我们的想象力，带给千百万人快乐
3M	创造性地解决未解决的各种问题
惠普	为了人类进步、人类福祉做出技术贡献
索尼	体验发展技术造福大众的快乐
玫琳凯	为女性提供无限机会
麦肯锡	帮助杰出的企业和政府更加成功
美国注册会计师协会	为会员提供各种资源、信息和领导，帮助他们以最高的职业水准提供有价值的服务，造福公众、员工和客户
俄勒冈州波特兰市警察局	通过与市民合作，保护生命、维护人权、保护财产安全、提升个人责任感和社区认同感，从而保持和改善社区的适居性

二、提炼核心价值观

（一）核心价值观的内涵

核心价值观是一个组织实现所肩负使命的过程中必须长期坚持的深层的、根本的信仰和价值准则，也是指引组织决策和组织成员日常行动的永恒原则。经过组织文化长期积累和沉淀，高瞻远瞩的组织提炼出了独特且明确的核心价值观，这些核心价值观一般源于组织创始人或最高领导者的个人信仰，并且是组织领导者长期倡导的、全体员工一致信奉的价值观念。

核心价值观最为根本，深植于组织内部，变动或妥协的机会极少。组织真正的核心价值观只有几条，因为只有少数的价值观才是深植于组织内部、最为根本的指导原则。核心价值观是促使组织长盛不衰的根本信条，不能将其与特定的文化或作业方法混为一谈，也不能为了经济利益或短期权益自毁立场。

核心价值观应具有个性，防止趋同。价值观是对组织长期坚决奉行的决策和指导原则的理性分析，不同的组织因其所处行业、服务对象、组织使命和员工素质等方面的差异，在价值观上是有所不同的，我们就是要把这种个性化的东西提炼出来，展现价值观的独特个性。但是，柯林斯认为价值观的功能在于引导和激励，因此，不必过于强调价值观的差异而忽视其核心功能。

（二）提炼核心价值观的方法

真正的核心价值观是在组织长期实践过程中沉淀下来的，是经受实践考验的价值准则。因此，组织在提炼核心价值观时，必须保持绝对的自我诚实，即必须由“自我需要”来决定自己应该持有的核心价值观，而不能出于当时的环境、竞争需求或追逐管理时尚，也不能来自对其他组织价值观的模仿；同时，组织需要强调核心价值观能够经受时间的考验，不能将组织的一般价值观也当成核心价值观。

阐明核心价值观的关键是阐明怎样从个人的层次入手，逐渐上升到组织的层次。提炼组织核心价值观通行的一种方法是在组织内部举行所有员工参与的关于核心价值观的大讨论。领导者应发动管理层和所有员工参与到核心价值观的讨论中，共同对核心价值观和价值体系做出详细定义，员工讨论得越充分，核心价值观内容就越细致，员工就越能准确把握领导者和组织对他们的要求以及他们需要努力的方向。为了提炼组织的核心价值观，并区分组织真正坚守的核心价值观和应时而变的做法或谋略，组织通常采用追问一系列问题的形式。在提炼核心价值观的实践中，如下几个问题比较常见，特别是最后三个问题尤为关键：

（1）你在工作中持有什么样的核心价值观，即是你始终追求的，不管是否有益，你都会坚持？

（2）如果要你向你的孩子形容你在工作中持有的核心价值观，并且希望在他们长大成人工作时也坚守同样的价值观，你会怎么做？

（3）假设第二天一早醒来，你拥有了一笔足够供你安度余生的钱，你还会继续坚守这样的核心价值观吗？

（4）你可以预见自己所坚持的核心价值观在100年后还会像今天一样有意义吗？

（5）如果有人指出你坚持的核心价值观中有几点将使你在竞争中处于不利地位，你还愿意坚持吗？

（6）如果将来你要在一个全新的领域建立一个公司，你会为这个新的公司注入什么样的核心价值观，而无须考虑这个公司从事的行业？

最后，需对讨论结果进行深入分析和提炼，找出组织长期坚持的本质的东西，即找出长期指导组织实践、规范员工行为且实实在在、可见可闻可感的基本信条。核心价值观在数量上一般严格限制在 3～6 条，如果超过 6 条，组织很可能混淆了核心价值观和经营做法、管理谋略、文化标准，它们不是组织长期坚持的根本价值准则。

（三）核心价值观的陈述

一个组织真正和有效的核心价值观在内容上必须真实反映组织长期坚持的基本信条，在语言表述上必须通俗易懂，在数量上必须严格控制。因此，核心价值观在陈述的时候，必须做到表达简单、清楚、直接且有力。例如，沃尔玛的第一条价值观是："我们把客户放在前面，如果你不为客户服务，或是不支持为客户服务的人，那么我们不需要你。"该价值观表达得非常明了，并且易于理解。诸如"上善若水""厚德载物""达兼天下""恒心如一"之类的价值观则偏于晦涩，最终可能成为空洞的口号，很难转化为实际行动。下面列举几个组织的核心价值观，如表 3-2 所示。

表 3-2　　核心价值观陈述样本

组织名称	核心价值观陈述	组织名称	核心价值观陈述
通用电气	● 充满追求出色的激情，厌恶官僚作风	迪士尼	● 不愤世嫉俗
	● 欢迎任何建议并致力于解决问题		● 创造、梦想和想象
	● 每个人充满自信，按最时尚的方式行事		● 狂热地关注协调和细节
	● 无限活力并能带动他人	重庆富侨	● 保护和掌握迪士尼形象
	● 将变革视作机会而非威胁		● 诚实守信
	● 全球观点和建立多样化的全球化团队		● 科学保健
IBM	● 成就客户		● 文明服务
	● 创新为要	北京延庆县政府	● 顾客至上
	● 诚信负责		● 绿色发展
宝洁	● 领导才能		● 高端一流
	● 主人翁精神		● 以人为本
	● 诚实正直	中国移动	● 开拓创新
	● 积极求胜		● 正德厚生
	● 信任		● 臻于至善
	● 诚信		● 正直
国家电网	● 责任	腾讯	● 进取
	● 创新		● 合作
	● 奉献		● 创新

三、描述愿景

（一）愿景的内涵

愿景是组织勾画的发展蓝图和期望实现的中长期目标，是组织内人们"发自内心的意愿”。愿景能够反映组织的使命和核心价值观，指引战略的制定，指导组织成员执行战略的行动，确保组织沿着正确的方向发展。

柯林斯和波勒斯认为，组织的愿景一般包括两个组成部分：一是组织在未来10～30年要实现的胆大包天的目标（big hairy audacious goals，BHAG）；二是对组织实现胆大包天的目标后的情景的生动描述。胆大包天的目标应该是简洁、可行且鼓舞人心的，它是组织成员共同努力的目标，是团队精神的催化剂，能够激发所有人的力量，促使组织团结。生动描述则是用憧憬的语言传达想要展现给世界的形象。比如，亨利·福特对“大众化汽车”这个胆大包天的目标所进行的生动描述是：“我们要为大众生产一种汽车，这种汽车的价格很低，不会有人因为薪水不高而无法拥有它，人们可以在上天赐予的广阔空间里尽情地享受他们幸福的家庭生活……当我们实现这个目标时，每个人都将拥有一辆汽车。马会从马路上消失，汽车会取而代之……我们将会给众多的人提供就业机会和令人满意的工资。”激情、情感和信念是生动描述的重要组成部分。正是这种激情和情感吸引并激发了组织的员工，鼓舞他们为实现美好的愿景不懈努力。

卡普兰和诺顿认为，愿景应该表明组织最高层面的宏伟战略目标，并认为陈述愿景应该包含挑战性目标、市场定位、时间期限三个要素。其中，挑战性目标是指愿景应该与组织当前的定位有所区别。卡普兰和诺顿赞同柯林斯和波勒斯的观点，认为领导最重要的作用就是为组织设立宏伟、长期和大胆的目标，也就是说，一个优秀的领导者首先要承担起设定宏伟目标的责任，在组织内营造一种紧迫感，为所有员工设定挑战性目标并规定具体的时间期限和明确的评判标准。对于政府机构或非营利组织来说，愿景应该是与其使命相关的挑战性目标。市场定位是指愿景应该以市场为导向，对业务、顾客、竞争者、资源和能力做出综合分析和判断，明确组织将要参与的竞争领域和预期的市场表现。清晰、准确的市场定位实际上表明了组织想要如何创造价值，能够为战略分析和决策提供指引。时间限制是指愿景表达的是组织的中长期目标，应具有明确的完成期限，其时间跨度一般为3～10年。

（二）愿景的陈述

卡普兰和诺顿与柯林斯和波勒斯在愿景的界定上总体是相同的，但在细节上有较大的区别。他们都强调宏伟目标的重要性，虽然对时限的界定和理解不一样，但都强调愿景是组织的中长期目标。卡普兰和诺顿的论述更加侧重在组织的使命、核心价值观、愿景和战略这个体系中理解愿景，注重操作性和实效性；柯林斯和波勒斯强调对胆大包天的目标进行生动描述，进而强调了愿景的激励性。美国学者保罗·尼文则认为一个清晰、具有说服力的愿景陈述应该具有以下基本特征：简洁；吸引所有利益相关者；与使命和价值观保持一致；可验证性；可行性；鼓舞人心。根据目前研究和管理实践的发展情况，卡普兰和诺顿的愿景陈述框架更为科学，如果再加入对目标的生动描述，愿景的陈述就更加完整有效。

对愿景的准确陈述有助于一个组织获得竞争优势。比如在20世纪50年代，日本的索尼公司就对使命和愿景（胆大包天的目标和生动描述）进行了成功的描述，为索尼成为世界级企业提供了强大的精神动力，具体如表3-3所示。

表3-3 索尼公司20世纪50年代的使命和愿景

1. 使命 体验发展技术造福大众的快乐。
2. 愿景 胆大包天的目标： 成为最知名的企业，改变日本产品在世界上的劣质形象。 生动描述： 我们所生产的产品将遍布世界各地……我们将成为第一家打入美国市场的日本公司，并直接销售我们的产品……对于美国公司失败的技术创新项目，如半导体收音机，我们将会取得成功……50年后，我们的品牌在世界各地都是知名的……我们崇尚创新和质量，我们可以和任何一家最具创新精神的公司相媲美……“日本制造”将意味着精美细致，而不是粗制滥造。

组织对愿景的陈述除了有一个清晰、具有说服力的宏伟目标之外，通常还包括三个关键因素：挑战性目标、市场定位和时间期限。下面列举几个组织愿景陈述的示例，如表3-4所示。

表3-4 愿景陈述样本

美国肯尼迪政府空间计划	
在20世纪60年代结束之前，实现登陆月球，并安全返回地球。(1961年)	● 挑战性目标：实现登陆月球并安全返回地球 ● 市场定位（竞争领域）：航空航天事业探月工程 ● 时间期限：在20世纪60年代结束之前
英国利兹大学	
到2015年，我们整合世界水平的研究、学术和教育，进入世界大学50强。	● 挑战性目标：进入世界大学50强 ● 市场定位：整合世界水平的研究、学术和教育 ● 时间期限：到2015年
海林市山市镇	
到2015年，全力打造“山产品之乡”品牌，把山市镇建成人民富裕、环境友好、社会和谐的中国北方知名山产品流通贸易大镇和牡丹江市畜牧业强镇。(2007年)	● 挑战性目标：人民富裕、环境友好、社会和谐的山产品之乡和畜牧业强镇 ● 市场定位（竞争领域）：中国北方山产品流通贸易业、牡丹江市畜牧业 ● 时间期限：到2015年
东莞市科学技术博物馆	
到2015年，成为国内一流、国际知名的（专题）科技馆。(2009年)	● 挑战性目标：国内一流、国际知名 ● 市场定位：专题科技馆 ● 时间期限：到2015年
金鹤门业有限公司	
到2015年，成为中国木门行业的领导品牌。(2008年)	● 挑战性目标：成为国内木门品牌的领导者 ● 市场定位：国内木门行业、产品领先 ● 时间期限：到2015年

愿景是一个组织的中长期目标，而且是一个具有很强挑战性的宏伟目标，或者说是一个胆大包天的目标，仅仅运用三因素框架对愿景进行陈述远远不够，还需要通过有效的管理技术或途径，将愿景与战略对接在一起，并通过战略的制定，绘制一幅完整的、详细的、可操作的宏伟蓝图。目前，最有效的方式就是通过绘制战略地图，实现愿景与战略的无缝对接，从而完成愿景的完整陈述。

描述愿景的最后一个环节是确定细化的愿景，而战略地图的四层面框架就是一个很好的细化愿景的工具。细化的愿景描绘了一幅整合的蓝图，包括实现愿景的所有驱动因素，如客户价值主张、关键内部业务流程以及人员、技术和其他无形资产。通过明确细化的愿景，高层管理团队能够对愿景的含义和实用性进行深入思考，对从愿景到战略的转化过程进行描述。下面以金鹤门业公司的例子来说明。金鹤门业公司是我国一家专门从事木门生产的制造公司。它的愿景是“到2015年，成为中国木门行业的领导品牌”，这个愿景虽然很简洁地描述了公司未来5年的挑战性目标和市场定位，但是对战略形成的指导还不够充分。为此，金鹤门业公司提出了一个细化的愿景来指导战略地图的绘制。它按照战略地图四个层面从上到下的顺序，将愿景细分为财务层面的愿景、客户层面的愿景、内部业务流程层面的战略优先事项以及学习与成长层面的战略优先事项。其中，财务层面的愿景主要是通过扩大国外国内两个市场的收入确保财务优势，客户层面的愿景是以高品质的新产品和差异化的服务赢得客户认可与忠诚，内部业务流程确定了质量管控强化、产品及时交付、经销商获利能力提升、产品研发和工艺技术改进等战略优先事项，学习与成长层面则将培养和整合具有国际水准的设计力量作为战略优先事项，如图3-1所示。这样，金鹤门业公司通过对其所属的华鹤集团的愿景进行细化，基本上形成了一个较为完整的战略思路。

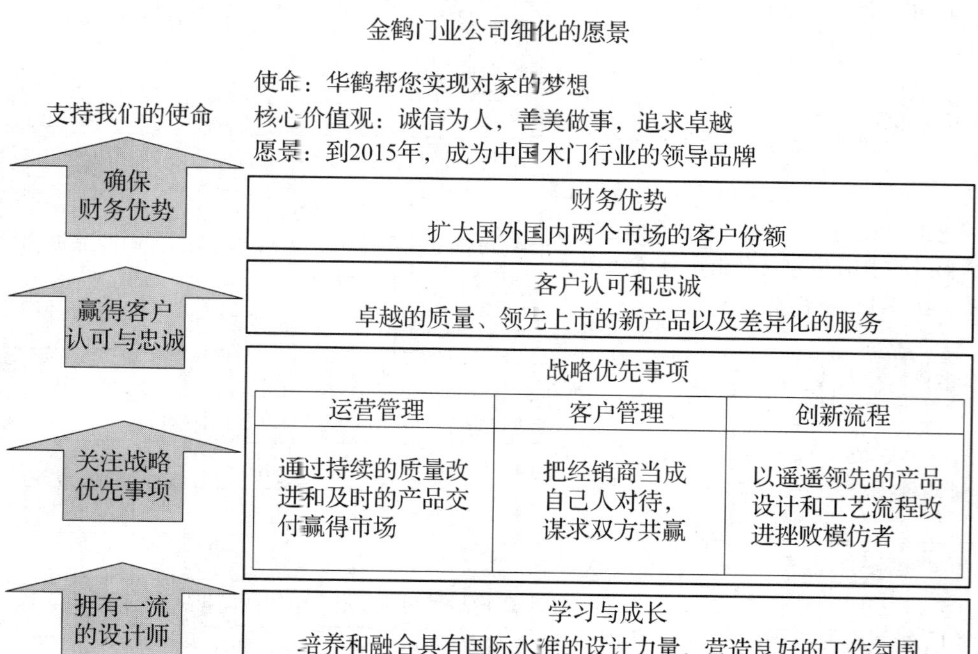

图3-1　金鹤门业公司所确定的细化的愿景

四、制定战略

战略是组织使命、核心价值观和愿景的可视化蓝图和逻辑表现。绩效管理系统通过化战略为每个员工的日常行动，确保组织战略目标的实现。

（一）战略分析

战略制定本质上是一种战略选择。一个组织做出战略选择通常是在组织使命和核心价值观的指引下，基于愿景的具体陈述，通过战略分析来审视内外部环境，了解将对组织的竞争和运营产生影响的各种因素，尤其是上一轮战略制定后发生的变化，以便组织做出正确的战略选择。在管理实践中进行具体的战略分析时，除了对组织使命、核心价值观和愿景进行回顾外，还需要重点进行详细的环境分析。

1. 分析内外部环境

对于外部环境和竞争态势的分析，不同的学者有不同的观点和方法，相应的分析工具也颇多。占主导地位的理论有两类：一是以产业分析理论为代表的企业竞争优势外生论，这一主张的代表人物是迈克尔·波特（Michael E. Porter），它通常把注意力集中在市场和产品上，试图通过行业结构和市场机会识别和构建组织的竞争优势；二是以能力理论为代表的企业竞争优势内生论，这一主张的代表人物有伯格·沃纳菲尔特（Birger Wernerfelt）、普拉哈拉德（C. K. Prahalad）和加里·哈默尔（Gary Hamel）等，它通常把注意力集中在企业所拥有的独特资源和能力上，试图探寻形成组织竞争优势的内在源泉。常用的环境分析工具包括 PEST 分析、SWOT 分析、外部因素评价矩阵、五力模型、竞争者分析、利益相关者分析、价值链分析、组织资源分析等。其中，SWOT 分析是最常用的分析工具之一，SWOT 是英文 strength，weakness，opportunity 和 threat 的首字母缩写，即企业自身的竞争优势、竞争劣势、所面临的机会和威胁。SWOT 分析架构是一个结构化的系统分析方法，它的重要贡献在于用系统的思想将组织内外部环境分析中看似独立的因素匹配起来进行综合分析，使得组织的战略分析更加科学全面，SWOT 分析的一般矩阵如图 3－2 所示。

	S——优势 列出优势	W——劣势 列出劣势
O——机会 列出机会	SO战略 发挥优势，利用机会	WO战略 利用机会，克服劣势
T——威胁 列出威胁	ST战略 利用优势，回避威胁	WT战略 减少劣势，回避威胁

图 3－2　SWOT 分析矩阵

传统的 SWOT 分析框架拥有直观、简单、系统等优点，同时也存在一些缺陷，主要体现在两个方面。首先是指向不明。运用SWOT分析的效果关键在于看它是否能够准确界定组织的机会、威胁、优势和劣势。但是，SWOT分析框架未能为组织指明从哪些方面着手分析，而实践中许多管理者青睐于关注经营成果，这样就忽略了真正导致竞争差异化的价值驱动因素。其次是精度不够。SWOT分析采用定性方法，通过罗列S，W，O，T的各种表现，形成一种模糊的企业竞争地位描述，以此做出的判断难免带有一定的主观臆断。平衡计分卡是一种很好的化战略为行动的工具，能实现战略与运营的有效对接。综合两种不同的研究视角和利用上述方法，可以在平衡计分卡的基础上改良SWOT分析，形成一个关于组织竞争和运营状况的整体框架。因此，有些组织采用平衡计分卡的四个层面对SWOT分析框架进行了重构，如表3-5所示。

表3-5　　平衡计分卡SWOT矩阵

<table>
<tr><th>层面</th><th>优势</th><th>劣势</th><th>机会</th><th>威胁</th></tr>
<tr><td>财务</td><td colspan="2">目前财务绩效的优势和劣势</td><td>收入增长和生产力提高的机会，以此缩小现有绩效与挑战性财务目标的差距</td><td>保持或提升财务绩效的威胁；影响防御性战略的竞争威胁，明确所需改善的范围和速度</td></tr>
<tr><td>客户</td><td colspan="2">目前被客户、竞争对手和市场认知的价值主张的优势和劣势</td><td>扩大客户基础，开发新市场以及改善客户价值主张，满足客户需求的机会</td><td>来自客户和竞争者的威胁</td></tr>
<tr><td>业务流程</td><td>内部业务流程的优势，即优于对手的地方</td><td>内部流程和价值链中薄弱的环节</td><td>改善内部业务流程以抓住机遇</td><td>内部业务流程薄弱环节引起的威胁</td></tr>
<tr><td>学习与成长</td><td colspan="2">人员、文化、核心竞争力方面的优势和劣势</td><td>发展完成战略性优先事项的能力的机会，发展文化和竞争力的机会</td><td>内部人员、架构、能力和文化等方面的短板所引起的威胁和风险</td></tr>
</table>

资料来源：卡普兰，诺顿．平衡计分卡战略实践．北京：中国人民大学出版社，2009：41.

2. 列出战略问题清单

在对组织的内外部战略性竞争因素进行综合分析的过程中，需要将识别和确认的战略问题以清单的形式罗列出来，并运用平衡计分卡的四层面框架进行归纳整理。这一问题清单是对无效信息进行排除的结果，有助于战略分析抓住重点和确保连续性，帮助管理团队快速理解组织制定战略时必须解答的关键问题；同时，简洁明了和保存完好的战略问题清单也有助于引导组织在战略执行过程中将人、财、物等资源和监控重点向关键问题倾斜；高度概括的问题清单还有助于管理团队在召开战略回顾会议时聚焦讨论的议题。下面提供一份时装零售公司所列出的战略问题清单，以供参考，如图3-3所示。

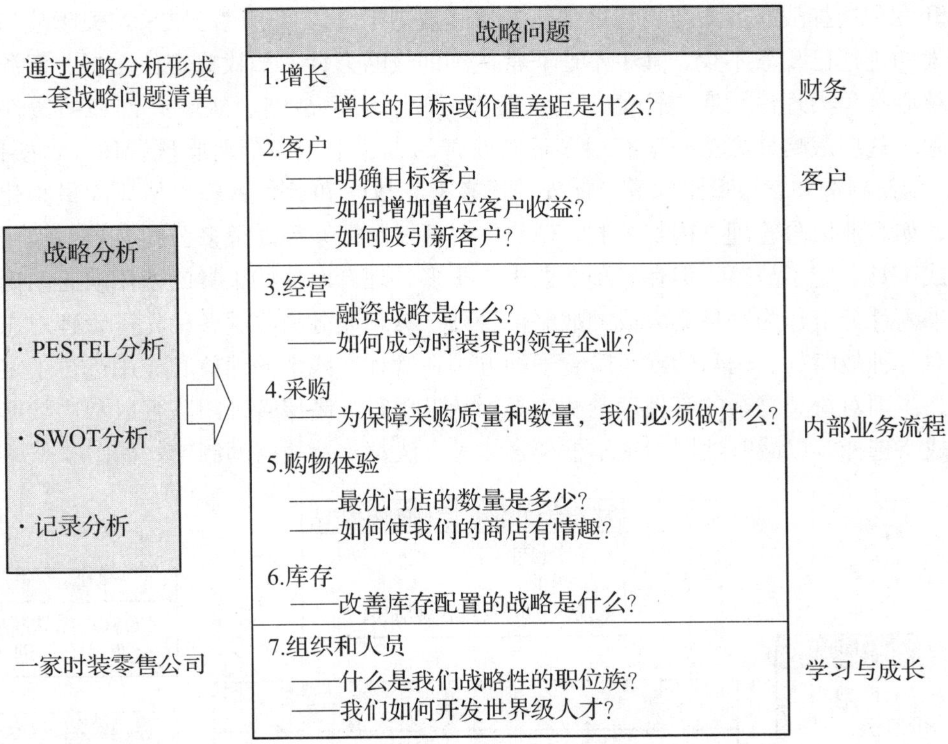

图 3－3　列出战略问题清单

资料来源：卡普兰，诺顿．平衡计分卡战略实践．北京：中国人民大学出版社，2009：43.

（二）战略开发与调整

由于战略是一种假设，是关于为或不为的选择，因此在进行战略开发与调整的时候，首先需要对战略的构成有一定的了解。迈克尔·波特主要从竞争战略层面探讨战略，他将战略分为三个层次：一是定位，即战略就是一种独特、有利的定位，关系到各种不同的运营活动；二是抉择，即在市场竞争中做出取舍；三是配置，即在组织的各项运营活动之间建立一种有效的联系。因此，一份完整的战略既要定义“战略是什么”，还要指出“如何实现战略”。具体如图 3－4 所示。

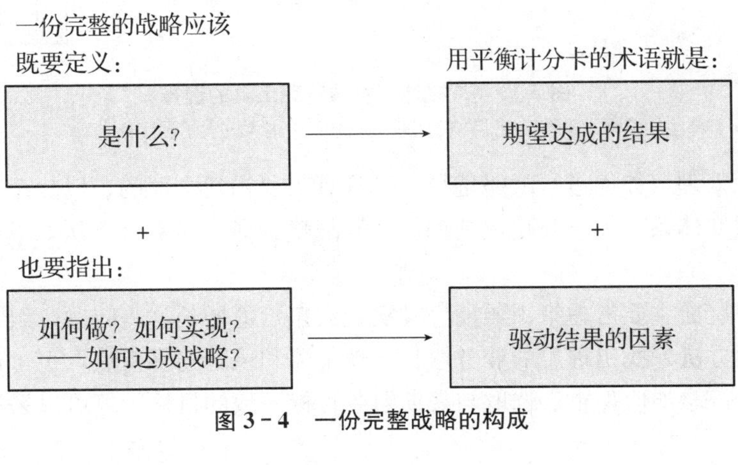

图 3－4　一份完整战略的构成

开发和选择战略方案需要借助战略分析和规划工具。半个世纪以来，关于战略制定和开发的论述已积累不少，其中不乏非常优秀的战略方针，如战略定位思想、资源基础观、核心竞争力理论、客户价值理论、蓝海战略、应急战略、经验共创和颠覆性创新等；除了这些战略性方法，还有很多运营改善的方法论，如全面质量管理、六西格玛、ISO、精益制造和学习型组织等。此外，还有补充战略和运营管理以使风险最小化的方法论，如企业风险管理、内部控制、COSO内部控制框架等。很多公司有效地运用以上方法或工具制定了战略，但在管理实践中，很多管理者对这些工具的使用缺乏明确的认识。平衡计分卡作为一种集大成的战略性管理工具，充分吸收了各种先进管理思想的精华，对各种战略的、运营的或风险管理的方法在管理实践中的地位和作用进行了定位和描述。当面对纷繁复杂的管理理论和工具无从下手时，高层管理团队可以利用战略地图引导战略选择。以战略地图为基本框架，多种方法都支持战略的制定，如图3－5所示。

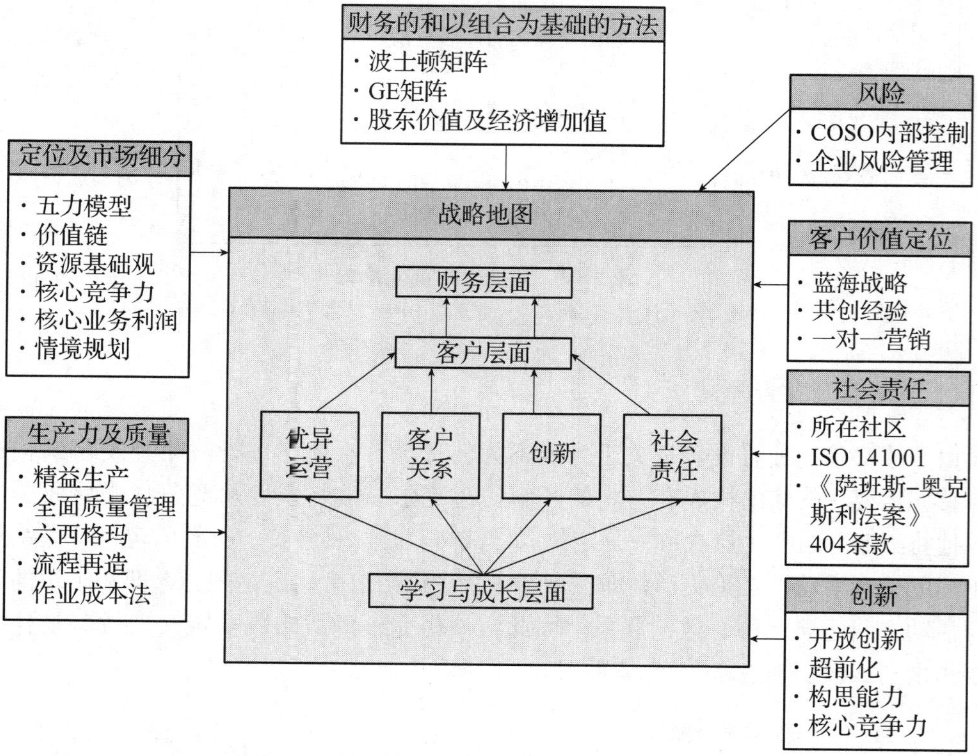

图3－5　战略地图引导管理工具的选择

资料来源：卡普兰，诺顿．平衡计分卡战略实践．北京：中国人民大学出版社，2009：45.

如果要深入理解如何进行战略选择，管理者需要构建全面的、以战略地图为核心的逻辑清楚的认知体系。关于战略地图如何引导战略选择，通常可以从如下四个层面进行理解。

（1）财务层面主要考虑组织预期怎样实现股东价值增长这一问题。组织可以借助一些财务组合的方法来找出理想的业务增长、现金流和风险的平衡点，也可以采用价值管理方法，如经济增加值，重点选取与长期财务目标一致的目标，还可以采用企业风险管理的方法，如 COSO 内部控制，主要关注降低可能影响企业战略执行能力的财务、运营、技术和市场风险。

（2）客户层面主要考虑什么样的客户价值主张可以使我们与众不同这一问题。波特的竞争优势框架为聚焦客户和如何在细分市场上赢得竞争提供了指导。蓝海战略有助于组织针对庞大的客户群体开发创新性的、可持续的新竞争定位，共创经验则能够帮助企业与客户共同开发价值定位。

（3）内部业务流程层面主要考虑什么样的关键流程会产生战略差异化这一问题。如果企业在某些重要的业务流程，如运营管理、客户信息挖掘或者产品特点和创新等方面，相比竞争对手有明显的优势，或者拥有竞争对手所不具备的优势，资源基础观和核心竞争力分析就是有效的战略制定框架。

（4）学习与成长层面主要考虑战略需要什么样的人力资源和信息技术支持这一问题。如果企业具有强大的人力资本基础，拥有一支有技能、有经验且士气高昂的员工队伍，建立学习型组织并鼓励提出战略设想就有助于形成新的战略途径。

不管采用哪种方式，战略制定的结果都是形成公司的发展方向，形成公司区别于竞争对手的差异化定位和产品组合，获得持续性的竞争优势和出色的财务绩效（对于政府及非营利组织来说是获得社会认可和赞许）。战略的创造性是达到这个目标的重要手段。战略规划的参与者可以运用上述方法形成差异化战略。当管理层对战略制定工具更加了解之后，他们就可以根据企业的状况、历史、文化以及竞争力选用最贴近实际、最有效的工具。

开发新的战略是组织应对外部环境做出的全新选择，但是大多数情况下，战略的动态性和连贯性是结合在一起的，这就要求管理者在影响组织竞争的环境因素出现变化时，对战略进行适时调整，而不是推倒重来。因此，组织的管理团队每年至少需要开一次会议来回顾组织的使命、核心价值观、愿景以及战略，利用获取的内外部信息，把关键的战略性事项纳入 SWOT 框架进行分析。如果现有的战略依然有效，则只需根据实际情况做渐进式战略调整；如果现有战略已经过时，则需开发转型战略，以指引公司未来 3～5 年的发展方向。渐进式战略调整又称战略权变，是指根据内外部边界条件和资源禀赋的变化，对战略进行权衡变通，做微调或修正。组织的高层管理团队可以采用情境模拟的方式，仔细研究每一种假设的情况并找出战略优先事项和驱动因素，将其与现有的战略变革日程进行对照，如有必要就纳入变革范畴。战略转型是企业为动态地适应内外部环境的变化，或者为利用潜在的机会，将原战略转变为新战略的行动。实质上，战略转型就是一个引入新战略的过程。只有在公司当前战略周期结束，或者遇到重大的突发性事件，或者面临失败的危险时，公司才会考虑战略转型。

（三）战略描述

管理团队选定战略后，就要将其编制成文，传达给组织所有的管理者和员工。对战略进行陈述可以分两个步骤进行，首先是对战略本身进行表述，然后是对每一个战略问题进行方向性描述。哈佛商学院经研究得出一个结论，无论战略形成的来源如何，一个好的战略表述都需要包含以下三项基本要素：

（1）目标（objective）：战略要达到的最终结果。

（2）优势（advantage）：组织达到目标所使用的方法。

（3）范围（scope）：组织想要经营的领域及市场。

目标、优势和范围三项要素的具体含义如下：战略表述中“目标”部分的陈述与先前讨论的愿景类似，既要求尽量对目标进行量化，如盈利能力、规模、市场份额、排名或股东回报等，也要求设定具体的时间期限，如3～5年实现。“优势”表示企业将采取何种差异化、更好的或独特的竞争手段，描述了企业如何吸引客户的价值主张。价值主张应该包含企业想要区别于或优于竞争对手的购物体验或关系。它可以用传统的战略术语表述，如低成本或产品、服务、客户关系等方面的差异化。“范围”界定了企业想要竞争或赢取的细分市场。范围可以是细分的目标客户、产品线的宽度、采用的技术、服务的地区及纵向一体化的程度。美国西南航空公司的OAS战略表述框架如表3-6所示。毫无疑问，美国西南航空公司的目标是成为最盈利的航空公司。时间限制省略了，因为该公司目前在美国航空业的排名已位于第一，保持这个地位即可。该公司的优势在于航班的低价格、高频率和可靠性，以及航空服务的快捷性。该公司的客户细分和价值主张定位非常精准，主要瞄向注重飞行便利性且对价格敏感的乘客，这些人愿意忍受一些不便，如没有预订、多人同时登机、没有头等舱或机场休息室，以换取快速的城市间航空飞行和准点抵达。这个例子说明了如何在几十个字之内把组织战略干脆有力地以OAS形式表达出来。

表3-6　　美国西南航空公司的战略表述

目标（O）	战略要达到的最终结果	成为美国最盈利的航空公司
优势（A）	组织达到目标采用的方法	以公共汽车与火车的价格、频率及可靠性提供快速的航空服务
范围（S）	组织想要经营的领域与市场	针对注重飞行便利性且对价格敏感的乘客

战略方向描述在OAS框架的基础上，针对战略分析环节获取的战略问题逐项进行阐述，它包含三个组成部分：

（1）战略目标：确定具体要实现的目标。

（2）要做好的事：确定如果要实现目标，必须采取哪些关键的行动。这些必须做好的事是下一步设计战略地图和行动方案的重要信息来源。

（3）首要衡量指标：确定如何衡量目标绩效。这是平衡计分卡中首先要采用的指标。

下面举个具体的例子。例子中的战略问题是：“如何使我们的店更有情趣？”针对这个问题的分析可以导出战略方向描述，以此可以想象出新的店面环境，形成具体的战略性目标、实现目标的具体路径以及对目标绩效进行衡量的指标，如图3-6所示。类似的战略方向描述可以应用于每一个战略问题，这对新制定的战略转化为战略地图和平衡计分卡极有帮助。

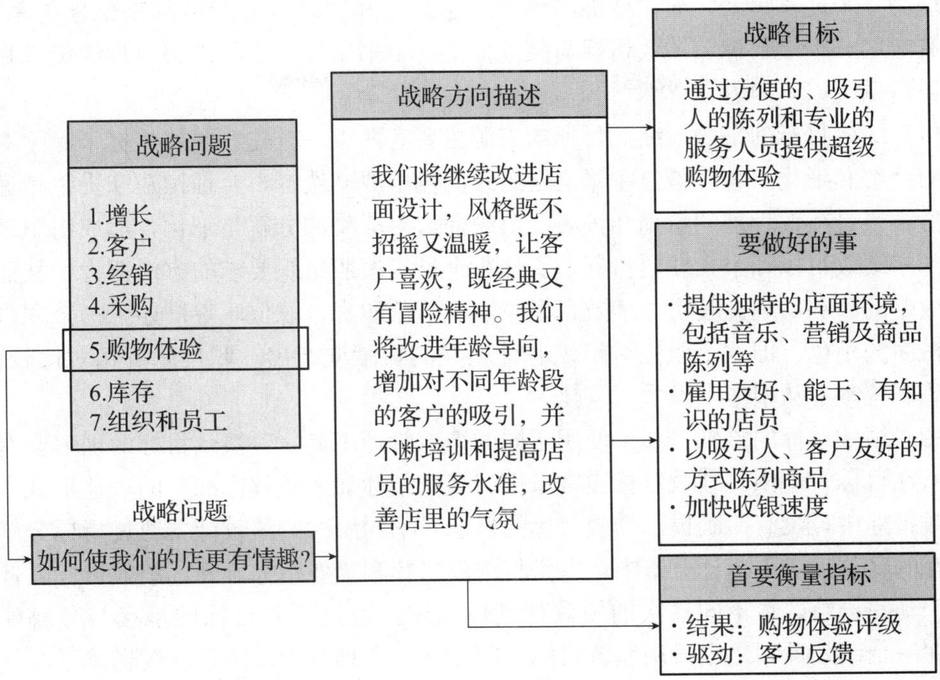

图 3－6　战略方向描述示例

资料来源：卡普兰，诺顿．平衡计分卡战略实践．北京：中国人民大学出版社，2009：51.

第 3 节　绩效计划的内容

绩效计划的制定是一项技术性很强的工作。绩效计划内容的完整性、系统性、科学性和可操作性对整个绩效管理系统都会产生非常重要的影响。本节将对绩效目标、绩效指标、绩效标准、行动方案等绩效计划的核心内容进行全面的介绍。

一、绩效目标

绩效目标是绩效计划的关键内容。绩效目标通过对组织战略的分解和细化，将抽象的战略转化为具体的、可操作的行动，是制定绩效指标、绩效标准和行动方案的起点和基础。

（一）绩效目标的内涵

在绩效管理系统中，绩效目标是指管理者与下属在使命和核心价值观的指引下，对愿景和战略进行分解和细化，具体体现为绩效主体在绩效周期内需要完成的各项工作。目前，对绩效目标的理解主要有两种：一种是将绩效目标理解为“绩效指标加上绩效标准”，如“完成年度销售额 300 万元”；另一种是将绩效目标理解为绩效的行为对象，具体表现为一个动宾短语，如“增加团体客户总量”和“开发并维持战略伙伴关系”等。为了有效区分绩效目标、绩效指标与绩效标准，本书采用第二种理解。理解绩效目标的内涵还需重视以下内容：

（1）绩效目标的来源。绩效目标的来源主要有两类。首先，绩效目标来源于对组织战略的分解和细化。客户价值主张决定组织的竞争战略选择，合理构建和妥善传递的客户价值主张是绩效管理的精髓和核心。组织通过对战略的分解与细化，形成组织绩效目标、部门绩效目标和个人绩效目标，引导每个员工按照组织要求的方向努力，从而确保组织战略的顺利实现。其次，绩效目标来源于职位职责。职位职责描述了一个职位在组织中扮演的角色，即这个职位对组织有什么样的贡献或产出。职位职责相对比较稳定，除非该职位本身从根本上发生了变化。

（2）绩效目标的差别。如果使用不同的绩效管理工具，对绩效目标的理解会有较大差别。在目标管理中，绩效目标通常采用“绩效指标加上绩效标准”的表述形式。在关键绩效指标中，没有明确提出绩效目标的概念，不同层次的绩效计划通过指标分解建立起相互的联系。在平衡计分卡中，主张将绩效目标和绩效指标分开，绩效目标具体表现为一个动宾词组，在不同层次的绩效计划体系中，通过绩效目标的承接与分解建立关系，在一个绩效计划之内强调绩效目标之间存在一个具有因果关系的逻辑体系。

（二）绩效目标的类型

在管理实践中，比较常见的分类方式是依据绩效层次的不同将绩效目标分为组织绩效目标、部门绩效目标和个人绩效目标。除此之外，还有以下几种常见的分类方式：

第一，按照绩效周期的长短，可以将绩效目标分为短期目标、中期目标和长期目标。短期目标通常是指在几天、几周或几个月内实现的绩效目标；中期目标是指在半年或一年甚至一年多内实现的绩效目标；长期目标则是指实现时间更长一些，可能需要2～3年甚至更长时间，或者需要划分为几个关键性阶段的绩效目标。

第二，根据绩效目标的来源，可以将绩效目标分为战略性绩效目标和一般绩效目标。战略性绩效目标来源于组织战略目标的分解，强调激发组织内所有人的创造力，激励所有人为之采取新思维、新方法或新思路，为实现组织战略目标而群策群力、协同合作和共同奋斗。一般绩效目标则来源于组织系统内具体职责的要求，指维持组织正常运行必须履行的日常工作。

此外，在基于平衡计分卡的绩效管理实践中，还可以根据绩效目标协同方式进行分类。按照纵向协同的要求，可以将绩效目标分为承接目标、分解目标和独有目标；按照横向协同的要求，可以把绩效目标划分为共享目标、分享目标和独有目标。

（三）绩效目标的制定

制定绩效计划最重要的内容是制定绩效目标。在制定绩效目标的过程中，管理者需要特别重视以下几个方面：

1. 绩效目标制定的基本步骤

绩效目标的制定过程通常包含如下几个步骤：

第一，成立一个有高层领导参与的战略规划小组，负责拟订和描述组织的愿景，在高层领导之间达成共识后，确定组织的战略目标。成熟的组织则需要直接根据组织的愿景和战略，结合组织的年度工作计划，制定组织的绩效目标。

第二，每位高层领导与其分管部门的管理者组成小组，提出各部门的目标，然后基于部门目标和部门工作计划，制定部门绩效目标。在制定部门绩效目标时，管理者需要注意部门绩效目标和组织绩效目标的纵向协同以及不同部门之间的横向协同。

第三，部门管理者与员工就部门目标分解和实现方式进行充分沟通，形成每个人的绩效目标。在这一过程中，上级需要统筹协调每个人的工作内容，保证本部门的目标能够实现。同时，也要避免像传统的目标制定过程那样仅仅作为从上到下的制定过程，应该在制定各级目标时保证每个员工都有充分的发言权，并鼓励下级人员积极参与绩效目标的制定。通过保证基层员工的绩效目标与部门绩效目标以及组织目标的协同性和一致性，达到化组织战略为每个员工的日常行动的目的。

2. 绩效目标制定的基本原则

在绩效管理实践中，绩效目标的制定通常应该遵循 SMART 原则，其具体含义如下：

（1）绩效目标应该是明确具体的。“S”（specific）指的是绩效目标应该尽可能细化、具体化。组织绩效目标和部门绩效目标必须细化和具体化到每个人的绩效目标上，即必须落实到具体的岗位和人员，或能对应到具体的个人。每个人的情况各不相同，如岗位、权责、资源条件和经验能力等不同，因此绩效目标应该明确、具体地体现每位员工的具体工作。只有将这种要求尽可能表达得明确且具体，才能更好地激发员工实现这一目标，并引导员工全面地实现管理者对他们的绩效期望。

（2）绩效目标应该是可衡量的。“M”（measurable）是指目标要能够被准确衡量，能够提供一种可供比较的标准。设定绩效目标是为了激发每个人的潜力，使人们为实现组织目标而共同努力。因此，目标必须可以衡量，才能为人们的行为提供及时有效的反馈，并且在绩效评价的时候进行量化。绩效目标的可衡量特征与绩效评价指标和绩效标准的可衡量特征是密切相关的，这三者的可衡量特征决定了绩效评价和反馈在绩效管理中的可能性。比如，客户经理的绩效目标为“提高客户满意度”，衡量该目标的绩效指标之一是“客户投诉率”，绩效标准则是“5%”。需要指出的是，可衡量并不一定指绝对量化。关于这一点，我们在谈到评价指标的特征时会进一步阐述。

（3）绩效目标应该是可达到的。“A”（attainable）是指目标通过努力就能实现。在制定目标的时候，为了充分发挥员工的积极性和主动性，组织通常选择比现有水平高一点的目标，强调“跳一跳，够得着”。因此，在绩效目标制定过程中，管理者和下属需要充分沟通，共同制定既具有挑战性又具备可行性的绩效目标。如果管理者为了追求高绩效，盲目利用行政手段和权力，强加给下属很高的绩效目标，就可能造成下属心理上的抗拒，使下属在目标不能达成的时候首先想到的是推卸责任，而不是付出艰苦的努力去实现目标。因此，管理者在制定目标的时候，需要考虑目标的可实现性。实际上，所谓目标切实可行，不仅强调不应该制定过高的不切实际的目标，还强调应该根据员工的工作潜力制定具有一定挑战性，通过努力可以实现的目标。过高的目标会使员工失去信心和动力，而目标太低则无法使员工发挥应有的水平。切实可行指在两者之间找到一个最佳平衡点，即一个员工通过努力可以达到的可行的绩效水平。

（4）绩效目标应该与战略相关联。“R”（relevant）指绩效目标体系要与组织战略目标相关联，个人绩效目标要与组织绩效目标和部门绩效目标相关联。与战略相关联原则要求组织在制定绩效目标时，对组织战略有清晰明确的界定，同时在分解和承接过程中，避免错误推理制造的看似漂亮但对组织战略无贡献甚至适得其反的绩效目标。

（5）绩效目标还应该有时限性。“T”（time-based）是指实现目标需要有时间限制。这种时间限制实际上是对目标实现方式的一种引导，要求根据工作任务的权重、事情的轻重缓急，确定实现绩效目标的最后期限，并确定项目进度安排，并据此对绩效目标进行有效的监控，以便在出现问题的时候，及时对下属进行绩效辅导。绩效目标的时间限制通常是与绩效周期联系在一起的，不同绩效目标的绩效周期不一样。在目标确定的情况下，管理者的要求和下属的工作能力等方面的情况是确定时间限制的最重要因素。对于授予权限较大的员工来说，制定绩效目标时的行为引导可能会少一些，但时间限制在任何情况下都是必不可少的。另外，根据需要制定分阶段的分目标，不论是整个绩效计划中的总目标还是分阶段的分目标，都应受到时间的限制。

3. 绩效目标制定的关键点

在绩效目标制定过程中，为了确保绩效目标的科学性和可操作性，绩效目标制定者还需要把握如下几个关键点：

（1）进行充分的绩效沟通。在制定绩效目标的过程中，管理者和下属需要进行充分、平等、全面的沟通。充分的沟通要求以确保下属的参与为重点，确保下属有机会参与到制定绩效目标的过程中，提升下属对绩效目标的承诺程度和工作卷入程度，从而提升目标达成的可能性。很多组织在绩效目标制定过程中采取的是一种传统的目标设定过程，即缺乏充分的沟通，采取上级给下级分派任务的方式，由组织的最高管理层制定组织的战略及目标，然后逐层分解到组织的各个层次。最高领导层的目标经常是一种充满激情的陈述，使用的往往是泛泛的描述性语言，而下面每一个层级在接受信息时必然会加入自己的理解，经过层层过滤后，一线人员所做的往往是与战略毫不相关的事，他们甚至会朝着相反的方向进行。这种传统的目标设定过程如图3-7所示。

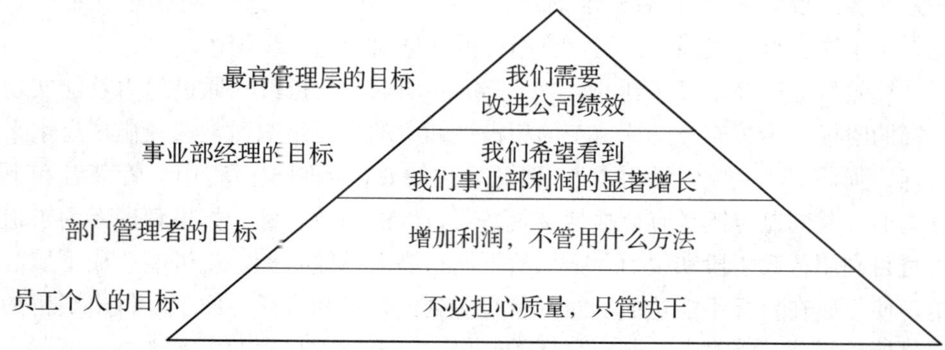

图3-7　传统的目标设定过程

资料来源：罗宾斯，库尔特．罗宾斯管理艺术．北京：中国人民大学出版社，2015：93.

（2）确保绩效目标的动态调整。绩效目标的制定通常遵循“先建立后完善”的原则。在绩效目标建立的过程中，在严格遵循SMART原则的基础上，应先确定至关重要的绩效目标，同时避免将绩效目标与日常工作计划等同。如果绩效目标过少，说明可能有重要的目标被忽略；如果目标过多，可能造成工作繁杂，没有重点，或者工作职责相互交叉和重叠。在建立绩效目标之后，管理者与下属应进行持续沟通，对已经制定的绩效目标进行修正和完善。

绩效目标是根据每个绩效周期的现状确定的，而现实情况处在不断的变化之中，因此，管理者应注意对目标进行及时的动态调整。特别是在已制定分阶段目标的情况下，这种调整应更加频繁。如果下属轻易地达到上一阶段的目标，就应该分析其中是否有特殊的原因，并通过目标的调整来适应情况的变化。如果目标明显不可实现，也应该在分析原因之后适当地进行下调。

（3）管理者需要提高对绩效目标的认识。第一，不能将需要达到的目标和切实可行的目标相混淆。管理者可能会面对来自上级或客户的压力，这些压力对部门绩效目标常常有较大的影响，而部门绩效目标又需要落实到部门内的个人绩效目标上。在这种情况下，管理者提出的绩效目标就可能会超越下属的能力与资源的限制。如果下属没有最后的决定权或缺乏充分沟通，下属就常常会面对超出自身能力的绩效目标，因而会充满挫折感，致使工作的努力程度降低。第二，需要清楚所有绩效目标都必须为组织战略目标服务，保障目标体系在纵向上注重协同性和一致性，在绩效周期长短上注意长、中、短兼顾，在重要性上注意突出重点。第三，不可将所有需要解决的问题都包含在绩效目标之中。管理者必须清楚绩效管理不是万能的，不能医治百病，更不能代替一切，绩效管理只有与组织的各种制度规范、组织文化、管理实践以及外部环境结合起来，才能充分发挥绩效管理系统的作用。

二、绩效指标

在确定绩效目标之后，一项非常关键的工作就是衡量这些目标是否达成。为每一个绩效目标选择可衡量的指标是绩效计划的又一项具有较高技术含量的工作。在绩效管理系统中，对员工行为的引导很大程度上体现在绩效指标的选择和设计上，绩效监控和绩效评价工作的开展就是面向绩效指标的。因此，绩效指标设置的科学与否在很大程度上影响着整个绩效管理系统的成败。

（一）绩效指标的内涵

指标（indicator）是指衡量目标的单位或方法，是指目标预期达到的指数、规格、标准。绩效指标（performance indicator）是用来衡量绩效目标达成的标尺，即通过对绩效指标的具体评价来衡量绩效目标的实现程度。由于绩效指标直接面向绩效评价，因此绩效指标也叫绩效评价指标或绩效考核指标。

所谓评价指标就是评价因子或评价项目。在评价过程中，人们要对评价对象的各个方面或各个要素进行评估，而指向这些方面或要素的概念就是评价指标。只有通过评价指标，评价工作才具有可操作性。总的评价结果的优劣往往需要通过各个评价指标的评价结果综合体现。比如，企业的组织绩效可以从经济效益、市场地位、客户关系、与政府的关系、员工关系及能力发展、股东关系等方面的指标，衡量和监控企业对有关方面的负责程度以及目标等方面的达成程度。个人绩效目标同样需要多重绩效指标，如销售员的绩效目标就可以从销售额、回款率、顾客满意度等指标来进行监控和衡量。

在绩效管理过程中，绩效指标扮演双重角色，既是“晴雨表”又是“指挥棒”。它既用于衡量实际绩效状况，又对管理决策和员工行为产生指引作用。为此，许多组织不仅根据所在行业、组织特性、经营业务和管理状况等情况建立自己的指标库，而且为每一个指标制作指标卡，以便统一认识和规范操作。在以平衡计分卡为管理工具搭建的管理体系中，常用的指标卡样表一般包括指标描述和指标衡量两个组成部分，每个部分包括若干栏目，如表3-7所示。指标描述的作用在于确保组织成员对指标形成一致的理解，具体包括指标名称、责任部门/人、所在层面、衡量目标、指标解释和计算公式等栏目。指标衡量的作用在于说明如何对指标实施绩效评价，具体包括评价周期、评价主体、数据来源、绩效基数、目标值、计算单位和评分标准及其等级描述等栏目。

表3-7　　绩效指标卡样表

<table>
<tr><td colspan="6">指标描述</td></tr>
<tr><td colspan="2">指标名称</td><td colspan="2"></td><td>责任部门/人</td><td></td></tr>
<tr><td colspan="2">所在层面</td><td colspan="2"></td><td>衡量目标</td><td></td></tr>
<tr><td colspan="2">指标解释</td><td colspan="4"></td></tr>
<tr><td colspan="2">计算公式</td><td colspan="4"></td></tr>
<tr><td colspan="6">指标衡量</td></tr>
<tr><td colspan="2">评价周期</td><td>评价主体</td><td></td><td>数据来源</td><td></td></tr>
<tr><td colspan="2">绩效基数</td><td>目标值</td><td></td><td>计算单位</td><td></td></tr>
<tr><td rowspan="6">评分标准</td><td colspan="4">等级描述</td><td>分值</td></tr>
<tr><td colspan="4">S:</td><td>90分以上</td></tr>
<tr><td colspan="4">A:</td><td>80～89分</td></tr>
<tr><td colspan="4">B:</td><td>70～79分</td></tr>
<tr><td colspan="4">C:</td><td>60～69分</td></tr>
<tr><td colspan="4">D:</td><td>59分以下</td></tr>
<tr><td>备注</td><td colspan="5"></td></tr>
</table>

（二）绩效指标的类型

为了更好地设计绩效管理系统中的评价指标和制定科学的绩效计划，人们应该熟悉绩效指标的具体分类，并将各类绩效指标纳入绩效评价系统。

1. 工作业绩评价指标和工作态度评价指标

根据绩效评价内容不同，可以将绩效指标分为工作业绩评价指标和工作态度评价指标。

（1）工作业绩评价指标。所谓工作业绩就是工作行为所产生的结果。业绩考核结果直接反映了绩效管理的最终目的——提高企业的整体绩效，以实现既定的目标。促使组织成功的这些关键要素决定了绩效评价中需要确定的关键绩效结果。这种关键绩效结果规定了组织在评价员工绩效时应着重强调的工作业绩指标。这些指标可能表现为职位的关键工作职责或一个阶段性的项目，也可能是年度的综合业绩。在设计工作业绩指标时，通常的做法是将业绩具体表现为完成工作的数量指标、质量指标、工作效率指标以及成本费用指标。这四类指标都属于工作业绩评价指标。

（2）工作态度评价指标。在组织中常常可以看到这样的现象：一个能力很强的员工出工不出力，未能实现较高的工作业绩；一个能力一般的员工兢兢业业，却做出了十分突出的工作业绩。这两种不同的工作态度产生了截然不同的工作结果。因此，工作态度在一定程度上决定了一个员工的实际工作业绩。为了对员工的行为进行引导，从而达到绩效管理的目的，在绩效评价中应引入工作态度评价指标。

2. 硬指标和软指标

斯坦利 · E. 西肖尔（Stanley E. Seashore）是当代美国著名管理学家和社会心理学家，他在 1965 年发表的《组织效能评价标准》一文中提出了组织效能评价的金字塔模型。西肖尔认为，要全面评价一个企业的经营活动，需要考虑三个方面的问题。第一，是否实现组织目标以及实现程度。第二，由若干项短期指标衡量的短期经营业绩通常代表经营的成果，可以由其自身的数值加以判断。将它们综合为一组指标后，可以体现组织的最终经营情况。第三，许多从属性、低层次的子指标群反映了当前的经营状况，并预示着迄今取得的进展和实现最终目标或结果的可能性。

位于塔顶的是组织的长期总体目标，代表了组织效能的“最终标准”。一般而言，除非历史学家去做结论，最终标准是无法衡量的。但是，最终标准是评价直接衡量组织经营业绩的次级标准的基础。

位于金字塔中部的是组织的经营成果，代表了组织效能的“中间标准”。这些标准是影响短期经营效益的要素或参数，其内容不超出最终标准的范围，可以称作“输出性”或“结果性”标准。这些标准的度量值本身正是企业所追求的成果，在它们之间可以进行比较、权衡和取舍。如果将它们以某种方式加权组合起来，其总和就决定了最终标准的取值。对于营利性组织来说，这一层次上的典型指标或变量是销售额、生产效率、增长率、利润率等，可能还包括行为学方面的一些软指标，如员工满意度、客户满意度等。对于非营利组织来说，这些中间标准可能主要是行为学方面的。

位于塔底的是一些对组织当前活动进行评价的标准，即“基础标准”。这些标准是经过理论分析或根据实践经验确定的，反映了顺利和充分实现上述各项中间标准所必需的前提。在这些标准当中，有一部分是将一个组织描述成一个系统的变量，有一部分则代表与中间标准相关的分目标、子目标或实现中间标准所必需的手段。属于这一层次的标准有很多，它们形成了一个复杂的关系网络。在这个关系网络中，包括因果关系、互相作用关系和互相修正关系，其中也有一些标准是根本无法评价的，它们的作用只是减少这个关系网络中的不可控变化。对于营利性组织来说，这一层面上的硬指标可能包括次品数量、短期利润、生产进度、设备停工时间、加班时间等；这一层面上的软指标可能包括员工士气、企业信誉、内部沟通的有效性、缺勤率、员工流动率、群体内聚力、顾客忠诚度等。

西肖尔认为，硬指标（营业额、废品数量等）和软指标（协作关系好坏、顾客满意度等）必须互相补充，两者同等重要。行为学标准的主要作用在于改善硬指标对将来可能发生的变化做出的预测，即行为学标准能够预示即将发生的问题和即将来临的机会，而且在硬指标不全面或用作短期评价时不可靠的情况下，行为学标准可为管理者制定决策提供一个更加均衡、更加广泛的信息基础，以弥补硬指标的不足。

（1）硬指标。硬指标指的是可以以统计数据为基础，把统计数据作为主要评价信息，建立评价数学模型，以数学手段求得评价结果，并以数量表示评价结果的评价指标。

使用硬指标进行绩效评价能够摆脱个人经验和主观意识的影响，具有相当的客观性和可靠性。在处理硬指标的评价结果时，如果需要完成复杂或多变的计算过程，还可借助电子计算机等工具来进行，以有效提高评价的可行性和时效性。

如果评价所依据的数据不够可靠，或者评价的指标难以量化，硬指标的评价结果就难以客观和准确。另外，硬指标的评价过程往往比较死板，在评价的过程中缺乏人的主观性对评价过程的影响。一方面，评价结果具有客观准确的优点；另一方面，评价结果也产生了缺乏灵活性的弊端，毕竟统计数据本身并不能完全说明所要评价的事实情况。

（2）软指标。软指标指的是主要通过人的主观评价得出评价结果的评价指标。在行为科学中，人们用专家评价来指代这种主观评价的过程。所谓专家评价就是评价者对系统的输出做出主观的分析，直接对评价对象进行打分或做出模糊评判（如很好、好、一般、不太好或不好）。这种评价指标完全依赖评价者的知识和经验来做出判断和评价，容易受各种主观因素的影响。所以，软指标的评价通常由多个评价主体共同进行，有时甚至由一个特定的集体共同做出一个评价结论，以实现相互补充，从而产生一个比较完善的结论。

之所以将软指标评价称为专家评价，是因为这种主观评价在客观上要求评价者必须对评价对象所从事的工作相当了解，能够通过不完整的数据资料，在利用大量感性资料的基础上看到事物的本质，做出准确的评价。

软指标的优点在于不受统计数据的限制，可以充分发挥人的智慧和经验。人们在这个主观评价的过程中往往能够综合更多的因素，考虑问题更加全面，避免或减少统计数据可能产生的片面性和局限性。另外，当评价所需的数据很不充分、不可靠或评价指标难以量化的时候，软评价能做出更有效的判断。因此，软指标能够更广泛地运用于评价各种类型员工的过程。随着科学的发展和模糊数学的应用，软指标评价技术得到了迅猛发展。通过评价软指标并对评价结果进行科学的统计分析，人们能够将软指标评价结果与硬指标评价结果共同运用于各种判断和推断，以提高绩效评价结果的科学性和实用性。

当然，软指标也具有不可忽视的弱点。对软指标进行评价的结果容易受评价者主观意识的影响和经验的局限，其客观性和准确性在很大程度上取决于评价者的素质。对软指标进行评价得出的评价结果往往缺乏稳定性，尤其在民主氛围不佳的环境中，个人专断性的主观判断经常会造成严重的不公平，引起评价对象对评价结果的强烈不满。

在实际评价工作中，往往不能单纯使用硬指标或软指标进行评价，而应将两类指标加以综合应用，以弥补各自的不足。在数据比较充足的情况下，应以硬指标为主，辅以软指标进行评价；在数据比较缺乏的情况下，则应以软指标为主，辅以硬指标进行评价。在绩效评价中，对硬指标的评价往往也需要一个定性分析的过程，而对软指标评价的结果也需要应用模糊数学进行量化的换算过程。因此，人们在建立指标体系的时候，应尽量将指标量化，收集相关的统计资料，提高评价结果的精确度。同时，还要考虑评价对象的具体情况，将硬指标与软指标的评价技术有效地结合起来使用。

绩效评价更多地使用软指标的评价方法，人的主观判断在很大程度上影响绩效评价的结果。需要注意的是，软指标与非量化指标并非同一个概念。软指标与硬指标的区分强调的是评价方式上的区别，而量化指标与非量化指标的区分强调的则是评价结论的表现方式上的区别。我们可以进一步认为，绩效评价更多地使用软评价的方式来对各种量化指标与非量化指标进行评价。至于量化指标与非量化指标的区分，由于从字面就能够理解，在此不予赘述。

3. 特质、行为、结果三类绩效评价指标

在很多理论和实证研究中，综合运用特质、行为、结果这三类指标进行绩效评价指标体系的设计是一种比较常见的方式，这三类评价指标的详细比较如表 3－8 所示。

表 3－8　特质、行为、结果三类绩效评价指标对照表

	“特质”绩效评价指标	“行为”绩效评价指标	“结果”绩效评价指标
适用范围	● 适用于对未来的工作潜力做出预测	● 适用于评价可以通过单一的方法或程序化的方式实现绩效标准或绩效目标的岗位	● 适用于评价可以通过多种方法达到绩效标准或绩效目标的岗位
不足	● 没有考虑情境因素，通常预测效度较低 ● 不能有效地区分实际工作绩效，员工易产生不公正感 ● 将注意力集中在短期内难以改变的人的特质上，不利于改进绩效	● 需要对同样能够达到目标的不同行为方式进行区分，以选择真正适合组织需要的方式，这一点是十分困难的 ● 当员工认为其工作重要性较小时，意义不大	● 结果有时不完全受评价对象的控制 ● 容易诱使评价对象为达到一定的结果而不择手段，使组织在获得短期效益的同时丧失长期利益

资料来源：杨杰，方俐洛，凌文辁．对绩效评价的若干基本问题的思考．中国管理科学，2000（4）．

西方学者指出，在这三类绩效评价指标中选择的最好方式是将评价指标名称冠以“特质”的标签，评价指标的定义和尺度则采用行为导向与结果导向相结合的方式。关于这一点，将在介绍绩效评价方法时做进一步的论述。

4. 其他分类方式

按照不同的分类标准，绩效指标还有多种分类方式。比如，在平衡计分卡中可将绩效指标分为如下几类：财务指标和非财务指标、客观指标与主观指标、前置指标与滞后指标、计分卡指标和仪表盘指标、评价指标和监控指标。这种分类方法具有较高的科学性和合理性，越来越多的管理者采用这种分类方式认识或管理绩效指标，读者可以参考第 2 章第 4 节的相关内容。

（三）绩效指标的设计

绩效指标的设计是一项具有很高技术性和挑战性的工作，管理者需要为此做全面的准备。

1. 绩效指标的基本要求

绩效指标是绩效计划的重要内容，在设计绩效指标的时候，需要遵循以下基本要求：

（1）独立性。独立性指的是绩效指标之间的界限应清楚明晰，不会发生含义上的重复。这要求各个评价指标尽管有相互作用或相互影响、相互交叉的内容，但一定要有独立的含义和界定。绩效指标名称的措辞要讲究，使每一个指标的内容界限清楚，避免产生歧义。在必要的时候可通过具体、明确的定义给出操作性的定义，避免指标之间出现重复。例如，“沟通协调能力”和“组织协调能力”中都有“协调”一词，但实际上应用的人员类型是不同的，这两种协调能力的含义也是不同的。“沟通协调能力”一般可以运用于评价普通员工，而对于拥有一定数量下属的中层管理人员，则可以通过评价他们的“组织协调能力”来评价他们在部门协调和员工协调中的工作情况。如果在同样的人员身上同时评价这两种协调能力，就容易引起混淆，降低评价的可靠性和准确性。

（2）可测性。评价指标之所以需要测量和可以测量，最基本的原因就是该评价指标指向的变量具有变异性，也就是说，评价能够产生不同的评价结果。只有这样，绩效评价指标的标志和标度才具有存在的意义，评价指标才是可以测量的。另外，在确定绩效评价指标时，还要考虑到评价中可能遇到的种种现实问题，确定获取所需信息的渠道以及是否有相应的评价者能够对该指标做出评价等。评价指标本身的特征和该指标在评价过程中的现实可行性共同决定了评价指标的可测性。

（3）针对性。评价指标应针对某个特定的绩效目标，反映相应的绩效标准；应根据部门职责或岗位职能所要求的各项工作内容及相应的绩效目标和标准来设定每一个绩效评价指标。

2. 绩效指标的选择依据

在确定绩效指标的过程中，需要将以下几个因素作为选择指标的基本依据：

（1）绩效评价的目的。绩效指标的制定和监控最终都需要在绩效评价中落地，只有在评价中受到重视的指标才能对员工行为产生良好的导向作用。绩效评价的目的是通过对绩效指标的评价来促进绩效目标的实现，从而助推组织战略目标的实现。在绩效管理实践中，每个部门或岗位具体工作内容涉及的指标往往很多，对绩效指标的监控和评价不可能面面俱到。因此，绩效评价的目的是选择绩效指标的一个非常重要的原则。

（2）工作内容和绩效标准。每个部门或岗位的工作内容在组织系统中已经有相对明确的规定，每个组织的总目标都会分解到具体的部门，然后进一步分解到每一个员工。组织、部门和个人的工作内容（绩效任务）和绩效标准事先都应该有明确的规定，以确保工作的顺利进行和工作目标的实现。因此，绩效指标应该体现这些工作内容和标准，从数量、质量、时间上赋予绩效指标特定的内涵，使绩效指标的名称和定义与工作内容相符，指标的标度与绩效标准相符。只有这样，绩效指标才能准确地引导员工的行为，使员工的行为与组织的目标一致。

（3）获取绩效信息的便利程度。绩效信息对绩效指标的选择也是非常重要的影响因素。为了保障绩效监控和绩效评价工作的顺利开展，人们需要便捷地获取与绩效指标相关的统计资料或其他信息。因此，所需信息的来源必须稳定可靠，获取信息的方式应简单可行。绩效管理的根本目的不是进行控制，而是提升个人、部门和组织的绩效，为组织战略目标的实现服务。因此，绩效监控必须方便易行，绩效评价必须有据可依；绩效管理必须避免主观随意性，绩效评价的结果应易于被评价对象接受。然而，这一切都是建立在丰富、全面、准确的绩效信息的获得的基础上。获取绩效信息的难易程度不是可以直观判断的，在绩效管理体系的设计过程中，需要不断地在小范围内试行，不断地进行调整。如果信息来源渠道不可靠或者相关资料呈现矛盾状态，就应对绩效指标加以调整，最终使评价指标能够方便、准确地得到评价。例如，对员工的工作业绩通常是从数量、质量、效率和费用节约四个方面进行评价。但是，对不同的职位而言，取得这四个方面的信息并非都是可行的。有时，人们可能会发现员工所从事的工作是不可量化的。这时，员工的工作业绩更多地反映在“工作质量”、“与同事协作的情况”和各种“特殊事件”等方面。这种对绩效指标的调整正是基于使绩效监控和评价更切实可行进行的。

3. 绩效指标的设计方法

设计绩效指标的主要工作之一是依据准确全面衡量绩效目标的要求，在坚持相关基本原则的基础上，采用科学的方法设计合适的绩效指标。常见的设计绩效指标的方法主要有以下五种。

（1）工作分析法。科学的管理必须建立在详尽分析的基础之上。工作分析是人力资源管理的基本职能，是对工作本身最基本的分析过程。工作分析是确定完成各项工作所需履行的责任和具备的知识及技能的系统工程。工作分析的主要内容由两部分组成：一是职位说明；二是任职资格。职位说明包括工作性质、职责、进行工作所需的各种资料、工作的物理环境、社会环境、与其他工作相联系的程度等与工作本身有关的信息。任职资格包括员工完成本工作应具备的智力、体力、专业知识、工作经验、技能等。

如果在制定绩效指标的过程中进行工作分析，最重要的是分析从事某一职位工作的员工需要具备哪些能力和条件，职责与完成工作任务应以什么指标来评价，指出这些能力和条件及评价指标中哪些比较重要、哪些相对不那么重要，并对不同的指标完成情况进行定义。这种定义就构成了绩效评价指标的评价尺度。

（2）个案研究法。个案研究法是指在较长时间里对个体、群体或组织连续进行调查研究，并从典型个案中推导出普遍规律的研究方法。例如，根据测评的目的和对象，选择若干个具有典型代表性的人物或事件作为调研对象，通过对它们的系统观察和访谈来分析、确定评定要素。

常见的个案研究法有典型人物（事件）研究与资料研究两大类。典型人物研究以典型人物的工作情境、行为表现、工作绩效为直接对象，通过对他们的系统观察和分析研究来归纳总结他们所代表群体的评定要素。资料研究以表现典型人物或事件的文字材料为研究对象，通过对这些资料的总结、对比和分析，最后归纳出评定要素。

（3）问卷调查法。问卷调查法就是设计者根据需要，把要调查的内容设计在一张调查表上，写好填表说明和要求，分发给被调查者，让被调查者根据个人的知识与经验，自行选择答案，以收集和征求不同人员的意见的研究方法。调查的问题应直观、易懂，不宜过多，应尽可能减少被调查者的回答时间，以免影响调查表的回收率和调查质量。例如，研究者通过访谈法把评价某员工的绩效评价指标归纳为 40 个指标，为了从这 40 个指标中筛选出关键的评价指标，就可以采用问卷调查法。

问卷按答案的形式可以分为封闭式问卷和开放式问卷两大类。封闭式问卷的答案设计方法有是非法、选择法、排列法、计分法四种方法。

第一，是非法。问卷列出若干问题，要求被调查者做出“是”或“否”的回答。例如：

销售人员需要具备较强的口头表达能力吗？　　是（　）　否（　）

生产人员是否应具备较强的口头表达能力？　　是（　）　否（　）

第二，选择法。被调查者必须从并列的两种假设提问中选择一项。例如：

对部门主管而言，最重要的工作能力应该是高深的专业理论知识。（　）

对部门主管而言，最重要的工作能力应该是协作能力。（　）

第三，排列法。调查者要对多种可供选择的方案按其重要程度排出次序。例如：

一个优秀的主管应具有沟通能力、协调能力、高度的责任心、丰富的专业知识、足够的耐心五项特征，请根据这五大特征的重要性进行排序。

第四，计分法。问卷列出几个等级分数，要求被调查者进行判断选择。例如：

研究人员的口头表达能力应是：

稍低于一般水平（　）　具备一般水平（　）

具备较高水平（　）　具备相当高的水平（　）

另外，开放式问卷没有标准答案，被调查者可以按照自己的意愿自由回答。比如，某企业关于推销员绩效考核指标的问卷中有如下两题：

你认为该职位的员工最重要的是具备何种能力？

你认为对于该职位的员工来说考勤重要吗？

（4）专题访谈法。专题访谈法是指研究者通过面对面的谈话，用口头沟通的途径直接获取有关信息的研究方法。例如，通过与企业各部门主管、人力资源部门人员、某职位人员等进行访谈获取绩效指标。专题访谈的内容主要围绕以下三个问题展开：

1）你认为对担任该职位的员工最基本的要求是什么？

2）该职位的工作的主要特点是什么？

3）检验该职位的工作成效的主要指标是什么？

研究者通过分析汇总访谈所得的资料，可以获取极其宝贵的材料。专题访谈法有个别访谈法和群体访谈法两种。个别访谈轻松、随便、活跃，可快速获取信息。群体访谈以座谈会的形式进行，具有集思广益、团结民主等优点。

（5）经验总结法。众多专家通过总结经验提炼出规律性的研究方法，这称为经验总结法。一般可将经验总结法分为个人总结法和集体总结法两种。个人总结法指请人力资源专家或人力资源部门人员回顾自己过去的工作，通过分析最成功或最不成功的人力资源决策来总结经验，并在此基础上设计出评价员工绩效的指标目录。集体总结法指请若干人力资源专家或企业内有关部门的主管（6～10人）集体回顾过去的工作，采用头脑风暴的方式分析绩效优秀者和绩效一般者的差异，列出长期以来用于评价某类人员的常用指标，并在此基础上提出绩效指标。

4. 绩效指标的权重设计

绩效指标的权重是指在衡量绩效目标的达成情况过程中，各项指标的相对重要程度。在设计绩效指标体系过程中，不同的指标权重对员工行为具有牵引作用，确定各项指标的权重是一项非常重要的工作，也是一项具有较高技术要求的工作。决定绩效指标权重的因素有很多，其中最主要的因素包括以下三类：

首先，绩效评价的目的是影响指标权重的最重要因素。前面曾谈到，以绩效评价为核心环节的绩效管理是人力资源管理职能系统的核心模块。因此，绩效评价的结果往往运用于不同的人力资源管理目的。显然，针对不同的评价目的，应该对绩效评价中各个评价指标赋予不同的权重。但是，关于权重的这种规定并不需要明确到每个绩效指标。通常的做法是将绩效指标分为工作业绩指标和工作态度指标两大类（也就是通常所说的两个评价维度），然后根据不同的评价目的，规定这两个评价维度分别占多大的比重。

其次，评价对象的特征决定了某个评价指标对该对象整体工作绩效的影响程度。例如，责任感是评价员工工作态度时常用的一个指标。对于不同工作类型的员工来说，责任感这一评价指标的重要程度各不相同。对于一个安保人员来说，责任感可能是工作态度指标中权重最大的指标，而对于其他类型的员工，责任感的权重可能没有那么大。

最后，组织文化倡导的行为或特征也会反映在绩效评价指标的选择和权重上。例如，以客户为中心的文化较为重视运营绩效和短期绩效，而创新型文化更为关注战略绩效和长期绩效，因此在指标选择和权重分配上，两者各有侧重。

在综合分析指标权重的影响因素之后，就需要对每个绩效指标设定相应的权重系数。在通常情况下，指标权重设定工作是在统筹考虑各种影响因素的基础上，采用科学的设计方法设计具体的权重系数。主要的权重设计方法有如下几种：

（1）专家经验判定法。专家经验判定法是最简单的权重确定方法。它是指决策者个人根据自己的经验和对各项绩效指标重要程度的认识，对各项绩效指标的权重进行分配。有时，决策者也会召集相关人员和专家学者共同讨论，听取大家的意见，共同商定权重的大小。另外，也可以请多个专家为每个绩效指标打分，然后取专家赋值的平均值为权重。

这种方法基本上基于个人的经验决策，往往带有片面性。对于比较简单的绩效评价工作，这个办法花费的时间和精力比较少，易于接受。在实际的应用过程中，应注意不同利益主体之间观点的平衡，避免专断的决策行为。

（2）权值因子判断表法。权值因子判断表法是指由评价人员组成评价专家小组，由专家组制定和填写权值因子判断表，然后根据各位专家所填写的权值因子判断表来确定权重的方法。这种方法的实施主要由以下几个步骤构成：

1）组成评价的专家组。专家组一般由绩效管理部门的人员、评价专家以及其他相关人员等构成。根据不同的评价对象和目的，专家组的构成可以有所不同。

2）制定绩效指标权值因子判断表，如表3-9所示。

表3-9　权值因子判断表

I_{ij} 列 / 行		绩效指标 j				
		F_1	F_2	F_3	…	F_n
绩效指标 i	F_1					
	F_2					
	F_3					
	⋮					
	F_n					

3）专家填写权值因子判断表。方法如下：将行因子与列因子对比，若采用四分制，非常重要的指标为4分，比较重要的指标为3分，同样重要的为2分，不太重要的为1分，相对很不重要的为0分。

4）对各位专家所填写的权值因子判断表进行统计。

首先，计算每一行绩效指标得分值。

$$D_{iR}=\sum_{\substack{i=1\\j=1}}^{n} I_{ij}$$

式中，n为绩效指标的项数；I_{ij}为绩效指标i与绩效指标j相比时，指标得分值；R为专家序号。

其次，求绩效指标平均分值。

$$P_i=\sum_{R=1}^{L}\frac{D_{iR}}{L}$$

式中，L为专家人数。

最后，计算绩效指标权值。

$$W_i=\frac{P_i}{\sum_{i=1}^{n} P_i}$$

(3) 层次分析法。层次分析法是指对人们的主观判断进行形式的表达、处理与客观描述，通过判断矩阵计算出相对权重后，进行判断矩阵的一致性检验，克服两两相比的不足。层次分析法确定权重的步骤如下：

1) 建立树状层次结构模型。这个步骤就是指建立一个组织完整的绩效指标体系。

2) 确立思维判断量化的标度。在两个因素互相比较时，需要有定量的标度，假设使用前面的标度方法，其含义如表3-10所示。

表3-10　　因素比较定量标度

标度	含义
1	表示两个因素相比，具有用样重要性
3	表示两个因素相比，一个因素比另一个因素稍微重要
5	表示两个因素相比，一个因素比另一个因素明显重要
7	表示两个因素相比，一个因素比另一个因素强烈重要
9	表示两个因素相比，一个因素比另一个因素极端重要
2，4，6，8	为上述相邻判断的中值

3) 构造判断矩阵。运用两两比较方法，对各相关元素进行两两比较评分，根据中间层的若干指标，可得到若干两两比较判断矩阵，如表3-11所示。

表3-11　　因素比较矩阵

A	A_1	A_2	…	A_n
A_1	a_{11}	a_{12}	…	a_{1n}
A_2	a_{21}	a_{22}	…	a_{2n}
⋮	⋮	⋮		⋮
A_n	a_{n1}	a_{n3}	…	a_{nn}

4) 计算权重。第一，将判断矩阵每列正规化；第二，将正规化后的判断矩阵按行相加；第三，计算权重；第四，计算矩阵的最大特征根。

(4) 加权平均法。传统的确定绩效指标的方法是将绩效指标人为地划分为一定比例，这种方法在管理实践中常常出现权重分配不完全的现象。采用加权平均法来确定绩效指标权重的方法，其操作性和科学性都较强。具体做法包括如下三个步骤：首先，将所有指标划分为三类并赋予不同的权重系数，即全局性指标的权重系数为5，局部性指标的权重系数为3，事务性指标的权重系数为1；其次，每个指标的满分赋值为100分，考核主体依据考核标准进行打分，经权重系数加权，得到每个指标的加权得分；最后，对所有指标加权得分进行求和，并根据指标数量对权重进行求和，两者的商即最终评价得分。计算公式如下：

$$\bar{x}=\frac{x_1f_1+x_2f_2+\cdots+x_kf_k}{f_1+f_2+\cdots+f_k}=\frac{\sum\limits_{i=1}^{k}x_if_i}{\sum\limits_{i=1}^{k}f_i}\qquad\left(可简记为\ \bar{x}=\frac{\sum x_if_i}{\sum f_i}\right)$$

下面以北京市延庆县八达岭镇领导班子的绩效评价为例对此进行讲解。我们针对每个指标，将全局性指标、局部性指标和事务性指标分别赋予权重系数5，3和1，而每个指标的满分都为100分，每个指标的具体得分乘以权重系数就是该项指标的最后得分。不同类型的组织或部门在分配不同层面的绩效指标的权重系数时，需要根据自身特点调整比重。比如，八达岭镇突出过程导向，将利益相关者层面的权重设定为20%，实现路径层面的权重设定为60%，保障措施层面的权重则设定为20%，三个层面合计100%。该镇绩效指标的具体情况（示例）如表3-12所示。有的组织在绩效评价中突出结果导向，在设计组织层面绩效指标权重分配的时候就需要与之相适应。比如，北京市延庆县环保局的绩效指标权重分别是：利益相关者层面占50%，实现路径层面占30%，保障措施层面占20%。

表3-12　　北京市延庆县八达岭镇领导班子绩效评价量表（示例）

层面	指标	目标值	满分	权重系数	数据来源	评价主体
利益相关者（20%）	农村经济总收入年增长率	10%	100分	5		
	旅游收入年增长率	25%	100分	5		
	空气质量二级和好于二级的天数占全年比重	85%	100分	3		
	大气指数	达到县级要求	100分	1		
实现路径（60%）	有机农业产值年增长率	达到县级要求	100分	5		
	以旅游为基础的消费性服务业年收入	达到县级要求	100分	3		
	食品安全事件发生次数	达到县级要求		减分项		
	创建绿色村庄数量	1个		加分项		
保障措施（20%）	党建工作	达标	100分	5		
	各类基础数据库健全度	达标	100分	3		
	行政问责次数	0次/年		减分项		
	社会融资总额	元		加分项		

这一思路的特点是所有指标的满分赋值相同，所有情形下同一指标的权重系数相同。其优点在于指标的权重结构统一、简单，便于进行指标设计与管理；考核对象的得分不受指标数量及其权重结构的限制，突破了组织设计指标时经常遇到的容量问题；指标赋值和权重系数的统一便于对不同组织、岗位的绩效进行比较分析，有利于指标权重分配保持一致性。当然，这一思路也有难点，即如何科学划分指标类型。也就是说，区分哪些指标是全局性的，哪些指标是局部性的，哪些指标是事务性的。全局性、局部性和事务性指标的判定标准是什么？实际上，这些问题的根源在于考核内容本身，其破解之道依赖于考核内容的设计思路和质量。

5. 绩效指标体系的设计原则与路径

一组既独立又相互关联，既能衡量绩效目标又能达到绩效监控和评价目的的评价指标构成了绩效指标体系。绩效指标体系呈现出层次分明的结构：一方面，绩效指标包括组织、部门和个人绩效指标三个层次；另一方面，针对每一个职位的绩效指标也呈现出层次分明的结构。除此之外，员工的绩效指标包括工作业绩和工作态度两个维度，每一个维度都包含若干个具体的评价指标，从而形成了一个层次分明的结构。

（1）绩效指标体系的设计原则。为了使各个指标更好地整合，以达到评价的目的，在设计绩效指标体系时，需要遵循一些基本的设计原则，其中最常见的原则有如下两条：

第一，"定量指标为主，定性指标为辅"原则。通常情况下，不论是组织层面的绩效计划的制定，还是部门和个人层面的绩效计划的制定，为了确定清晰的标度，我们主张更多地使用量化的绩效指标，从而提高绩效监控的有效性和针对性，以及绩效评价的客观准确性。因此，坚持绩效指标设计时的定量化原则是绩效指标设计实践中的首要原则。SMART 原则在绩效指标的设计过程中非常实用，严格遵循 SMART 原则对提高绩效指标设计的质量和效率具有重要的意义。但是，并不是所有绩效都能量化或都好量化。对于来源于战略目标分解的绩效指标，坚持量化是必须的，但是对于来源于具体职责规定的绩效指标，很多都难以量化。因此，绩效指标还需要一定的定性指标作为补充。例如，根据不同职位的工作性质，人们往往会发现将所有评价指标量化并不可行，这时就需要考虑设计定性指标；当然，对于定性的评价指标，也可以运用一些数学工具进行恰当的处理，使定性指标得以量化，从而使评价的结果更精确。

第二，"少而精"原则。这一原则指的是绩效指标需要反映绩效管理的根本目的，但不一定要面面俱到。也就是说，在设计绩效指标体系时，应避免不必要的复杂化。结构简单的绩效指标体系便于对关键绩效指标进行监控，也能有效地缩短绩效信息的收集、处理过程乃至整个评价过程，提高绩效评价的工作效率，有利于绩效目标的达成。同时，绩效指标的简单明了、重点突出有利于人们掌握绩效管理技术，了解绩效管理系统的精髓，提高绩效沟通质量和绩效管理的可接受性。所以在制定绩效指标或者从绩效指标库中选择绩效指标时，需要确定或选取最有代表性和特征的项目，简化绩效监控和评价过程。

（2）绩效指标体系的设计路径。设计绩效指标的一个重要标准是评价对象所承担的工作内容和绩效标准，这种工作内容和绩效标准的区别很明显地反映在个人的职位职能上。在制定处于组织中不同层级和职位的个人绩效指标时，需要使用不同的绩效指标和权重。在设计绩效指标的实践中，通常首先设计组织绩效指标和部门绩效指标，然后通过承接和分解，分别获得组织高层管理者和部门管理者的绩效指标。具体来讲，绩效指标体系的设计路径有如下两种：

路径一：针对不同层级的目标设定相应的绩效指标。

管理层级是设计绩效指标体系纵向框架的依据。不管采用何种类型的组织结构，管理层级是必然存在的，只不过层级数量有所差异。一般来说，企业可以划分为组织、部门和个体三个层级，相应的个体也可区分为高层管理者、中基层管理者和普通员工。由于不同层级的主体在纵向上存在职责和权限的分工，因此其绩效目标或者绩效目标的侧重点也相应存在差异。但是，由于组织、部门和个体以及不同层级的人员是通过绩效目标之间的承接和分解来实现牵引、支持和配合的，因此其绩效目标大多存在一定的逻辑关系。

绩效指标是用以衡量绩效目标的手段，它的设计和组合是以目标为导向的。因此，基于绩效目标在纵向上的逻辑链，我们可以建立起具有一定关联的绩效指标体系。当处于不同层级的主体设定了相同的绩效目标时，他们就有了共同的衡量指标；当下级目标是对上级目标进行分解时，则需要根据目标细化的程度设置各自的衡量指标，但是这些指标所评价的内容综合起来应该能够大体反映上级目标的绩效状况。当然，不同层级的主体总归有自己的特殊任务，需要独立实现自己特有的目标。相应地，这些目标的指标一般也是个性化的，与其他指标没有必然的联系。由此，我们可以从纵向上对指标体系进行归类，区分上下级的绩效指标是共同的、有关联的还是独有的。

路径二：针对不同职位的特点选择不同的绩效指标。

职位类别是设计绩效指标体系横向框架的依据。在我国，由于没有建立起严格的职位职能分类标准，不同的企业对职位职能的分类存在不同的看法。常见的职位类型包括：生产类、工程技术类、销售类、研发类、行政事务类、职能管理类、政工类等。常见的职能等级包括：经理、部长、主管、主办、操作工等。但不论用什么样的称谓，最重要的是在企业的职位体系中对这些不同的称谓进行严格的定义和区分，以便为人力资源管理的各方面工作提供一个准确的、可操作的职位平台。

按职位职能标准进行绩效管理的前提是在企业中建立健全一个明确的职位系列。在分层分类评价时，不一定要严格按照这个职位系列来进行。通常，人们会对比较复杂的职位系列进行一定的合并。分层评价的层次究竟应该如何确定并没有明确的规定，具体的分类方式应该根据企业规模，特别是管理幅度和管理层次来确定。至于分类的标准，则要根据企业的生产经营对人员类别的需求来确定。

为了更好地推行分层分类的绩效管理，可以将企业的职位系列体现为一个以职位类型为横坐标、以职能等级为纵坐标的矩阵图，简单的例子如图3-8所示。

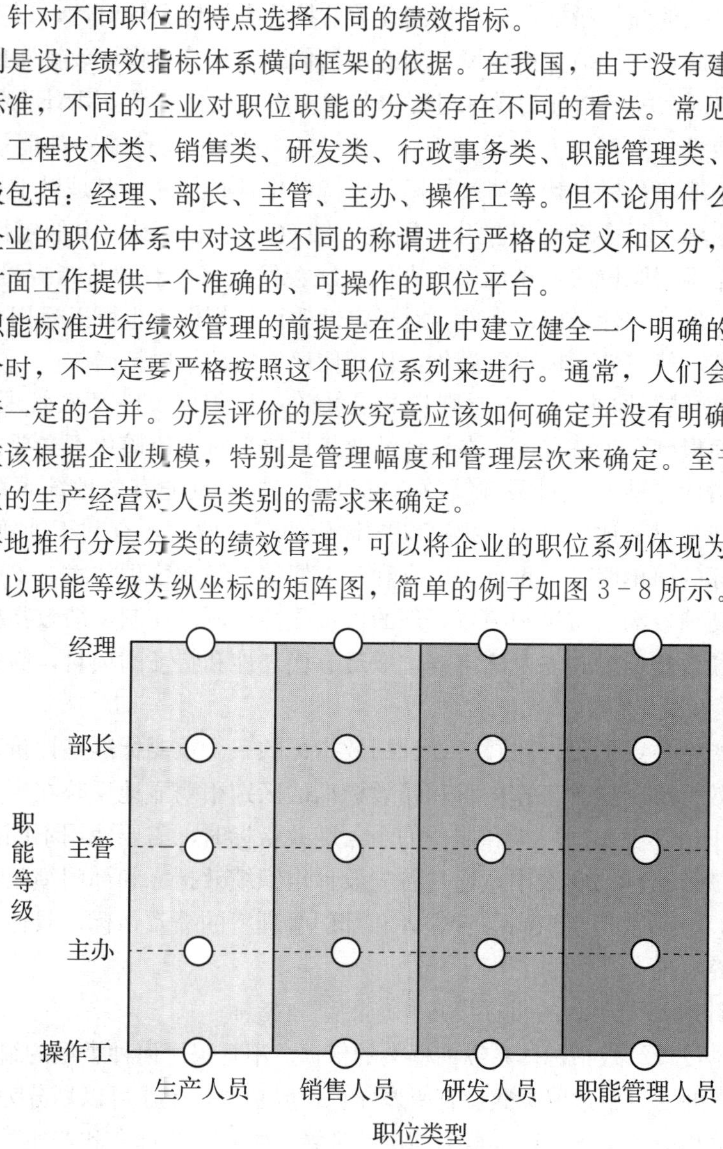

图3-8 职位类型矩阵图

从上面的矩阵图中可以看出，该组织存在 4 个不同的职位类型，并有 5 个职能等级。这样一来，就存在 20 种不同的职位职能等级。对于这 20 种人员来说，由于职位类型和职能等级不同，他们承担的工作内容和管理职能不同。在评价他们的工作绩效时，必然要考虑到这一点，再进行个性化的指标设计。某公司采用分级分类的观点，得到了不同层级和不同职位的人员的绩效指标，其汇总表如表 3 - 13 所示。

表 3 - 13　　分级分类评价的绩效指标汇总表

评价指标		人员类别											
		生产人员			销售人员			研发人员			职能管理人员		
		经理	主管	主办	经理	主管	主办	经理	主管	主办	经理	主管	主办
工作业绩	工作数量		●	●									●
	工作质量	●	●	●				●	●	●			
	工作效率	●	●	●	●	●	●				●	●	●
	目标实现程度	●	●	●	●	●	●	●	●	●	●	●	●
工作态度	全局意识	●			●			●			●		
	责任感	●	●	●	●	●	●	●	●	●	●	●	●
	纪律性			●			●			●			●
	积极性			●			●			●			●
	培育下属意识	●	●		●	●		●	●		●	●	
	自我开发意识			●			●			●			●

三、绩效标准

绩效标准又称为绩效评价标准，描述的是绩效指标需要完成到什么程度，反映组织对该绩效指标的绩效期望水平。在设计绩效指标时，需要为每个指标确定相应的绩效标准，便于管理者在绩效监控和绩效评价中判断绩效指标的完成情况。在绩效管理实践中，人们对绩效标准的理解主要有两种：第一种是将绩效标准理解为一个区间值；另一种是将绩效标准理解为一个数值，即目标值。

（一）作为区间值的绩效标准

绩效目标描述的是实现战略所必须做好的事项，绩效指标是追踪和评价目标实现程度的“晴雨表”，即强调从哪些方面衡量绩效目标，绩效标准则说明了各类指标做到何种程度才能符合组织的期望，即各项绩效指标分别应该达到什么水平。在绩效计划制定过程中，需要对每个绩效指标确定一个合适的绩效标准。绩效标准通常需要特别注意可行性，与整个绩效计划体系协调一致，并直接面向绩效管理各环节。某公司销售人员的绩效目标、绩效指标和绩效评价标准的示例如表 3 - 14 所示。

表 3 - 14　　某公司销售人员的绩效计划（示例）

绩效目标	绩效指标	类型	绩效评价标准
提高销售利润	年销售额	数量	年销售额达到 80 万～100 万元
	税前利润百分比	数量	税前利润率控制在 20%～22%
降低销售成本	实际成本与预算的变化	数量	实际费用与预算相差在 4%以内
⋮	⋮	⋮	⋮

在具体确定绩效标准的时候，需要注意以下三个方面的问题：

1. 绩效标准分为基本绩效标准和卓越绩效标准

基本绩效标准是绩效对象在绩效指标上应该达到的合格水平，是对绩效对象的基本要求；基本绩效标准是绩效指标合格的最低标准，通常应用于基本工资的确定。卓越绩效标准是引导组织追求卓越绩效，提高产品、服务和经营质量所期望的卓越绩效水平。卓越绩效标准一般不设上限，也不做强制要求，鼓励个人挑战极限、超越自我，通过不断的自我超越，树立绩效标杆，引导绩效发展方向。卓越绩效标准主要用于激励性奖励和职位晋升等。比如，某公司关于销售代表的基本绩效标准包括以下几个方面：正确介绍产品或服务，达成承诺的销售目标，汇款及时，不收取礼品或礼金。卓越绩效标准则强调：对每位客户的偏好和个性做出详细的记录和分析，为市场部门提供有效的客户需求信息，维持长期稳定的客户群。

2. 绩效标准通常是一个连续等级

虽然绩效标准可以分为基本绩效标准和卓越绩效标准两大类，但通常是用一个连续的绩效等级来衡量具体的绩效指标完成情况。要具体说明的是评分标准和等级描述实际上共同构成了绩效评价过程的标尺。评分标准的划分通常有四种方式：第一种是量词式，即采用带有程度差异的形容词、副词、名词等词组表示不同的等级水平。例如，“较好”“好”“一般”“差”“较差”。第二种是等级式，即运用一些能够体现等级顺序的字词、字母或数字表示不同的评价等级，例如，“优”“良”“中”“差”；“甲等”“乙等”“丙等”“丁等”；“1”“2”“3”；等等。第三种是数量式，即用具有量的意义的数字表示不同的等级水平，可细分为离散型和连续型两种，如表 3 - 15 和表 3 - 16 所示。第四种是定义式，即通过语言描述的方式界定评分标准和等级。相对于前三种评价尺度而言，定义式的评价标尺比较复杂，要求设计者针对每一个评价指标的不同绩效等级进行具体描述，不仅要求语言高度简练，而且要具体、准确、有很强的针对性。尽管设计难度大，但是它能够有效地提高评价的客观性，更好地实现评价的行为引导作用，因此在绩效评价中得到了越来越广泛的运用。表 3 - 17 是定义式评价标尺的一个例子。

表 3 - 15　　离散型评价标尺

评价指标	指标定义	标度（尺度）				
计划能力	能够有计划、有步骤地完成领导交给的工作，使本业务领域的工作与整个部门或所在工作团队的工作目标相匹配	0 分	3 分	6 分	9 分	12 分

表 3 - 16　连续型评价标尺

标志（尺度）评价指标	5～4.5 分	4.4～4 分	3.9～3.5 分	3.4～3 分	3 分以下
协作性	很好	尚可	一般	较差	极差

表 3 - 17　定义式评价标尺

对象	要素定义	分等级说明				
		S	A	B	C	D
部长级	是否重视工作目标的树立并在工作中对部门目标的实现情况进行监控，能否使下属了解目标的重要性，并通过让下属参与目标的制定激发他们的工作热情	重视工作目标的树立并在工作中对部门目标的实现情况进行监控，让下属参与目标的制定，目标切实可行，下属的工作热情很高	重视工作目标的树立并在工作中对部门目标的实现情况进行监控，让下属参与目标的制定，目标基本上切实可行，下属的工作热情较高	了解目标重要性，但不善于制定目标，所制定的工作目标不能为一部分部门员工所接受，在目标实施过程中有一定困难	在日常工作中有一定的计划性，但往往无明确的长期或阶段性目标，常常“走一步算一步”，下属员工也难以确定自己的阶段性工作目标	工作完全没有计划性，总是在上级或其他部门的要求下被动地组织部门的工作
主管级	是否重视工作目标的树立并在工作中对团队目标的实现情况进行监控，能否使下属了解目标的重要性，并通过让下属参与目标的制定激发他们的工作热情	重视工作目标的树立并在工作中对团队目标的实现情况进行监控，让下属参与目标制定，团队人员的工作热情很高	重视工作目标的树立并在工作中对团队目标的实现情况进行监控，让下属参与目标的制定，目标基本上切实可行，下属的工作热情较高	了解目标重要性，但不善于制定目标，所制定的工作目标不能为一部分下属员工所接受，在目标实施过程中有一定困难	在日常工作中有一定的计划性，但往往无明确的长期或阶段性目标，常常“走一步算一步”，下属员工也难以确定自己的阶段性工作目标	工作完全没有计划性，总是在上级或其他同事的要求下被动地组织本团队的工作
普通员工	是否重视工作目标的树立，积极参与个人工作目标的确定，个人目标是否符合部门或团队的工作目标，是否能在工作中按照预定的目标落实每一项工作	重视工作目标的树立，积极参与个人工作目标的确定，个人目标符合部门或团队的工作目标，并能够在工作中按照预定的目标落实每一项工作	了解工作目标的重要性，参与个人工作目标的确定，个人目标基本符合部门或团队的工作目标，工作中能按预定的目标落实每一项工作	重视工作目标的树立，但不善于制定目标，不能将自身的目标与部门或团队的目标很好地结合	在日常工作中有一定的计划性，但缺乏长期的或阶段性的工作目标，在领导的要求下被动地展开工作	工作完全没有计划性，每天都在被动地完成上级领导交给的工作

3. 绩效标准是稳定性和动态性的统一

绩效标准的制定过程是管理者和下属充分沟通后共同确定的，标准一旦确定，在外部环境没有发生重大变化的时候应该保持标准的稳定性。不能因为领导个人的喜好和意志的变化随意调整绩效标准，否则会降低绩效系统的权威性。但是，管理和技术的大幅进步、外部环境的急剧变化或竞争突然加剧等情况导致原来制定的绩效标准不适应新形势的时候，就需要及时对绩效标准进行动态调整或修正。比如，如果一家生产型企业因为引进大型先进生产设备，实现了生产率和产品质量的大幅提升，原来的卓越绩效标准就有可能变为基本绩效标准，这就要求管理者对绩效标准进行及时调整。

（二）作为一个数值的绩效标准

将绩效标准设定为一个具体的数值，有利于对绩效的判断形成一个明确的标准。在平衡计分卡中，通常使用一个具体的目标值作为衡量绩效指标是否达成的标准。一般情况下，在确立绩效目标和衡量指标之后，就需要为每一个指标设定目标值。目标值是组织所预期的特定指标的未来绩效状态，通常决定了组织实现既定目标过程的资源投入程度和员工努力程度。目标值的高低水平在于在挑战性和可行性之间取得一种平衡，既能满足组织绩效改进的需求，又易于员工接受和信服。由于目标的设置和指标的选择在某种程度上带有一定的价值判断成分，员工即使有不认同的地方也不至于激烈反对。但是，确定目标值和行动方案的过程更多地依赖历史数据和客观条件，而且与员工的个人利益紧密相关，这更容易产生分歧和争议。设定科学合理的目标值对组织绩效的影响非常明显，但它的确是一个艰难的过程。在管理实践中，深入理解具体设计步骤和方法对目标值的设定非常关键。

1. 目标值设定的步骤

目标值设定可以分为两个主要步骤：一是将整体的价值差距分解到每个战略主题；二是在每个战略主题内，根据战略地图因果关系分别设定目标值。

（1）分解价值差距。目标值设定源于愿景描述，即组织设定的最高层面的挑战性目标，它是一个宏伟且大胆的目标，因而在现实和理想状态之间必然会产生价值差距，战略的作用就是缩小这种价值差距。管理层可以把价值差距分解到不同的战略主题。每个战略主题都会以一种独特的方式创造价值，并且它所创造的价值累加起来应该能弥合整体的价值差距。每一个主题的目标值都反映了该主题在支持和实现战略各组成部分过程中的影响力。下面以美国消费者银行为例进行说明，如图3-9所示。消费者银行就财务层面的统领性目标设定了一个价值差距："当前运营收入2 000万美元，5年内收入超过1亿美元。"随后，它将这一价值差距分解到"运营管理"、"客户管理"和"增长"三个战略主题上。其中，为运营管理主题设定的目标值是要求"降低25%的单位客户的服务成本"，但仍然要提供始终如一的服务。为客户管理主题设定的目标值是"单位客户的收入提高50%"，实现途径是成为客户可信赖的财务规划者，向其交叉销售多种金融产品和服务。为增长主题设定的目标值是通过卓越的绩效表现和创新的产品"吸引40万名新客户"。消费者银行为这三个战略主题制定了具体的时间进程表，预计高效运营主题可以较快地产生成本节约效益，其目标值的80%在一两年内即可达成；加强现有客户关系所带来的收益增长则需要较长时间，主要收益要在3～4年后才会实现；产品创新和提升品牌形象所产生的客户增长则需要更长的时间。时间进程表显示了实现愿景所提出的挑战性目标的可行性，并且为深入思考每个战略主题内的目标、指标和目标值提供了框架。根据消费者银行的时间进程表，到第 5 年年末，如果三个战略主题都达到了目标值，那么该银行就可以实现预定的财务目标——营业收入超过 1 亿美元，远远超过当前 2 000 万美元的水平。

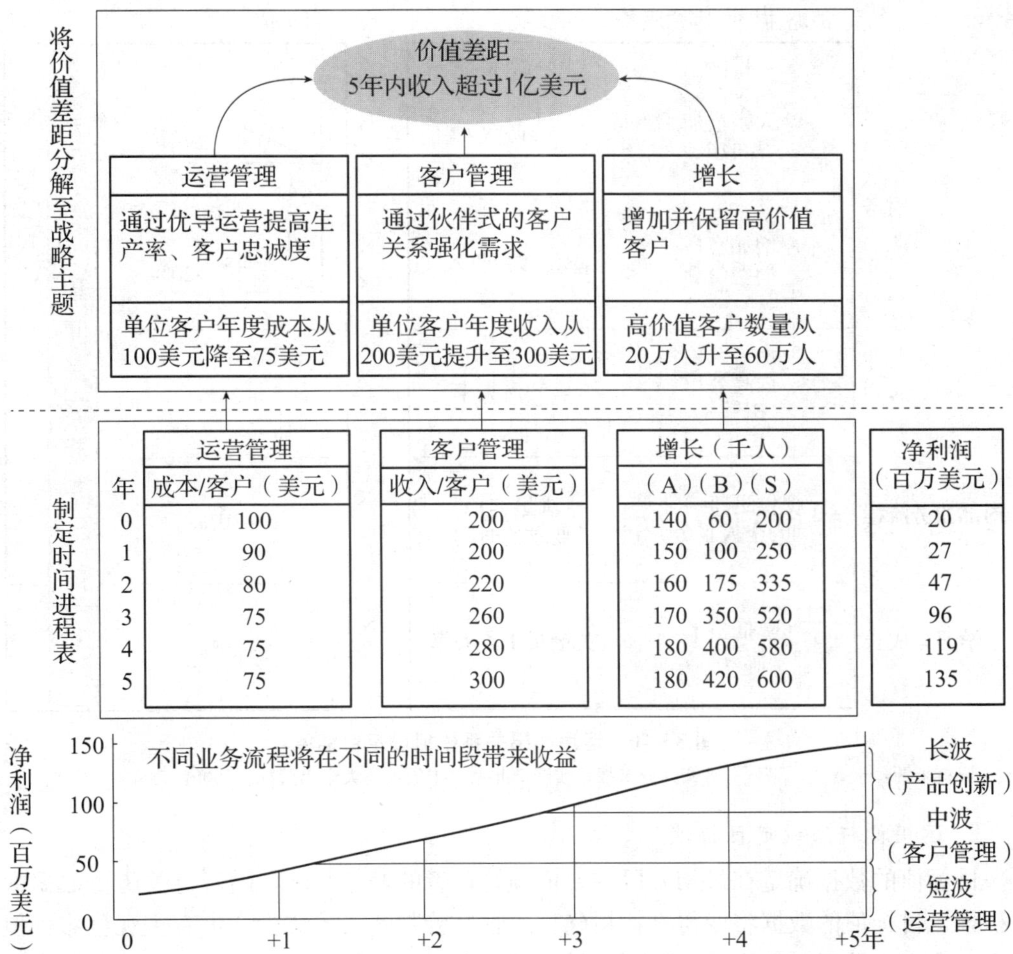

年	运营管理 成本/客户（美元）	客户管理 收入/客户（美元）	增长（千人）(A)	(B)	(S)	净利润（百万美元）
0	100	200	140	60	200	20
1	90	200	150	100	250	27
2	80	220	160	175	335	47
3	75	260	170	350	520	96
4	75	280	180	400	580	119
5	75	300	180	420	600	135

图 3－9　将价值差距分解到战略主题

资料来源：改编自卡普兰，诺顿．平衡计分卡战略实践．北京：中国人民大学出版社，2009：74-77.

（2）运用因果逻辑关系设定目标值。这一步就是将每个战略主题的目标值进一步分解到主题内的战略目标。目标值设定应遵循的最重要的原则是不能孤立地设定战略主题内各个战略目标值，每个目标值的设定应该和主题中其他战略目标的目标值形成因果关系。下面以客户服务战略主题为例，讲解运用因果关系模拟设定目标值，如图 3－10 所示。目标值设定流程开始于图右边所示的价值差距——提高净收入 50%。该战略主题财务层面的子目标是提升单位客户收入 20%。这个增长将为实现总体目标做出贡献。在实现这一目标的众多战略中，该组织最终决定通过提供更高水准、快速响应的个人服务来提高客户保留率。相应地，改善客户服务要求提升员工能力，这个目标可以通过减少高素质员工的流失来实现。其中的相关性假设是关键员工流失率降低20%，服务水平可以提高30%，这种服务改善将减少25%的客户流失，同时会增加20%的单位客户收入。这条因果关系链提供了清晰的自下而上的战略可行性验证。如果公司发现战略可行，就应启动因果关系模拟，制定行动方案来降低关键员工流失率，这一举措将取得减少客户大幅波动、增加预期收入的效果。

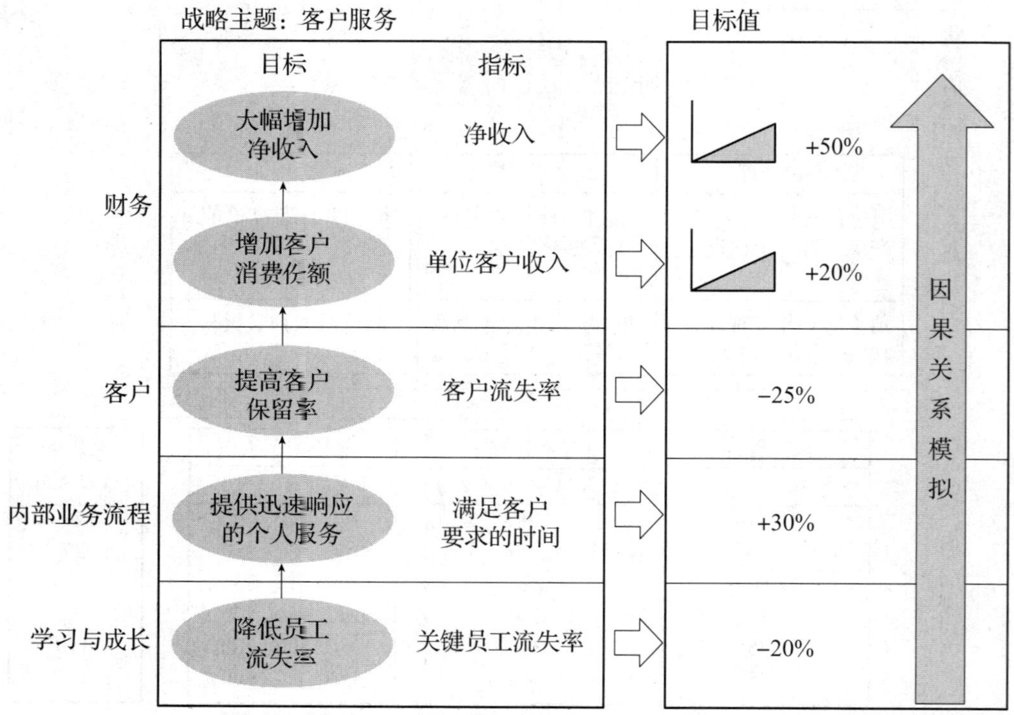

图3-10　运用因果关系模拟设定目标值

资料来源：卡普兰，诺顿．平衡计分卡战略实践．北京：中国人民大学出版社，2009：78.

2. 运用标杆法设定目标值

目标值的数据确定在最初阶段主要依赖管理者的经验判断，随着有关历史数据的不断积累，目标值的数据将变得日益精确。尽管经验判断或多或少会带有主观色彩，但还是有一些客观数据可以参考，通常的做法是设定标杆目标值。也就是说，在设定目标值的时候，可以考虑采用绩效指标的外部标杆。平衡计分卡四个层面的衡量指标都可能有外部标杆，但是需要认真考虑外部标杆产生的条件及其与公司内部的实际情况是否具有可比性。通过参考公共数据、行业协会的数据或者查询公司数据库，公司可以确定它要达成的各项指标的绩效水平。如果公司的状况和对标的外部公司具有相似性，这些数据就成了公司目标值的参考值。

运用标杆法设定目标值就是一个对标的过程，即通过对比标杆找差距来设定目标值。企业的对标可以从财务层面开始考虑。大多数竞争对手都有可能成为上市公司，企业很容易获知行业内其他公司的详细财务绩效状况。因此，公司应该挑战最佳绩效，在某些指标上做到行业最好，如资本回报、收入增长、经营利润及生产力等。它们应该在这些指标上做到数一数二，或者至少达到前1/5～1/4的水平，尤其当它们目前的水平还低于行业平均水平的时候。一些客户层面的结果指标，如提高市场份额和增加客户数量，从含义来看应该聚焦于外部，以竞争对手作为比较对象。公司也可以请它们的关键客户通过与其他竞争对手相比较，对其绩效进行评分。那些拥有大量相似分支机构的公司可以通过内部标杆来设定流程层面和学习与成长层面的目标值。例如，零售连锁商店、酒店、银行、快餐店等可以应用统计分析的方法确定各项流程的目标值和员工能力的目标值。公司也可以使用外部最好的标杆作为其流程的衡量指标，尤其是关于成本、质量和周期的关键流程。对于一个创新流程来说，生产制造企业或者软件公司可能会将行业内最短的产品开发时间设定为目标值，采用从想法到产品商品化所需的时间来衡量。当然，如果公司的关键流程采用外部标杆作为衡量标准，它们一定要有渠道获得行业或行业协会的数据信息，如订阅标杆信息或者进行标杆研究。

四、行动方案

很多组织在制定完绩效目标、绩效指标和绩效标准后，就认为绩效计划的制定已经结束，从而忽略了实现目标、指标和目标值需要有具体的行动方案做支撑。实际上，只有将长期战略规划与短期行动计划连接起来，才是提升组织执行力和协同性的根本途径，也是确保战略落地的必然要求。

如何将两者紧密联系起来才是管理者面临的重大挑战。需要采取什么样的行动才能实现组织的战略目标？如何保证各种行动方案的战略性、系统性和协同性？将有限的资金配置到哪些行动方案上更能促进组织的持续健康发展？这些问题对于很多管理者来说都是很棘手的问题。战略行动方案是达成目标的途径，是有时间限制的自主决定的项目或计划的集合，区别于组织的日常运营活动，旨在帮助组织实现目标绩效。选择战略行动方案的时候，如下两个方面需要特别关注。

（一）战略行动方案的确定和组合

确定战略行动方案是绩效计划的重要组成部分，并且在确定战略行动方案的过程中，还要实现行动方案系统的相互协同，共同助推战略目标的实现，因此如何组合各种行动方案也是制定绩效计划过程中必须面对的挑战。

在最初的平衡计分卡理念中，卡普兰和诺顿建议为每一个战略目标制定相对独立的行动方案，并结合财务回报分析和非财务评估来筛选行动方案。然而，独立地制定行动方案会忽略相互关联的多项行动方案之间的整合与累积产生的影响。因此，他们对原有观点进行了修正，认为应该基于战略主题选取行动方案，每个非财务目标至少要有一个行动方案作为支撑，而且这些行动方案要绑定每个战略主题，跨部门和跨业务单元的行动方案需相互匹配，形成整体的行动方案组合。每个战略主题都需要一组完整的战略行动方案组合来支撑绩效目标的达成，而且同一个战略主题内所有行动方案应该同步实施，任何独立行动方案都是必需的，但不足以支持整个主题。下面以“交叉销售产品”战略主题为例讲解行动方案的选定，如图3-11所示。这个名为“交叉销售产品”的战略主题包括5个非财务目标，对应10个行动方案。其中，提升人力资本准备度需要两个方案：一是发展员工的关系管理技能；二是使员工成为可信赖的财务规划师。如果实施这两个行动方案，会实现人力资本准备度达到100%的目标值。同时，组合产品供应、整合客户档案、管理层持股调整等其他战略目标的行动方案也需要有效执行，否则整个战略主题的绩效会大打折扣。

战略主题：交叉销售产品			
战略目标	指标	目标值	行动方案
财务层面 拓宽收入组合	·收入组合 ·收入增长	·10% ·25%	
客户层面 提高客户对金融咨询的信任	·细分客户份额 ·钱包份额 ·客户满意度	·25% ·50% ·90%	·细分客户行动方案 ·满意度调查
内部业务流程层面 交叉销售产品	·交叉销售比率 ·与客户在一起的时间	·2.5% ·1hr/Q	·财务计划行动方案 ·一体化产品
学习与成长层面 开发战略技能	·人力资本准备度	·100%	·关系管理 ·合格的财务规划师
易于获得战略信息	·战略应用程序准备	·100%	·一体化客户档案 ·组合计划应用程序
协同个人目标	·目标与BSC联结	·100%	·MBO升级 ·激励补偿

图3-11　基于战略主题开发战略行动方案

资料来源：改编自卡普兰，诺顿．平衡计分卡战略实践．北京：中国人民大学出版社，2009：90.

（二）战略行动方案的筛选和评估

实现组织战略目标是战略行动方案的要义所在，但是许多公司都存在行动方案过多的问题。高层管理者每周要花半天时间来审批新的行动方案，或是跟踪现有行动方案的进程，决定取消哪些方案以及如何配置人员和资金。造成这一问题的原因主要是有关行动方案的提议和决策是孤立进行的，没有以战略框架为依据。战略地图的开发为行动方案的评审和排序提供了平台。管理者可以通过创建一个矩阵对行动方案进行验证。如表3-18所示，矩阵的纵向是战略主题和目标，横向是现有行动方案。如果行动方案的有效实施有助于战略主题中目标绩效的大幅提升，就在相应空格内标注“√”。通过这个矩阵，管理者还可以发现某些行动方案对任何一个战略主题都没有影响，如表中的“仓库升级”和“服务系统重组”。这类方案如果不能给战略主题的绩效提升带来改善明显的方案，将成为整合或取消的首选。同时，管理者还能发现某些战略主题或其目标没有任何行动方案加以支持，如表中的“符合法规标准”，此时需要提出新的行动方案。新方案的开发要集中组织全体员工的经验和智慧，最好的行动方案往往来自一线员工，因此管理者要鼓励他们提出新的行动方案，以帮助组织实现绩效目标。

表 3－18　　　　检验矩阵：行动方案与战略主题及目标的协同性

战略主题和目标	现有行动方案							
	采购流程再造	销售培训	仓库升级	质量需求培训	产品开发漏斗	服务系统重组	客户中心连接	行动方案“n”
改善服务提供 ● 目标 1 ● 目标 2	√		↑	√				
提升合作伙伴关系 ● 目标 3 ● 目标 4		√	不支持任何主题的行动方案 ↓				√	
驱动未来价值 ● 目标 5					√			
符合法规标准 ● 目标 6		←	没有行动方案的战略主题	→				
提高以客户导向的能力 ● 目标 7 ● 目标 8		√					√	

资料来源：改编自卡普兰，诺顿．平衡计分卡战略实践．北京：中国人民大学出版社，2009：91.

行动方案的检验要在战略地图开发完成后立即进行，以剔除不合理的现有方案，开发新的战略方案。新方案的提议可以按照标准模板制作，主要包括以下四个要素：行动方案的描述；所支持的战略主题或战略目标；期望的效果；所需资源、成本和时间。新方案提议汇总之后，需按照规范的流程进行正式评估，对现有行动方案和新提议的行动方案的优先级进行排序并得出量化的分数，以筛选出高质量的行动方案。下面以一个典型的行动方案选择流程为例对行动方案的排序进行说明，如图 3－12 所示。该流程有三

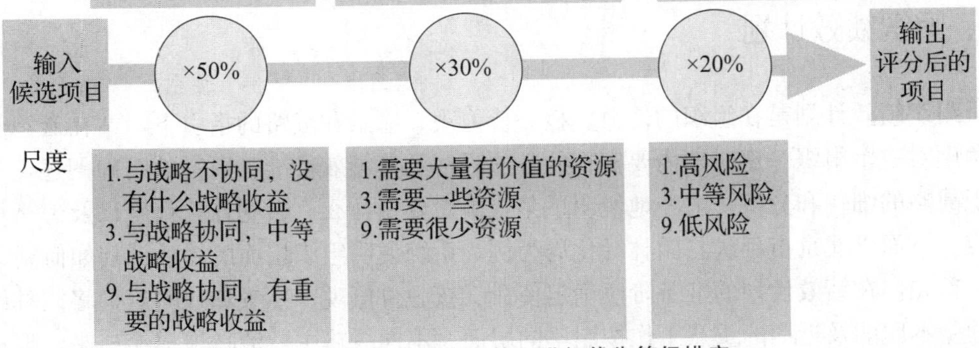

图 3－12　行动方案评估：进行优先等级排序

资料来源：改编自卡普兰，诺顿．平衡计分卡战略实践．北京：中国人民大学出版社，2009：92.

个标准：战略匹配度与收益（50%权重）、资源需求（30%权重）以及组织能力和风险（20%权重）。其中，每个标准都给出了含义说明，并划分为三个等级，每个等级赋予1，3，9三个不同分值。评分的方法是每一个行动方案都按照这三个标准进行评定，用每个标准上的得分乘以相应权重，三个标准所得分数相加即为该行动方案所得总分。当所有的行动方案都被评分后，依据每个行动方案的总分进行排序，以便根据评估结果进行讨论和筛选，确定最终的战略行动方案组合。当然，不同的组织可以根据实际情况对上述标准和权重进行细分，或者开发出自己的标准和相关权重，通过评估每个行动方案对目标绩效实现的影响程度来决定和选择战略行动方案。

第4节　绩效计划的制定

制定和执行兼具科学性和可操作性的绩效计划是绩效管理活动中非常重要的内容。将组织战略转化为每个人的日常行动就是通过制定绩效计划来实现的。如何确保组织、部门和个人三个层次的绩效计划都与组织战略保持一致，使组织内每个人的工作行为、方式和结果都为实现组织战略目标服务显得尤为重要。

一、绩效计划体系的总体设计

绩效计划有很多不同的形式，但任何形式的绩效计划都应该包含目标、指标、目标值和行动方案等核心内容。制定绩效计划的过程都应该按照绩效层次进行，通过对组织绩效的层层分解、细化、承接，最终落实到个人绩效计划之中。一个组织的绩效计划体系的制定通常包括以下几个步骤：第一步，设计组织层面的战略地图和平衡计分卡，其目的是确定组织层面的绩效计划；第二步，通过对组织绩效目标的分解或承接，形成部门层面的战略地图和平衡计分卡，其目的是设计部门层面的绩效计划；第三步，通过对部门绩效目标的分解或承接，制定个人平衡计分卡，其目的是设计个人绩效计划。通过绩效计划体系设计的三个步骤，可将组织的战略转化为个人的行动。

二、组织绩效计划

组织绩效计划是在组织的使命、核心价值观、愿景和战略的指引下，站在宏观管理的角度对一个组织一定时期内要实现的各项目标及其绩效标准等内容的明确阐述，是对组织战略的细化和分解，清晰地说明了某个组织要做什么、做到什么程度以及怎么做等内容。下面以北京市延庆县园林绿化局为例，系统说明组织层面的绩效计划如何制定。

首先，在绩效计划的准备阶段确定使命、核心价值观、愿景和战略后，将园林绿化局的基本职能及近期的重点工作按照不同层面、不同战略主题清晰地描绘出来，形成园林绿化局的战略地图，如图3-13所示。

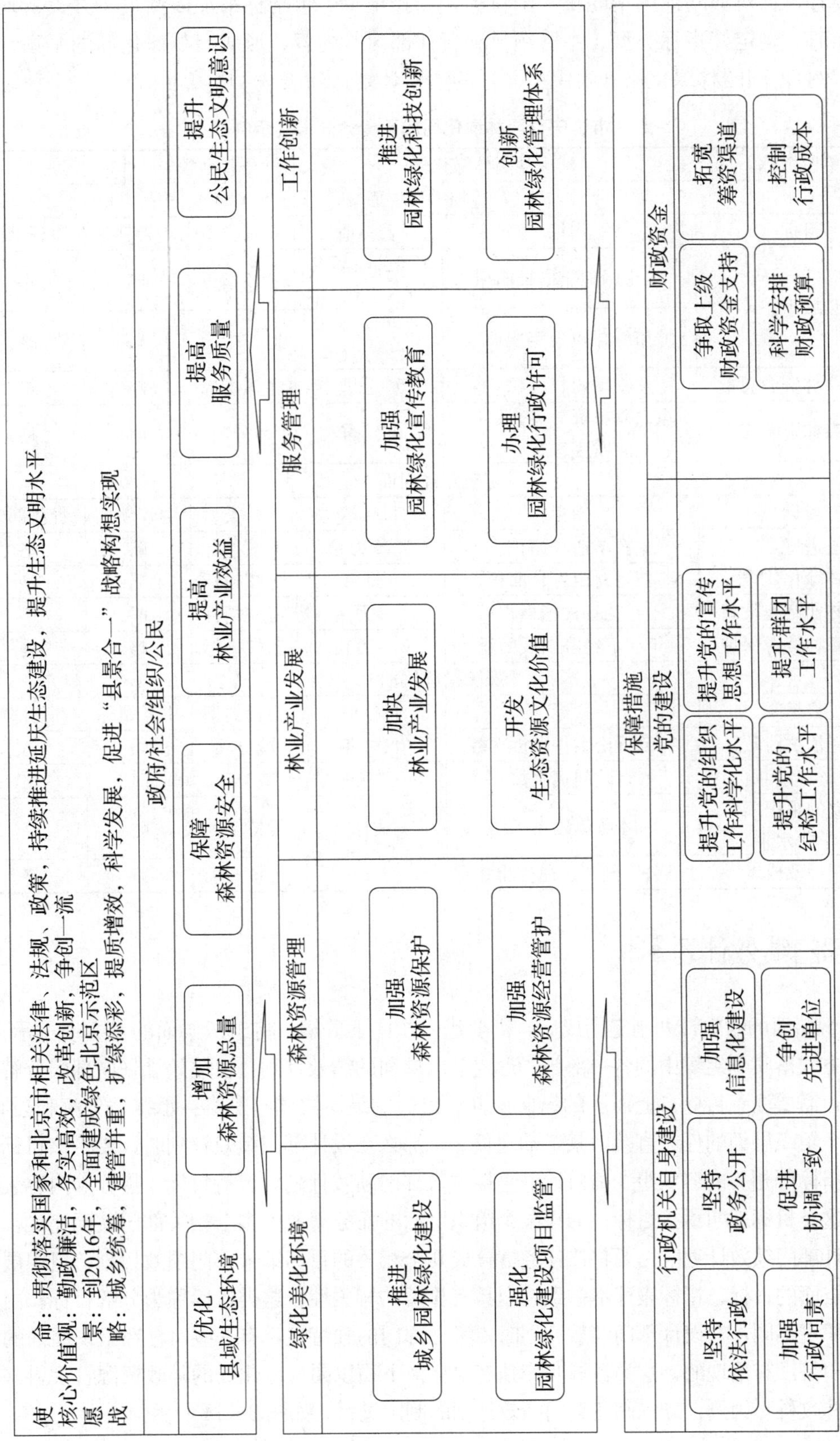

图3-13　北京市延庆县园林绿化局的战略地图

接着，针对战略地图中的每一个目标，选择至少一个指标来加以衡量，并设置恰当的目标值，确定好指标类型、主管领导和责任部门等内容，形成园林绿化局的平衡计分卡（示例），即园林绿化局（组织层面）的绩效计划，如表 3 - 19 所示。

表 3 - 19　　北京市延庆县园林绿化局的平衡计分卡（示例）

单位名称	延庆县园林绿化局		分管县领导		
利益相关者层面					
目标	指标	目标值	指标类型	主管领导	责任部门
优化县域生态环境	城市绿地年增长面积	114 公顷/5 年 22.8 公顷/年	考核指标	略	略
	城市绿化覆盖年增长率	4.06%/5 年 0.81%/年	监控指标	略	略
增加森林资源总量	新增森林面积	1 196 公顷/年	考核指标	略	略
保障森林资源安全	重大森林资源灾害事件发生次数	0 次/年	减分项	略	略
实现路径层面					
目标	指标	目标值	指标类型	主管领导	责任部门
推进城乡园林绿化建设	新增造林面积	2.76 万亩	考核指标	略	略
	新增封山育林面积	6 万亩	考核指标	略	略
加快林业产业发展	年花卉种植面积	1.2 万亩	考核指标	略	略
加强森林资源保护	年林下经济发展面积	3.5 万亩	监控指标	略	略
保障措施层面					
目标	指标	目标值	指标类型	主管领导	责任部门
坚持依法行政	行政诉讼案件败诉次数	0 次/年	减分项	略	略
加强行政问责	行政问责次数	0 次/年	减分项	略	略
提升党的组织工作科学化水平	人才队伍建设工作	达标	考核指标	略	略
控制行政成本	“三公”经费占总支出比重	%	考核指标	略	略

三、部门绩效计划

组织层面的绩效计划制定完成后，需要进一步向下分解，将组织层面的目标通过承接、分解等方式落实到组织中的各个部门，形成部门层面的绩效计划。在绩效计划向部门分解的过程中，需要注意目标自上而下的纵向协同。目标的纵向协同有三类：承接、分解和独有。如果某个组织层面的任务直接由某个部门负责，那么在设计部门绩效计划时，要将该目标及其衡量指标等相关内容从组织绩效计划直接纳入部门绩效计划，保持目标、指标等内容表述一致，这类目标就叫承接目标；如果某个组织层面的任务需要由多个相关部门共同完成，那么在设计部门绩效计划时，要将该任务拆分成几个相关的目标纳入部门绩效计划，组织层面与部门层面的目标、指标表述不一致，但具有显著的相关性，这类目标称为分解目标；由于各部门职责不同，在设计部门绩效计划时要考虑部门的独特性，有一些目标在组织层面的绩效计划中是没有出现的，这类目标叫作独有目标。下面以园林绿化局的林政资源管理科（以下简称林政科）为例，详细阐述部门绩效计划的制定过程，如图 3 - 14 所示。

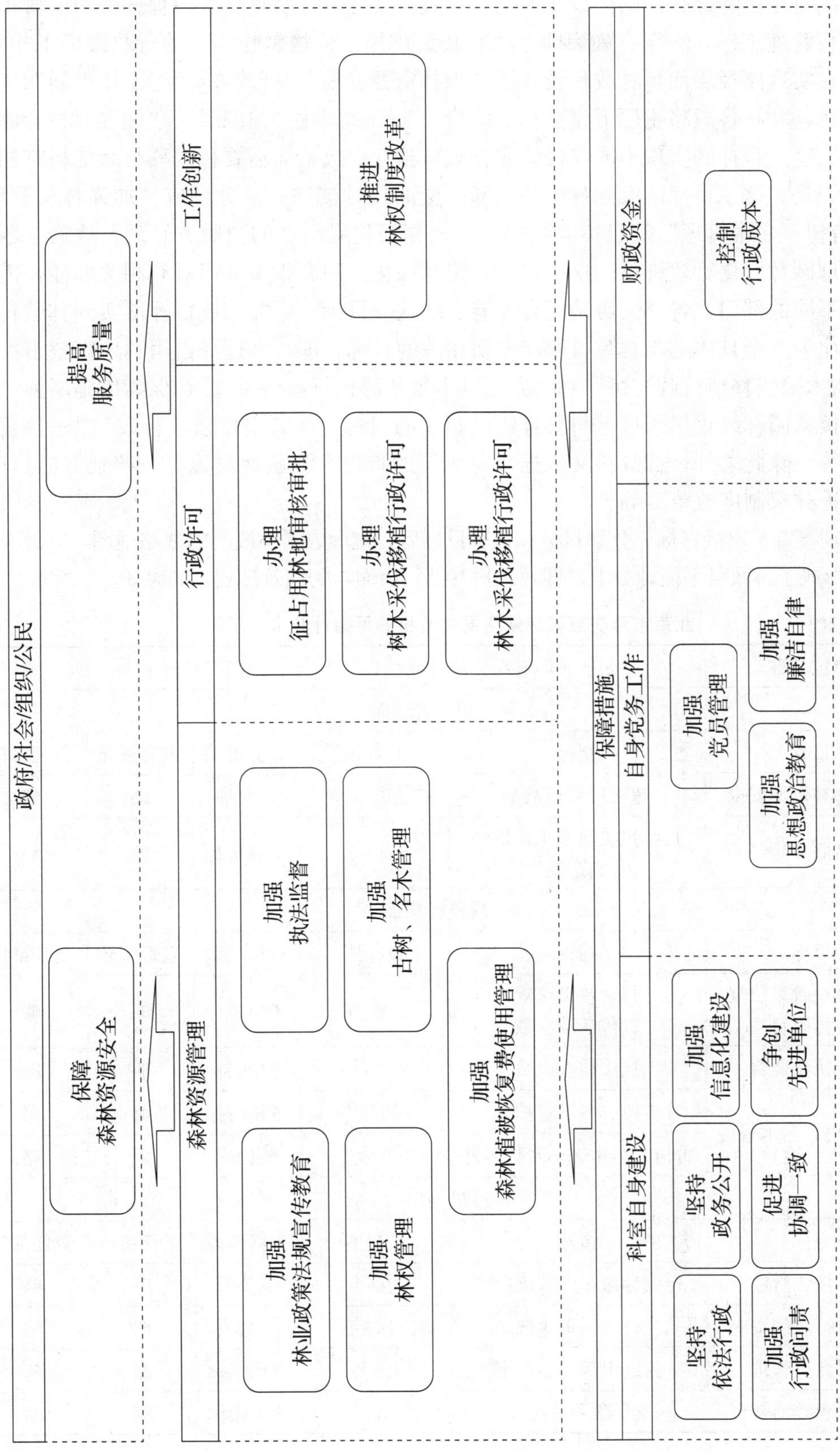

图3-14　北京市延庆县园林绿化局林政资源管理科的战略地图

林政科是园林绿化局的内设科室之一，其主要任务是负责辖区内森林资源的管理工作和林权管理工作，制定有关管理办法和政策措施，依法承担相关的行政许可工作等。因此，在实现路径层面，林政科设置了“森林资源管理”“行政许可”“工作创新”三个战略主题，并在各战略主题下设置相应的目标。园林绿化局组织层面“加强森林资源经营管护”这一目标的实现不能仅仅依靠林政科独立完成，而需要林政科与其他科室相互配合。于是，这一目标落实到林政科（部门层面）时被进一步分解成“加强林权管理”“加强古树、名木管理”等目标。同理，在园林绿化局层面的“服务管理”战略主题下有“办理园林绿化行政许可”这一目标，园林绿化方面有很多部门具有相关职能，需要分解到不同的部门，各部门协调配合才能实现这一目标。据此，该目标落实到林政科时也被细化为三个具体的与林政科职能密切相关的目标，即“办理征占用林地审核审批”、“办理树木采伐移植行政许可”和“办理林木采伐移植行政许可”。在保障措施层面，林政科直接从园林绿化局承接下与自身建设相关的目标，如“坚持依法行政”“坚持政务公开”等。除此之外，林政科又依据自身职能的特点在各层面设置了一些独有的目标，如“推进林权制度改革”等。

分别设置了承接目标、分解目标和独有目标后，就形成了林政科的战略地图，在此基础上，又形成了林政科平衡计分卡，即林政科（部门层面）的绩效计划，如表3-20所示。

表3-20　北京市延庆县园林绿化局林政科的平衡计分卡（示例）

单位名称	延庆县园林绿化局林政科		分管领导		
利益相关者层面					
目标	指标	目标值	指标类型	主管领导	责任部门
保障森林资源安全	超限额采伐数量	0立方米/年	减分项	略	略
提高服务质量	行政执法服务工作群众满意度	90%	考核指标	略	略
实现路径层面					
目标	指标	目标值	指标类型	主管领导	责任部门
加强林业政策法规宣传教育	林业政策法规宣传活动次数	2次/年	考核指标	略	略
加强执法监督	执法检查次数	2次/年	考核指标	略	略
加强古树、名木管理	古树、名木管护率	100%	考核指标	略	略
	古树、名木破坏责任事件	0次/年	减分项	略	略
保障措施层面					
目标	指标	目标值	指标类型	主管领导	责任部门
坚持依法行政	行政诉讼案件败诉次数	0次/年	减分项	略	略
加强行政问责	行政问责次数	0次/年	减分项	略	略
加强党员管理	党组织活动参与率	100%	考核指标	略	略
加强思想政治教育	支部学习参与率	100%	考核指标	略	略

四、个人绩效计划

（一）个人绩效计划体系的分级开发

无论是组织绩效目标还是部门绩效目标，最终都必须落地到组织中不同层级的个体身上。制定完组织和部门的战略地图及平衡计分卡后，需要将组织和部门的战略地图和平衡计分卡转化为组织中各层级人员的平衡计分卡，从而确保将组织战略化为组织内部所有人员的行动。

1. 企业组织个人绩效计划的分级开发

通过平衡计分卡开发企业组织个人绩效计划，通常需要保障组织绩效计划体系的横向与纵向协同。在纵向上，要实现总公司、分公司和部门之间的协同；在横向上，要保障领导团队成员之间实现协同，如图3－15所示。下面以某集团公司为例，对该集团公司内部个人平衡计分卡开发的具体步骤进行论述。

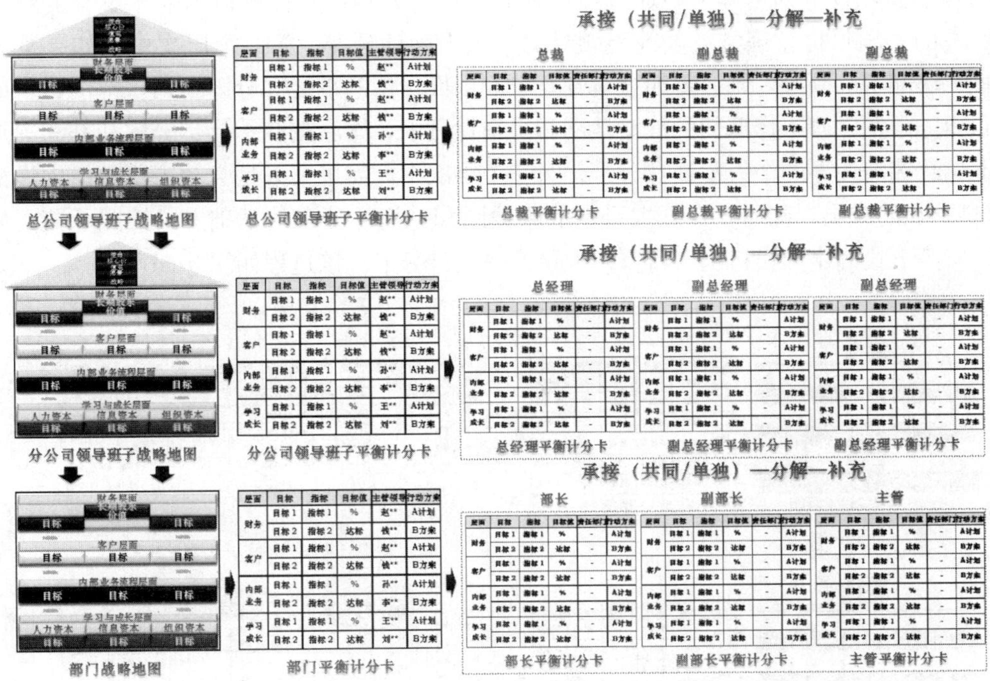

图3－15　企业组织个人平衡计分卡分级开发模型

第一步，开发总公司战略地图和平衡计分卡，其目标和指标由总公司高层领导团队通过承接（共同承接或单独承接）和分解的形式来承担。其中，对于结果层面的目标和指标，高层领导者都要承担。对于其他两个层面的目标和指标，由于分工不同，有的共同承接，有的单独承接，还有一些目标需要分解到不同的人身上，通过相互配合共同完成。同时，一些在公司战略地图和平衡计分卡里没有体现的职责也需要补充进来，以便形成完整的绩效计划。另外，由于岗位不同，不同高层领导者对承担的目标和指标的权重分配常常不同，这需要高层领导团队充分沟通，形成共识。

第二步，通过对总公司目标的承接和分解，结合分公司战略规划，开发分公司战略地图和平衡计分卡，其中分公司平衡计分卡中的相关目标和指标同样由分公司领导团队通过承接（共同承接或单独承接）和分解的形式来承担。与总公司一样，分公司领导者也通过承接、分解和补充等形式分别确定不同领导者的个人目标和指标；权重分配也需要根据分工协商确定。

第三步，通过对分公司目标的承接和分解，结合部门职责，开发部门战略地图和平衡计分卡，并以此为基础开发部门管理者和普通员工的平衡计分卡。部门管理者的目标和指标设计流程与组织层次保持一致。对于普通员工平衡计分卡的开发，除了注意对部门目标的承接之外，还要充分考虑职位的具体职责。

2. 公共组织个人绩效计划的分级开发

公共组织个人绩效计划的开发与企业组织个人绩效计划设计的具体操作步骤和关键点相似。由于个人在组织中所处的位置不同，公共组织个人绩效计划的开发要分层次进行。第一个层次中，如果某人是党委政府的主要领导，则要在开发党委政府层面的战略地图和平衡计分卡的基础上，通过对目标的承接和分解，并补充组织整体没有但规定个人职责的各项目标，确定党委政府领导的个人平衡计分卡。第二个层次中，如果某人是党政工作部门的领导，则需要通过对党委政府层面目标的承接和分解，结合部门自身的独有职能，开发党政工作部门的战略地图和平衡计分卡，然后按照承接、分解和补充等形式确定党政部门领导的个人平衡计分卡。第三个层次中，如果某人是党政工作部门内设机构（即科室）的成员，则需要在开发科室战略地图和平衡计分卡的基础上，按照承接、分解和补充等形式确定内设机构（科室）成员的平衡计分卡。该过程如图 3-16 所示。

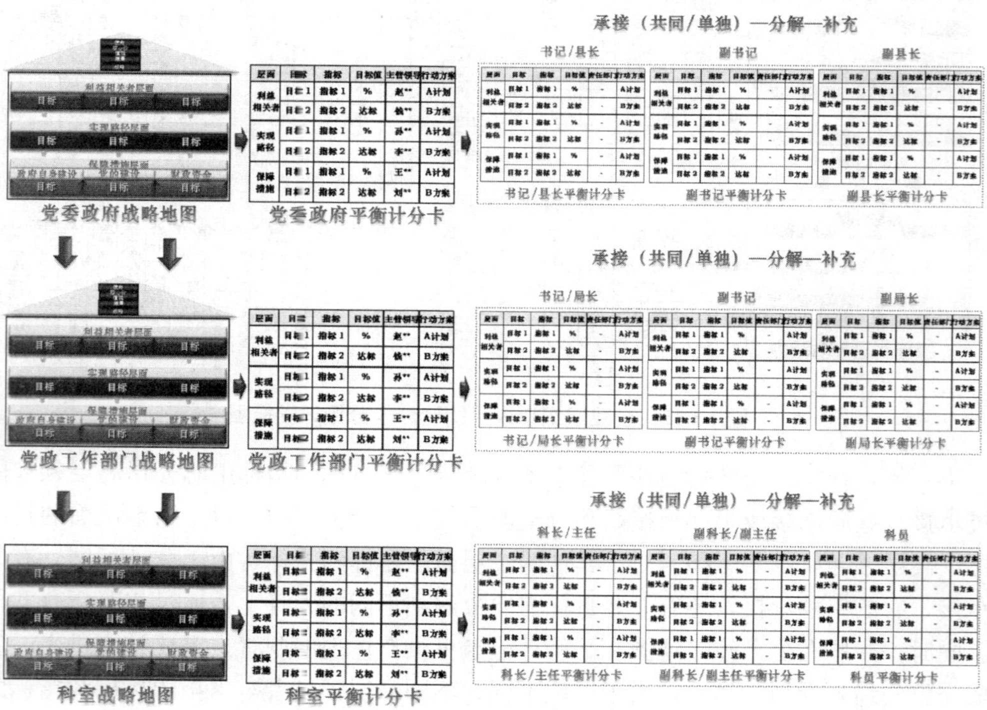

图 3-16　公共组织个人绩效计划分层次开发模型

下面以北京市延庆县园林绿化局某副局长的个人绩效计划为例说明。设计完园林绿化局的平衡计分卡后，园林绿化局根据该副局长的分工，将园林绿化局层面与其分工相关的所有工作通过承接、分解的方式纳入其个人绩效计划，并补充与其职责相关但未出现在园林绿化局平衡计分卡中的内容，形成其个人平衡计分卡，即个人绩效计划，如表 3－21所示。

表 3－21　　北京市延庆县园林局副局长的平衡计分卡（示例）

单位名称	延庆县园林绿化局		直接上级		
姓名			职位名称	党委书记、副局长	
主管（分管/协管）工作	党务工作，负责党的思想、组织、作风建设和精神文明建设、纪检监察、党风廉政建设工作				
目标	指标	目标值	指标类型	责任部门	行动方案
利益相关者层面					
优化县域生态环境	城市绿地年增长面积	114 公顷/5 年 22.8 公顷/年	考核指标	略	略
	城市绿化覆盖年增长率	4.06%/5 年 0.81%/年	监控指标	略	略
增加森林资源总量	新增森林面积	1 196 公顷/年	考核指标	略	略
保障森林资源安全	重大森林资源灾害事件发生次数	0 次/年	减分项	略	略
实现路径层面					
加强森林资源经营管护	林地管护面积	232.2 万亩	考核指标	全局	略
加快林业产业发展	年花卉种植面积	1.2 万亩	监控指标	县林业产业服务中心	略
开发生态资源文化价值	开发生态文化产品数量	1～3 个	监控指标	全局	略
加强园林绿化宣传教育	年度园林绿化宣教受众人次	32 万人次	考核指标	全局	略
保障措施层面					
提升党的宣传思想工作水平	政治理论教育工作	达标	考核指标	政工科	略
提升党的组织工作科学化水平	班子和干部队伍建设工作	达标	考核指标	政工科	略
加强行政问责	行政问责次数	0 次/年	减分项	全局	略
争创先进单位	获市级以上荣誉数量	1 个/年	加分项	政工科	略

（二）个人绩效计划的其他模式

如前所述，个人绩效计划的制定是管理者和下属充分沟通最后达成协议的过程。在不同的情况下，计划应该包括的具体内容要视组织文化、员工情况和管理者的管理风格等方面的因素而定。不过在管理实践中，人力资源管理部门往往会向各级管理者提供一个绩效计划的框架，作为管理者制定计划的过程和方式的一个指导性建议；另外，根据实际需要，这种框架还会提供一种（也可能为若干种）结构化的管理绩效计划表格。由于绩效计划在管理实践中没有统一的模式，因此本书在此提供一些个人绩效计划表头的例子，如表3-22至表3-25所示，希望能够为管理者根据现实情况设计绩效计划表格提供一些思路。在这些表格中，有一些项目也许并不属于计划的内容，而是对计划的一种监控手段，在绩效周期中的这种阶段性评价记录能够帮助管理者达到改进绩效的目的。

表3-22　　绩效计划表格示例一

对应的工作要项	绩效目标	目标的难度等级	潜在的障碍及可能的解决方案	行动计划	实施情况

表3-23　　绩效计划表格示例二

时间	分阶段目标	行动计划	实施情况	阶段性评语

表3-24　　绩效计划表格示例三

	目标	实现情况
工作业绩		
工作态度		

表3-25　　绩效计划表格示例四

工作要项	目的	重要性	权重	潜在障碍	绩效目标	可能的业绩评价指标	行动计划

（三）绩效协议的签订

不同层次的平衡计分卡确定之后，绩效计划体系的制定工作就初步完成了。管理者和下属经过仔细审核和确认后，在双方取得共识的情况下，平衡计分卡就转化为对双方都有约束力的绩效协议，双方在绩效协议上签字确认代表绩效计划工作的正式完成。通常，一份完整的绩效协议应该包含岗位信息、评价周期和计划内容等。管理者和下属需要对绩效目标、评价指标、目标值、权重以及行动方案等重要内容进行认真审核，然后签字确认。绩效协议签字确认之后，意味着管理者和下属都认可协议内容，并做出了履行协议的承诺。下面以某公司的个人绩效目标协议书为例对绩效协议基本构成进行说明，如表 3－26 所示。

表 3－26　　**个人绩效目标协议书**

<table>
<tr><td>职位编号</td><td colspan="2"></td><td>职位名称</td><td colspan="2"></td></tr>
<tr><td>所属部门</td><td colspan="2"></td><td>姓　名</td><td colspan="2"></td></tr>
<tr><td>评价期限</td><td colspan="5">年　　月　　日至　　年　　月　　日</td></tr>
<tr><td colspan="6">协议内容</td></tr>
<tr><td>层面</td><td>绩效目标</td><td>评价指标</td><td>目标值</td><td>权重</td><td>行动方案</td></tr>
<tr><td rowspan="2">财务</td><td></td><td></td><td></td><td></td><td></td></tr>
<tr><td></td><td></td><td></td><td></td><td></td></tr>
<tr><td rowspan="2">客户</td><td></td><td></td><td></td><td></td><td></td></tr>
<tr><td></td><td></td><td></td><td></td><td></td></tr>
<tr><td rowspan="2">内部
业务流程</td><td></td><td></td><td></td><td></td><td></td></tr>
<tr><td></td><td></td><td></td><td></td><td></td></tr>
<tr><td rowspan="2">学习
与成长</td><td></td><td></td><td></td><td></td><td></td></tr>
<tr><td></td><td></td><td></td><td></td><td></td></tr>
<tr><td rowspan="2">其他</td><td></td><td></td><td></td><td></td><td></td></tr>
<tr><td></td><td></td><td></td><td></td><td></td></tr>
<tr><td>备注</td><td colspan="5"></td></tr>
<tr><td></td><td colspan="5">本人确认，已理解上述协议内容，并承诺按时按质按量完成绩效任务，以及对自身的工作行为和绩效结果承担相应责任。</td></tr>
<tr><td>本人签字</td><td colspan="2"></td><td>直接上级签字</td><td colspan="2"></td></tr>
<tr><td>人力资源部盖章</td><td colspan="2"></td><td>签字日期</td><td colspan="2"></td></tr>
</table>

无论采取哪种绩效管理工具，管理者在制定具体的绩效计划时，都需要充分考虑各方面的情况，制定出适合特定岗位的绩效计划。如果管理者与下属对绩效计划内容进行审核与确认，计划就转变为双方进行绩效管理的协议。下面以某公司车间主任完整的绩效协议表格为例对此进行诠释，如表 3－27 所示。

表3-27　　车间主任绩效协议书

职位名称	车间主任	任职者签名		直接上级签名			
绩效评价周期		年　月　日至　年　月　日					
工作要项	目的	重要性	权重	潜在障碍	绩效目标	可能的业绩评价指标	行动计划
成本控制	在第二季度使部门开支减少15%	必须控制成本，以提供利润	25%	买方价格过高以及竞争的限制	对所有零件招标竞价，找到至少3家新的供应商	任务完成提高的百分比	分别在4月10日、15日和5月15日前完成、核准和实施招标计划
生产时间安排	把订单延期减少到3个工作日	如果过分延期，将会失去主要客户	40%	使用新机器开支的增加，雇员的抵制	9月1日前安排一线、二线自动化零件生产线	错过最后期限的产品数量；顾客保有量	5月1日前准备好报告；5月12日前核准计划；6月30日前完成自动化项目
供应	获得及时可靠的原材料供应	上月流失4个客户，损失总额18.5万美元订单	15%	卖主不可靠；货运方的违约责任	寻找新买主；指派检验员到采购部监督工作进展	完成天数；顾客保有数；拒收货物百分比；货物延期造成的损失金额等	4月20日前找到新买主；4月30日前招聘、培训新的检验员
保安	避免内部员工偷窃行为的发生	上季度库存货物损失达5.5万美元	10%	绝大多数材料存放在无人看守的地方	在3个月内将库存货物损失减少50%	遭盗窃的次数；丢失库存原材料的总价值	4月1日前提出行动计划；4月15日前为重要材料提供安全的储存地
安全生产	减少事故发生	过去两年保险费60%，受伤员工带薪休假日增加	10%	发现了新的风险隐患；主管人员没足够重视安全问题	本季度事故发生率和事故严重程度均降低12%	能在事故第二天写出报告的次数和百分比；事故中受伤人数和工时损失；改善不安全工作条件的支出	4月1日起每周做一次报告；5月1日前提出改进行动方案；6月30日前实施计划

资料来源：改编自弗里茨．个人绩效合约：树立切实可行的目标．广州：中山大学出版社，2001.

在公共组织中，签订个人绩效协议是提升绩效管理水平的重要手段，也是各项工作真抓实干和有序推进的保障。公共组织中个人绩效协议的内容需要与绩效计划（个人平衡计分卡）的内容保持一致，本人与上级领导对绩效计划的内容进行签字确认即可。现仍以延庆县园林绿化局某副局长为例，其绩效协议如表 3－28 所示。

表 3－28　　北京市延庆县园林绿化局某副局长的绩效协议（示例）

单位名称	延庆县园林绿化局		直接上级		
姓名			职位名称	党委书记、副局长	
主管（分管/协管）工作	党务工作，负责党的思想、组织、作风建设和精神文明建设、纪检监察、党风廉政建设工作				
目标	指标	目标值	指标类型	责任部门	行动方案
利益相关者层面					
优化县域生态环境	城市绿地年增长面积	114 公顷/5 年 22.8 公顷/年	考核指标	略	略
	城市绿化覆盖年增长率	4.06%/5 年 0.81%/年	监控指标	略	略
增加森林资源总量	新增森林面积	1 196 公顷/年	考核指标	略	略
保障森林资源安全	重大森林资源灾害事件发生次数	0 次/年	减分项	略	略
实现路径层面					
加强森林资源经营管护	林地管护面积	232.2 万亩	考核指标	全局	略
加快林业产业发展	年花卉种植面积	1.2 万亩	监控指标	县林业产业服务中心	略
开发生态资源文化价值	开发生态文化产品数量	1～3 个	监控指标	全局	略
加强园林绿化宣传教育	年度园林绿化宣教受众人次	32 万人次	考核指标	全局	略
保障措施层面					
提升党的宣传思想工作水平	政治理论教育工作	达标	考核指标	政工科	略
提升党的组织工作科学化水平	班子和干部队伍建设工作	达标	考核指标	政工科	略
加强行政问责	行政问责次数	0 次/年	减分项	全局	略
争创先进单位	获市级以上荣誉数量	1 个/年	加分项	政工科	略
单位负责人签名		分管县领导签名		书记/县长确认签名	
确认日期	年　月　日	确认日期	年　月　日	确认日期	年　月　日

五、杭州市绩效计划的编制

杭州市纳入绩效管理的各区、县（市）人民政府和市直单位都要与国民经济和社会发展五年规划纲要同时编制、同步实施本组织的绩效计划。每份绩效计划至少应该包含以下四个部分：

（1）使命和愿景。这包括本地、本组织的发展现状，主要职责和工作任务概述，组织需依据使命，结合环境分析，按照发展的需要，明确计划期间的努力方向和发展目标，同时与国民经济和社会发展五年规划纲要以及相关专项规划内容相衔接。

（2）关键指标和重点工作。这包括国民经济和社会发展五年规划纲要涉及本地、本部门的工作任务以及绩效指标逐项分解的年度目标，以及体现履职情况的主要职能绩效指标和重点工作的分年度目标。

（3）绩效管理重点目标。组织梳理近三年社会评价意见中反复提出的意见和建议，针对其中较为突出的问题，提出整改方向、举措以及预期成效；针对日常绩效信息、绩效测评整改通知单反映的尚未得到有效解决的绩效问题，举一反三，提出整改方向、举措以及预期成效；结合本地、本组织工作需要，按照《杭州市政府创新选题目录》提出创新创优申报方向、项目来源和创新路径等；分析本地、本组织公共服务和社会治理标准化建设现状，结合实际，对标国外和国内先进，按照已有的标准、需要修订的标准、计划制定的标准等，列出标准目录，明确需制（修）订标准的具体编制时限和标准编制依据等。

（4）保障措施。这包指保障绩效计划顺利实施的相关举措，如组织领导、制度保障等相关机制建设情况。

在制定绩效计划时，还应遵循以下步骤：

（1）前期调研。在准确把握上级党委、政府一个时期（一般为 5 年）战略要求的基础上，深入开展现状调查，对本地、本组织工作实绩进行分析评估，查找短板，了解相关目标实施的外部环境、政策环境和国内外同行业的先进水平。

（2）撰写初稿。按照绩效计划必须具备的内容和文本体例要求进行编制。编制单位可以根据实际情况，在单位内部做适当的分工，分块进行撰写，最后统稿完成绩效计划文本。

（3）征求意见。在计划编制过程中，要充分征求社会公众、相关部门、专家学者的意见，加强与相关规划的衔接协调。对于涉及经济社会发展的重大事项或专业性较强的事项，要事先组织必要性和可行性论证，切实提高计划编制的科学性、合理性和可操作性。

（4）定稿报送。各地、各组织对论证和征求的意见进行分析梳理，并根据意见进行修改完善，经讨论研究，形成绩效计划定稿，报送绩效管理机构。

（5）审核批准。绩效管理机构对提交的绩效计划文本进行初审、专家会审，然后反馈给各地、各组织进行修改完善，各地、各组织修改完善后提交绩效管理机构审定。绩效管理机构可视情况将绩效计划文本在一定范围内进行公示，接受社会监督，对于公示无意见的绩效计划，绩效管理机构予以批准。

(6) 公开发布。对于经批准的绩效计划文本，绩效管理机构以正式发文的形式在政府机构内部公布，同时可以通过政府门户网站、绩效责任单位网站等平台，向社会公布。绩效计划一旦确定，应保持相对的稳定性，一般不做调整。确实需要根据形势变化和上级要求做出调整的，应按原报批程序办理调整手续。

关键词

绩效计划（performance planning）
绩效目标（performance objective）
绩效指标（performance indicators）
SMART 原则（SMART principle）

复习思考题

1. 谈谈绩效计划的内涵。
2. 谈谈绩效计划制定的步骤。
3. 谈谈制定组织绩效计划要做哪些准备。
4. 谈谈一份完整的绩效计划一般应包含哪些基本内容。
5. 谈谈绩效计划体系设计的一般步骤有哪些。
6. 谈谈部门级管理人员个人绩效计划开发的步骤有哪些。

案例分析

华鹤集团绩效计划体系的设计

华鹤集团的总部坐落在素有“丹顶鹤故乡”之称的中国东北部黑龙江省齐齐哈尔市，其主导产品为华鹤家具、华鹤木门。公司在总部和北京建有 20 余万平方米的两个生产基地，拥有 3 个家具制造公司和 1 个与德国豪迈金田木业有限公司合资的成品木门制造公司，以及装饰工程、家居商场等公司，员工队伍超过 3 500 人。多年来，华鹤集团先后从德国、意大利、日本引进具有当今世界先进水平的家具、木门生产制造设备及工艺技术，是中国家具、木门制造业的龙头企业，也是对欧美、亚太等地区的重要出口企业之一。

作为中国家具业的领头羊，明确如何设计科学合理的绩效计划体系，既能够管理和提升企业整体绩效，又能够实现集团内各部门、各子公司之间的有效协同，是摆在公司高层管理者面前的一道难题。为此，公司高层管理者以平衡计分卡为系统工具，自上而下设计了一套涵盖集团所有部门、子公司及个人的绩效计划体系。华鹤集团绩效计划体系的构建分为五个步骤：

第一，开发总公司的战略地图和平衡计分卡，形成集团总部的绩效计划。华鹤集团的高层管理者在专家团队的指导下，明确了公司的使命、核心价值观、愿景和战略，并将这些要素转化为四个层面的目标、指标、行动方案、预算，为集团绩效计划体系的设计奠定了基础。华鹤集团总部的绩效计划如表 3－29 所示。

表 3－29　　华鹤集团总部绩效计划（示例）

<table>
<tr><th rowspan="2">层面</th><th colspan="5">要素</th></tr>
<tr><th>目标</th><th colspan="2">指标</th><th>目标值</th><th>行动方案</th></tr>
<tr><td rowspan="5">财务</td><td>F1：提升长期股东价值</td><td colspan="2">F1-1：投资回报率（ROI）</td><td>略</td><td>略</td></tr>
<tr><td>F2：持续降低成本基数</td><td colspan="2">F2-1：总成本基数</td><td>略</td><td>略</td></tr>
<tr><td>F3：提高资产利用率</td><td colspan="2">F3-1：总资产周转率</td><td>略</td><td>略</td></tr>
<tr><td>F4：有效管控财务风险</td><td colspan="2">F4-1：坏账比率</td><td>略</td><td>略</td></tr>
<tr><td>⋮</td><td colspan="2">⋮</td><td>⋮</td><td>⋮</td></tr>
<tr><td rowspan="8">客户</td><td rowspan="3">C1：统筹子公司形成协同的客户价值主张</td><td rowspan="3">C1-1：子公司客户价值主张清晰度</td><td>金鹤</td><td>略</td><td>略</td></tr>
<tr><td>华美</td><td>略</td><td>略</td></tr>
<tr><td>华鹤</td><td>略</td><td>略</td></tr>
<tr><td rowspan="3">C2：提升分支品牌价值</td><td rowspan="3">C2-1：分支品牌市场占有率</td><td>金鹤</td><td>略</td><td>略</td></tr>
<tr><td>华美</td><td>略</td><td>略</td></tr>
<tr><td>华鹤</td><td>略</td><td>略</td></tr>
<tr><td>C3：为客户提供最佳的整体价值</td><td colspan="2">C3-1：客户满意度</td><td>略</td><td>略</td></tr>
<tr><td>⋮</td><td colspan="2">⋮</td><td>⋮</td><td>⋮</td></tr>
<tr><td rowspan="8">内部业务流程</td><td rowspan="2">I1：实现对流程和技术的优化管理</td><td colspan="2">I1-1：共享流程数量</td><td>略</td><td>略</td></tr>
<tr><td colspan="2">I1-2：共享技术数量</td><td>略</td><td>略</td></tr>
<tr><td rowspan="2">I2：高度整合企业价值链</td><td colspan="2">I2-1：协同销售收入</td><td>略</td><td>略</td></tr>
<tr><td colspan="2">I2-2：共同客户人数</td><td>略</td><td>略</td></tr>
<tr><td rowspan="3">I3：平衡发展战略和风险掌控力</td><td rowspan="3">I3-1：自我识别的风险问题个数</td><td>财务风险</td><td>略</td><td>略</td></tr>
<tr><td>技术风险</td><td>略</td><td>略</td></tr>
<tr><td>管理风险</td><td>略</td><td>略</td></tr>
<tr><td>⋮</td><td colspan="2">⋮</td><td>⋮</td><td>⋮</td></tr>
<tr><td rowspan="4">学习与成长</td><td rowspan="2">L1：提升与整合战略执行能力</td><td colspan="2">L1-1：人力资本准备度</td><td>略</td><td>略</td></tr>
<tr><td colspan="2">L1-2：交叉提升高管人次</td><td>略</td><td>略</td></tr>
<tr><td>L2：建立关键岗位储备计划</td><td colspan="2">L2-1：已储备人员的岗位比率</td><td>略</td><td>略</td></tr>
<tr><td>⋮</td><td colspan="2">⋮</td><td>⋮</td><td>⋮</td></tr>
</table>

第二，设计总公司职能部门的战略地图和平衡计分卡，形成集团总部支持单元的绩效计划。在实施平衡计分卡体系的过程中，华鹤集团将总部职能部门（如财务部、人力资源部等）的角色定位由传统的纯费用中心转变为战略伙伴，在充分理解公司战略并将其行动与公司战略紧密连接的基础上，使总部职能部门的工作变得更有成效。因此，在设计职能部门的绩效计划时，华鹤集团充分考虑了其与集团总部绩效计划之间的协同，将公司战略转化为各职能部门的具体政策，确保了职能部门的绩效计划能够支持总公司战略目标的实现。华鹤集团质量管理部的绩效计划如表3-30所示。

表3-30　华鹤集团质量管理部绩效计划（示例）

层面	要素			
	目标	指标	目标值	行动方案
财务	F1：控制质量成本	F1-1：外部故障成本损失率	略	略
		F1-2：内部故障成本损失率	略	略
	F2：扩大合理化建议收益	F2-1：合理化建议收益	略	略
	⋮	⋮	⋮	⋮
客户	C1：提供卓越的产品/服务	C1-1：完工产品合格率	略	略
		C1-2：客户满意度	略	略
	C2：提供专业化的质量指导	C2-1：子公司满意度	略	略
	C3：提供有效的决策支持	C3-1：上级认可度	略	略
	⋮	⋮	⋮	⋮
内部业务流程	I1：完善质量管理体系	I1-1：内/外审整改完成率	略	略
	I2：加强生产现场管理	I2-1：5S检查整改完成率	略	略
	I3：强化质量/客服监督	I3-1：重大质量/客服事故次数	略	略
	⋮	⋮	⋮	⋮
学习与成长	L1：提高质量管控能力	L1-1：培训考核达标率	略	略
	L2：塑造追求卓越的企业文化	L2-1：文化认知度	略	略
	⋮	⋮	⋮	⋮

第三，确定各子公司的战略地图和平衡计分卡，形成子公司的绩效计划。各子公司不仅要为满足客户需求从事价值创造活动，从而在市场中脱颖而出，而且要为达成集团总体的协同效应做出贡献。因此，华鹤集团根据子公司的不同特点及定位，在集团总部绩效计划的基础上，开发了各子公司的绩效计划，既体现了各子公司的独立性和针对性，也确保了总公司的战略优先工作逐层分解到子公司，实现财务层面、客户层面、内部业务流程层面、学习与成长层面的全面协同。华鹤集团子公司金鹤门业的绩效计划如表3-31所示。

表 3-31　金鹤门业绩效计划（示例）

层面	要素			
	目标	指标	目标值	行动方案
财务	F1：提升利润总额	F1-1：利润增长率	略	略
	F2：控制生产成本	F2-1：材料成本降低率	略	略
		F2-2：制造费用降低率	略	略
		F2-3：期间费用降低率	略	略
	F3：提高资产利用率	F3-1：流动资产周转率	略	略
	⋮	⋮	⋮	⋮
客户	C1：提供高品质产品	C1-1：无缺陷订单交付率	略	略
	C2：提供差异化的客户服务	C2-1：客户满意度	略	略
	⋮	⋮	⋮	⋮
内部业务流程	I1：实现对流程和技术的优化管理	I1-1：优化的流程数量	略	略
		I1-2：技术标准化目标达成率	略	略
	I2：强化产品质量管控	I2-1：完工产品合格率	略	略
		I2-2：内部故障成本损失率	略	略
		I2-3：外部故障成本损失率	略	略
	⋮	⋮	⋮	⋮
学习与成长	L1：提升与整合战略执行能力	L1-1：人力资本准备度	略	略
	L2：建立关键岗位储备计划	L2-1：已储备人员的岗位比率	略	略
	⋮	⋮	⋮	⋮

第四，确定子公司职能部门的战略地图和平衡计分卡，形成子公司职能部门的绩效计划。子公司职能部门除了要对子公司提供支持外，也需要向总部所对应的职能部门负责。因此，华鹤集团在为各子公司的职能部门设计绩效计划时，充分考虑了如何从自身职能定位出发为其所在子公司的战略服务这一问题，也综合了集团总部对应职能部门的相关要求。金鹤门业技术研发部的绩效计划如表3-32所示。

第五，制作个人平衡计分卡，形成个人绩效计划。为了切实有效地执行战略，华鹤集团在制定完上述组织与部门的绩效计划之后，依据个人职责和分工，继续将绩效计划体系向下延伸到个人层面，真正做到化战略为全体员工的行动。

华鹤集团运用平衡计分卡将集团的战略通过分解、承接等方式落实到集团内各部门、子公司乃至每个员工，形成了一套完整的绩效计划体系，让集团上下统一思想、明确目标、促进协同，为集团战略目标的实现打下了坚实的基础。

表 3-32　　金鹤门业技术研发部绩效计划（示例）

层面	要素			
	目标	指标	目标值	行动方案
财务	F1：控制产品研发成本	F1-1：产品研发周期成本	略	略
	F2：降低产品成本	F2-1：技改收益	略	略
	⋮	⋮	⋮	⋮
客户	C1：确保新产品市场领先	C1-1：新产品上市提前期（与竞争对手相比）	略	略
		C1-2：新产品铺样率	略	略
	C2：提供良好的技术指导与服务	C2-1：相关部门满意度	略	略
	⋮	⋮	⋮	⋮
内部业务流程	I1：整合资源开发新产品	I1-1：开发的新产品数量	略	略
		I1-2：新增专利个数	略	略
	I2：实现对流程和技术的优化管理	I2-1：技术标准化目标达成率	略	略
		I2-2：研发流程是否优化	略	略
	⋮	⋮	⋮	⋮
学习与成长	L1：提升与整合战略执行能力	L1-1：员工胜任度	略	略
		L1-2：组织培训的次数	略	略
	L2：建设先进适用的信息系统	L2-1：综合评价指数	略	略
	⋮	⋮	⋮	⋮

思考题

1. 运用相关理论，对华鹤集团绩效计划体系构建过程进行评价。
2. 你认为华鹤集团在实施绩效计划体系过程中需要注意哪些问题？

第4章 绩效监控

绩效监控是绩效管理的第二个环节，是连接绩效计划和绩效评价的中间环节，也是耗时最长的一个环节。在这个环节，管理者需要与下属进行持续的沟通，对绩效计划的执行情况进行监控，针对存在的问题进行充分交流，提供必要的绩效辅导，并收集相关的绩效信息，从而为绩效目标的顺利达成提供有力保障。

第1节　概　述

一、绩效监控的内涵

众所周知，管理的基本职能包括计划、组织、领导和控制。理解绩效监控的内涵时，不能简单地将其与管理学中的“控制”等同起来，更不能将其简单视为一个束缚下属的贬义词。绩效监控是为达成组织战略目标和实现竞争力的全面提升，对绩效计划实施情况进行全面监控的过程，涉及管理学中的组织、领导、控制等基本职能。

绩效监控（performance monitoring）是指在绩效计划实施过程中，管理者与下属通过持续的绩效沟通，采取有效的监控方式对下属的行为及绩效目标的实施情况进行监控，提供必要的工作指导与工作支持，并收集相关绩效信息的过程。其目的是确保组织、部门及个人绩效目标的达成。对绩效监控概念的把握需要注意以下几个方面：

第一，绩效监控的重点内容是绩效计划实施情况。在绩效监控环节，管理者要对下属的工作行为及结果进行全面监控，确保个人、部门和组织绩效的顺利达成。除了绩效计划实施情况外，组织协同、关键流程等方面也应纳入绩效监控的内容。

第二，绩效监控是一个持续沟通的过程。绩效监控是管理者为掌握下属的绩效情况而进行的一系列沟通活动。一个优秀的管理者必须善于与下属持续沟通，以便观察、预防和解决绩效周期内可能存在的问题，从而更好地完成绩效计划。管理者在绩效监控环节要善于通过持续的绩效沟通，随时发现绩效计划执行过程中出现的问题并及时加以调整。

第三，绩效监控环节的主要任务是提供绩效辅导和收集绩效信息。绩效监控环节的工作重点是在发现问题或潜在危机之后，提供及时的绩效辅导，清除绩效计划执行过程中可能出现的障碍。另外，有效的绩效评价需要建立在准确的绩效信息之上，因此，准确记录并定期汇总员工工作中的关键事件和绩效数据是绩效监控环节的重要任务之一。

二、绩效监控的方法

选择合适的监控方法对绩效进行全面监控，确保组织战略目标的顺利实现已成为管理者的共识。管理者需要了解每种绩效监控方法的优缺点，针对具体情况选择一种或多种监控方法，从而确保各层次绩效目标和组织战略的顺利达成。目前，最常用的绩效监控的方法有书面报告、绩效会议和走动式管理三种。

（一）书面报告

书面报告是绩效监控最常用的一种方法，主要指下级以文字或图表的形式向上级报告工作进展情况。书面报告可以分为两种类型：一类是定期的书面报告，如工作日志、周报、月报、季报、年报等；另一类是不定期的书面报告，如对绩效影响重大的工作所做的各种专项报告，其报告时间相对灵活，可以根据工作进展的情况做具体的安排。

书面报告能提供大量、全面的绩效信息，也可以在管理者与下属无法面对面沟通的时候进行及时的监控。在具体使用该方法的时候，需要注意以下三点：首先，汇报内容需要做到重点突出；其次，应尽量通过绩效信息平台做到绩效信息的共享；最后，应与其他方法组合使用，确保信息双向的沟通并避免汇报内容的形式化。

（二）绩效会议

绩效会议是管理者和下属就重要的绩效问题通过召开会议的形式进行正式沟通的绩效监控方法。为了使绩效会议能达到预期目的，管理者需要注意绩效会议的目的、过程以及基本技术等关键点。

召开绩效会议的目的主要包括以下几个方面：对绩效实施情况进行例行检查；对工作中暴露的问题和障碍进行分析和讨论，并提出必要的措施；对重大的变化进行协调或通报；临时布置新任务。

虽然绩效会议形式有差别，但是一般都包含如下几个基本步骤：会议准备、确定议程、进行会议沟通、达成共识、制定行动方案等。通常需要做好会议记录，并将会议记录及时反馈给所有与会者。

为了达到有效监控的目的，管理者在召开绩效会议时要注意以下几点：营造平等和谐的氛围；给予下属充分的表达机会，充分调动下属的积极性；会议目的具体、明确，不开无谓和冗长的会议等。

（三）走动式管理

有效的绩效监控需要建立在对绩效计划执行情况充分了解的基础上，但是对远离一线的管理者，特别是高层管理者，仅仅通过下属的汇报，往往不能准确掌握绩效计划执行情况，还需要进行实地调研，与绩效计划执行者进行面对面的沟通。走动式管理是管理者进行绩效监控的有效方式之一。

走动式管理（management by wandering around；management by walking around，MBWA）是美国管理学者彼得斯（Peters）与沃特曼（Waterman）在《追求卓越》一书中提出的，是高层管理者为实现卓越绩效，经常抽时间前往各个办公室走动，以获得更丰富、更直接的员工工作问题，并及时了解所属员工工作困境的一种策略。走动式管理不是指管理者到各部门随便走走，而是指管理者通过非正式的沟通和实地观察，尽量收集第一手绩效信息，发现问题或潜在危机，并配合情境做最佳的判断。同时，走动式管理也是对下属汇报的绩效信息的再核查过程，管理者带着问题到工作实践中分析原因和排除障碍。

在使用走动式管理进行绩效监控的时候，管理者需要注意以下几点：第一，管理者需要走进基层和一线，接触工作实际，通过现场的观察和沟通来了解下属的工作进度、实际困难和潜在能力，并获得他们的信任与尊重；管理者需要通过对下属工作的全面观察和沟通，敏锐地捕捉重要的绩效信息。第二，不是每次的走动都能获得重要的信息，但是管理者经常走动能够对重大绩效事故的防范有很大帮助，以致管理者不必等到事故发生之后再焦头烂额地处理。第三，走动式管理不仅是一种有效的绩效监控方法，还是一种情感管理、现场管理方法。在使用走动式管理的时候，管理者需要思考如何实现管理方法和领导艺术的有效融合，有效提升组织绩效，从而使组织获得持续的竞争优势。

第2节　绩效沟通

在整个绩效管理过程中，管理者和下属都需要进行有效的绩效沟通。绩效沟通的效果在一定程度上决定绩效管理的成败。绩效监控也是绩效沟通最集中的阶段，因此本章系统全面地介绍绩效沟通。

一、绩效沟通的概念

（一）绩效沟通的内涵

绩效沟通是管理者和下属为实现绩效目标而开展的建设性、平等、双向和持续的信息分享和思想交流。其中，绩效沟通中的信息包括有关工作进展情况的信息、下属工作中的潜在障碍和问题及各种可能的解决措施等。对绩效监控过程中的绩效沟通概念的理解需要特别注意以下几个方面：

（1）绩效沟通是一种建设性的沟通。绩效沟通以解决问题为目的，是在不损害人际关系的前提下进行的。建设性沟通技巧是每一名管理者都需要掌握的。许多管理者仅仅关心下属能否通过沟通理解自己的意图，并不真正关心下属的感受。在这种情况下，沟通往往是非建设性的，不能取得应有的成效。研究表明，下属与管理者之间的良好关系会产生较高的工作绩效。管理者与下属之间的不良关系不仅是双方沟通的一大障碍，而且往往是不良沟通方式带来的恶果。因此，为了实现组织的战略目标，管理者应该重视绩效沟通的建设性。

（2）绩效沟通是一种平等的沟通。沟通最本质的目的就是思想的传递，为了让对方真正了解自己的想法，信息发出者应该通过了解听者的需要和可能的反应，决定自己要使用的沟通手段和方式。思想顺利传递的基础是沟通主体心理上的平等地位，正所谓“己所不欲，勿施于人”。双方如果坚持换位思考，从对方的立场思考问题，就能够找到最佳的沟通方式。管理者无法通过沟通影响他人的重要原因之一在于他们误解了沟通的本质。沟通只有在心理上坚持平等，才能有利于信息形成通畅的环路；如果管理者高高在上，信息传递通常会不顺畅，即使有信息传递，信息本身的准确性和及时性也会受到影响。

（3）绩效沟通是一种有效的沟通。绩效沟通是一个封闭的环路，管理者必须准确地知道计划执行的情况，下属要及时将绩效计划执行的情况向上级反映，并且传递的信息要能被双方充分理解。沟通更重要的意义在于传递思想而非传递信息本身，让发出的信息（语言或行为）被接受者充分理解才是真正有效的沟通。

（4）绩效沟通是一种持续的沟通。绩效沟通贯穿整个绩效管理的四个环节，在绩效监控中的持续时间最长，但是也最容易被忽视。在绩效计划执行过程中，管理者和下属需要持续地就相关工作进展情况、潜在障碍和问题、解决问题的措施以及管理者帮助下属的方式等信息进行沟通，特别是在障碍发生前就要识别和指出相应问题，并通过沟通找到解决方案。绩效沟通的中断会导致管理者与下属之间产生各种各样的摩擦，使绩效管理成为下属与管理者之间不断争执和冲突的重要原因。

（二）绩效沟通的重要性

从绩效沟通的概念可以看出，绩效沟通就是指管理者与下属在共同工作的过程中分享各类与绩效有关的信息的过程，其目的是管理者通过沟通实现下属绩效的改善和提升。管理者是绩效沟通的设计者和主导者，对绩效沟通具有决定性的影响。为了提高绩效沟通的质量，管理者必须深入地理解沟通和绩效沟通的重要性。

1. 沟通的重要性

20 世纪 60 年代末期，亨利·明茨伯格（Henry Mintzberg）提出了著名的管理者角色理论。他指出，管理者在日常管理活动中扮演 10 种不同却高度相关的角色：挂名首脑、领导者、联络者、监听者、传播者、发言人、企业家、混乱驾驭者、资源分配者、谈判者等。有人将这 10 种角色进一步组合成三个方面：愿景设计者、激励者和推动者。无论实现哪类角色，沟通的重要性都是不可忽视的。明茨伯格认为，管理者首先是愿景设计者，其必须把自己设定的愿景转化为下属共同的愿景。这就要求管理者具有高超的沟通技巧。其次，管理者要通过愿景激励员工的工作积极性，使员工的目标与管理者设计的愿景相融合。管理者作为激励者的角色进一步强化了沟通的重要性。最后，管理者还要通过大量的沟通活动推动组织愿景的实现。因此，管理者在实现愿景设计者、激励者和推动者三方面角色的过程中，都需要充分发挥沟通的作用。

此后，弗雷德·卢桑斯（Fred Luthans）和他的助手从另一个角度考察了“管理者究竟在做什么”这个问题。他们提出的问题是：在组织中提升最快的管理者与在组织中总成绩最佳的管理者从事的工作相同吗？他们对管理工作强调的重点相同吗？卢桑斯和他的助手对 450 名管理者进行了研究。他们发现，这些管理者都从事以下四种活动：

（1）传统管理：决策、计划和控制。

（2）沟通：交流信息、处理各类书面文件等。

（3）人力资源管理：激励、惩戒、协调冲突、人员配备和培训。

（4）网络联系：社交活动、政治活动和外界交往。

普通管理者、成功管理者和有效管理者三类不同的管理者在这四项活动的时间分配上表现出不同的特征，如图 4－1 所示。在这里，成功的管理者是指在组织中晋升速度最快的人，而有效的管理者指的是工作业绩数量最多、质量最高，下属对其满意度和承诺度最高的管理者。从组织的角度出发，我们最关注的是有效的管理者在四类活动中的时间分配情况。研究表明，有效的管理者在沟通上花费的时间最多（44%）。对于普通的管理者和成功的管理者，沟通在这四类工作中处于占用时间第二多的位置。可见，沟通是一项十分重要的管理活动。

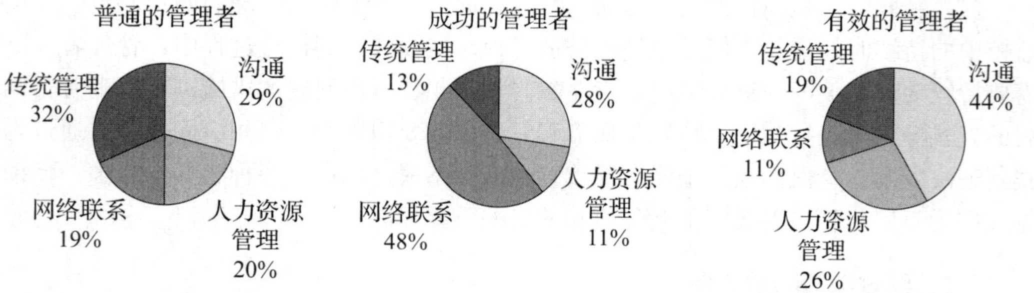

图 4－1　不同管理者用于沟通活动的时间分布

资料来源：罗宾斯．管理学：第 7 版．北京：中国人民大学出版社，2004：12.

2. 绩效沟通的重要性

在传统的工作环境中，工作场所和工作内容都相对固定，下属往往只要根据既定的绩效计划，按照明确的流程按部就班地工作，就能够达到职责要求，从而完成相应的绩效任务。员工掌握必要的知识和技能对获得高绩效更加重要，而绩效沟通对绩效的影响还不是非常明显。

在信息化、网络化和全球化时代，科技迅猛发展、信息日益膨胀、工作生活节奏加快等因素深刻地影响人们的行为，组织战略以及生产和经营的模式调整周期越来越短，职位说明书的更新速度也越来越快，在某些行业中，人们甚至发现为某些职位制定明确、翔实的职位说明书几乎不可能。这种情况在绩效管理中的直接表现就是必须保持绩效计划的弹性，确保员工的工作实践与实际情况的要求一致。面对变化的工作环境，管理者与下属持续有效的绩效沟通就显得日益重要。如果缺乏必要的沟通，管理者计划调整或增加临时任务时，下属就可能产生不满甚至抵触情绪，从而影响绩效目标的达成。

二、绩效沟通的内容

对于管理者和下属来说，绩效沟通的主要目的通常是提高下属的工作绩效，但是双方通过绩效沟通所要了解的信息内容是不同的。

对管理者而言，他们需要得到有关下属工作情况的各种信息，以更好地协调下属的工作。当下属工作出现问题的时候，管理者应该及时掌握情况，以免不必要的麻烦和浪费。另外，他们还需要了解工作的进展情况，以便在必要的时候向上级汇报。如果不能掌握最新的情况，管理者可能会面临许多不必要的麻烦。在一些情况下，管理者还应该有意地收集一些绩效评价和绩效反馈需要的信息。这些信息将帮助管理者更好地履行他们在绩效评价中担负的职责。

对下属而言，他们也需要有关信息。通过与管理者的绩效沟通，下属可以了解自己的表现获得了什么样的评价，以便保持工作积极性，并更好地改进工作。另外，下属还需要通过这种沟通了解管理者是否知道自己在工作中遇到的各种问题，并从中获得有关如何解决问题的信息。当工作发生变化时，下属能够通过绩效沟通了解自己下一步应该做什么，或者应该主要做什么。总之，这些信息应该能够帮助下属更好地完成他们的工作，应对工作中遇到的各种变化和问题。

因此，我们可以简单地认为，绩效沟通的目的就是保证任何时候每个人都能获得改善工作绩效所需的各类信息。为了进行有效的绩效沟通，管理者首先要确定双方之间沟通的具体内容。可以通过回答以下两个问题来确定沟通的具体内容：

（1）作为管理者，为了更好地履行职责，我必须从下属那里获得什么信息？

（2）作为下属，为了更好地履行工作职责，我需要哪些信息？

通过对这两个问题的回答，管理者能够更好地明确绩效沟通的内容，这是确定绩效沟通内容的一个非常实用的思路。通过绩效沟通，管理者和下属还应该能够回答以下问题：

（1）工作进展情况如何？

（2）绩效目标和计划是否需要修正？如果需要，如何进行修正？

（3）工作中有哪些方面进展顺利？为什么？

（4）工作中出现了哪些问题？为什么？

（5）下属遇到了哪些困难？管理者应如何帮助他们克服困难？等等。

上面的问题只是给人们提供了一个思路。在具体情况面前，人们还要充分考虑工作中面临的种种变化。值得注意的是，双方之间应就什么问题进行沟通甚至也可以成为双方沟通的话题。

三、绩效沟通的方式

绩效沟通是一个充满细节的过程。管理者与下属的每一次信息交流都是一次具体的沟通。总的来说，绩效沟通可以分为正式的绩效沟通和非正式的绩效沟通两大类。正式的绩效沟通是组织管理制度规定的各种定期进行的沟通。非正式的绩效沟通则是管理者和员工在正式规章制度和正式组织程序以外进行的有关绩效信息的沟通形式。

（一）正式的绩效沟通

正式的绩效沟通主要包括正式的书面报告和定期会面两种形式。其中，管理者与下属之间的定期会面又包括管理者与下属之间的一对一会谈和有管理者参加的团队会谈。

1. 正式的书面报告

很多管理者都要求下属定期上交工作汇报，以了解下属的工作情况和遇到的各种问题，并要求下属提出建设性意见。书面报告最大的优点是简单易行，而且能够提供文字记录。为了让下属更好地完成书面报告，管理者应该让下属有机会决定报告的书写内容，而不应由管理者一厢情愿地决定。当双方就这个问题达成一致后，管理者可以设计出一个统一的样表，以便下属填写。这种表格的形式非常多，但通常需要包括工作目标的进展情况、工作中遇到的问题、建议和意见等栏目。另外，书面报告的形式很大程度上取决于下属的文化水平；对于不同文化程度的下属，工作报告的要求往往也不同。

在很多情况下，员工不欢迎书面报告，他们将这项工作视为额外的负担，只是应付了事。大多数情况下，他们只是浪费了大量的时间，提供了一大堆毫无意义的信息。这主要是由于很多组织没有将书面报告与其他沟通方式结合起来，以致这种书面沟通成为一种单向的信息流动；由于管理者和下属缺乏面对面的沟通机会，这种单向流动使大量的信息变成摆设。因此，可以通过将书面报告与其他沟通方式相结合来克服这个问题。例如，管理者通过报告中提供的信息了解到工作进程中发生的某个问题时，就可以到工作现场指导下属解决这个问题，或通过面谈与下属进行交流，共同寻求解决问题的途径。

2. 定期会面

书面报告毕竟不能代替管理者与下属之间面对面的口头沟通。为了寻求更好的解决问题的途径，管理者与下属之间的定期会面是非常必要的。这种面对面的会谈不仅是信息交流的最佳机会，而且有助于在管理者与下属之间建立一种亲近感。这一点对于培育团队精神、鼓励团队合作是非常重要的。

（1）一对一会谈。定期会面最常见的形式是管理者与下属之间的一对一会谈。在每次会面开始，管理者应该让下属了解这次面谈的目的和重点。例如，管理者可以说这样的开场白："今天我想和你谈一谈你的工作进展情况。上次会谈中谈到的问题是否得到了解决，是否又有新的问题……"由于是一对一会谈，管理者应该将会谈集中在解决下属个人面临的问题上，以使会谈更具实效。例如，让下属了解企业整体经营方向的变化非常重要，但更关键的是要让下属明确各种变化对其工作产生的影响。也就是说，应该将问题集中在调整下属的工作计划、解决下属个人遇到的问题上。

大多数管理者都会犯的一个错误是过多地"教训"而忘记倾听。管理者应该更多地鼓励下属进行自我评价和报告，然后再进行评论或提出问题。如果问题是显而易见的，应该鼓励下属尝试找出解决问题的方式。另外，管理者应该在面谈的最后留出足够的时间让下属有机会说出其想说的问题。下属是最了解其工作现场情况的人，从他们的口中了解情况是非常重要的。

在面谈中，管理者还应该注意记录一些重要的信息。特别是面谈中涉及一些计划性的事务时，更应如此。例如，对于工作计划的变更、答应为下属提供某种培训等，都应该留有记录，以防日后遗忘。

(2) 团队会谈。书面报告和一对一会谈的一个共同缺陷是涉及的信息只在两个人之间共享。由于很多工作都是以团队为基础开展的，这两种方式都不能完全实现沟通的目的。这时，就需要采用一种新的方式——有管理者参加的团队会谈。管理者参加的团队会谈应该精心设计交流内容，避免不恰当的内容造成无效沟通，从而浪费时间和在团队成员之间造成不必要的摩擦或矛盾。在团队的工作环境中，团队成员之间在工作中相互关联并发生影响。每个成员都能够不同程度地了解和掌握其他成员的工作情况，而且每个成员都能够通过解决大家共同面对的问题提高个人乃至团队的绩效。因此，群策群力是解决问题的最好方式之一。

需要注意的是，涉及个人绩效方面的严重问题不应轻易成为团队会谈的话题。每个人都有犯错的时候，这种公开的讨论是最严厉的惩罚。不同的文化背景决定了人们对这种情况的承受能力和接受能力。通常情况下，这种针对个人的绩效警告应该在私下进行。

团队形式的会谈意味着更多的时间和更大的复杂性。同时，要确定一个适合所有人的开会时间有时不是件容易的事情。对于较小的团队，这种问题还比较容易解决。如果涉及的团队规模较大，会谈就不能过于频繁。有时，可以采用派代表参加的方式解决这个问题。

团队会谈更要注意明确会谈重点，控制会谈的进程。管理者可以要求每个人都介绍一下工作的进展和遇到的困难，以及需要管理者提供什么帮助以有利于工作更好地完成。人们可以使用一些结构化的问题提纲和时间表来控制进程。例如，管理者可以要求每个参会人员谈一谈工作的进展情况、遇到的问题以及可能的解决方法。如果找到了问题并能够很快地解决，就应立即安排到个人，以确保问题得到及时解决。如果不能在规定的时间内找出问题的解决方法，可能的解决方式是：计划开一个规模更小的小组会或要求某个人在规定时间内草拟一份方案等。不能让个别难以解决的问题影响整个会谈的进度，毕竟这种团队式会谈的时间是十分宝贵的。只有充分利用每一分钟，才能够使会谈发挥最大的效益。因此，强调时间限制是十分重要的。

与一对一会谈相同，团队式的会谈也应该做好书面的会谈记录。参会成员可以轮流做这项工作，并及时向参会人员反馈书面记录的整理材料。

为了有效利用以上两种定期会面的绩效沟通形式，应当特别注意以下两个方面的问题：

第一，不论是一对一会谈还是团队式的会谈，会谈形式最大的问题都是容易造成时间的无谓耗费。如果管理者缺乏足够的组织沟通能力，这种面谈就可能成为无聊的闲谈，也可能变成人们相互扯皮、推卸责任的场所。因此，掌握一定的沟通技巧对管理者而言是非常必要的。这一点我们将在后面详细讲解。

第二，沟通频率是管理者需要考虑的另一个重要问题。从事不同工作的人可能需要不同的沟通频率，甚至从事同一种工作的人需要的交流次数也不尽相同。管理者应该根据每个下属的不同情况，安排绩效沟通（书面的或口头的）的频率。对于团队会谈，管理者更应该充分考虑所有团队成员或参会人的工作安排。

（二）非正式的绩效沟通

管理者与下属之间的绩效沟通并不仅仅局限于采取正式会面或书面的形式。事实上，管理者和下属在工作过程中或工作之余的各种非正式会面为他们提供了非常好的沟通机会。

非正式的绩效沟通的最大优点在于它的及时性。当下属在工作中遇到问题时，管理者可以与之进行简短的交谈，促使问题及时解决，毕竟问题不总是发生在计划会面的前一天。对于亟待解决的问题，必须采取更加灵活的沟通方式——非正式的绩效沟通。非正式的绩效沟通没有固定的模式。有的管理者喜欢每天花一些时间在工作现场或公司食堂等公共场所与下属交谈。并不是所有的管理者都必须或可能做到这一点，但是管理者四处走动并与下属进行非正式交谈的确是一个好的管理手段。

有的管理者自己非常愿意通过这样的沟通促进团队或部门的工作业绩，但是下属好像都不愿意把这些管理者希望了解的情况告诉他们。这时，管理者应该注意检讨一下自己的态度。在大多数情况下，问题出在管理者一方。管理者应该注意学习各种各样的沟通技巧，成为一个合格的倾听者。不论对于正式沟通还是非正式沟通，这都是绩效沟通得以顺利进行的重要条件。

随着通信与网络的发展，人们的沟通更加便捷，地域限制也越来越少。这为管理者和下属进行深入的绩效沟通提供了条件。在这种情况下，非正式的绩效沟通可以是书面形式的，这时管理者可以更快捷地给予反馈信息，通过虚拟网络达到员工与管理者之间“面对面”的交流效果。

四、绩效沟通的原则

实现高效的绩效沟通并不是一件简单的事情，管理者和下属都需要为绩效沟通做充分的准备，既要掌握基本的沟通技巧，又要遵循基本的沟通原则。以下三项基本的绩效沟通原则对规范沟通行为、提高沟通效果具有重要作用。

（一）对事不对人原则

人们在沟通中存在两种导向：问题导向和人身导向。所谓问题导向的沟通，指的是沟通关注问题本身，注重寻找解决问题的方法；人身导向的沟通则更多地关注出现问题的人，而不是问题本身。绩效沟通的对事不对人原则要求沟通双方针对问题本身提出看法，充分维护他人的自尊，不轻易对人下结论，而要从解决问题的目的出发进行沟通。

人身导向的沟通往往会带来很多负面的影响。人们在遇到问题时往往会非常直接地将问题归咎于人，甚至带有一定程度的人身攻击。因此，人身导向的沟通往往只是牢骚，不能为解决问题提出任何积极可行的措施。另外，如果将问题归咎于人，往往会引起对方的反感和防御心理。在这种情况下，沟通不但不能解决问题，还会对双方的关系产生破坏性影响。人身导向的沟通不适用于批评，也不适用于表扬。即使你告诉对方“你好优秀啊”，如果没有与任何具体的行为或结果相联系，也可能会被认为是虚伪的讽刺，引起对方的极度反感，这一点往往会被人们忽视。

（二）责任导向原则

所谓责任导向的沟通就是在绩效沟通中引导对方承担责任的沟通模式。与责任导向相关的沟通方式有两种——自我显性的沟通与自我隐性的沟通。典型的自我显性的沟通使用第一人称的表达方式；自我隐性的沟通则采用第三人称或第一人称复数，如“有人说”“我们都认为”等。自我隐性的沟通将第三者或群体作为主体，避免对信息承担责任，从而逃避就其自身情况进行真正的交流。如果不能引导对方从自我隐性的沟通方式转向自我显性的沟通方式，就不能实现责任导向的沟通，不利于实际问题的解决。

另外，通过遵循责任导向的定位原则，人们可通过自我显性的沟通方式，更好地与对方建立联系，表达合作与协助的意愿。“我想这件事可以这样……”“在我看来，你的问题在于……”等说法都能够给人这样的感受。与此相对应的是人们往往通过自我隐性的沟通方式逃避责任，这往往给人一种不合作、不友好的感受。在建设性沟通中，人们应该使用责任导向的自我显性的表达方式，与沟通对象建立良好的关系。

因此，当下属使用自我隐性的沟通方式时，管理者应该在给下属说话的权利的同时，使用要求对方举例的方式引导下属采用自我显性的沟通方式，使员工从旁观者立场转变为主人翁立场，并自然而然地为自己的行为承担责任。

（三）事实导向原则

在前面对事不对人原则中我们谈到，建设性沟通应该避免轻易对人下结论的做法。遵循事实导向的定位原则能够帮助人们更好地克服这种倾向。事实导向的定位原则在沟通中表现为以描述事实为主要内容的沟通方式。在这种方式中，人们通过对事实的描述避免对人身的直接攻击，从而避免对双方的关系产生破坏性作用。特别是管理者向下属指出其缺点和错误的时候，更应该恪守这一原则。在这种情况下，管理者可以遵循以下三个步骤进行描述性沟通：首先，管理者应描述需要修正的情况。这种描述应基于事实或某个特定的、公认的标准。例如，可以说“你这个季度的销售额排名处于部门的最后一名”“这个月你受到了 3 次有关服务质量的投诉”等。这种描述能够在很大程度上避免下属的抗拒心理。其次，仅仅描述事实是不够的，在描述事实之后，管理者还应该对这种行为可能产生的后果做一定的描述。例如，可以说“你的工作业绩出乎我的意料，这将对我们整个部门的销售业绩产生不良的影响”“顾客表示无法接受这样的服务水平，他们宁可放弃我们的产品”等。在这里，管理者应该注意不要使用过于严厉的责备口吻，否则下属会将精力集中于如何抵御攻击，而不是如何解决问题。最后，管理者可以提出具体的解决方式或引导下属主动寻找可行的解决方案。当然在现实中，并不是所有情况都应该遵循这三个步骤。上面的例子是针对指出下属工作中的问题而言的。总之，在可能的情况下用事实根据代替主观的判断，能够最大限度地避免对方的不信任感和抵御心理。以事实为导向的定位原则能够帮助人们更顺利地进行建设性沟通。

五、绩效沟通的技巧

绩效沟通是技术要求相对较高的一种沟通，在具体的沟通实践中，管理者需要运用各种各样的沟通技巧和方法。这些技巧五花八门，散见于各种各样的管理培训教程、沟通技巧教程中，这些技巧和方法有很多都能应用于绩效沟通。

（一）有效沟通技巧

1. 利用反馈

一个完整的沟通过程必须包括信息接收者对信息做出的反应，当能够确认信息接收者接收并理解信息传递者所要发送的信息时，才意味着沟通过程的完成。及时反馈是促进有效沟通的重要手段，组织沟通中的许多误解或不准确都可以通过反馈来减少或者避免。反馈既包括言语的反馈，也包括非言语的反馈。管理者可以通过向下属提问或者要求下属复述所传递的信息来提高下属对信息的理解和接收程度。同时，管理者还需要鼓励开放性的反馈，当组织中的人们不愿意给予和接受反馈时，管理者需要公开诚实地接受反馈，营造一种开放式的沟通氛围，级别较低的员工也可以畅所欲言、毫无顾忌。

2. 简化语言

语言作为沟通的载体，能有效地传递信息，但有时候也容易成为沟通的障碍。每一个领域都有其专业术语，对于不熟悉专业术语的人员而言，必然容易造成沟通不畅。为了确保信息被正确地吸收和理解，管理者在传达信息时，需要言简意赅地表达出想要告知的信息。使用文字时要简洁明确，叙事说理时要言之有据、条理清楚、富有逻辑性；要措辞得当，通俗易懂，不要一味地滥用辞藻，不要讲空话、套话。管理者还可以借助手势语言和表情动作，生动形象地传递信息，提高下属的接受程度。

3. 积极倾听

积极倾听通常能够帮助管理者更好地解决问题。每个人在形成对某种事物或观念的正确判断之前，往往只有一些朴素的、模糊的认识，仅仅通过自己的思考很难得到充分的信息。在这种情况下，积极的倾听能够帮助人们获取信息，整理思路，从而更好地解决问题。积极倾听的常用技巧包括：倾听者要学会用自己的词汇解释讲话者所讲的内容，从而检验自己是否完全理解对方的想法；用赞同性的点头和恰当的面部表情向对方表达认同，以帮助对方进一步表明其想法；简要概括对方表达的内容，表明自己已经确实了解，并促使对方进一步说明其观点；综合对方表达的内容，得出一个结论，以使话题能够进一步展开；站在对方的角度进行大胆的设想；避免让人分心的动作或手势；通过眼神接触表示自己对话题感兴趣。

4. 设身处地

有效的绩效沟通要求管理者必须具有同理心，能够感同身受、换位思考，站在信息接收者的立场，以接收者的观点和视野来考虑问题。若信息接收者拒绝其观点和意见，管理者必须耐心、持续地做工作来改变信息接收者的想法，管理者有时候还要考虑自己所要表达的观点是否正确。

5. 言行一致

行动胜于雄辩。沟通往往受到说一套做一套的束缚，用语言说明意图仅仅是沟通的开始。只有将语言转化为行动，才能真正提高沟通的效果，达到沟通的目的。如果说的是一套，做的是另一套，言行不一致，沟通就难以达到预期的效果。在企业中，传达政策、规范和命令之前，管理者最好先确定自己能否身体力行，“说你能说的，做你能做的”，由此才能营造一种相互信任的良好氛围，提高组织沟通的效果，促使组织的使命、核心价值观、愿景和战略顺利落实。

6. 控制情绪

管理者的情绪也会影响沟通的实际效果，管理者始终以一种理性的方式进行沟通并非易事。管理者对某事感到失望时，很可能会误解收到的信息，无法准确、清晰地传达自己的意思。因此，管理者在沟通之前应保持冷静，控制自己的情绪，尽量减少情绪对沟通的妨碍和扭曲。

（二）非语言沟通技巧

沟通并不是一个简单的语言传递过程。在沟通的过程中，沟通双方往往需要通过非语言的信息传递各自的想法。在积极倾听的技巧中，我们已经谈到肢体语言对沟通对象的影响。沟通双方能否很好地运用非语言沟通技巧是影响建设性沟通成败的一个重要因素。

关于各类肢体语言基本含义的相关文献非常丰富，这些肢体语言基本上涵盖了日常生活中各种常见的情况。需要注意的是，当肢体语言脱离具体的沟通环境时，这些肢体语言往往是空洞、没有意义的。为了真正理解肢体语言所表达的内容，人们必须结合沟通的环境、双方的关系和沟通的内容等进行综合判断。了解常见肢体语言的一般含义能够帮助人们更敏锐地观察和理解沟通对象的想法，并从中学会更好地控制自己的行为，在好的方向上影响沟通的进程。例如，一个人有太多如下肢体语言时，可被认为在撒谎：眨眼过于频繁，说话时掩嘴，用舌头润湿嘴唇，清嗓子，不停地做吞咽动作，冒虚汗和频繁地耸肩。

肢体语言往往是人们在沟通过程中无意识地表现出来或无意识地接受并做出反应的动作。学习肢体语言的可能含义能够帮助人们在沟通中对这些无意识的反应做出有意识的认识，从而更好地把握沟通对象的真正意图。这一点对于建设性沟通是十分有益的。

（三）对信息的要求

在沟通过程中，由于沟通双方的生活背景、经历以及个人观点和地位的不同，沟通过程中的信息接收者和发出者会对相同信息符号产生不同的理解。因此，如何组织沟通信息以便沟通双方准确理解就成了保障沟通质量的重要决定因素。在组织信息过程中，管理者和下属需要保障绩效信息的完整性和准确性。

1. 信息的完整性

信息的完整性是指在沟通中信息发出者需要尽量提供完整和全面的信息。具体来说，信息发出者需要注意以下几个方面：沟通中是否提供了全部的必要信息；是否根据听者的反馈回答了全部问题；是否为了实现沟通的目的，提供了必要的额外信息。至于信息提供是否完整，需要从沟通双方在沟通实践中信息的编码和解码全过程来确认。很多时候，人们自认为已经把需要告诉对方的信息都表达了，实际上对信息接收方来说，信息可能是不完整的。

在绩效沟通中，信息不完整的情况十分常见。比如，管理者和下属在就日常工作进行沟通的时候，信息的完整性就可能被忽视：下属可能提供部分绩效信息，以为管理者对很多信息都是清楚的；管理者在进行绩效辅导的时候，也常常会忽略一些其认为下属理应知道，但实际上下属可能不完全知道，或者未掌握解决问题的关键技术等。虽然在信息沟通中不可能做到信息的面面俱到，但必须做到关键信息不遗漏。

2. 信息的准确性

信息的准确性是指提供的信息对沟通双方来说应该是准确、对称的。信息的完整性要求信息发出者提供全部的必要信息，信息的准确性则强调信息发出者提供的信息是准确的。沟通信息的准确性要求人们根据环境和对象的不同采用相应的表达方式，从而帮助对方精确领会全部的信息。

许多关于人际沟通的研究工作都关注信息的准确性。这些研究普遍强调，应该使信息在整个传送过程（编码和解码）中基本不改变或偏离原意，并将之视为有效沟通的基本特征。为了保障沟通双方对信息都有精确的理解，人们应注意以下两个方面。

（1）信息来源对沟通双方都应该是准确可靠的，这是信息准确性的基本要求。在沟通过程中，出现信息不准确现象的一个非常重要的原因就是原始数据的可靠性不符合沟通的需要。特别是管理者对下属的工作失误提出意见时，必须使用双方都能够认同的信息源所提供的信息。例如，甲和乙之间有一些私人矛盾。如果管理者以甲提供的信息为依据，对乙的怠工行为提出批评，就容易遭到乙的排斥。即使这种情况是客观发生的，这样的沟通也无法达到应有的效果，因为沟通信息的可靠性没有得到接收者的认同。

（2）信息传递方式有助于沟通双方准确理解信息。在沟通过程中，应该使用沟通双方都能够理解的媒介手段和恰当的语言表达方式。

第一，选择合适的媒介手段。目前，主要的媒介包括会谈、书面报告、信息系统等各种各样的形式。在选择媒介时，不能仅凭信息发出者的意愿，而要根据沟通对象的特征、沟通的目的以及各方面的环境因素等进行综合考虑。例如，针对某个下属工作中的问题进行辅导时，管理者通常应该采用一对一面谈的形式；对于团队工作中的问题，在团队成员数量有限并有可能集中且不影响工作进展的情况下，管理者可以采用团队集体会议的方式进行沟通。随着信息技术的不断发展，信息传递的准确性有了很大的提高；人们可以在很短的时间内将信息以文字、图像、声音等形式传送到世界的各个地方。在企业管理中，人们在更加广泛的领域使用企业内部网络或基于互联网的信息平台进行管理者与下属双方的沟通。如果下属的工作环境和个人经济情况使其没有经常上网的条件，那么片面地追求时髦的管理手段就可能达不到任何效果，这种情况下，信息系统远不如车间里的小黑板有效。

第二，选择恰当的语言表达方式。主要是需要注意恰当的词语和恰当的语言风格两个方面。需要沟通双方对沟通词语有准确理解，因为沟通双方在文化和语言上的差异往往导致其对相同词语的不同理解。有一个流传很广的案例可以说明这个问题：一个美国商务代表团到日本参加谈判，直到他们要打道回府时，才发现双方离达成共识还有很大的距离。因为在谈判中，每当日方对价格等问题提出异议时，只要美方在其他方面略做让步，日方代表就会回答“哈伊、哈伊”。之后，美方就将谈判引入下一个议题。实际上，日本人说“哈伊”（日语中的“是”）只意味着理解了对方的意思，并不代表对对方意思的认同。关于语言风格的选择，沟通双方可以根据不同的沟通主题，决定选择正式语言、非正式语言还是非规范语言。这三种不同类型的语言运用于不同的沟通方式，服务于不同的沟通对象和沟通目的。在管理者与下属之间进行的非正式沟通中，人们更多地运用非正式的语言进行交流，甚至会使用一些在工作场所中人们都能够理解的非规范语言。但是，在正式的书面沟通（如定期的工作报告）中，人们会更倾向于使用正式语言精确地表达信息的内容。

第 3 节　绩效辅导

管理者在绩效监控环节中的一项重要任务是在下属实施绩效计划过程中出现问题或障碍时，采取有效的方式与手段加以解决。从某种意义上说，为下属提供绩效辅导是管理者切实履行管理职能的必然要求，也是确保绩效计划顺利完成的必要手段。

一、绩效辅导的内涵

所谓的绩效辅导（performance coaching）是指管理者采取恰当的领导风格，在进行充分的绩效沟通的基础上，根据绩效计划，针对下属工作进展中存在的问题和潜在的障碍，激励和指导下属，以帮助其实现绩效目标，并且确保其工作不偏离组织战略目标的持续过程。管理者作为绩效辅导的主导者和推动者，不仅仅需要对下属提出的各种要求做出积极回应，还需要能够前瞻性地发现潜在问题并在问题出现之前加以解决。绩效辅导概念包含以下几个方面的内容：

第一，管理者为下属提供帮助是绩效辅导的关键。绩效辅导的目的是通过帮助下属实现绩效目标，实现部门和组织的绩效目标，进而实现组织战略目标。下属在执行绩效计划的过程中遇到困难或障碍需要帮助时，管理者需要及时地提供各种必要的帮助和支持；在必要的时候，还应该为下属提供培训的机会，使其具备完成绩效计划必备的知识和技能。

第二，激励下属是绩效辅导的重要职能。在绩效辅导中，管理者需要注重培养下属对绩效的主人翁意识和责任感，帮助其树立自信和提高工作成就感，促使其为实现绩效目标而不断自我超越，为承担更具挑战性的工作任务而不断提升知识、技能和对组织的承诺水平。

第三，领导风格对绩效辅导效果有重要影响。管理实践中面对的实际情况是多种多样的，但是管理者的领导者风格相对稳定。绩效辅导由管理者具体执行，并且领导风格和管理者的特征对绩效辅导有较大的影响。因此，在实施绩效辅导的过程中，管理者需要依据具体情境选择恰当的领导风格。

第四，根据绩效计划的执行情况，及时与下属沟通是绩效辅导成功的基本保障。这要求管理者全面收集绩效计划执行的各种信息，做出正确的辅导决策。管理者需对绩效不佳的员工给予及时的辅导，为其提供培训机会；对于成功达成或超额实现预期目标的员工，则需要及时表扬，激励其为实现更高的绩效目标而不断努力。

二、绩效辅导中领导风格的选择

管理者不可能也不需要随时对下属进行绩效辅导。管理者只需在下属需要辅导时，及时提供辅导与支持。对管理者来说，准确判断下属在什么情况下需要绩效辅导是一个技术性问题。为了提高绩效辅导的有效性，管理者需要针对不同的情境选择不同的领导风格，从而使绩效辅导更有针对性和有效性。

（一）依据下属成熟程度选择领导风格

保罗·赫西（Paul Hersey）和肯·布兰查德（Ken Blanchard）在 1969 年提出的领导情境理论又称作领导生命周期理论，为管理者做出正确的判断、选择恰当的绩效辅导风格提供了理论指导。该理论将领导划分为任务行为和关系行为两个维度，并根据两个维度组合成指示、推销、参与和授权四种不同的领导风格。

S1 指示：高任务-低关系领导风格；

S2 推销：高任务-高关系领导风格；

S3 参与：低任务-高关系领导风格；

S4 授权：低任务-低关系领导风格。

该理论比较重视下属的成熟度，这实际上隐含着一个假设：领导者的领导力大小实际上取决于下属的接纳程度和能力水平的高低。根据下属的成熟度，也就是下属完成任务的能力和意愿程度，可以将下属分成四种类型：

R1：下属既无能力又不愿意完成某项任务，这时是低度成熟阶段；

R2：下属缺乏完成某项任务的能力，但是愿意从事这项任务；

R3：下属有能力但不愿意从事某项任务；

R4：下属既有能力又愿意完成某项任务，这时是高度成熟阶段。

保罗·赫西和肯·布兰查德的领导情境理论的具体模型如图 4-2 所示。

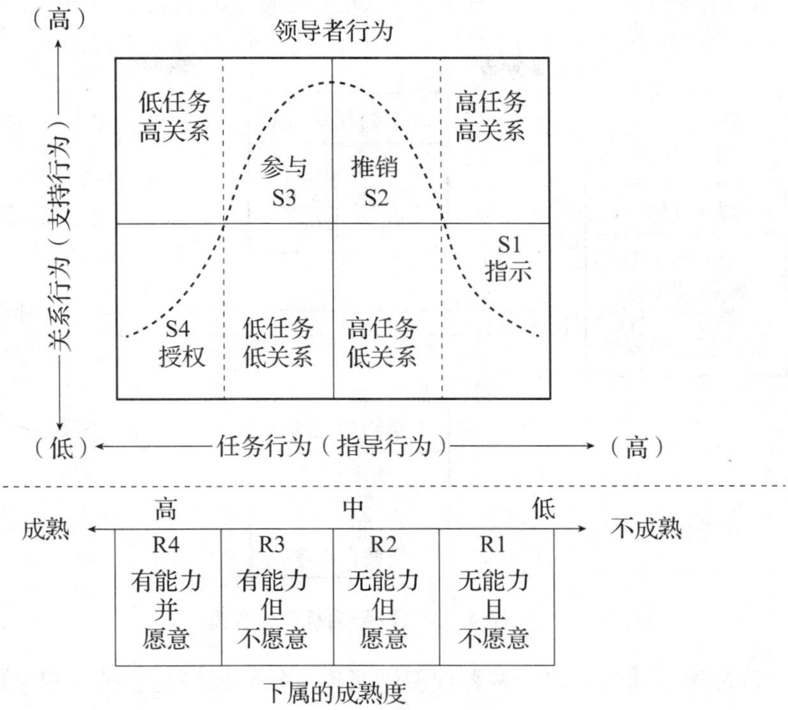

图 4－2　领导情境理论

领导情境理论的核心是将四种基本的领导风格与下属的四种成熟度阶段相匹配，使管理者根据下属的不同绩效表现做出适当回应并提供相应的帮助。随着下属成熟度的提高，领导者不但可以减少对工作任务的控制，而且可以减少关系行为。具体来讲，在 R1 阶段，领导者需采用给予下属明确指导的指示型风格；在 R2 阶段，领导者需要高任务-高关系的推销型风格；到了 R3 阶段，参与型风格的领导最有效；当下属的成熟度达到 R4 阶段，领导者无须做太多的事情，授权即可。

（二）依据环境和下属的权变因素选择领导风格

管理者在帮助员工实现其绩效目标的过程中，需要充分考虑下属自身的特点和环境的限制因素，然后提供有针对性的绩效辅导。罗伯特·豪斯（Robert House）提出的路径-目标理论为管理者提供了相关的理论指导。

该理论是豪斯提出的另一种经典的领导权变模型。豪斯认为，如果领导者能够弥补下属或工作环境方面的不足，会提升下属的工作绩效和满意度。有效的领导者通过明确指出实现工作目标的途径来帮助下属，并为下属清除实现目标过程中出现的重大障碍。有效的领导是以能够激励下属达到组织目标以及下属工作中的满足程度来衡量的。如图 4－3所示，豪斯提出了四种领导风格：

（1）指示型领导：由领导者发布指示，下属不参加决策。

（2）支持型领导：领导者对下属很友善，而且更多地考虑下属的要求，关心下属。

（3）参与型领导：下属参与决策和管理，领导者主动征求并采纳下属意见。

（4）成就指向型领导：领导者为下属设置挑战性的目标，并相信下属能达到这些目标。

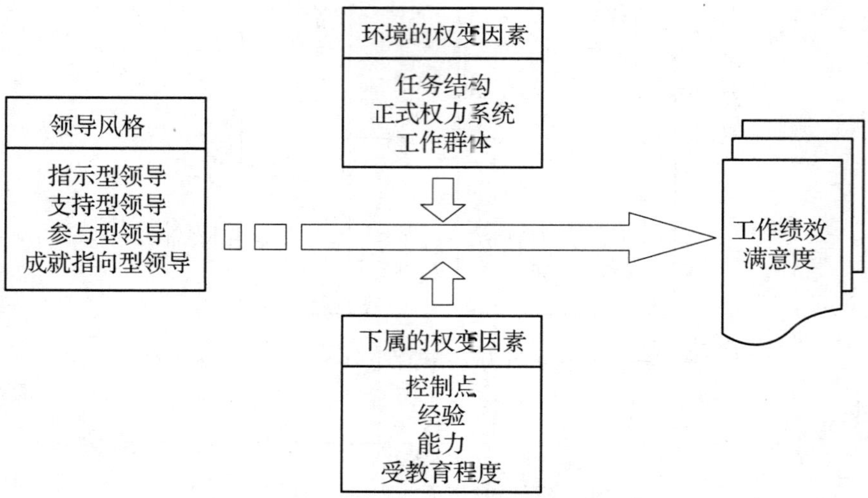

图4-3 路径-目标理论模型

路径-目标理论同时提出了两种权变因素作为领导风格与业绩结果之间的中间变量。一种是下属控制范围之外的环境，包括任务结构、正式权力系统、工作群体等。另一种是下属个性特点中的一部分，如控制点、经验、能力、受教育程度等。

豪斯指出，领导者的选用没有固定不变的公式，应当根据领导方式与权变因素的恰当配合来考虑。与菲德勒（Fiedler）不同，豪斯认为领导者是弹性灵活的，同一领导者可以根据不同的情境因素选择不同的领导风格。

由路径-目标理论还可推导出一些观点，这些观点对领导风格的指导同样具有很重要的意义。

（1）当面对结构模糊的任务或压力较大时，指示型领导会带来更高的满意度。

（2）当任务结构化的时候，支持型领导会得到比较高的绩效和满意度。

（3）对能力强或经验丰富的下属而言，指示型领导被视为累赘。

（4）组织正式权力系统越完善、越官僚化，领导者就越应采用支持型风格，减少指示行为。

（5）当工作群体内部有激烈冲突时，指示型领导会产生较高的下属满意度。

（6）内控型下属更适合接受参与型领导。

（7）外控型下属对指示型领导更满意。

路径-目标理论虽然受到中间变量的限制过少，但无论是理论本身还是由之推导出的观点，都得到了不同程度的验证，为领导者选择领导风格奠定了理论基础，这些管理的箴言也符合许多高效管理者的行为理念。

从路径-目标理论可以看出，管理者在进行绩效辅导的时候，需要全面考虑下属和环境两方面的管理情境，在指示型领导、支持型领导、参与型领导以及成就指向型领导等领导风格中做出具体的选择，从而确保通过有效的绩效辅导来弥补下属的不足，以更好地实现绩效目标。为了实现绩效目标，管理者需要及时、系统地找出并清除绩效障碍，同时，管理者的角色也发生了改变，其基本角色不再是法官，而更多的是伙伴、教练或者导师。

随着知识经济时代的到来，知识型的职位或由知识型员工担任的职位所占的比重不断增加。下属受教育程度的不断提高、学习能力的不断增强、物质生活水平的提高和需求层次的不断提升导致下属更多地追求成就感，需要自我控制。因此，在这些知识型的职位或由知识型员工担任的职位上，管理者更应当采用合作、参与、授权的领导风格。

三、绩效辅导的实施

就具体工作而言，管理者并不见得比下属有更深入、更全面的了解，但是这并不妨碍其成为合格的辅导者。绩效辅导实施过程中的关键是建立一种绩效辅导机制，确保管理者能全面监控绩效计划执行的情况，及时发现下属存在的问题和困难，并提供必要的帮助。

优秀的管理者应该在以下三个方面发挥作用：第一，与下属建立一对一的密切联系，向他们提供反馈，帮助下属制定能拓展其目标的任务，在他们遇到困难时提供支持。第二，营造一种鼓励下属承担风险、勇于创新的氛围，使他们能够从过去的经验中学习。这包括让下属反思他们的经历并从中获得经验，学习别人，不断进行自我挑战，并寻找学习新知识的机会。第三，为下属搭建交流平台，使他们有机会与不同的人一起工作。让他们与能够帮助其发展的人联系在一起，为他们提供新的挑战性工作，以及接触某些人或情境的机遇，而这些人或情境是员工自己很难接触到的。

基于以上论述，可对绩效辅导的具体流程有比较全面的认识，其具体流程如图 4－4 所示。管理者需要采取合适的监控方法，对下属绩效计划的执行情况进行监督，如果发现问题，应该提供及时的绩效辅导与帮助，以协助下属解决存在的问题。管理者提供辅导与帮助有两种情况：一种情况是管理者只需要直接提供指导和协助就能解决问题；另一种情况是管理者不能提供直接的帮助，这时需要为下属提供培训机会，以帮助其达到绩效目标。绩效辅导的过程也是绩效信息的收集过程，绩效辅导工作结束的时候，汇总绩效信息就可获得完整的绩效信息。在绩效监控过程中，对于顺利达成或超额实现绩效目标的下属，管理者需要及时给予表扬与肯定，对其进行激励，并帮助其对内在潜力进行持续开发，为承担更艰巨的任务做好准备。另外，绩效辅导时机和辅导方式的选择对绩效辅导的效果也有比较大的影响，管理者需要特别关注。

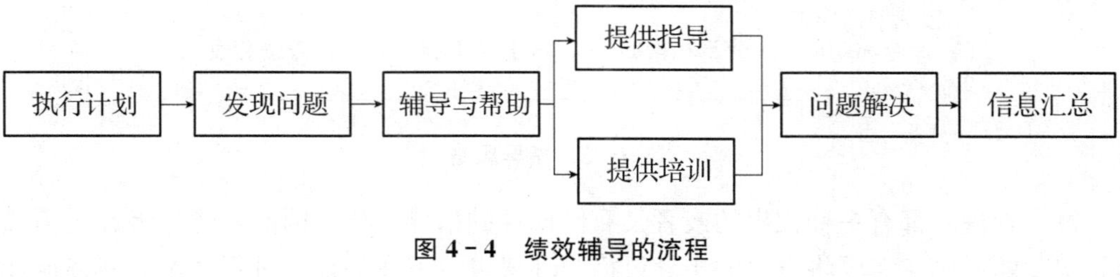

图 4－4　绩效辅导的流程

（一）绩效辅导时机

为了对下属进行有效的指导，帮助下属发现问题、解决问题，更好地实现绩效目标，管理者必须掌握指导的时机，确保及时、有效地对下属进行指导。一般来说，在以下时间进行指导会获得较好的效果。

（1）正在学习新技能时。

（2）正在从事一项任务，而你认为如果下属采取其他方法能够更有效地完成任务时。

（3）被安排参与一项大的或非同寻常的项目时。

（4）面临新的职业发展机会时。

（5）未能按照标准完成任务时。

（6）弄不清工作的重要性时。

（7）刚结束培训学习时。

对下属进行指导时，管理者需要获得关于下属绩效的信息。持续的监督有助于管理者获得反映下属绩效所必需的信息。绩效辅导不是一种被动行为或一项临时性活动，而是通过使用一种（或几种）特定的方法收集所需数据，如关键事件记录法等，使管理者获得关于下属足够的信息，确保管理者的指导有的放矢的方式。

（二）绩效辅导方式

绩效辅导方式受管理者指导风格的影响非常大，而管理者的指导风格涉及一个从教学型指导者到学习型指导者的连续性过程，如图4-5所示。其中一端是教学型指导者。这种类型的指导者喜欢直接告诉下属该如何做。他们都具有某一方面的专长，并希望通过向下属传授这些专长使其能够完成一项具体的工作。他们凭借自身的经验向下属传授完成工作所必需的技能和知识。这种指导对需要依据某种恰当方法反复操作的任务是合适的。这对在一线工作的员工特别有帮助，这些员工在提供产品或服务时需要取得连续性的、可预见的结果。另一端则是学习型指导者。这种风格的指导者更加喜欢提问和倾听，而不是直接告诉下属如何做。这种指导者传授的是他们广博的专业知识，而不是实际的技术经验。他们相信每个人都有潜力，他们为下属提供各种迎接挑战、施展才能以及学习的机会。这种指导在一个问题存在多种解决方案，而不是只有唯一解决途径的情况下非常有效。尤其对那些承担新责任、从事全新的或非常规项目的下属来说，这种指导非常有帮助。

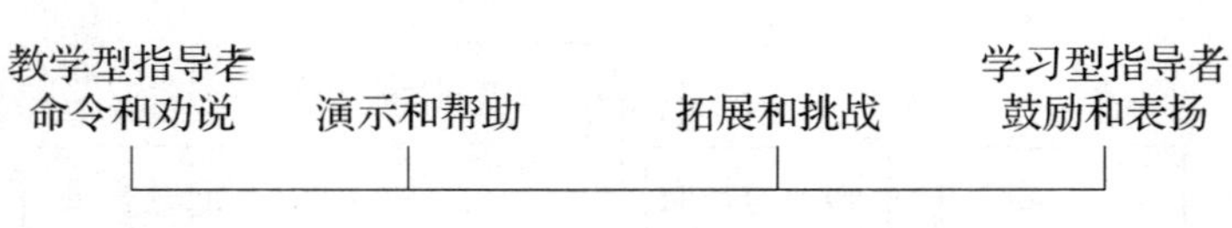

图4-5　指导风格

每个管理者都有一种天生的或者具有倾向性的指导风格，因此，管理者在进行绩效辅导实践的时候，需要将自己的指导风格与环境以及下属的情况进行匹配，具体问题具体分析，使自己对下属的指导更加有效。也就是说，虽然管理者的自然风格可能在这个连续区间内保持不变，但为了取得满意的指导效果，管理者必须采用权变观点，根据具体情况采用不同的风格来进行指导。

第 4 节　绩效信息的收集

德鲁克在《21 世纪的管理挑战》中所说的“信息的挑战”是指要想衡量绩效，企业主管要有一整套诊断工具，包括基本信息、生产率信息、竞争优势信息以及与稀有资源有关的信息。这充分说明了信息在管理活动中的重要性。在绩效监控环节，管理者应该通过各种途径收集和记录绩效信息，为绩效监控提供信息支持，防止重大事故的发生，并为绩效评价做好信息准备。

一、信息收集的意义

赫伯特·西蒙（Herbert Simon）认为“决策过程中至关重要的因素是信息联系，信息是合理决策的生命线”。全面准确和客观公正的绩效信息是做出绩效管理相关决策的基础，绩效信息的质量在一定程度上决定了绩效管理的成败。一方面，为保证绩效评价时有明确的依据，避免出现传统绩效评价中根据主观臆断或对绩效表现的回忆来评价员工绩效的现象，管理者应持续不断地收集信息，特别要记录员工实现绩效目标过程中的关键事件，从而确保评价结果的公正及信度；另一方面，管理者持续地收集信息、记录关键事件，有助于诊断员工的绩效，进而可通过绩效监控、绩效评价和绩效反馈过程中的有效沟通达到改进绩效的目的。在绩效监控过程中，管理者需要持续地收集和积累大量准确有效的绩效信息，为绩效管理的监控和评价工作提供翔实的信息基础，这也是绩效管理成功的基础和关键之一。

二、信息收集的内容

任何信息的收集行为都需要占用组织的资源，而几乎所有组织的资源都是有限的。绩效信息收集的内容主要是与绩效目标达成密切相关的关键绩效信息，而不是对绩效信息的全面记录。绩效信息收集要求既重结果又重过程，要求对重要的过程信息和结果信息进行全面完整的记录。关于绩效信息的内容确定，需要关注如下几个方面：

（1）绩效目标决定绩效信息收集的范围。所有与实现各层次绩效目标相关的重要绩效信息都需要收集、记录和保存下来，其中，与组织战略目标相关的绩效信息是相关工作需要特别关注的领域。

（2）信息收集的内容需要面向绩效评价。绩效评价与绩效监控的信息在内容上是一致的，绩效评价需要的信息就是绩效监控的重要内容。绩效评价是一项鉴定活动，是依据绩效信息对绩效计划执行情况的评判。在绩效监控过程中，需要对绩效信息进行全面的收集和整理，为绩效评价工作提供有力的佐证，从而确保绩效评价的公正性和准确性，并保障员工对绩效评价结果的认可。

（3）绩效信息一般分为关键事件、业绩信息和第三方信息三种类型。首先，关键事件是指一些比较极端或比较有代表性的行为或具体事件。当这类事件发生时，要及时客观地做记录，不应当加入任何主观的判断和修饰。记录的内容主要是全面描述事件，包括事件具体发生的时间、当时的情况、员工具体的行为以及最后的结果等，总之应尽可能客观具体地列出当时重要的关键事件或结果信息。其次，业绩信息是指完成绩效计划或工作任务时的各种业务记录，特别需要注意收集绩效突出和有绩效问题的相关信息。业绩信息收集的过程也是对绩效相关数据、观察结果、沟通结果和决策情况等的记录过程，主要确定“需要做什么、为谁做、什么时候做”，从而帮助员工创造好的绩效。员工是绩效的主要责任者，让员工参与收集信息也是使员工参与绩效管理过程的好方法。通过收集信息，员工不再将绩效管理看成监督和检查的工具，而是把绩效管理看成发现和解决问题的工具。最后，第三方信息是指让客户等帮助收集信息。内部记录的绩效信息不可能涉及绩效评价的方方面面，管理者也不可能了解员工的每个工作细节，比如，管理者不可能总盯着电话看是不是电话铃响了十几声之后才被接听，也不可能总观察员工接听电话的内容和态度，所以有必要借助第三方来收集信息。

三、信息收集的来源

绩效信息收集应该实现制度化，对信息来源、信息汇总部门、信息使用和反馈部门等做出明确的规定。其中，信息汇总部门、信息使用和反馈部门都涉及静态的制度性规定，如信息由人力资源部或绩效考核办公室汇总，及时向各部门进行绩效反馈，对绩效信息的使用、保密等按照组织的规定执行。但是，对信息来源的规定则是动态发展的，管理者需要做明确规定，确保信息收集渠道的畅通和准确有效的绩效信息的获得。

目前，组织通常采用多渠道来保障绩效信息的准确性和客观性。很多组织360度全方位收集绩效信息，要求高层管理者、部门管理者、一般员工、外部客户等都参与绩效信息的收集。针对具体岗位，需要明确每种信息来源在绩效评价中的权重，对于最重要的绩效信息，应该保证其完整、全面和准确。下面对不同的绩效信息来源进行简要说明。

（1）上级是绩效信息的主要来源。上级掌握的绩效信息比较全面，能够从宏观和整体的角度看待下属的绩效表现，对绩效结果的判断也比较客观和全面。在任何类型的组织中，上级都是最主要的信息来源之一。但是，上级也不可能了解下属工作的所有信息，还有很多工作是上级没有办法经常观察的，如对于营销人员、教师、医生等人的工作，上级就不如客户了解其绩效表现。另外，上级也是人，也有个人喜好和价值取向，在绩效信息收集过程中也可能存在偏见。因此，仅有上级信息来源还不够，必须保证绩效信息来源的多样性。

（2）同事、下级、本人也是绩效信息收集的重要来源。随着战略协同和团队化工作在组织管理中的普及，同事作为绩效信息的来源在绩效信息系统中的重要性越来越受到重视，同级评价所占的权重也越来越大。在对管理人员的绩效进行评价时，下级成为重要的信息来源，比如，戴尔公司每隔半年就开展一次名为“告诉戴尔公司”的对上级的评价活动，迈克尔·戴尔本人也要接受这种评价，这些评价将作为重要依据决定管理者的薪酬和任职。下级在对管理人员进行评价的时候，必须采取完全匿名且保密措施非常好的评价方法，否则很难收集到真实信息。在现代管理中，自我管理和自我评价也越来越受到重视。虽然目前自我评价在绩效信息收集的实践中受到的重视程度仍然不高，但是评价者可以通过对比真实绩效水平和自我期望或自我评价的差距，做出积极主动的调整，这对绩效目标的达成和绩效改进具有重要的作用。

（3）外部客户是必要的信息来源。客户对一个组织的产品或服务的认可是该组织赖以生存的基础，也是其战略目标实现的决定性因素。外部客户信息对绩效改进有重要的意义，在绩效管理中需要更加重视对外部绩效信息的收集和使用。虽然从客户那里收集信息的成本非常高，但这是一个非常重要的过程。组织对客户信息的收集主要在与客户互动频繁的群体里进行，如由采购人员、营销人员、售后服务人员、与客户直接接触的一线人员等从客户那里收集绩效信息。另外，对客户信息收集的时机把握也非常关键，比如，很多服务性工作通常在员工的服务工作结束时就需要立即收集，电信运营商和商业银行的满意度评价信息的收集通常采用这种形式。

四、信息收集的方法

采用科学的信息收集方法获取准确、有效和全面的绩效信息是做出科学绩效管理决策的基础，对提升绩效管理的决策质量有重要的意义。不同的绩效信息需要通过合适的绩效方法收集，管理者在设计信息收集渠道的时候需要选择最优的方法，以保障信息收集工作的质量。目前，主要的绩效信息收集方法有如下几种：

第一，工作记录法。对需要详细工作记录的工种进行监管的时候，管理者需要使用工作记录法收集相应的绩效信息。比如，对于财务、生产、销售、服务有关方面的数量、质量、时限等指标，管理者需要使用工作记录法，规定相关人员填写原始记录单，定期进行统计和汇总。工作记录法要求使用规范的信息收集表格，在条件允许的情况下，也需要使用电子表格或绩效信息系统进行收集，以便信息的存储、统计、汇总和分析。

第二，观察法。观察法指管理者直接观察下属的工作表现。在各种渠道中，观察一般是最可靠的。观察是一种收集信息的特定方式，通常由管理者亲眼所见、亲耳所闻，而不是从别人那里得知。管理者常常采用走动式管理，对工作现场进行不定时的考察，以获取第一手绩效信息。

第三，抽查或检查法。这种办法常常与工作记录法配合使用，是为核对相关绩效信息的真实性而采用的一种信息收集方法。管理者或专门的部门可以对绩效信息进行抽查或检查，确保原始信息的真实性。

第四，关键事件法。这种方法要求在绩效实施过程中，特别对突出或异常失误的关键事件进行记录，为管理者对突出业绩进行及时奖励和对重大问题进行及时辅导或纠偏做准备，并为绩效评价和绩效改进做基础信息收集。

具体来讲，管理者在绩效信息收集过程中主要做如下几个方面的工作：

（1）定期安排与下属的会面来评价他们的绩效。

（2）对照事先建立的职位说明书或行动计划检查工作的进展，考察绩效是否达到了目标。

（3）回顾评价周期开始的时候形成的报告或者目标列表。

（4）到各处巡视工作的进展情况，并与下属进行非正式的讨论。

（5）从下属的同事那里获得下属绩效相关信息的反馈（正式或非正式的）。

（6）检查工作的产出和结果，以检查其质量或者准确性。

（7）要求下属做工作进展报告。

（8）提出要求后，检查任务完成情况，或者看是否有需要帮助下属解决的问题。

（9）通过分析工作结果、讨论改进方案，评价工作任务或绩效目标实现的情况。

（10）关注顾客的投诉和满意度（内部或外部），以便评价、检查员工的绩效。

五、杭州市绩效信息的收集

杭州市在实施绩效管理过程中，主要通过绩效管理机构、第三方机构、绩效信息员和公共服务窗口四个方面进行绩效信息的采集工作。

1. 绩效管理机构采集

绩效管理机构依托信息化系统，定期采集绩效责任单位各类工作目标的实施进展情况、存在的问题等日常信息，既有工作进度的具体描述及相应的台账信息，也有按百分制计量的定量化进度信息。采集方式主要有定期报送和系统自动抓取两种。定期报送是指绩效责任单位按绩效管理机构的要求，通过绩效管理信息化系统定期报送目标实施进展程度，包括当月完成情况、累计完成情况、是否存在问题、下一步的工作措施以及相应的项目清单与印证材料。如果该年度目标任务已全面完成，责任单位可申请“现结现报”，报送完成情况的同时上传相关电子印证材料，市考评办适时组织核验，年底不再对该项目标进行考核。系统自动抓取是指绩效管理机构通过信息化系统直接访问绩效责任单位或第三方（行业主管部门）的数据库以获取目标量化数据，直接将其纳入绩效信息库进行监控。这种方式可以不受绩效责任单位的影响，获得客观、真实、有效的数据。比如，针对考核指标“人口自然增长率控制在6.8‰以内，人口出生数控制在8万以内”，可直接从市卫生计生委的信息系统中获取各城区月人口出生数、年累计出生数，即能实时掌握指标的进展情况。

2. 第三方机构采集

第三方机构采集是以政府购买服务的形式，委托非利益相关第三方提供信息监测和信息采集服务，建立中立客观的绩效信息采集渠道。采集的范围主要是与绩效目标相关的媒体舆情信息，具体包括社会各界对绩效责任单位履行职责的评价及反响、媒体的监督性报道、其他地区的政府绩效管理实践以及特殊事件监测等。

绩效管理机构对第三方采集的绩效信息进行甄别、审核后，对符合要求的绩效信息进行分类细化应用，并依托信息化系统实现与责任单位的实时共享。对于与年度绩效目标相关的绩效信息，将其作为要求整改或年度考核的依据；对于属于部门职责范围但不能关联年度绩效目标的绩效信息，采取责任单位兜底的方式予以应用。在此基础上还应阶段性地整理分析，通过编制月度舆情报告，或根据重点、热点编制信息专报，为深入开展日常绩效沟通、绩效进度跟踪提供线索和依据。

通过第三方机构采集信息，绩效管理部门可以客观掌握责任单位的绩效动态，有效监测社会热点、疑点和难点问题，及时提醒责任单位重视民意，对相关问题做出整改和回应，提升群众满意度；经媒体反复报道得不到整改落实的问题将被作为责任部门绩效考核扣分的依据。

3. 绩效信息员采集

2010 年，杭州市考评办组建了一支由不同领域的志愿者和热心市民组成的绩效信息员队伍，从基层收集社情民意，观测并采集绩效责任单位履行职责和执行年度绩效目标的情况。绩效信息员采集信息主要围绕四个重点展开：一是围绕市委、市政府年度中心工作、重点工作采集相关专题信息；二是围绕绩效责任单位的工作职责、年度工作目标任务、社会评价意见整改目标和跟踪督办整改目标，采集反映其工作绩效的相关信息；三是围绕绩效责任单位报送的整改工作措施及成效，核实后形成相关信息；四是围绕社会关注的热点、难点问题，采集相关社情民意信息。

采集方式主要有两种：自主采集和专题采集。自主采集是指绩效信息员在了解掌握绩效责任单位工作职责和年度绩效目标的基础上，通过实地勘察、体验、调研、走访等方式，广泛收集身边群众对绩效责任单位的评价、意见及建议，及时发现苗头或倾向性问题，为绩效管理提供第一手资料；专题采集是指市考评办确定好采集专题，组织绩效信息员在规定时间内，通过调查研究、实地访谈和体验等，围绕专题集中定向进行重点采集。

绩效信息员采集的信息从最基层来，经过现场核实，可信度高，是在日常绩效管理中发现问题的重要途径，能为绩效考核提供第一手的重要资料。同时，绩效信息员在基层开展信息采集活动也架起了一座政府部门与公众进行沟通的桥梁。

4. 公共服务窗口采集

公共服务窗口采集是指依托信息化系统，获取接受公共服务的行政相对人对公共服务窗口的服务质量、服务态度等方面的满意度评价信息。具体做法是：在行政审批和公共服务窗口，统一设置评价器，事项办结时，窗口工作人员触发服务评价系统，提请服务对象对其所提供的服务进行评价。服务评价坚持“五统一”原则，即统一评价标准、统一评价器数据处理、统一评价器验收标识、统一评价数据发布、统一服务评价考核。

绩效管理机构建立服务评价数据中心，从各公共服务窗口实时采集数据，进行汇总分析。实施公共服务窗口服务评价数据月报制度，按月统一发布公共服务窗口的数量、窗口办件数量、服务评价器使用率等情况。通过公共服务窗口评价月度通报，绩效管理机构一是可实现对公共服务窗口评价满意度情况的有效监控；二是可及时发现系统故障，有效防止数据丢失；三是可与窗口单位所在的职能部门建立有效的沟通，为其改进流程、精准服务提供数据分析和决策参考。

关键词

绩效监控（performance monitoring）
绩效沟通（performance communication）
绩效辅导（performance coaching）

复习思考题

1. 绩效监控的方法有哪些?
2. 谈谈你对绩效沟通原则的认识。
3. 谈谈你对管理者领导风格选择和绩效辅导的理解。
4. 绩效信息收集的内容和方法有哪些?

案例分析

安德莉亚的绩效沟通与辅导

安德莉亚是一家总共只有5名员工的小零售商店的经理。作为一位管理者，她需要观察员工的具体绩效事件，然后向他们提供反馈。马特是其中一位员工。由于雇用的员工人数很少，因此，安德莉亚每周都会找一些机会指导下属。今天，安德莉亚与马特在一起工作，她刚刚目睹马特完成一笔销售业务。她发现马特没有按照每一次销售活动中都必须遵循的规定步骤去做。现在商店里没有顾客，安德莉亚认为这是对马特进行辅导的最佳时机。

安德莉亚：嘿！马特，你总算帮那位客人找到了尺寸合适的牛仔裤，做得非常棒。谢谢你为此付出了这么多的时间。

马特：谢谢，安德莉亚，这没什么。

安德莉亚：我想跟你再回顾一遍刚才的销售过程。

马特：没问题。

安德莉亚：在你帮助那位女士找到她想要的牛仔裤之后，你能够很快说服她买下这条牛仔裤并让她马上付钱，这一单做得确实不错，要知道，那条牛仔裤可是没有折扣的。不过，你在结束销售活动时并没有完成所有的销售任务。在上周所做的培训中，我们曾经讨论过增加额外销售额的重要性，要求之一就是要把客人的个人联系方式录入我们的电脑，这样可以让他们知道我们以后会进哪些新产品。

马特：哦，对了，我刚想起来我们是学过这个。不过看到有些客人似乎急着要走，我就不太好意思再耽误他们更多的时间去问别的事情。

安德莉亚：你能够注意到这种情况是非常好的。不过，我们可不可以想想用别的办法来提高办事的效率，将这些步骤穿插到销售和交易的过程之中，使你将来在完成这些任务时不会再感到不舒服？在这个问题上我很乐意帮你，我们马上就要开展销售竞赛了，如果你能在每一次交易中增加销售的数量，那会有利于你在竞赛中获胜。

马特：那可太好了，我特别想找到一些有利于增进与客人之间沟通和交流的新办法。

安德莉亚：没问题，我知道你是一位非常称职的促销员，你有非常好的客户服务技巧，我想你有能力将自己的销售额进一步提高，并且能在接下来的这些竞赛中获胜。

后来，安德莉亚和马特一起想出了很多可以帮助马特提高绩效的方法。

资料来源：阿吉斯．绩效管理：第 3 版．北京：中国人民大学出版社，2013.

思考题

1. 试运用绩效沟通的相关理论，对安德莉亚的行为进行评价。
2. 你认为安德莉亚在绩效辅导过程中运用的是哪种领导风格？

第5章

绩效评价

绩效评价作为绩效管理的核心环节，涉及“评价什么”“谁来评价”“多长时间评价一次”“如何评价”等重要问题，在实践中受到管理者和员工的广泛关注。评价的科学性与准确性是成功实施绩效管理的关键。因此，本章将就绩效评价过程中的评价内容、评价主体、评价周期、评价方法以及评价中常见的问题等内容做系统介绍。

第1节 概 述

一、绩效评价的内涵

在介绍绩效概念的时候我们已经谈到，绩效是有层次的。相应地，绩效评价也具有层次结构。绩效评价一般包含三个层次：一是对组织绩效的评价；二是对部门绩效的评价；三是对个人绩效的评价。管理者进行绩效管理的目的是通过个人绩效、部门绩效和组织绩效的提升实现组织的战略目标。因此，本章提到的绩效评价是对组织绩效、部门绩效和个人绩效进行评价的广义概念。

绩效评价（performance appraisal，PA）是指根据绩效目标协议书所约定的评价周期和评价标准，由绩效管理主管部门选定的评价主体采用有效的评价方法，对组织、部门及个人的绩效目标实现情况进行评价的过程。不论评价组织绩效、部门绩效还是个人绩效，都要以绩效计划阶段设定的相关目标、指标、目标值等内容为依据。实施有效的绩效评价是组织管理过程中必不可少的工作，有非常重要的意义。

第一，绩效评价能够助推组织战略的实现。绩效评价的内容具有行为导向作用，能够使个体行为聚焦于组织战略。组织想要实现既定战略，必须界定清楚与战略相关的目标是什么、通过员工什么样的行为和结果能够达成战略目标，然后将这些内容转化为绩效评价的内容传递给组织内所有成员。换句话说，评价内容直接由组织战略决定，绩效评价时使用哪些指标、如何定义这些指标都是向组织成员传达的组织重视什么方面的表现、要求员工具备哪些能力和什么样的工作态度等信息。绩效评价这种引导和传递的作用能够让组织成员的工作行为和结果指向组织战略，从而有利于组织战略的实现。

第二，绩效评价能够促进绩效水平的提升。管理者通过对组织绩效、部门绩效和个人绩效的评价，能够及时发现存在的绩效问题，通过及时的沟通和反馈，分析个人层面、部门层面和组织层面绩效不佳的原因，制定并切实执行绩效改进计划，从而提高各层面的绩效水平。

第三，绩效评价结果能够为各项人力资源管理决策提供依据。绩效评价的结果是组织制定薪酬决策、晋升决策、培训与开发决策的依据，只有将绩效评价的结果与人力资源管理的相关决策紧密联系起来，才能对所有成员起到激励和引导的作用，同时也能增强各项人力资源管理决策的可接受程度。

二、绩效评价的内容

我们通常将绩效评价的内容划分为工作业绩评价和工作态度评价两部分，二者相互联系、相互影响，共同构成促进绩效管理目标实现的绩效评价系统。由于评价内容的不同，这两类评价具有不同的特征。

（一）业绩评价

业绩评价是绩效评价最核心的内容。与组织战略目标实现相关的绩效都要通过业绩产出来衡量。所谓业绩就是通过工作行为取得的阶段性产出和直接结果。评价业绩的过程不仅要判定个人的工作完成情况，也要衡量部门、组织的指标完成情况。更重要的是，管理者要以评价结果为基础来有计划地改进绩效欠佳的方面，从而达到组织发展的要求。对组织层面、部门层面、个人层面的业绩评价不仅要包括利益相关者层面（结果）的指标，也要涵盖实现路径（过程）层面的指标和保障措施层面的指标，既兼顾结果也兼顾过程，只有这样才能保证业绩评价的完整性和准确性。

业绩评价一般是从数量、质量、时间和成本等角度来考虑的，但组织、部门和个人层面的业绩评价是有区别的。组织层面的业绩评价主要集中于对组织整体战略目标实现起重要作用的指标；部门层面的业绩评价是通过分解、承接组织层面的业绩目标而形成的内容，还要反映部门自身职责的相关内容；个人层面的业绩评价主要是最微观具体的岗位职责要求的内容。

（二）态度评价

我们通常认为能力强的人能够取得更高的工作绩效，但现实情况并非总是如此，能力强仅仅是获得高绩效的一个重要条件。能力强的人并不一定能够取得相应的成绩，而能力较差的人也可能取得较高的绩效。这是因为不同的工作态度会对工作结果产生不同的影响。因此，在绩效评价时，除了要对工作业绩进行评价之外，还要对评价对象的工作态度进行评价，以鼓励其充分发挥现有的工作能力，最大限度地创造优异的绩效，并且通过日常工作态度评价，引导评价对象发挥工作热情，避免“出工不出力”的情况发生。

工作态度是绩效评价的重要内容。通过对工作态度的评价引导评价对象改善工作态度是充分发挥其工作能力，继而促使其达成绩效目标的重要手段。在评价工作态度时，评价评价对象是否努力认真工作，工作中是否有干劲、有热情，是否遵守各种规章制度等即可，要忽略评价对象的职位高低或能力大小。

三、绩效评价的类型

由于绩效有组织、部门和个人三个层次，人们通常将绩效评价的类型分为组织绩效评价、部门绩效评价和个人绩效评价。个人绩效的取得是部门绩效和组织绩效完成的基础，如果仅仅评价部门绩效和组织绩效而忽略对个人绩效的评价，就会产生组织战略执行不到位和绩效目标无法落地的情况；如果仅仅评价个人绩效而不评价部门绩效和组织绩效，则无法保障组织宏观的、整体的绩效目标的实现。因此，完善的绩效评价体系要从组织层面延伸到部门层面和个人层面，并注意目标在横向与纵向上的协同。

（一）组织绩效评价

1. 组织绩效评价系统的特征

绩效评价系统是组织管理控制系统的一部分，组织的绩效评价系统必然要根据组织战略、组织结构等要素进行设计。一般来说，组织绩效评价系统应具备以下特征：

第一，战略一致性。组织绩效评价系统的设计必须以战略为导向，能够有效衡量组织的战略是否实现。组织绩效评价系统中的目标、指标等内容必须能够对组织战略的实现提供有力支撑，评价指标的圆满完成要能够保证战略目标的顺利实现。各个层级（组织、部门和个人）积极争取达到绩效评价指标要求的过程就是实现组织总目标的过程。

第二，反映组织的特征。任何评价系统都要通过行为引导的作用达到一定的目的。在组织绩效评价系统中，这种引导必然要反映组织特征的要求。这里所说的组织特征不仅包括组织类型的差异，也包括组织文化、组织资源优势及劣势等。这些特征约束着组织行为，而这种约束也应该体现在评价系统中，从而引导组织和组织成员的行为实现既定的目的。各个组织的绩效评价系统在遵循相同原则的基础上，总是存在各种各样的差异，这在一定程度上取决于不同组织的不同特征。比如，评价政府组织绩效需要注重公共服务类指标和群众满意度指标，而评价企业组织的绩效则更偏重于财务类指标。

第三，准确性。为了确认实际的组织绩效是否符合原先的预期，关于绩效的信息必须是准确的。评价结果准确的前提就是组织绩效评价系统对评价什么和如何进行评价必须界定得十分清楚，同时应尽可能采用可验证的、客观的资料作为评价的依据，确保组织绩效评价的准确性。

第四，可接受性。任何管理控制系统都只有在人们开始使用时才会发生作用。如果不能为组织成员接受，组织绩效评价系统就会因为成员的抵触而无法发挥其应有的作用，还会给组织氛围造成负面影响。因此，组织绩效评价系统应该尽可能为组织成员考虑，并通过沟通与协商得到组织成员的认同。因此，设计组织绩效评价系统的工作往往需要经历设计、试运行、调整、再次试运行的过程。

第五，及时性。信息只有及时地获得才能更好地发挥效用，滞后的信息可能会导致不适当的反应，甚至会误导人们的行为。因此，组织绩效评价系统所包含的时限信息是系统有效运行的重要因素。

第六，应变性。良好的组织绩效评价系统应该对组织的战略调整、外部环境的变化等因素具有一定的敏感性和动态调整性，能够及时做出反应并进行适当的调整。组织绩效评价系统本身应该包含一套及时应变的机制。当组织发生变化时，组织就应该针对情况进行具体分析，及时采取调整措施。

2. 组织绩效评价量表

组织绩效评价量表的设计基于绩效计划阶段设定的各项目标、指标、目标值等内容。将组织的平衡计分卡中的每一个考核指标汇集起来，赋予一定的权重，明确数据来源和评价主体，可形成组织层面的绩效评价量表。下面以北京市延庆县环保局的绩效评价量表（示例）为例来说明，如表 5-1 所示。

表 5-1　北京市延庆县环保局绩效评价量表（示例）

层面	指标	目标值	满分	权重系数	得分	数据来源	评价主体
利益相关者	1. 空气质量二级和好于二级的天数占全年比重	84%	100 分	5		市环保局	绩效办
	2. 重大环境污染责任事故发生次数	0 次/年	—	减分项		市环保局	绩效办
	3. 重大生态破坏责任事件发生次数	0 次/年	—	减分项		市环保局	绩效办
	4. 环保工作群众满意度	90%	100 分	5		统计局	群众
实现路径	1. 依法审批率	100%	100 分	3		环保局	绩效办
	2. “三同时”执行率	100%	100 分	3		环保局	绩效办
	3. 依法验收率	100%	100 分	3		环保局	绩效办
	4. 监测任务完成率	100%	100 分	3		环保局	绩效办
	5. 国控源年现场监察频次	≥12 次	100 分	3		环保局	绩效办
	6. 一般污染源年监察覆盖率	≥80%	100 分	5		环保局	绩效办
	7. 污染源动态更新	1 次/年	100 分	3		环保局	绩效办
保障措施	1. 行政诉讼案件败诉次数	0 次/年	—	减分项		法制办	法制办
	2. 行政问责次数	0 次/年	—	减分项		监察局	监察局
	3. 部门协作满意度	100%	100 分	5		各部门	绩效办

组织绩效评价量表是对整个组织的绩效进行考核评价的工具。因此，组织层面的绩效评价内容相对宏观，只有涉及组织发展全局的指标才出现在绩效评价量表当中。在设计和填写组织绩效评价量表时要注意以下几点：

（1）组织绩效评价量表的功能在于考核评价。如果说平衡计分卡是管理工具，那么绩效评价量表就是考核工具。考核评价的核心是指标，因此没有“目标”一栏，只针对指标的完成情况进行评价。在填写具体指标的得分时，要将实际绩效结果与绩效计划阶段设置的绩效评价标准相比较，得出某一指标的得分。

（2）加减分项。为了增强工作的激励性和约束性，应在绩效指标的评价中引入加减分项。加分项是激励措施中正强化的一种，目的是鼓励某种行为的发生，突出对组织工作有重大贡献的行为，如“获市级以上荣誉数量”和“市级以上财政资金支持总额”等。这些工作不属于常规性工作，但属于有一定挑战性的任务；减分项作为惩罚方式的一种，目的是避免某种行为的发生，如“重大环境污染责任事故发生次数”“行政诉讼案件败诉次数”等。加减分项也计入总分，但总额不超过总分的10%。

（3）数据来源与评价主体。数据来源是指在对某一指标进行评价时所需佐证信息的提供者；评价主体的选择一般由外部相关职能部门、群众、专门的评价单位（如绩效办）等组成。数据来源的选择是根据知情原则确定的，评价主体的选择除了知情原则以外，还要根据责任制等综合确定。

（二）部门绩效评价

部门绩效评价量表的设计思路与组织绩效评价量表一致，即根据绩效计划阶段设定的部门平衡计分卡中的指标、目标值等内容确定。与组织绩效评价量表相比，部门绩效评价量表中的指标相对微观具体，与部门职责紧密相关。表5-2描述的是北京市延庆县环保局内设机构综合科的绩效评价量表（示例）。

表5-2　北京市延庆县环保局综合科绩效评价量表（示例）

层面	指标	目标值	满分	权重系数	得分	数据来源	评价主体
利益相关者	1. 空气质量二级和好于二级的天数占全年比重	84%	100	5		市统计局	绩效办
	2. 二氧化硫排放量	达市级要求	100	5		市环保局	绩效办
	3. 环保工作群众满意度	≥90%	100	5		统计局	群众
实现路径	1. 依法验收率	100%	100	3		环保局	绩效办
	2. 污染源动态更新	1次/年	100	3		环保局	绩效办
	3. 环境统计季报、年报	5次/年	100	3		环保局	绩效办
	4. 新建项目跟踪服务率	100%	100	3		环保局	企业
保障措施	1. 各类基础数据库健全度	达标	100	3		环保局	绩效办
	2. 行政问责次数	0次/年	—	减分项		监察局	监察局
	3. 部门协作满意度	100%	100	5		环保局	环保局

（三）个人绩效评价

从定义个人绩效评价的角度来说，弗利波（Flippo）认为，绩效评价是指“对员工在现任职务中的表现情况以及担任更高一级职务的潜力进行有组织的、定期的且尽可能客观的评价”。朗斯纳（Longsner）认为，“绩效评价就是为明确员工的能力、工作状况和工作适应性及其对组织的相对价值而进行的有组织的、实事求是的评价；绩效评价的概念包括评价的程序、规范和方法的总和”。松田宪二则认为，绩效评价是“人力资源管理系统的组成部分，由评价者对评价对象的日常职务行为进行观察、记录，并在事实的基础上按照一定的目的进行评价，以达到培养、开发和利用组织成员能力的目的”。学者们对个人绩效评价的理解不尽相同，但从最基本的含义上讲，个人绩效评价就是指评定和估价个人工作绩效的过程和方法。它回答了这样一个问题：“评价对象评价期内的工作完成得怎么样？”

个人绩效评价量表的设计原理同组织、部门绩效评价量表并无二致，都根据个人平衡计分卡中的指标汇总而来。需要特别指出的是，由于组织高层管理者是对组织的经营管理全面负责的人，其个人绩效评价量表中的利益相关者层面的结果性指标要与组织绩效评价量表中的结果性指标完全一致，也就是说，组织内的每一个高层管理者都要对组织绩效评价量表中的结果性指标负责。高层管理者有不同的分工，在计算个人绩效评价得分时要对利益相关者层面赋予不同的权重。比如，在政府组织中，领导班子的每个成员都要对组织绩效评价量表中的利益相关者层面的指标负责，但主管业务的班子成员和负责纪检工作的班子成员在权重分配上一定要体现差异性，即主管业务的班子成员比负责纪检工作的班子成员在利益相关者层面所占的权重要多一些。这样既能保证所有高层管理者都对组织绩效负责，又能消除由分工带来的不公平性。以党政工作部门和乡镇的高层管理者个人绩效权重分配为例，可以详细说明，如图 5-1 所示。

党政工作部门领导干部个人绩效权重分配规则

		权重分配		
		利益相关者层面	实现路径层面	保障措施层面
单位		50%	30%	20%
职务	局长	50%	30%	20%
	书记	50%	50%	
	专职副书记	30%	70%	
	副局长（党组成员）	40%	60%	
	副局长	40%	60%	
	纪检书记（组长）	20%	80%	
	工会主席	20%	80%	

乡镇党政领导干部个人绩效权重分配规则

		权重分配		
		利益相关者层面	实现路径层面	保障措施层面
单位		50%	30%	20%
职务	书记	50%	30%	20%
	乡镇长	50%	30%	20%
	专职副书记	30%	70%	
	副镇长（党组成员）	40%	60%	
	副镇长	40%	60%	
	武装部长	20%	80%	
	纪检书记	20%	80%	
	宣传委员	20%	80%	
	组织委员	20%	80%	
	工会主席	20%	80%	

图 5-1　绩效评价权重分配规则

1. 领导班子成员个人绩效评价量表

表 5-3 说明的是北京市延庆县环保局某副局长的绩效评价量表（示例）。该副局长作为环保局领导班子中的一员，理应对环保局结果层面的所有指标负责。除此之外，该副局长要承担起分管工作的相关指标。

表 5-3　　北京市延庆县环保局某副局长绩效评价量表（示例）

层面	指标	目标值	满分	权重系数	得分	数据来源	评价主体
利益相关者层面	1. 空气质量二级和好于二级的天数占全年比重	84%	100	略		市环保局	绩效办
	2. 城市区域环境噪声均值	达标	100	略		市环保局	绩效办
	3. 水环境质量	达标	100	略		市环保局	绩效办
	4. 重大环境污染责任事故发生次数	0次/年	减分项	略		市环保局	绩效办
	5. 环保工作群众满意度	90%	100	略		统计局	群众
个人层面	1. 监测任务完成率	100%	100	略		环保局	绩效办
	2. 实验室资质认证	合格	100	略		环保局	绩效办
	3. 环境风险点排查率	100%	100	略		环保局	绩效办
	4. 重点源应急预案覆盖率	100%	100	略		环保局	绩效办
	5. 国控源年现场监察频次	≥12次	100	略		环保局	绩效办
	6. 一般污染源年监察覆盖率	≥80%	100	略		环保局	绩效办
	7. 各类基础数据库健全度	达标	100	略		环保局	绩效办
	8. 行政问责次数	0次/年	减分项	略		监察局	监察局
	9. 部门协作满意度	100%	100	略		有关部门	绩效办
党建工作	党建工作	略	100	略		主管部门	主管部门

2. 部门负责人绩效评价量表

部门负责人要对部门总体绩效负责，因此，部门负责人的绩效考核量表与部门绩效评价量表一致。例如，北京市延庆县环保局综合科某副科长的绩效评价量表（示例）如表5-4所示。

表 5-4　　北京市延庆县环保局综合科某副科长绩效评价量表（示例）

层面	指标	目标值	满分	权重系数	得分	数据来源	评价主体
利益相关者层面	1. 空气质量二级和好于二级的天数占全年比重	84%	100	略		市环保局	绩效办
	2. 城市区域环境噪声平均值	达标	100	略		市环保局	绩效办
	3. 水环境质量	达标	100	略		市环保局	绩效办
	4. 二氧化硫排放量	达市级要求	100	略		市环保局	绩效办
	5. 氮氧化物排放量	达市级要求	100	略		市环保局	绩效办

续前表

层面	指标	目标值	满分	权重系数	得分	数据来源	评价主体
个人层面	1. 污染源动态更新	1 次/年	100	略		环保局	绩效办
	2. 新建项目跟踪服务率	100%	100	略		环保局	绩效办
	3. 行政诉讼案件败诉次数	0 次	减分项	略		法制办	法制办
	4. 行政处罚案卷合格率	100%	100	略		法制办	法制办
	5. 各类基础数据库健全度	达标	100	略		环保局	绩效办
党建工作	党建工作	略	100	略		主管部门	主管部门

3. 普通员工个人绩效评价量表

普通员工是指部门内部最基层的工作人员。普通员工是具体工作的执行者，组织战略不落实到具体执行层面，只能是空中楼阁。普通员工的个人绩效评价量表的构成在部门绩效评价量表的基础上，直接根据分工得出。以某环保局综合科为例，该科最基层的员工的绩效评价量表如表 5-5 所示。

表 5-5　　某环保局综合科科员绩效评价量表（示例）

层面	指标	目标值	满分	权重系数	得分	数据来源	评价主体
利益相关者层面	环保工作群众满意度	90%	100	略		统计局	群众
个人层面	1. 依法验收率	100%	100	略		环保局	绩效办
	2. 环境统计季报、年报	5 次/年	100	略		环保局	绩效办
	3. 新建项目跟踪服务率	100%	100	略		环保局	绩效办
	4. 各类基础数据库健全度	达标	100	略		环保局	绩效办
	5. 行政问责次数	0 次/年	减分项	略		监察局	监察局
	6. 获市级以上荣誉数量	个	加分项	略		环保局	绩效办
党建工作	党建工作	略	100	略		主管部门	主管部门

四、绩效评价的过程模型

绩效评价是绩效管理中技术性最强的环节之一，也是管理者非常关心的内容。在绩效评价时，通常要经过以下五个阶段，具体模型如图 5-2 所示。通过这个模型可以看出，绩效评价的过程就是一个收集信息、整合信息、做出判断的过程。

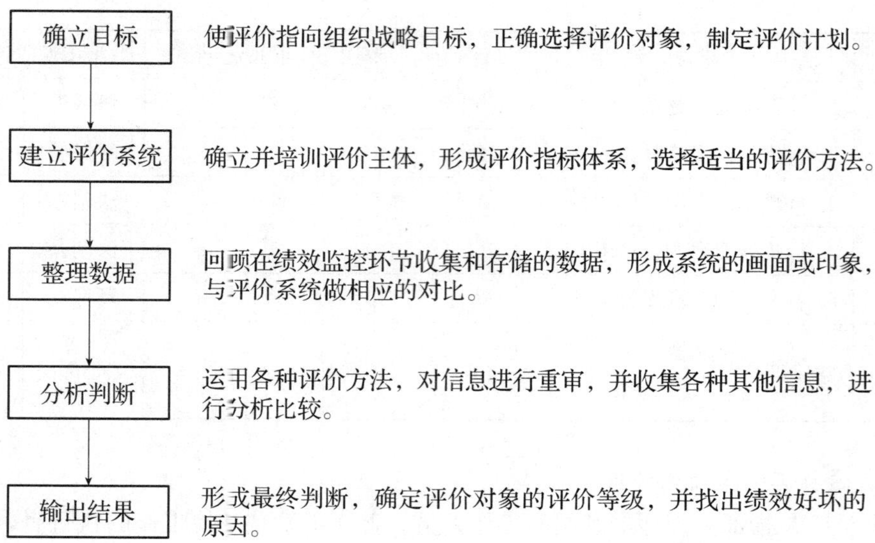

图 5-2 绩效评价的过程模型

（一）确立目标

一般意义上的评价除了可以对评价对象做出基本的判断之外，还可以用于选择和预测，并发挥导向作用。绩效评价作为绩效管理系统中的关键环节，最核心的目标就是通过它的选择、预测和导向作用实现组织的战略目标。不论是评价组织绩效、部门绩效还是个人绩效，都要基于这个共同的目标，所以必须将评价组织绩效、部门绩效与个人绩效联系起来，考虑如何进行绩效评价系统的设计。

绩效评价的对象不同，绩效评价的工作也不同。一般来说，绩效评价包括三种评价对象：一是组织绩效；二是部门绩效；三是个人绩效。评价员工个人、部门负责人或高层管理者的绩效关系到奖惩、升降等人力资源管理的决策问题，而评价组织绩效和部门绩效则关系到组织、部门的发展和重点任务等问题。另外，评价个人绩效也会由于其在组织中的地位以及工作性质的不同而影响评价系统中的其他要素。例如，针对基层普通员工的绩效评价主体不会涉及下级，而针对基层管理者的绩效评价主体往往可以包括其直接下级；不同职位的个人之间绩效评价标准也有很大的不同。

（二）建立评价系统

评价系统应当包括确立合理的评价指标和评价标准，选择适当的评价主体等。绩效评价指标决定了对评价对象的哪些方面进行评价。不论是评价组织绩效、部门绩效还是个人绩效，绩效评价系统关心的是评价对象与组织战略目标明显相关的行为因素，这些行为因素通过绩效评价指标体现。

绩效评价标准指的是用于判断评价对象绩效优劣的标准，可以分为绝对评价标准和相对评价标准两类。绝对评价标准指的是客观存在的评价标准，而相对评价标准指的是通过对比和排序进行评价的标准。进一步来说，绝对评价标准又可分为外部导向的评价标准和内部导向的评价标准两类。其中，外部导向的评价标准以其他组织的绩效为评价标准，而内部导向的评价标准指的是评价标准来源于组织内部，通常是根据相关部门或人员过去的绩效情况来确定的。人们所熟悉的标杆法（benchmarking）就是典型的外部导向的评价标准。

所谓评价主体指的是直接从事评价活动的人。一般来说，企业的组织绩效评价主体是企业的外部出资者，政府的组织绩效评价主体是上级领导或主管部门。评价个人绩效时，评价主体则要根据评价指标的相关特征进行选择。

（三）整理数据

准确的数据是保证评价公正性的重要保障，绩效评价的一个主要目的是把管理从依靠直觉和预感转变为以准确的数据和事实为依据。在绩效监控阶段收集的数据一般是零散的，有必要把这些零散的数据整理成系统的体系。在绩效监控阶段，人们往往记录了一些关键事件，此时要针对这些关键事件在不带任何主观色彩的条件下进行分析、界定、归类，然后将所记录的关键事件、绩效结果和文档归入相应的评价标准级别。

（四）分析判断

分析判断就是运用具体的评价方法确定评价结果的过程。评价要根据组织的特点、评价对象的职位特点、评价内容和评价目的，选择合适的方法和形式。高层管理人员的评价指标主要是围绕战略实施展开的相关指标和管理状况，述职的形式恰好能够达到这样的目的。中层管理者、业务人员和操作人员的评价相对就比较简单。也就是说，评价的关键在于指标的设计和评价体系的建立，有了好的评价体系，评价过程就会容易得多。

（五）输出结果

使用适当的评价方法进行评价后，就得出了评价结果。评价结果不仅是好坏的评价或者简单的绩效得分及绩效排名，而且应当对绩效不佳的具体原因进行分析，以便在下一个绩效管理周期改进。需要再次强调的是，绩效管理不是为了简单的评价，更重要的是为了运用绩效评价的结果。详尽的绩效评价输出结果，能为进一步的绩效反馈和结果应用提供依据。

第 2 节　评价中常见的问题

绩效评价系统的科学性和准确性是每个组织追求的目标，但由于种种主客观因素的影响，绩效评价工作中存在各种各样的问题。绩效评价中常见的问题一般分为两种，一种是评价系统存在的问题，另一种是评价主体主观上存在的一些误区。为了保证评价的准确性，必须重视评价中常见的问题，并采取一定的方法来加以解决。

一、评价系统的常见问题

纵观各种类型组织的绩效评价系统中存在的问题，归纳起来主要有以下几种：

（1）评价目的不明确。有一些组织对绩效评价的目的认识不清，只是为应付工作，单纯地为评价而评价，把绩效评价当作一项不得不完成的工作，而不是将绩效评价看作组织提高管理水平和绩效水平的一项系统工程，导致绩效评价原本具有的功能和作用得不到有效的发挥。

（2）评价标准缺失。通俗地讲，评价标准解决的是对具体评价内容进行等级划分的问题，即目标值完成到什么程度，是划分“优秀”“良好”“一般”的标准。由于针对每一项评价内容制定相应的评价标准是一件比较烦琐的工程，许多组织为了避免麻烦，省去了这一环节。但由于缺乏客观统一的评价标准，评价主体在进行评价的时候只凭主观判断或个人喜好，导致不同的评价主体对同一评价内容的看法不一，被评价者产生不公平感，从而影响整个绩效评价系统的正常运转。

（3）评价周期确定不合理。一些组织缺乏对评价周期影响因素的了解，笼统地以一年为评价周期，导致某些短期显现的绩效问题得不到及时发现和解决，容易给组织带来长期影响；一些组织将评价周期设定得过短，导致管理成本的上升和组织成员的抵触，不利于绩效评价系统的正常运转。对于如何科学设定评价周期的问题，将在第4节中讲述。

（4）评价方法选择不当。绩效评价的方法多种多样，每一种方法都有其适合评价的内容。在进行绩效评价的时候要根据评价指标的特点来选择适当的评价方法，采用不恰当的评价方法将无法准确衡量评价指标。实践中有许多组织忽视评价指标与评价方法的契合，试图用一种方法“毕其功于一役”，结果造成绩效指标衡量的无效和失真，严重影响了组织绩效管理工作的科学性和有效性。我们将在第5节对评价方法进行详细讲解。

（5）评价结果运用不充分。绩效评价的结果是对评价对象绩效的如实反映，能够体现评价对象的工作态度、行为和结果。如果不将评价结果运用到人力资源管理的相关决策中，绩效评价工作就会失去意义。很多组织在评价完绩效之后，就将评价结果束之高阁，不将其应用到确定薪酬发放、职位晋升、培训与开发、绩效改进等方面，使评价对象认为绩效评价只是“走形式”“走过场”，对绩效评价工作产生消极懈怠的情绪。关于绩效评价结果运用的问题将在第6章中详细讲解。

二、评价主体误区

评价主体误区指的是在绩效评价的过程中评价者主观原因导致的误差、偏见和错误。这些误区的存在会对绩效评价结果的准确性造成影响，也会对组织上下级之间的关系产生损害。因此，人们既要认识到这些误区的存在，也要采取一定的措施避免这些错误的发生。

(一) 常见的评价主体误区

常见的评价主体误区一般有以下九种。

1. 晕轮效应

人们以个体的某种特征形成对个体的一个总体印象时，就会受到晕轮效应（halo effect）的影响。在绩效评价的过程中，晕轮效应就是指由于个别特性评价而影响整体印象的倾向。有关晕轮效应的例子在人们的日常生活中很常见，人们往往有根据某一局部印象得出整体印象的倾向。例如，某位管理者对下属的某一绩效要素（如“口头表达能力”）的评价较高，导致其对该下属其他绩效要素的评价也较高。同时，下属一般会对和颜悦色、比较客气的上级有好感。这样的上级工作能力也许不强，但下属往往倾向于对该上级的其他方面给予较高的评价。因此，晕轮效应非常不利于绩效评价的有效性。

2. 逻辑误差

逻辑误差（logic error）指的是评价者在对某些有逻辑关系的评价要素进行评价时，使用简单的推理造成的误差。在绩效评价过程中产生逻辑误差的原因是两个评价要素之间的高相关性。例如，很多人认为“社交能力与谈判能力之间有很密切的逻辑关系”，于是，评价者在进行绩效评价时，往往会依据“既然社交能力强，谈判能力当然也强”而对评价对象做出这样的评价。

晕轮效应与逻辑误差的本质区别在于：晕轮效应只在同一个人的各个特点之间发生作用，在绩效评价过程中是在对同一个人的各个评价指标进行评价时出现的；逻辑误差与评价对象的个人因素无关，它是由于评价者认为评价要素之间存在一致的逻辑关系而产生的。

3. 宽大化倾向

宽大化倾向（leniency tendency）是最常见的评价误差行为。受这种行为倾向的影响，评价者对评价对象所做的评价往往高于其实际成绩。这种现象产生的原因主要有：

（1）评价者为了保护评价对象，避免留下不良绩效的书面记录，不愿意严格地评价。

（2）评价者希望本部门员工的业绩优于其他部门员工的业绩。

（3）评价者对评价工作缺乏自信心，尽量避免引起评价争议。

（4）评价要素的评价标准不明确。

（5）评价者想要鼓励工作表现有所提高的评价对象。

在宽大化倾向的影响下，绩效评价的结果会产生极大的偏差。具体而言，对绩效出色的评价对象来说，他们会对评价的结果产生强烈的不满，从而影响他们的工作积极性。对于绩效很差的评价对象来说，一方面，他们无法了解自己需要提高哪一方面的绩效，只能继续维持现状，导致绩效得不到提高，绩效管理的目的无法实现；另一方面，由于他们有令人满意的评价记录，即使管理人员想解雇他们，也会由于缺乏理由而无法实现。

4. 严格化倾向

严格化倾向（strictness tendency）是与宽大化倾向相对应的一种可能的评价者行为倾向，是指评价者对评价对象工作业绩的评价过分严格的倾向。现实中，有些评价者在进行评价时，喜欢采用比既定标准更加苛刻的尺度。

严格化倾向产生的原因有：

（1）评价者对各种评价因素缺乏足够的了解。

（2）惩罚顽固的或难以对付的评价对象。

（3）促使有问题的员工主动辞职。

（4）为有计划的裁员提供证据。

（5）减少凭业绩提薪的员工的数量。

（6）遵守组织的规定（组织不提倡管理者给出高评价）。

由此可以看出，如果针对整个部门的绩效评价过于严格，该部门的员工在加薪和晋升方面都将受到影响；如果对某一特定员工的评价过于严格，则有可能受到其指控。因此，管理部门必须采取措施避免上述情况的发生。

5. 中心化倾向

在确定评价等级时，管理者很容易产生中心化倾向（central tendency）。这种倾向是指评价者对一组评价对象做出的评价结果相差不多，或者都集中在评价尺度的中心附近，导致评价成绩拉不开差距。例如，在图示量表法中，设计者规定了从Ⅰ到Ⅴ的五个评价等级。管理者很可能会避开最高的等级（Ⅴ等级）和最低的等级（Ⅰ等级），而将大多数下属评定在Ⅱ，Ⅲ，Ⅳ这三个等级上。

中心化倾向产生的原因有：

（1）人们往往不愿意做出“极好”“极差”之类的极端评价。

（2）对评价对象不够了解，难以做出准确的评价。

（3）评价者对评价工作缺乏自信心。

（4）评价要素的说明不完整，评价方法不明确。

（5）有些组织要求评价者对过高或过低的评价写出书面鉴定，以免引起争议。

6. 首因效应

首因效应（primacy effect）亦称第一印象误差，是指评价对象初期的绩效表现会对评价者评价其以后的绩效表现产生延续性影响。例如，某人进入某个部门之初的工作热情很高，很快取得了良好的业绩，给上级留下了深刻的印象。实际上，他在整个绩效评价期间的工作绩效并不是很好，但上级还是根据最初的印象给了他较高的评价。首因效应会给评价工作带来消极的影响，使评价结果不能正确地反映评价对象的真实情况。

7. 近因效应

与首因效应相反，近因效应（recency effect）是指评价者只凭评价对象的近期行为表现，即绩效评价期间的最后阶段绩效表现的好坏进行评价，导致评价者对评价对象整个评价期间的业绩表现得出相同的结论。例如，有的组织一年评价一次绩效。当评定某个具体的评价要素时，评价者不可能回想起整个评价期间发生的与该评价要素相关的评价对象的行为，这种记忆衰退就会造成近因效应。另外，评价对象往往会在评价之前的几天或几周里积极表现，工作效率明显提高，评价者对近期行为的记忆往往要比对过去行为的记忆更加清晰，这种情况会使绩效评价得出不恰当的结论。例如，有的评价对象最近一个月内的表现不良，因而得到了较差的评价，实际上，他们在之前的若干月内都保持着优异的绩效记录。

8. 评价者个人偏见

组织行为学理论指出，当以某人所在的团体知觉为基础对某人进行判断时，这种行为就受到了刻板印象（stereotyping）的影响。有些人也使用“评估者使用隐含人格理论”来指代这种现象。在这里，我们将之称为“评价者个人偏见”。评价者个人偏见是指评价者在进行各种评价时，可能在评价对象的个人特征，如种族、民族、性别、年龄、性格、爱好等方面存在偏见，或者偏爱与自己的行为或人格相近的人，造成人为的不公平。

评价者个人偏见可能表现在：

（1）对与自己关系不错、性格相投的人给予较高的评价。

（2）对女性、老年人等持有偏见，给予较低的评价等。

人们应通过评价主体培训，要求评价者从企业发展的大局出发，抛弃个人偏见，进行公正的评价。

9. 溢出效应

溢出效应（spillover effect）是指因评价对象在评价期之外的绩效失误而降低其评价等级。例如，一名生产线上的评价对象在评价周期之前出现了生产事故，影响了他上一期的工作业绩。在本评价期间他并没有再犯类似的错误，但评价者可能会由于他在上一评价期间的表现不佳而在本期的评价中给出较低的评价等级。

对上一个评价期间表现不良的评价对象来说，在评价中出现溢出效应是很不公平的，会挫伤其继续提高工作绩效的积极性。因此，为了避免这种评价误区的发生，人们应该鼓励评价者记录评价期间发生的关键事件。在评价主体培训时，应对这种错误加以强调。

（二）避免评价主体误区的方法

避免上述评价主体误区首要的方法就是通过培训使评价者认识各种评价误区，从而使他们有意识地避免这些误区的发生。评价主体误区实际上是评价者的主观错误，因此，通过使评价者了解这些误区来避免它们的发生是最直接有效的方法。具体来说，为了避免上述评价者误区，可以采用以下方法。

（1）清晰界定绩效评价指标，以免晕轮效应、逻辑误差以及其他各种错误倾向的发生。在评价指标界定清晰的情况下，评价者能够根据所要评价的指标的含义有针对性地做出评价，从而避免对评价对象某一方面绩效的看法影响对组织评价指标的评价。另外，界定评价指标还包括界定各评价指标之间的关系，避免评价者主观臆断以致找到所谓的逻辑关系，从而影响评价的准确性。

（2）使评价者正确认识绩效评价的目的，避免宽大化倾向及中心化倾向。前面提到，宽大化倾向和中心化倾向产生的一个重要原因是评价者不希望在本部门内产生矛盾和摩擦，或者影响本部门人员的利益。因此，评价者只要正确认识了绩效评价的目的，就能够避免上述情况的发生。应该让评价者意识到绩效评价作为人力资源管理系统的核心环节，能够通过影响管理决策，同时作用于组织的绩效状况和员工的个人发展。

（3）在必要的时候，综合使用强制分配法以避免宽大化倾向、严格化倾向和中心化倾向。强制分配法也称硬性分布法，就是按事先确定的比例，将评价对象分别分配到各个绩效等级上。在一些情况下，为了做出某些管理决策，绩效评价的结果必须将评价对象划分出所谓的"三六九等"。这时，在其他评价方法的基础上结合使用强制分配法能够达到这一目的，同时也能避免上述的三种误区。在实际应用中，一般是先使用某种评价方法对评价对象进行评价，然后将结果进行综合计算，按强制分配法确定的比例分配到相应的绩效等级上。

（4）宽大化倾向和中心化倾向的产生原因之一是评价者对评价对象缺乏足够的了解，对评价的结果缺乏信心。因此，解决这一问题的方法是使评价者有足够的时间和渠道，加强对评价对象的了解，必要的时候甚至可以延期进行评价。

（5）评价者缺乏信心还可能源于其对评价体系本身缺乏信心。为了提高评价者对整个评价系统的信心，最重要的手段就是通过培训使他们了解评价系统的科学性和重要性，这样可以在一定程度上避免宽大化倾向和中心化倾向的发生。

（6）通过培训使评价者学会如何收集资料以使其成为评价依据，避免首因效应、近因效应和溢出效应。上述三类误差的产生都是由于作为评价依据的事实依据不充分或不准确。应该通过培训使评价者学会科学地收集评价中使用的事实依据，避免这三类误差的发生。

此外，相关的管理部门还应该通过各种宣讲和培训的方式，要求评价者从组织发展的大局出发，抛弃个人偏见，进行公正的评价，避免严格化倾向和评价者个人偏见的不良影响，确保整个绩效评价制度得到所有成员的认同。

需要注意的是，这里有一个重要的假设前提——绩效评价系统本身是科学的。如果绩效评价系统本身存在问题，上述种种消除评价者误区的手段就无法保证评价结果的科学性。上面谈到的六种方法并不能解决所有的评价者误区问题，只能为解决评价者误区问题提供一些思路。管理部门应该通过各种手段了解评价对象对评价结果的看法，及时找到评价中存在的各种问题，有的放矢地逐一解决。

第3节　评价主体

评价主体能否对评价对象做出准确评判？评价主体是否对评价内容有足够的发言权？评价主体是否真正掌握了评价的方法和要点？这些问题都是绩效评价工作中与评价

主体有关的问题。评价主体的选择和培训是决定绩效评价系统科学性和有效性的一个关键因素。

一、评价主体的选择

（一）选择评价主体的一般原则

评价主体指的是对评价对象做出评价的人。在设计绩效评价体系时，一定要注意评价主体与评价内容的匹配问题。选择什么样的评价主体在很大程度上与所要评价的内容相关。评价主体选择的一般原则有以下两个。

（1）知情原则。知情原则是指评价主体对所评价的内容和所评价职位的工作要有所了解。一方面，评价内容必须是评价主体可以掌握的情况。如果要求评价主体对其无法了解的情况做出评价，这种评价一定是不准确的，必将对整个绩效评价工作的准确性和公正性产生不良的影响；另一方面，评价主体要对被评价职位的工作有一定的了解。评价对象的任何职务行为都是基于实现一定职责任务目的的，并不是孤立的行为。缺乏对职位的了解，往往会做出以偏概全的判断。

（2）360 度原则。单一的评价主体容易产生误差与偏颇。采用多元化的评价主体既可以对评价结果实现相互印证，又能够相互补充，体现评价的准确性。另外，扩大评价主体的范围也能够体现出评价的民主性与公平性。因此，对评价内容与评价对象的评估可以从多角度、多层面进行，既可以包括评价对象的上级、同级、本人、下级，也可以向组织外延伸，将利益相关者（如客户、供应商等）纳入评价主体的范畴。需要特别指出的是，360 度选择评价主体并不意味着评价主体越多越好，而是应在评价主体了解评价对象和评价内容的基础上，扩大评价主体的范围，使绩效评价的结果更加全面准确。

（二）不同评价主体的比较

传统的管理强调下属完成上级安排的工作的重要性。在这种情况下，下属工作的目的在很大程度上是获得上级的认同。因此，在绩效管理中，上级是绩效评价过程中最重要的评价主体，对下属的工作进行评价并向其提供绩效反馈信息。随着管理理论与实践的不断发展，利益相关者在管理中的作用越来越受到重视。相应地，评价主体的范围也开始不断扩展。就管理者而言，下属逐渐成为非常重要的绩效反馈信息来源，他们能够对管理者在其实现管理职能过程中的绩效表现提出宝贵的意见。另外，由于员工本人对自己的绩效表现有一定的评价和看法，为了体现员工参与、授权、民主等观念，员工本人也开始被纳入评价主体。此外，一个人的行为也可能对其他人造成影响。在进行绩效管理和评价时，应当考虑这种相互作用和依存关系，避免员工只关心完成自己的工作，而影响别人的工作或不与他人合作的情况发生。所以，同级同事的绩效反馈和信息也非常重要，能够促使员工成为更好的团队成员。以上四个绩效信息来源——上级、下级、本人和同级——都是组织内部的成员。实际上，在组织外部还有一些群体能够提供有价值的绩效信息，如客户和供应商等利益相关者。客户是使用组织产品和服务的人，对于企业来说，客户就是其顾客，而对于政府而言，直接享受其公共服务的社会群众就是其客户。一个组织只有获得客户的认同，才有可能成功。现阶段已有很多包括企业和政府在内的组织把客户作为评价主体，对组织绩效、部门绩效以及个人绩效进行评价。供应商是为组织生产提供原材料的群体，对组织绩效、部门绩效和个人绩效的某一方面也能够提供有价值的绩效信息。

根据评价主体选择的一般原则和以上分析的获得绩效信息的渠道，图5-3展示了一般情况下绩效评价系统中可能的评价主体。

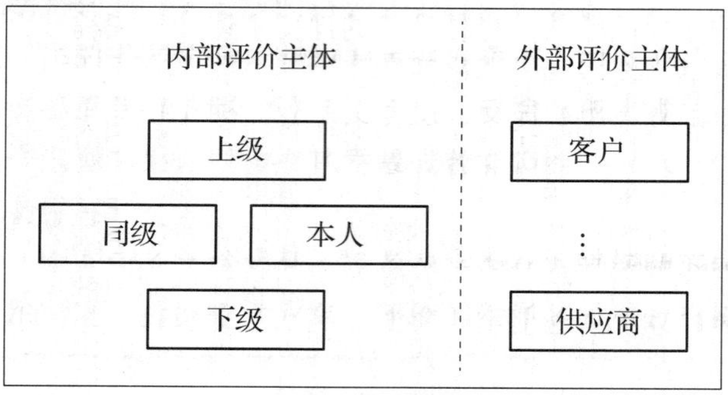

图5-3　不同的评价主体

从图5-3中可以看到，可能的评价主体是多种多样的。选择不同的评价主体不仅是绩效评价的需要，而且是实现绩效管理目的的需要。从这一点看，评价主体的选择不仅是为了更好地落实绩效评价工作，也是为了更好地对成员的绩效进行管理。

1. 上级评价

直接上级在绩效管理过程中自始至终都起着十分关键的作用。在大多数组织中，上级评价是最常用的评价方式。研究表明，目前大约有98%的组织将绩效评价视为直接上级的责任。这是由于直接上级通常是最熟悉下属工作情况的人，而且比较熟悉评价的内容。同时，对于直接上级而言，绩效评价作为绩效管理的一个重要环节，为他们提供了一种监督和引导下属行为的手段，可以帮助他们促进部门或团队工作的顺利开展。如果直接上级没有绩效评价的权力，将会削弱他们对其下属的控制力。另外，绩效管理的开发目的与直接上级对其进行培训与技能开发的工作是一致的，上级能够协助相关部门更好地将绩效管理与员工培训相结合，从而充分发挥这两个人力资源管理模块的行为引导作用。总之，直接上级在观察和评价其下属人员的工作绩效方面占据着最有利的位置，同时也承担了更多的管理责任。

2. 同级评价

同级评价由评价对象的同级对其进行评价，这里的同级不仅包括评价对象所在团队或部门的成员，还包括其他部门的成员。这些人员一般与评价对象处于组织命令链的同一层次，并且与评价对象经常有工作联系。研究表明，同级评价的信度与效度都很高，同时同级评价还是工作绩效的有效预测因子。另外，同级对评价对象的评价可以有效地预测评价对象将来能否在管理方面获得成功。这是由于同级经常以一种与上级不同的眼光来看待他人的工作绩效，比如，他们会更加注重工作中的合作情况。另外，上级与下属接触的时间毕竟有限，下属总是会在上级面前展示最优秀的方面，而同事总能看到他们真实的表现，这是同级评价最有意义的地方。此外，使用同级作为评价主体来补充上级评价，有助于形成关于个人绩效的一致性意见，并帮助人们消除偏见，促进评价对象更好地接受绩效评价的结果，乃至整个绩效评价系统和绩效管理系统。

但是，反对同级评价的人指出，使用同级评价可能会出现一些特殊的问题。比如，布雷夫认为，同级评价有效的环境并没有经过系统的研究，他特别针对同级评价结果用于奖励（如晋升）提出了质疑。另外，当绩效评价的结果与薪酬和晋升等激励机制结合得十分紧密时，同级之间会产生某种利益上的冲突，从而影响业已形成的良好工作氛围。此外，同级之间的个人关系也可能影响绩效评价的可信程度，人们经常担心给别人评分过低会影响他们之间的友谊以致遭到报复；同时，一些人在评价与其私交较差的同事的绩效时，往往不考虑其绩效而给予较低的评价；同级评价中可能会存在相互标榜的问题，即所有同事都串通起来，相互将对方的工作绩效评价为较高的等级。

3. 本人评价

有些组织在评价绩效时，还采用员工自我评价法（通常与上级评价结合使用）。自我评价的理论基础是班杜拉（Bandura）的社会认知理论，这一理论包括自我目标设定、对目标执行的自我监控、自我实施奖励以及惩罚。该理论认为，许多人都了解自己工作中哪些方面做得好、哪些方面是需要改进的，如果给他们机会，他们就会客观地对自己的工作业绩进行评价，并采取必要的措施进行改进。另外，提倡自我评价的员工会在自我工作技能开发等方面变得更加积极主动，重视参与和发展的管理者认同并欢迎自我评价。

大多数研究表明，员工对自己的工作绩效给出的评价一般比他们的主管人员或同事给出的绩效等级高。比如，一项研究显示，当员工被要求对自己的工作绩效进行评价时，有40%的人将他们自己放到绩效最好的10%（“最好者之一”）之中；剩下的人要么将自己放入前25%（“大大超出一般水平”）之列，要么将自己放入前50%（“超出一般水平”）之列。通常情况下，只有不到1%或2%的人将自己列入低绩效等级范围，而总是将自己列入高绩效等级的人在很多时候往往是低于一般绩效水平的。

由直接上级和本人同时进行绩效评价的做法有可能会引发矛盾，这种情况应该得到管理者的重视。即使组织没有正式要求成员进行自我评价，本人也应对自己的工作进行评价，而且自我评价往往比上级给予的评价等级要高。自我评价与上级评价之间的矛盾是所有管理者必须面对和解决的。如果能够充分辨析评价结果差异产生的原因，管理者就能够更好地理解评价对象的行为并实行更有针对性的行为引导。例如，可以通过本人评价找出与上级之间意见不一致的地方，鼓励评价对象反映他们的优缺点，帮助上级进行更有建设性的绩效面谈，并促使员工更好地理解上级给予的绩效建议。

4. 下级评价

下级评价给管理者提供了一个了解下属对其管理风格看法的机会，实际上这种自下而上的绩效反馈更多的是基于强调管理者提高管理技能的考虑。

很多管理者担心他们一些不受欢迎但必要的行为（如批评下属）会导致下属对他们进行评价时实施报复。下属由于不承担管理工作而不了解管理者工作的必要性，因此很难对"事"进行评价，其评价的结果信度通常较低。由于下级评价与传统的自上而下的管理方式相悖，组织担心下属评价会削弱管理者的权力，因此真正采用这种评价方式的组织不多。

如果组织想把下级评价导入绩效评价系统，充分发挥下级评价的积极作用，要注意以下三个方面：参与管理、考评者匿名以及具体的评价内容。

（1）让下属参与评价其主管的工作实际上是让其对管理提出自己看法的过程。下属观察某些行为指标的能力往往比管理者强，因此下级评价不仅是对管理者的评价，更重要的是可以听到下属的声音，使管理者决策时考虑这种意见。

（2）匿名评价是下级评价时要特别注意的。下属在对直接上级进行评价时，必然会想到这种评价对他们的威胁，他们担心对直接上级的低绩效进行诚实的评价会受到谴责和报复。在这种情绪下，仅仅匿名还不够，下属还应感到"人数上是安全的"。也就是说，小团体不适合采用下级评价的方法；只有人数超过一定数量时，人们才会认为讲真话是安全的。

（3）前面讲过下属从未做过直接上级所做的工作，他们经常想当然地认为管理者的行为是对还是错。他们很大程度上并不了解管理者的具体工作，当然也不了解管理者是否应该做某件事，更谈不上评价他们做得好与坏，因此要对下级评价的结果进行合理的分析和应用。

总之，下级评价是一种管理突破，在一定程度上有利于提高管理质量和培育良好的工作气氛，因此，越来越多的组织让评价对象的下级以匿名的方式参与对评价对象的绩效评价。下级评价在一定程度上能够反映管理人员在管理工作上的表现。另外，在各类组织诊断中，来自普通员工的判断能够在更大的范围内体现组织的绩效状况。因此，对员工进行广泛的问卷调查成为了解组织管理状况的重要手段。即使员工不是评价主体，管理者在日常管理工作中也不应该忽视下属的意见。各类组织可以尝试将不定期的下属调查作为一项日常工作。

5. 客户和供应商评价

在一些组织中，比较了解员工工作情况的外部利益相关者也成为评价主体之一。最常见的做法是将客户和供应商纳入评价主体。这种做法主要是为了了解只有特定外部人员才能感知的绩效情况，或通过引入特殊的评价主体引导评价对象的行为。例如，在服务行业中，以客户为评价主体对直接面对客户的服务人员进行绩效评价，可以更多地了解他们在实际工作中的表现。更重要的是，由于客户满意度成为组织成功的关键影响因素，这类组织将客户作为评价主体来引导员工行为，可以促进其更好地为客户提供服务。

绩效的多维性容易导致不同评价主体对同一工作绩效的印象不同。通过上面的分析可知，各种评价主体并不是相互孤立、相互排斥的，而是能够相互补充和配合的。为了保证评价的客观性和公正性，可以适当选择多样化的评价主体。使用多种主体对绩效进行评价必然具有单一主体评价不具有的诸多优点，但是一个包含各种身份评价主体的评价系统自然会占用更多的时间，费用也较高。

（三）选择评价主体举例

评价主体的多元化一方面为绩效评价提供了不同的视角和途径，另一方面也对管理者选择评价主体造成了一定的困难。如果管理者对各评价主体的特点不了解，导致评价主体选择有误，绩效评价将毫无意义，甚至会有负面效果。因此，评价主体的选择要以评价指标为基础，结合选择评价主体的原则和不同评价主体的特点综合确定。北京市延庆县环保局的评价主体选择如表 5－6 所示。

表 5－6　　北京市延庆县环保局绩效评价主体选择

<table>
<tr><th>层面</th><th>目标</th><th>指标</th><th>目标值</th><th>评价主体</th></tr>
<tr><td rowspan="7">利益相关者</td><td rowspan="4">提升环境质量</td><td>空气质量二级和好于二级的天数占全年比重</td><td>略</td><td rowspan="5">上级评价</td></tr>
<tr><td>城市区域环境噪声平均值</td><td>略</td></tr>
<tr><td>水环境质量</td><td>略</td></tr>
<tr><td>辐射环境质量</td><td>略</td></tr>
<tr><td>⋮</td><td>⋮</td><td>⋮</td></tr>
<tr><td>提高服务质量</td><td>环保工作群众满意度</td><td>略</td><td rowspan="2">群众评价</td></tr>
<tr><td>提高环境意识</td><td>公民环保意识调查</td><td>略</td></tr>
<tr><td rowspan="7">实现路径</td><td rowspan="3">严格建设项目审批</td><td>依法审批率</td><td>略</td><td rowspan="2">社会评价</td></tr>
<tr><td>“三同时”执行率</td><td>略</td></tr>
<tr><td>依法验收率</td><td>略</td><td rowspan="3">内部评价</td></tr>
<tr><td rowspan="2">完善环境监测体系</td><td>监测任务完成率</td><td>略</td></tr>
<tr><td>实验室资质认证</td><td>略</td></tr>
<tr><td rowspan="2">开展绿色创建活动</td><td>绿色社区</td><td>略</td><td rowspan="2">自我评价</td></tr>
<tr><td>绿色学校</td><td>略</td></tr>
<tr><td rowspan="7">保障措施</td><td rowspan="2">坚持依法行政</td><td>行政诉讼案件败诉次数</td><td>略</td><td rowspan="7">相关职能部门评价</td></tr>
<tr><td>行政处罚案卷合格率</td><td>略</td></tr>
<tr><td rowspan="2">坚持政务公开</td><td>信息公开及时性</td><td>略</td></tr>
<tr><td>主动公开信息比例</td><td>略</td></tr>
<tr><td>科学安排财政预算</td><td>预算执行率</td><td>略</td></tr>
<tr><td>控制行政成本</td><td>“三公”经费占总支出比重</td><td>略</td></tr>
<tr><td>⋮</td><td>⋮</td><td>⋮</td></tr>
</table>

从表 5－6 可以看出，该环保局严格遵照选择评价主体的基本原则，根据对评价指标特性的了解程度以及不同评价主体的不同评价责任来确定评价主体，从而确保了评价

的信度。比如，“空气质量二级和好于二级的天数占全年比重”“城市区域环境噪声平均值”等指标是上级派发的必须完成的硬性指标，自然要由上级进行评价；涉及服务质量和环保意识的指标则应该由其外部服务对象——群众进行评价；一些如建设绿色社区等内部工作应由自己进行评价；还有一些与相关部门要求密切联系的工作，如“行政诉讼案件败诉次数”“信息公开及时性”等指标要由同级部门来评价。

二、评价主体培训

评价主体在绩效管理的过程中扮演重要的角色。评价者的主观失误或对评价指标和评价标准的认识误差都会在很大程度上影响评价的准确性，进而影响绩效管理甚至是人力资源管理系统的有效性。因此，评价主体培训对实现绩效评价的目标乃至绩效管理的目标至关重要。

（一）评价主体培训的必要性

即使组织的绩效评价系统对评价对象的工作标准和评价程序进行了明确的规定，也未必能确保绩效评价的结果得到评价对象的认同，并产生预期的行为引导作用，因为绩效评价的效果不仅取决于评价系统本身的科学性，还要受到评价者主观方面的影响。绩效评价的意义并不在于如何准确地评价出人的“三六九等”，而在于提供一种行为导向，使评价对象的工作行为符合组织对他们的期望，从而实现组织的战略目标。评价者对评价系统的认识不仅会影响评价结果的准确性，而且会影响评价对象对组织期望的理解，从而对整个组织的绩效产生影响。现实中还没有哪种手段可以精确地评价人的优劣好坏。在这种情况下，评价主体对评价手段、评价目的的理解甚至比评价方法本身更重要。

当上级管理者作为评价主体时，评价者在绩效评价乃至绩效管理中更是承担了重要的职责。评价者不仅是对下属的绩效做出评价的人，也是与下属进行持续的绩效沟通，帮助下属提高绩效，实现绩效计划的引路人。当评价者是评价对象的直接上级时，评价主体培训的重要性就更为突出。

一个完整的绩效评价制度不能缺少评价主体培训这一重要环节。离开了人，任何绩效评价制度都是一堆没有用的文件。组织内的相关部门应设计出完善的评价主体培训制度，通过评价主体培训达到以下几个方面的目的。

（1）使评价者认识到绩效评价在人力资源管理和组织管理中的地位和作用，认识到自身在绩效评价过程中的作用。

（2）统一各个评价者对评价指标和评价标准的理解。

（3）使评价者理解具体的评价方法，熟悉绩效评价中使用的各种表格，并了解具体的评价程序。

（4）避免评价主体误区的发生，使评价者了解如何尽可能地消除误差与偏见。

（5）帮助管理者学习如何进行绩效反馈和绩效指导。

（二）评价主体培训的主要内容

直接上级是最常见的评价主体。对直接上级进行评价主体培训比对其他类型评价者进行评价主体培训的内容更广泛。因此，我们在这里仅介绍如何对这类管理者进行评价主体培训。对其他类型的评价者进行培训时，可参考对直接上级进行评价主体培训的内容的相关部分。一般来说，评价主体培训主要包括以下六个方面的内容。

1. 关于避免评价主体误区的培训

对绩效评价中发生的不准确问题的最常见解释就是评价者的主观错误。因此，评价主体培训中的一项重要内容就是通过培训告诉评价者评价过程中可能会产生的评价误区，以防止这些误区的发生。例如，在一次与此类问题有关的培训课程中，培训者先为评价者播放一段反映员工实际工作情况的录像，然后要求他们对这些员工的工作绩效做出评价。接着，培训者将不同评价者的评价结果展示出来，并且针对工作绩效评价中可能出现的问题，如晕轮效应、严格化倾向等，逐一进行解释。如果受训的评价者对所有评价要素（工作质量、工作积极性等）都给出了同样水平的评价，培训者可以指出这位评价者可能犯了晕轮效应的错误。最后，培训者会给出比较客观的评价结果，并对评价者评价过程中出现的各种错误逐一进行分析。通过这种形式的评价主体培训，评价者能够对各种评价者误区有更深刻的认识，从而有效地避免此类问题的发生。

2. 关于绩效信息收集方法的培训

如何收集绩效信息也是评价主体培训中的一个重要项目。前面我们谈到，评价之前的信息收集阶段是绩效评价系统的一个重要环节。为了使评价的结果更有说服力，并且为评价之后的绩效反馈提供充分的信息，评价者必须充分收集各种与评价对象的绩效表现相关的信息。这方面的培训一般以讲座的形式进行。另外，组织还可以通过生动的录像来进行现场的演示或练习。需要注意的是，收集绩效信息不仅可以依靠上级的观察，还可以通过员工口头汇报或书面工作进展报告来进行。事实上，由于不同职位的工作性质不同，获取有关工作绩效信息的渠道也各不相同。在进行这方面的培训时，应根据评价对象的不同情况有针对性地进行。

3. 关于熟悉评价指标的培训

评价指标培训指的是通过培训，使评价者熟悉评价过程中将使用的各个绩效指标，了解它们的真正含义。评价者只有在正确理解各个绩效维度的基础上，才能将绩效评价体系所要传达的信息传达给评价对象。

4. 关于确定绩效标准的培训

绩效标准培训指的是通过培训向评价者提供评价的比较标准或者参考的框架。评价者如何理解绩效标准将在很大程度上影响他们对每个评价对象的评价结果。进行绩效标准培训是实现绩效管理程序公平的前提。

5. 关于正确使用评价方法的培训

绩效评价过程中可能采用的具体方法多种多样，每种方法都有其优点和缺陷。应该通过评价主体培训使评价者充分掌握实际评价时需要采用的各种操作方法、填写表格的注意事项等，以充分发挥该评价方法具有的优势，并使评价者对评价方法产生认同和信任感。这种认同将有助于绩效评价结果得到管理者乃至所有评价对象的认同。

6. 关于做好绩效反馈的培训

绩效反馈是评价者与评价对象之间的沟通过程。通过这一过程，评价者将绩效信息反馈给评价对象，帮助后者纠正自己的绩效不足。绩效反馈并不是一次简单的谈话，评价者应该通过这一沟通过程帮助评价对象更好地认识自身工作中存在的问题。通过评价主体培训，管理者应该能够掌握绩效反馈面谈中运用的各种技巧。绩效反馈培训是评价主体培训中的一个重要内容，它关系到绩效管理系统能否达到预期的目标。

评价主体培训的主要内容要根据组织的不同情况确定，没有统一的模式，每一次的培训内容可以针对不同的问题来进行。一种称作评价者效能培训的培训方式被证明是相当有效的。评价者效能培训通过向评价者传授每种绩效维度的意义、每一种维度代表的工作行为以及每一种行为的效果，改进评价者准确评分的能力。某企业所使用的评价者效能培训方案的内容如下：

（1）建立工作期望，包括有关如何设定绩效目标和召开目标设定会议的方法。

（2）通过观察收集资料并记录行为形成文件的方法。

（3）指导员工改善绩效的方法。

（4）绩效评价的方法。

（5）各种评价者误区的形成原因和避免这些误区的方法。

（6）绩效评价反馈的方法，反馈面谈的程序和解决分歧的方法。

（7）企业提供的技能开发计划。

（三）评价主体培训的实施

1. 评价主体培训的时间

现在我们已经对评价主体培训的必要性和内容有了一定的了解。那么，应该在什么时候进行评价主体培训呢？下面是四种可能的时间。

（1）管理者刚到任的时候。当员工晋升为新职位上的管理人员时，由于工作的需要，他们必将面对管理工作带来的新挑战。此时，这些人员都希望能够接受评价主体培训，以帮助自己更好地适应新工作。另外，组织也希望通过充分的培训，尽快提高其管理水平，避免不必要的摩擦和损失。

这一时期进行的评价主体培训往往是与各类管理技能培训同期进行的。对实施绩效管理的组织来说，评价主体培训是管理技能培训中的“重头戏”。管理者应该尽快学会如何正确地评价并有效改善下属的工作绩效。管理者将很快面对定期进行的绩效评价工作，这些技能很快就能在实际工作中得到运用。此时恰恰是评价这次评价主体培训效果的最佳时机。

（2）进行绩效评价之前。在进行绩效评价之前对评价者进行培训是十分必要的，因为平时大家都忙于具体的工作，难以集中时间针对评价者进行专门培训，即使举行培训也难以受到足够的重视。因此，有针对性地对当期评价中的注意事项进行短时间的讲授是比较可行的。集中进行完整的培训会由于人员不齐、部分管理者无法腾出足够的时间参加培训等影响效果。

在进行绩效评价之前进行的评价主体培训可以采用实际的范例作为培训的教材。这种生动的培训内容能够更好地满足管理者的现实需要，是一种非常有效的方法。

(3) 修改绩效评价办法之后。组织往往需要根据现实情况的变化对绩效评价办法进行修订，这种修订可能涉及评价标准、评价方法等方面。在这种情况下，进行评价主体培训的必要性是显而易见的。为了使评价者能够彻底地理解修订的目的和修订的内容，在这个时候进行的评价主体培训往往具有特定的内容：通过培训发布和宣讲新修订的内容，并通过对比新旧评价办法使管理者对绩效评价的原理有更加深入的理解和认识。

(4) 在进行日常管理技能培训的同时进行评价主体培训。管理者的一个重要管理角色就是绩效评价中的评价者，评价主体培训是管理技能培训中的一项重要内容。许多组织都对管理者进行长期的、系统化的管理技能培训。在这种日常的管理技能培训中纳入评价主体培训的内容是非常必要的。

2. 评价主体培训的具体实施形式

根据组织的实际情况，评价主体培训有不同的具体实施方式。根据课程的安排，评价主体培训的形式主要有以下两种：一种是与日常的管理技能培训同时进行；另一种是以独立课程的形式举办。

许多组织都向管理者提供系统化的管理技能培训课程。有关人员通常会在整个课程之中抽出一段时间就绩效评价过程中的有关问题进行讲解。这是管理者关心的问题，也是提高管理者管理技能的重要方面。

通常，这类管理技能培训的时间不超过一周，常见的做法是安排其中的一天讲解有关绩效评价的内容。培训的具体形式和内容主要包括：直接授课，讲解有关绩效评价的原理及现行的评价制度和评价技巧等方面的内容。另外，为了增强培训的效果，组织还会进行 5 小时左右的实战性质的现场培训。如果没有足够的时间，如只能用半天的时间介绍绩效评价的内容，后面的演练就无法进行。

以独立课程的形式进行评价主体培训的培训对象应该是接受过一般性基础管理技能培训的人员。在这种情况下，组织通常会安排 2～3 天的培训时间，主要包括课堂原理讲解、绩效评价实战培训和绩效反馈面谈的实战培训三个方面的内容。

第 4 节　评价周期

简单而言，评价周期就是指多长时间进行一次评价。绩效评价是对评价周期内绩效表现的评价，是一项周期性工作，大多数组织一年进行一次评价，也有一些组织一个季度或者半年进行一次评价，还有一些组织一个月评价一次。本节讨论的就是与评价周期相关的一些概念和影响因素，以及如何合理设置评价周期的问题。

一、与评价周期相关的概念

在现实的组织管理过程中，人们经常会将评价周期与其他概念相混淆，如果不能有效区分它们，会影响绩效评价的有效性。

（一）绩效管理周期

绩效评价周期用于界定“多长时间评价一次”的问题，针对不同的指标和管理特点，有不同的评价周期，如有些指标可能需要每月评价一次，有些指标则需要每年评价一次，因此绩效评价周期不能一概而论，应该根据具体的实际情况合理设置。绩效管理周期则是指从绩效计划、绩效监控、绩效评价一直到绩效反馈这一系列过程的时间跨度，是一个比较稳定的概念，大多数组织通常以一年为绩效管理周期的时限。

（二）数据收集频率

容易与评价周期相混淆的概念还有数据收集频率，它是指多长时间收集一次数据，数据收集的最终目的是用于绩效评价。同评价周期一样，不同指标的数据收集频率也不尽相同，有的指标数据需要每天收集，有的数据一年收集一次即可。数据收集频率并不等同于评价周期，通常一次或多次收集的数据会用作一次评价周期的计量，因此数据收集频率往往短于或等于评价周期。区分这两个概念的意义在于，在进行绩效评价时，切不可等到评价环节再去收集数据，而应根据不同的指标特点等，实时对相关数据进行收集，只有这样才能确保绩效评价结果的准确和有效。

二、评价周期的影响因素

绩效评价周期的设置要尽量合理，既不宜过长，也不能过短，应针对组织的不同情况和不同职位采用不同的周期。如果周期太长，评价结果会带来严重的近期误差，而且不利于绩效改进的目的；如果周期太短，一方面，工作量很大，增加了成本，另一方面，许多绩效结果无法在短时间内体现出来。一般来说，评价指标、管理层级、职位类型、绩效管理实施的时间和评价目的等因素决定评价周期的长短。

（一）评价指标与评价周期

决定评价周期长短的最重要因素是评价指标的类型和内容。在绩效评价过程中，针对不同的评价指标设定的评价周期也不一样。对于过程性指标，其评价周期相对较短，这是由于绩效取得过程的情况会直接影响最终绩效结果，需要进行不断的监控和评价；结果性指标在较长一段时间内才能反映出来，其评价周期可以较长。另外，从工作业绩指标和工作态度指标的角度来看，也应设置不同的评价周期来达到准确衡量的目的。工作业绩是工作产生的结果，业绩指标通常表现为完成工作的数量指标、质量指标、工作效率指标以及成本费用指标。对于工作业绩类指标的评价周期，要根据其绩效反映出来的时间长短来确定，例如对于次品率等短期内就可以衡量的指标，应该适当缩短评价周期，如以日、周或月来计算。这样可以使员工把注意力集中于这些短期业绩指标，及时调整自己的行为，以便完成短期工作任务。对于利润率、资产总额等业绩指标，需要很长的时间（通常是一个财年）来进行计算，因此要适当延长评价周期。

对员工行为的评价可以反映其对待工作的态度，态度评价也是绩效评价相当重要的内容。找出每个职位的具体行为指标很有意义，因为了解了这些行为就可以指导员工并让员工知道什么样的行为是组织所期望的。虽然态度的真正转变需要很长的时间，但在实践中可以通过缩短态度指标的评价周期、增加态度指标的权重来引导员工关注工作态度问题，通过不断的考核来实现员工态度的最终转变。

（二）管理层级与评价周期

高层管理者是指对组织整体负责的领导。对高层管理者的评价旨在促使其理清思路，抓住组织发展的战略重点，并承担起落实宏观战略、实现整体目标的责任。因此，对高层管理者的考核主要围绕以下内容进行：愿景及战略的规划和制定、影响组织发展的重要结果性指标的完成情况、处理复杂情况、组织文化建设、组织架构及流程的设计、绩效及管理改进计划的制定和实施、人员培养与开发以及一些职业素养和工作态度的评价。对高层管理者的评价过程实际上就是对整个组织管理的状况进行全面、系统评价的过程，而这些战略实施和改进计划都不是短期内就能取得成果的。因此，高层管理者的评价周期比较长。

中层管理者是指组织中的部门负责人。对中层管理者的评价一方面是根据组织战略目标的分解与承接落到其所在部门的指标完成情况确定的，另一方面是根据其个人绩效完成情况及工作态度等确定的。中层管理者在组织中起承上启下的作用，要兼顾组织层面、部门层面和个人层面的绩效目标，其评价周期要比高层管理者短。

基层管理者和普通员工的评价周期一般是比较短的。他们的绩效结果一般显现得比较迅速。同时，出于对其绩效不断改进的目的，组织也要尽量缩短评价周期，保证出现的问题能够及时得到解决。

（三）职位类型与评价周期

市场营销人员主要从事产品推广、销售与品牌提升工作，其考核指标主要包括市场占有率、项目成功率、客户忠诚度、品牌与技术营销、销售额、回款率及客户满意度等。这些指标也是企业重点关注的指标，及时获取这些信息并进行反馈有利于企业尽早调整战略战术。因此，根据市场销售人员的工作性质与特点，企业可以以月或季度为评价周期，或者根据情况缩短评价周期。

对于生产工人，在特别强调质量管理的今天，在评价产量的同时，应当引入质量指标，并注重绩效改进的评价指标比重。这些做法实际上传达了一个信息：生产绩效需要短期的反馈，以便员工进行横向的比较，找出绩效差距，确定改进方法。另外，对于生产工人的薪酬发放，也要尽量缩短时间，只有这样才能起到激励的作用。如果要为这种短期薪酬发放提供依据，必然需要短期的、及时的绩效评价。

服务人员的工作同时具有生产人员和销售人员工作的性质，因为服务本身就是企业的一种产品甚至是全部的产品，而服务人员的绩效与销售具有密切的相关性，在一些以提供的服务为全部或主要产品的企业中，服务人员本身就是承担销售指标的人员。因此，服务人员的评价周期应当与市场销售、生产人员的一样，尽量缩短。

事实上，市场销售、生产和服务人员一般属于带有生产性质的人员。对于这类带有生产性质的人员，应当尽量缩短评价周期，以便及时对他们的工作进行认可和反馈。一般情况下，进行月度评价比较合理，部分稳定发展的企业可以进行季度评价。

对研发人员的评价是为了向研发人员提供正确的支持意见和改进建议，为研发人员的工作创造一个宽松、稳定的环境，激励研发人员进行更有成效的研发活动，避免急功近利的短期行为。对研发人员的绩效评价旨在检查其目前的工作进度，找出存在的问题和改进的方法，以提高研发工作的效率和效果。因此，对于研发人员，既可以根据项目周期确定评价周期，也可以定期进行检查。

行政人员主要是指人力资源、财务、计划、秘书等对公司业务起支撑和辅助作用的人员。行政人员的评价标准不像业务人员那样有易量化的指标，对行政人员的评价结果通常会由于缺乏数据支持而变得没有说服力。因此，如何评价无法直接用数量指标衡量的业绩是设计行政人员评价体系的重点。组织应根据职位和职责的履行情况进行评价，衡量一定质量要求下的工作量和工作进度，重点评价过程而非结果。鉴于行政人员的工作特点，大多数企业都采用随时监督的方式，以季度或者月度评价为主。

（四）绩效管理实施的时间与评价周期

绩效管理的实施要经历初始的摸索期到后来的成熟期等几个阶段。绩效管理系统的完善不是一蹴而就的，而是需要经过几个绩效周期的经验积累，不断从以前绩效周期的管理中吸取教训并总结经验。

正是因为绩效管理刚开始实施时需要不断地试错，所以刚开始实施绩效管理时，评价周期不能过长。如果绩效周期过长，那么绩效管理系统中的问题需要经过很长时间才能暴露出来，会影响绩效管理系统的有效性和稳定性。以绩效指标的选择为例，由于没有经验，一开始选择的指标可能不能很好地反映评价对象的真实绩效情况。这时的绩效评价周期要短，组织需通过短期评价，检验评价指标的信度和效度，及时对指标系统进行修正，并在下一个绩效评价周期对新修订的指标进行检验。

随着绩效管理实施时间的推进，组织实施绩效管理的经验越来越丰富，绩效管理系统越来越完善，这时应当如何确定绩效周期呢？从理论上说，评价周期越短越好。缩短绩效周期，一方面，在较短的时间内，评价主体能对评价对象的工作产出有较清晰的记录和印象，能比较准确地对其绩效进行评价，如果都等到年底再进行评价，可能会由于绩效信息收集的不全面和受到近因效应的影响或主观感觉的影响，使评价结果的客观性、公正性大打折扣；另一方面，及时对工作的产出进行评价和反馈可以有效激励组织成员，并有利于其及时改进工作。但是，由于绩效评价需要人员、机构、时间以及资源等多个方面的配合，绩效周期短就意味着绩效管理的成本高。考虑到实施绩效管理的成本，在绩效管理系统成熟后可以适当延长绩效评价周期。

（五）评价目的与评价周期

一般来讲，绩效评价的目的有两个：一是了解并准确评估绩效水平；二是分析并改进绩效。当绩效评价是为了评估绩效水平时，必须将员工评价周期内的所有绩效表现全部纳入，作为薪酬、晋升、培训与开发等决策的依据。但很多结果性指标需要花费较长时间才能完成，只有评价周期设置得相对长一些，才能保证所有层次的绩效结果有足够的时间显现出来，以保证评价的准确性和完整性。当绩效评价是为了了解绩效水平时，评价周期以季度、半年或一年为宜。当绩效评价是为了分析并改进绩效时，则需要对绩效进行短期回顾与评价，以日、周、月为周期对绩效进行评价，以便能够及时发现绩效问题并加以改进。

第 5 节　评价方法

评价方法的选择是绩效评价的重点和难点，也是绩效管理中一个技术性很强的问题。正确地选择评价方法对能否得到公正、客观的评价结果有重要的意义。需要特别指出的是，绩效评价方法与绩效管理工具是不同的概念，二者不能混淆。绩效评价方法解决的是某个具体指标怎么评价的问题，而绩效管理工具解决的是利用哪种方法提高绩效水平的问题。人力资源管理专业人员和专家学者创造了一系列的评价方法，这些方法各具特点。迄今为止，还没有哪一种方法堪称最优或能够满足实践中的所有要求。在管理实践中，它们往往综合使用，以适应不同组织不同发展阶段对绩效评价的不同需要，达到绩效评价的不同目的。下面介绍一些实践中比较常见的评价方法。

一、评价方法的分类

评价方法的分类与评价标准的分类密切相关。一般来说，评价标准可以分为两类：相对标准与绝对标准。与此相对应，可以将评价方法分为相对评价和绝对评价。相对评价又称比较法，指通过在部门或团队内对人员进行相互比较得出评价结论，而不是根据事先统一制定的评价标准进行评价。绝对评价指根据统一的标准尺度衡量相同职位的人，也就是将个人的工作情况与客观工作标准相比较，通常使用量表法进行评价。这种利用客观尺度进行的绝对评价是绩效评价发展的大趋势。实施绝对评价之前，人们必须通过研究和分析，事先确定一个客观的评价标准。这种客观标准的表现形式在具体的评价方式中各不相同。例如，人们可以用数量、质量、时间等因素来表示工作业绩的客观标准（结果导向型评价指标），或者可以用一些关键事件的具体发生情况作为客观的评价标准（行为导向型评价指标）。绝对评价的标准不以评价对象为转移，是客观存在的、固定的。由于绝对评价具有这个特点，人们可以采用这种方法对组织成员单独进行评价。

此外，还有一种比较特殊的评价方法，即描述法。描述法又称事实记录法、叙述法、鉴定法等，顾名思义，它是指评价者用描述性的文字对评价对象的能力、态度、业绩、优缺点、发展的可能性、需要加以指导的事项和关键事件等做出评价，由此得到对评价对象的综合评价。通常，这种方法可作为其他评价方法的辅助方法，主要用于观察并记录评价所需的事实依据，以免近因效应、溢出效应等评价误差的发生，并为绩效反馈提供必要的事实依据。

在前面内容的基础上，可以用表 5-7 表示评价方法的分类。

表 5-7　评价方法分类

比较法（相对评价）	排序法
	配对比较法
	人物比较法
量表法（绝对评价）	图尺度量表法
	等级择一法
	行为锚定量表法
	混合标准量表法
	综合尺度量表法
	行为对照表法
	行为观察量表法
描述法	态度记录法
	工作业绩记录法
	指导记录法
	关键事件法

（一）相对评价——比较法

比较法（comparison method）就是对评价对象进行相互比较，从而决定其工作绩效的相对水平。对很多工作而言，绝对评价标准很难制定，这时人们会倾向于通过相互比较和分析，确定一个相对的评价标准，从而进行评价。通俗地讲，相对评价就是将人与人相比较并做出评价。比较法是最方便的评价方法，评价结果一目了然，作为各类管理决策的依据时也十分方便，因此得到了广泛的运用。但是，采用相对评价得出的评价结果无法在不同的评价群体之间进行横向的比较，而且很难找出充分的理由说明最终评价结果的合理性，因此很难让个人接受评价结果，也很难为奖金分配决策提供令人信服的依据。另外，相对评价最致命的缺点在于无法找出绩效差距存在的原因，因而很难缩小绩效差距。因此，人们一般不能单独使用相对评价的评价方式，在实践中，比较法往往与后面介绍的描述法和绝对评价结合使用。

常见的比较法主要有以下三种：排序法、配对比较法、人物比较法。

1. 排序法

排序法（ranking method）亦称排列法、排队法、排名法，这种方法类似于学校里使用的“学生成绩排名”，即按照工作绩效从好到坏的顺序进行排列，从而得出评价结论。

排序法是较早使用的一种方法，这种方法有几个优点。首先，排序法的设计和应用成本都很低，设计和使用都很简单。其次，排序法能够有效地避免宽大化倾向、中心化倾向以及严格化倾向。同时，排序法也有许多缺点：评价过程的主观性和随意性往往使评价结果引发争议，因此得出的评价结果往往不利于各种人事以及管理方面的应用。另外，当几个人的绩效水平相近时，难以对其进行排列，容易出现晕轮效应。

常见的排序法主要有以下两种类型：直接排序法和交替排序法。

（1）直接排序法。直接排序法是最简单的排序法。评价者经过通盘考虑后，以自己对评价对象工作绩效的整体印象为依据进行评价，将本部门或一定范围内需要评价的所有人从绩效最高者到绩效最低者排出一个顺序。表 5－8 是直接排序法的一个简单例子。

表 5－8　　直接排序法

顺序	等级	员工姓名
1	最好	王____
2	较好	钱____
3	一般	赵____
4	较差	张____
5	最差	李____

（2）交替排序法。交替排序法也根据某些评价要素将评价对象按绩效最好到绩效最差的顺序进行排列，但具体的操作方法与直接排序法略有不同。交替排序法将要评价的所有人员的名单列出，并将不熟悉的评价对象划掉，评价者经过通盘考虑后，从余下的所有评价对象中选出最好的和最差的，然后再在剩下的人中选出最好的和最差的，依此类推，直至将全部人员的顺序排定。交替排序法适用于评价一些无法用量化指标表达的工作质量和效率。在针对众多评价对象拉开绩效档次的时候，这种方法是比较简单实用的，尤其是在需要评价的人数不多的情况下。表 5－9 是使用交替排序法进行评价时使用的评价表格。

表 5－9　　交替排序法

评价所依据的要素：______________

顺序	等级	下属姓名
1	最好	王____
2	较好	钱____
3	一般	赵____
3	差	张____
2	较差	李____
1	最差	胡____

2. 配对比较法

配对比较法（paired comparison method）亦称平行比较法、一一对比法、成对比较法，是由排序法衍生而来的，它使评价方法更有效。具体的操作程序是：将每一个评价对象按照所有的评价要素与其他评价对象一一进行比较，根据比较结果排出名次，即两两比较，然后排序。这种比较方式比排序法更为科学可靠。

例如，我们要对5个人进行评价，在运用配对比较法时，我们应先设计出如表5-10所示的表格，标明要评价的绩效要素并列出需要评价的人员名单。然后，根据表中标明的要素对所有人进行配对比较，将比较结果填入两个比较对象相交的单元格，用“0”表示两者绩效水平一致，“＋”表示A栏上的人比B栏上的人绩效水平高，“－”的含义与“＋”相反。最后，将A栏每一个人得到“＋”的次数进行纵向相加。得到的“＋”越多，这个人的评价得分就越高。

表5-10　　配对比较法

评价要素：＿＿＿＿＿＿

B \ A	赵	钱	孙	李	王
赵	0	＋	＋	－	－
钱	－	0	－	－	－
孙	－	＋	0	＋	－
李	＋	＋	－	0	＋
王	＋	＋	＋	－	0

评价结果：钱的评价等级最高

一般来说，这种方法在人力资源管理中经常用于对职位的评价。这时应选取几个指标（如职位的重要性、影响程度、风险等）分别对职位进行配对比较，依次评估出不同职位对公司的价值，并以此作为确定该职位薪酬的依据。

3. 人物比较法

人物比较法亦称标准人物比较法，是一种特殊的比较法。这种方法的评价标准与前两种比较法不同：前两种比较法是对所有人进行相互比较，这种比较法则是将所有人与某一个特定的“标准人物”进行比较，能够使评价的依据更客观。

人物比较法的实施方法是：在评价之前，先选出一位成员，以他的各方面表现为标准，将其他人与之相比较，从而得出评价的结果。人物比较法可以使用如表5-11所示的表格。

表 5－11　　人物比较法

评价项目：业务知识　　　　标准人物：孙________

被评价人姓名	A 非常优秀	B 比较优秀	C 相同	D 比较差	E 非常差
赵____					
钱____					
李____					
王____					

人物比较法能够有效地避免宽大化倾向、中心化倾向以及严格化倾向，该方法设计和使用容易，成本很低，比其他方法更能提高成员的工作积极性。同时，它也存在一些难以克服的问题：标准人物的挑选困难，无法与组织的战略目标相联系，很难发现问题存在的领域，不便于提供反馈和指导，容易发生晕轮效应和武断评价。

（二）绝对评价——量表法

量表法（scaling method）就是将一定的分数或比重分配到各个评价指标上，使每项评价指标都有一个权重，然后由评价者根据评价对象在各个评价指标上的表现情况，对照标准对评价对象做出判断并打分，最后汇总计算出总分，得到最终的评价结果。

作为一种绝对评价，量表法所采用的评价标准一般是客观的职位职能标准，因此，评价结果更客观、准确，并可以在不同员工之间进行横向比较。使用量表法得出的评价结果能够直接有效地运用于各类人力资源管理决策（如人员晋升、薪酬等）。但量表法的设计要耗费大量的时间和精力，且由于评价指标和权重的设计专业性很强，因此通常需要专家的协助。另外，如果对评价指标的解释不一致，会出现主观误差。

量表法就是将评价指标的四个要素（指标的名称、定义、标志和标度）设计成表格以用于评价的一种方法，而不同种类的量表法之间的区别就反映在所使用的评价尺度的类型上。人们可以将评价尺度分为量词式的评价尺度、等级式的评价尺度、数量式的评价尺度（数量式的评价尺度又分为连续型和离散型两种）和定义式的评价尺度。表 5－12就是根据量表中使用评价尺度的不同对量表法进行的归类。

1. 图尺度量表法

图尺度量表法（graphic rating scale，GRS）是最简单且应用最广泛的评价技术之一，它在图尺度的基础上使用非定义式的评价。表 5－13 是典型的图尺度量表法样表，该表列举了一些评价要素，规定了从 s（非常优秀）到 d（差或不令人满意）的等级标志，对每个等级标志都进行了说明并规定了不同的得分。另外，不同的评价指标被赋予了不同的权重。评价者在熟悉评价量表及各个评价要素的含义后，根据标准结合下属的日常表现给出每个评价要素的得分。另外，图表中还留有空白供评价者填写评价结果和一般说明。

表5-12　　量表法归类表

所使用评价尺度的类型		评价方法名称（量表法）
非定义式的评价尺度 （包括量词式、等级式、数量式的评价尺度）		图尺度量表法 等级择一法
定义式的 评价尺度	行为导向型量表法	行为锚定量表法 混合标准量表法
	结果导向型量表法	（无单纯运用此量表的方法）
	综合运用以上两者	综合尺度量表法
其他		行为对照表法 行为观察量表法

表5-13　　图尺度量表法样表

评价要素	评价尺度	权重	得分	事实依据及评语
专业知识：经验以及工作中的信息知识	30　24　18　12　6 s　a√　b　c　d	30%	a	略
计划能力：对要完成工作的有效设计	15　12　9　6　3 s　a　b√　c　d	15%	b	略
沟通能力：以书面和口头方式清晰、明确地表达思想、观念或者事实的能力	10　8　6　4　2 s　a√　b　c　d	10%	a	略
⋮	⋮	⋮	⋮	⋮
s：极优 a：优 b：良 c：中 d：差	最终得分：62分 最终档次：s　a　b√　c　d	档次划分		s：80分以上 a：65～79分 b：49～64分 c：33～48分 d：16～32分

2. 等级择一法

等级择一法的原理与图尺度量表法完全相同，只是在规定评价尺度时没有使用图示，而是采用了一些有等级含义的词语。表5-14和表5-15是两个例子。

表 5 - 14 等级择一法（一）

评价对象： 部门： 评价者： 评价日期：

评价指标	权重（%）	优秀（5）	良好（4）	满意（3）	尚可（2）	不满意（1）	得分
工作数量	10						
评语							
工作质量	15						
评语							
专业知识水平	15						
评语							
合作精神	20						
评语							
可靠性	15						
评语							
创造性	15						
评语							
工作纪律	10						
评语							
总得分							

表 5 - 15 等级择一法（二）

评价指标	评价尺度				
	优秀	良好	满意	尚可	不满意
专业知识	5	4	3	2	1
沟通能力	5	4	3	2	1
判断能力	5	4	3	2	1
管理技能	5	4	3	2	1
工作质量	5	4	3	2	1
团队合作能力	5	4	3	2	1
人际关系能力	5	4	3	2	1
主动性	5	4	3	2	1
创造性	5	4	3	2	1
解决问题能力	5	4	3	2	1

尽管评价的方法有数百种，但是像图尺度量表法和等级择一法这类非定义式的评价尺度方法仍然是许多组织使用的最主要方法，原因是此类方法使用方便、开发容易、成本较低。由于评价指标的名称、定义和尺度具有普遍性，因此这类方法适用于组织中几乎全部的职位，应用时只需要根据职位的不同进行一定程度的调整。在确定适合本组织情况的某个指标库之后，为各个职位设计此类评价量表就十分方便了。另外，使用此类评价方法便于在员工之间进行横向比较。

当然，这两种评价方法也有很多缺点。由于抽象的评价尺度与组织的战略目标缺乏联系，这两种量表无法对组织成员的行为起直接的指导作用。图尺度量表法和等级择一法不能清楚地指导成员必须做什么才能达到某个确定的评分等级，组织成员无法通过这两种方式了解如何才能支持组织目标和改善个人绩效。例如，某人计划能力上的绩效等级为最低等，他不能仅仅通过这两种方法知道如何对自己的计划能力加以改进。另外，图尺度量表法和等级择一法也不能为具体的、易于接受的绩效反馈提供足够的信息。当负面的反馈集中在模糊的个人特征上时，往往会令员工难以接受。例如，如果评价者告诉某人他的服务态度差，他很可能会不服气。如果能够用具体的行为给出反馈，则会收到更好的效果。例如，告诉某人上个月有4名顾客对他的服务态度进行了投诉，这时他会比较容易接受评价的结果。因此，这两种方法要与各类描述法（常见的是关键事件法）结合使用，从而帮助员工从评价结果中找到明确的指导，并对评价结果做出一定的解释。

由于使用的是抽象的等级概念，即模糊的绩效标准，这两种评价方法的信度和效度较差。例如，两名评价者可能会用非常不同的方式解释“合理”的含义，因而可能会对同样的绩效表现做出截然不同的评价。这种不明确规定标度的评价指标容易导致各种评价误差。因此，有人认为这两种评价方法都基于主观的判断，因而存在很大的问题。

3. *行为锚定量表法*

行为锚定量表法（behaviorally anchored rating scale，BARS）是由美国学者帕特里夏·凯恩·史密斯（Patricia Cain Smith）和洛恩·肯德尔（Lorne Kendall）于1963年在美国全国护士联合会的资助下提出的。它由传统的绩效评定表（图尺度量表法或等级择一法等）演变而来，是图尺度量表法与关键事件法的结合，是行为导向型量表法的最典型代表。在这种评价方法中，每一水平的绩效均用某一标准行为来加以界定，在一定程度上克服了其他评价方法的弱点。

采用行为锚定量表法通常按照以下五个步骤进行：

（1）寻找关键事件。让一组对工作内容较为了解的人（被评价者本人或其直接上级）找出一些代表各个等级绩效水平的关键事件，并进行描述。

（2）初步定义评价指标。再由这些人将获取的关键事件合并为几个（通常是5～10个）评价指标，并给出指标的定义。

（3）重新分配关键事件，确定相应的评价指标。让另外一组同样熟悉工作内容的人对关键事件进行重新排列，将这些关键事件分别归入他们认为合适的绩效要素。如果第二组中一定比例的人（通常是50%～80%）针对某一关键事件归入的评价要素与前一组相同，就能够确认这一关键事件应归入的评价要素。

（4）确定各关键事件的评价等级。后一组的人评定各关键事件的等级（一般是 7 点或 9 点的尺度，可能是连续尺度的，也可能是非连续尺度的），这样可确定每个评价要素的“锚定物”。

（5）建立最终的行为锚定评价体系。

下面列举了两个行为锚定评价的例子，如表 5－16 和图 5－4 所示。

表 5－16　　行为锚定量表法：对宿舍管理员的评价

姓名：　　　　工作部门：　　　　评价者：　　　　评价日期：

评价指标：关心学生		
指标定义：积极结识住宿学生，发现并真诚地对待他们的需要		
评价等级	（1）最好	当学生面有难色时，上前询问是否有问题需要一起商量
	（2）较好	为住宿学生提供一些所修课程学习方法上的建议
	（3）一般	看到住宿学生时上前打招呼
	（4）较差	友好地对待住宿学生，与他们讨论困难，但之后不能跟踪解决困难
	（5）最差	批评住宿学生不能解决自己遇到的困难
评价结果：		

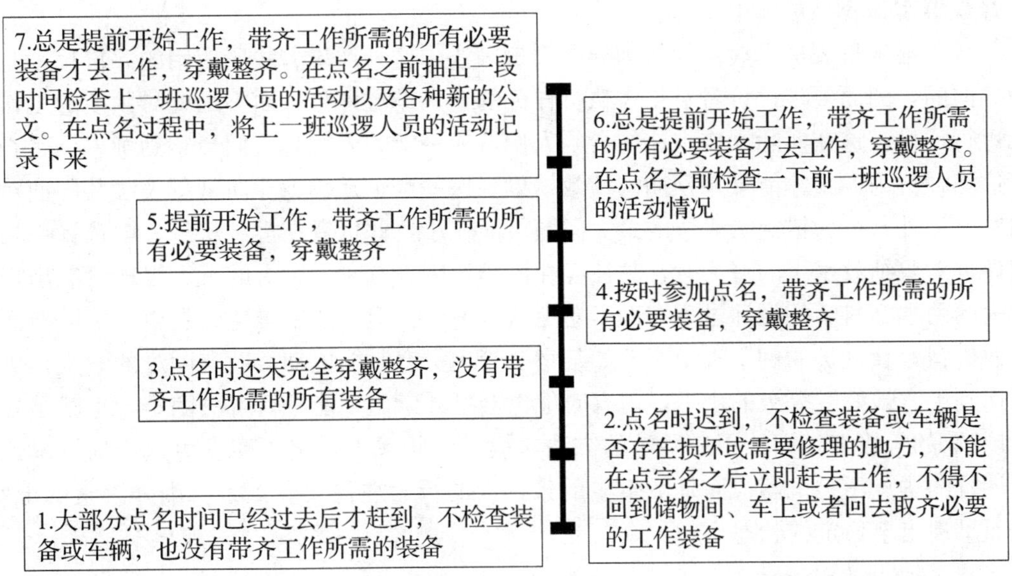

图 5－4　行为锚定量表法：巡逻警官的绩效评价（评价维度：巡逻前的准备）

行为锚定量表法是量表法与关键事件评价法综合运用的产物。这一方法与一般量表法最大的区别在于，它用特殊的行为锚定方式规定评价指标的尺度。为了进一步说明行为锚定量表法的特点，将它与图尺度量表法进行对比后可以看出，行为锚定量表法和图尺度量表法都要求评价者根据特征对评价对象打分，但是，行为锚定量表法使用的评价尺度与图尺度量表法不同。行为锚定量表法不是使用数目或一系列的形容词表示不同的绩效水平，而是使用反映不同绩效水平的具体工作行为例子锚定每一个评价指标的标志。

与其他工作评价方法相比，行为锚定量表法要花费更多的时间，设计比较麻烦，适用的工作类型也有限（仅适用于不太复杂的工作）。但是，这种方法也有一些十分突出的优点。

（1）评价指标之间的独立性较强。在设计过程中，设计人员将众多的关键事件归纳为5～8种评价指标，使得各绩效要素之间的相对独立性较强。例如，对于用关键事件界定的“服务态度”和“工作积极性”，人们不易混淆这两种评价要素。

（2）评价尺度更加精确。行为锚定量表法指由对工作最熟悉的人编制“锚定物”（即对应某个特定标志的关键事件），能够更加确切地找出最适合某个特定职位的评价尺度。评价尺度以工作分析为基础，依据客观行为，有利于评价者更加清楚地理解各个评价等级的含义，避免发生各类评价误差，能够比其他评价方法更准确地对工作绩效进行评价。

（3）具有良好的反馈功能。行为锚定量表法能够将组织战略与组织所期望的行为有效地结合起来，有效地向成员提供指导和信息反馈，指出行为缺陷，有助于实现各类绩效管理目的。

（4）适合为分配奖金提供依据。一方面，行为锚定量表法能够提供成员之间相互比较的评价结果，适用于为奖金分配提供依据；另一方面，员工参与程度高，决策依据的是客观事实，容易被员工接受。

行为锚定量表法是典型的行为导向型量表法。这种评价方法所使用的评价尺度是行为导向的，因而要求评价者对正在执行任务的个人进行评价，而不是针对预期的工作目标进行评价。这在实际操作中往往会给人们造成一定的困扰。人们会感到疑惑：是否只有这一种行为方式才能带来预期的绩效结果？这一点也是行为导向型量表法共同面对的问题。另外，行为锚定量表法的最大问题可能在于，评价者在尝试从量表中选择一种代表评价对象绩效水平的行为时，往往存在困难，因为有时一个人的行为表现可能出现在量表的两端。科学的设计过程有助于避免这种情况，但实践中难免会发生。仍以前面用于评价宿舍管理员的例子来说明。如某宿舍管理员有时能主动帮助有困难的学生，也就是达到了“最好”等级的水平，但有时他也会批评学生不能自行解决困难，也就是处于“最差”的等级上。即使用最科学的方法来设计评价尺度，仍可能发生这样的情况，人们评价的毕竟不是机器，而是活生生的人，人的行为往往会受到各种内外因素的干扰，因而呈现出不稳定的状态。

4. 混合标准量表法

混合标准量表法（mixed standard scales）是美国学者布兰兹（Blanz）于1965年提出的。这种评价方法也属于行为导向型量表法。混合标准量表法最主要的特征在于，所有评价指标的各级标度混在一起随机排列，而不是按照评价指标的一定顺序排列，因而对每一个行为锚定物都做出“高于”、“等于”或者“低于”的评价，而不是在一个指标中选出某个水平作为最终的评价。具体做法是：在确定评价指标之后，分别对每一个维度内代表好、中、差绩效的标度用行为和结果描述相结合的方式加以阐明，最后在实际评价表格中将所有指标的三个标度混合在一起供评价者选择。

表 5 - 17 是用于评价巡警的一个混合标准评价量表。表中采用行为导向的评价指标。这些指标是使用一种类似于行为锚定量表法中确定评价指标的方式确定的。找一些熟悉评价对象工作的人写出代表高、中、低三种绩效水平的行为描述。例如，对于"预防犯罪行为"这一尺度，他们用如下的描述表示三个层次的绩效水平：

高水平：在巡区采取大量措施预防和控制罪犯，向市民传授防止犯罪的技巧，对预防设备拥有广泛的知识。

中等水平：在巡区做一些努力，强调预防犯罪，对预防设备拥有适当的知识。

低水平：与本区市民极少或几乎没有接触，未能告知他们防止犯罪的方法。

表 5 - 17　　混合标准量表法例一

本部分的每一项目均涉及巡警工作不同侧面的绩效水平。请仔细阅读每一项目，确定被评价巡警的一般工作表现是"正适合于"、"优于"还是"劣于"项目中的描述，并分别在相应的被评价巡警号码下的圆括号内画上"0"、"＋"或"－"来表示这三种情况。

巡警号码 5	7	4	3	1	9	2	8	10	6	项目
( )	( )	( )	( )	( )	( )	( )	( )	( )	( )	1. 行为有时紧张，但不影响发挥职责
( )	( )	( )	( )	( )	( )	( )	( )	( )	( )	2. 尽管有时因工作繁忙，制服略有不整，但大多数时间穿戴整齐
( )	( )	( )	( )	( )	( )	( )	( )	( )	( )	3. 工作报告良好，但偶尔需要深入或条理化。有时有表达方面的困难
( )	( )	( )	( )	( )	( )	( )	( )	( )	( )	4. 在巡区采取大量措施预防和控制犯罪，向市民传授防止犯罪的技巧，对预防设备拥有广泛的知识
( )	( )	( )	( )	( )	( )	( )	( )	( )	( )	5. 与本区市民极少或几乎没有接触，未能告知他们防止犯罪的方法
( )	( )	( )	( )	( )	( )	( )	( )	( )	( )	6. 几乎在任何场合下都能做出适当判断，以预先采取、选择或表现合适的行为
( )	( )	( )	( )	( )	( )	( )	( )	( )	( )	7. 对于与什么人共事或不与什么人共事很挑剔，难以与其他警官相处
( )	( )	( )	( )	( )	( )	( )	( )	( )	( )	8. 在任何时候、任何场合下都表现出最大的热情和努力
( )	( )	( )	( )	( )	( )	( )	( )	( )	( )	9. 即使在极端紧张的情形下，也镇定自若，没有紧张的表现
( )	( )	( )	( )	( )	( )	( )	( )	( )	( )	10. 令人满意地执行任务和责任。几乎不投机取巧或曲解规则

续前表

巡警号码 5　7　4　3　1　9　2　8　10　6	项目
(　)(　)(　)(　)(　)(　)(　)(　)(　)(　)	11. 格外注意形象。常常表现出一种为公众服务的自豪感
(　)(　)(　)(　)(　)(　)(　)(　)(　)(　)	12. 干净利落地解决大多数骚乱，尽管有些是棘手的。在工作中运用以往经验，以求尽善尽美
(　)(　)(　)(　)(　)(　)(　)(　)(　)(　)	13. 跟其他人在一起时表现出深刻的见识和技能，常能防止和解决冲突，缩短了市民与他们的距离
(　)(　)(　)(　)(　)(　)(　)(　)(　)(　)	14. 能与任何合作者友好相处，愿意帮助新警官并指导他们；准确如一地执行命令
(　)(　)(　)(　)(　)(　)(　)(　)(　)(　)	15. 在大多数情况下，有判断能力，表现得当，满足市民需要
(　)(　)(　)(　)(　)(　)(　)(　)(　)(　)	16. 了解法律的新变化，但偶尔忽视执行它们。很了解巡区
注意，巡警号码的顺序已变更 8　2　7　5　4　10　1　3　6　9	**项目**
(　)(　)(　)(　)(　)(　)(　)(　)(　)(　)	17. 必须严密监督其工作表现，否则可能不符合标准
(　)(　)(　)(　)(　)(　)(　)(　)(　)(　)	18. 外表向公众表露出一种对工作漫不经心的态度
(　)(　)(　)(　)(　)(　)(　)(　)(　)(　)	19. 在任何情形下都意识到法律及其适用性。对巡区有彻底的了解
(　)(　)(　)(　)(　)(　)(　)(　)(　)(　)	20. 工作报告对于侦破犯罪并无用处。工作报告中材料重复
(　)(　)(　)(　)(　)(　)(　)(　)(　)(　)	21. 他的行为说明他在许多场合下经常缺乏适当判断。经常做出草率粗心的判断
(　)(　)(　)(　)(　)(　)(　)(　)(　)(　)	22. 在巡区做一些努力预防犯罪。对预防设备拥有适当的知识
(　)(　)(　)(　)(　)(　)(　)(　)(　)(　)	23. 不去有意了解与工作相关的变化。有时在本巡区内迷路

续前表

注意，巡警号码的顺序已变更 8　2　7　5　4　10　1　3　6　9	项目
(　)(　)(　)(　)(　)(　)(　)(　)(　)(　)	24. 高标准地完成职责，并在没有监督的情况下坚持。无论涉及谁，他都是公正的执法者
(　)(　)(　)(　)(　)(　)(　)(　)(　)(　)	25. 在一场冲突中如果不造成大量麻烦，几乎不能恢复秩序
(　)(　)(　)(　)(　)(　)(　)(　)(　)(　)	26. 只把警察工作当作权宜之计，随时准备跳槽。几乎没有表现出工作热情
(　)(　)(　)(　)(　)(　)(　)(　)(　)(　)	27. 虽然与有些人格类型的人难以相处，但能同大多数人共同工作。虽能训练新巡警，但宁肯不去训练

资料来源：彭剑锋，包政．现代管理制度·程序·方法范例全集：人事考核卷．北京：中国人民大学出版社，1993.

表 5－18 和表 5－19 给出了一个更简单的例子。为了更好地了解量表的内容，我们在表 5－18 的左侧给出了与描述相对应的评价指标，这在正式的表格中是不必给出的。另外，可以从表 5－19 中看到赋分的标准以及计算最后得分的过程。

表 5－18　混合标准量表法例二（一）

<table>
<tr><td colspan="2">被评价的三个维度</td><td colspan="2">绩效等级说明</td></tr>
<tr><td colspan="2">主动性；智力；与他人的关系</td><td colspan="2">高；中；低</td></tr>
<tr><td colspan="4">说明：请在每一项陈述后面标明雇员的绩效是高于陈述水平（填“＋”）、相当于陈述水平（填“0”），还是低于陈述水平（填“－”）。</td></tr>
<tr><td>主动性</td><td>高</td><td>1. 该雇员确实是个工作主动的人。一贯都是积极主动地做事，从来不需要上级督促</td><td>＋</td></tr>
<tr><td>智力</td><td>中</td><td>2. 尽管这位雇员可能不是一个天才，但他确实比我认识的许多人都更聪明</td><td>＋</td></tr>
<tr><td>与他人的关系</td><td>低</td><td>3. 这位雇员有与别人发生不必要冲突的倾向</td><td>0</td></tr>
<tr><td>主动性</td><td>中</td><td>4. 通常来说他工作还是积极主动的，但有时候也需要上级来督促其完成工作</td><td>＋</td></tr>
<tr><td>智力</td><td>低</td><td>5. 这位雇员在理解问题的速度方面比某些人慢一点，在学习新东西方面花费的时间也比别人更长，具有一般的智力水平</td><td>＋</td></tr>
</table>

与他人的关系	高	6. 这位雇员与每一个人的关系都不错，即使在与别人意见相左的时候，也能够与他人友好相处	—
主动性	低	7. 这位雇员有坐等指挥的倾向	+
智力	高	8. 这位雇员非常聪明，学东西的速度非常快	0
与他人的关系	中	9. 这位雇员与大多数人相处得比较好。只是在少数情况下会与他人在工作上产生冲突，这些冲突很可能是要受到监督的	—

表 5-19　　混合标准量表法例二（二）

<table>
<tr><td colspan="6">赋分标准：</td></tr>
<tr><td rowspan="9"></td><td colspan="3">陈述</td><td>得分</td><td rowspan="9"></td></tr>
<tr><td>高</td><td>中</td><td>低</td><td></td></tr>
<tr><td>+</td><td>+</td><td>+</td><td>7</td></tr>
<tr><td>0</td><td>+</td><td>+</td><td>6</td></tr>
<tr><td>—</td><td>+</td><td>+</td><td>5</td></tr>
<tr><td>—</td><td>0</td><td>+</td><td>4</td></tr>
<tr><td>—</td><td>—</td><td>+</td><td>3</td></tr>
<tr><td>—</td><td>—</td><td>0</td><td>2</td></tr>
<tr><td>—</td><td>—</td><td>—</td><td>1</td></tr>
<tr><td colspan="6">根据上述评价等级确定分数的过程举例：</td></tr>
<tr><td rowspan="2"></td><td colspan="3">陈述</td><td>得分</td><td></td></tr>
<tr><td>高</td><td>中</td><td>低</td><td></td><td rowspan="4"></td></tr>
<tr><td>主动性</td><td>+</td><td>+</td><td>+</td><td>7</td></tr>
<tr><td>智力</td><td>0</td><td>+</td><td>+</td><td>6</td></tr>
<tr><td>与他人的关系</td><td>—</td><td>—</td><td>0</td><td>2</td></tr>
</table>

与行为锚定量表法相比，混合标准量表法具有两个突出的优点。

首先，混合标准量表法打散了各评价指标的各级标度。这种方式能够避免人们受到等级规定的影响而不能客观地根据标度的描述进行评价。在大多数评价方法中，评价者往往需要与评价尺度对应的等级打交道。以行为锚定量表法为例，评价者在评价的时候可以看到每个锚定物都对应特定的等级，这样容易产生宽大化倾向之类的主观误差。混合标准量表法则避免了这种情况的发生。

其次，混合标准量表法采用了特殊的评分方式。在合理设计标度的前提下，人们可以通过判定评价结果中是否有自相矛盾的情况来判断评价者是否认真地进行了评价。例如，在表5-17中，第26项和第8项分别代表了工作态度这一评价指标的低水平和高水平。如果评价者在评价同一名巡警时，在第8项画了“0”，在第26项也画了“0”，则说明评价结果是非逻辑性的。这种情况如果在多个评价者身上发生，就应该考虑重新设计混合标准量表的标度。

在上面的例子中，量表在中间的位置将评价对象的排列顺序进行了变更。这种方式能够在一定程度上避免评价者受惯性思维的影响。在可能的情况下（用同样的量表评价两个名义上的评价对象时），人们可以在使用其他评价方法时借鉴这种做法。

5. 综合尺度量表法

所谓综合尺度量表法是将结果导向量表法与行为导向量表法相结合的一种评价方法。在该方法中，评价指标的标度规定采用了行为与结果相结合的方式。这种方式既能够有效地引导个人的行为，又能够对结果进行直接的控制。运用综合尺度量表法最大的困难在于设计与职位相关的指标尺度，使用这种评价方法需要较高的设计成本。

表5-20和表5-21是两个用于评价工作态度指标的例子。

表5-20　　综合尺度量表法例一

要素名称：协作性　　职位等级：中层管理人员　　职位类别：职能管理

要素定义：在工作中能否充分认识本部门在工作流程中扮演的角色，考虑他人的处境，主动承担责任，协助上级、同事做好工作。

等级	定义	评分
S	正确认识本部门在流程中扮演的角色，合作性很强，自发主动地配合其他部门的工作，积极地推动公司总体工作的顺利进行	20
A	愿意与其他部门进行合作，在其他部门需要的时候，能够尽量配合工作，保证公司总体工作的正常进行	16
B	大体上能够按规定配合其他部门的工作，基本上能够保证公司总体工作的正常进行	12
C	有时候有不配合其他部门工作的现象，存在部门本位主义倾向，导致公司的总体工作有时遇到困难	8
D	根本不与其他部门进行沟通和协调，部门本位主义倾向明显，在工作中经常与其他部门发生冲突，导致公司总体工作陷入僵局	4

6. 行为对照表法

行为对照表法亦称普洛夫斯特法，是由美国圣保罗人事局的普洛夫斯特在1920年创立的一种评价方法。在运用这种方法时，评价者要根据相关部门提供的描述行为量表，将其实际工作行为与表中的描述进行对照，找出准确描述评价对象行为的陈述（即评价者只需做出符合或不符合的二选一决定），评价者选定的项目不论多少都不会影响评价的结果。这种方法能够在很大程度上避免因评价者对评价指标的不同理解而出现的评价偏差。

表 5-21　　综合尺度量表法例二

要素名称：自律性　　职位等级：中层管理人员　　职位类别：职能管理

要素定义：本人及本人管理的部门能否严格遵守公司的各项规章制度和工作纪律，有无违反规定的现象发生。

等级	定义	评分
S	本人清正廉洁，严于律己，很受大家的尊重，同时能够严格约束下属。本人及本人所属部门能够严格遵守公司的各项规章制度以及工作纪律，从未违反公司规定	20
A	本人对自己的要求比较高，受到大家的尊重，同时对下属的纪律要求比较严格。本人及本人所属部门能够遵守公司的各项规章制度以及工作纪律，基本没有违规事件	16
B	本人有一定的自律性，总体上能够获得大家的认可，同时注意对下属进行约束。本人及本人所属部门基本能够遵守公司的各项规章制度以及工作纪律，违规事件较少	12
C	本人的自律性不够，周围的人有一定的意见，同时（或者）不注意对下属进行纪律约束。本人或本人所属部门有时不遵守公司的规章制度和工作纪律，违规事件时有发生	8
D	本人的自律性非常差，周围的人意见很大，同时（或者）对下属根本不加以约束。本人或本人所属部门经常不遵守公司的规章制度和工作纪律，违规事件屡屡发生	4

制作行为对照表是一项十分繁杂的工作。由于行为对照表中列举的内容与评价对象的工作内容密切相关，因此必须由熟悉评价对象工作内容的人逐项进行核定。表 5-22 是一个简化的例子。

表 5-22　　行为对照表法

评价	评价项目	项目计分（不公开）
☑	懒惰	−2
□	对自己的工作十分熟练	1
□	行动迟钝	−1/−2
☑	值得信赖	1
□	语言粗鲁	−1/−2
□	声音态度十分明朗	1
☑	人际关系良好	1
⋮	⋮	⋮

在这个例子中，左边的“评价”栏中打钩的项目表示评价者认为评价对象的行为与项目描述一致。右边的“项目计分”栏在实际的评价表中是不公开的。这是为了避免评价者由于了解评价项目的加分或减分情况而影响判断。

行为对照表法的优点在于评价方法简单，执行成本很低，只需对项目和事实进行一一核实，且可以回避评价者不清楚的情况，不容易发生晕轮效应等评价者误差。此外，评价标准与工作内容高度相关，有利于进行行为引导；可以进行个人之间的横向比较，为发放奖金提供可靠的依据。

行为对照表法存在以下缺点，影响了该方法的普及：

（1）评价因素/项目所列举的都是日常工作中的具体行为。不论如何，这种列举都不可能涵盖工作中的所有行为。

（2）设计难度大，成本高。在拟定各个项目、确定排列方式和各项目的分数比重时，需要高度的专业知识，必须借助专家的力量才能完成。

（3）评价者由于无法对最终结果做出预测，可能会降低评价意愿。

（4）能够发现一般性问题，但无法对今后个人工作绩效的改进提供具体、明确的指导，因此不是特别适合用来提供建议、反馈、指导。

总之，行为对照表法能够通过简单易行的评价过程防止评价者的主观与草率。但是，如果不能科学地进行设计并谨慎地控制评价过程，很可能会导致不良的后果，在使用中须多留意。

7. 行为观察量表法

行为观察量表法（behavioral observation scale，BOS）通过针对各个评价项目列出一系列相关有效行为的方式来进行绩效评价。在使用行为观察量表法时，评价者需通过指出评价对象做出各种行为的频率来评价其工作绩效。如下面的例子所示，量表被分为从“几乎没有”到“几乎总是”五个等级。通过将评价对象在每一种行为上的得分相加，得到各个评价项目的得分，最后根据各个项目的权重得出评价对象的总得分。行为观察量表法实际上是图尺度量表法和行为导向量表法的结合。在行为观察量表法中，人们只需找出有效行为，并通过有效行为的发生频率对评价对象的绩效做出评价。前面曾谈到，行为锚定量表法有一个很明显的问题，即评价者在尝试从量表中选择一种代表某人绩效水平的行为时往往存在困难，因为有时一个人的行为表现可能出现在量表的两端。在行为观察量表法中，这个问题得到了有效的解决。

下面是两个例子。

例一　评价项目：工作的可靠性

1. 有效地管理工作时间。

几乎没有　1　2　3　4　5　几乎总是

2. 能够及时地符合项目的截止期限要求。

几乎没有　1　2　3　4　5　几乎总是

3. 必要时帮助其他下属工作，以符合项目的期限要求。

几乎没有　1　2　3　4　5　几乎总是

4. 必要时愿意推迟下班时间和周末加班工作。

几乎没有　1　2　3　4　5　几乎总是

5. 预测并试图解决可能阻碍项目按期完成的问题。

几乎没有　1　2　3　4　5　几乎总是

总分＝

5～13 分，很差；14～16 分，差；17～19 分，一般；20～22 分，好；23～25 分，很好。

例二　评价项目：克服变革的阻力

1. 向下属描述变革的细节。

几乎没有　1　2　3　4　5　几乎总是

2. 解释为什么必须进行变革。

几乎没有　1　2　3　4　5　几乎总是

3. 与雇员讨论变革会给其带来何种影响。

几乎没有　1　2　3　4　5　几乎总是

4. 倾听雇员的心声。

几乎没有　1　2　3　4　5　几乎总是

5. 在推动变革成功的过程中请求雇员的帮助。

几乎没有　1　2　3　4　5　几乎总是

6. 如果有必要，会就雇员关心的问题确定一个具体的日期来进行变革之后的跟踪会谈。

几乎没有　1　2　3　4　5　几乎总是

总分＝

6～10 分，很差；11～15 分，尚可；16～20 分，良好；21～25 分，优秀；26～30 分，出色。

行为观察量表法能够将组织发展战略与其所期望的行为结合起来，能够向评价对象提供有效的信息反馈，指导其得到较高的绩效评分。管理人员也可以利用量表中的信息有效地监控评价对象的行为，并使用具体的行为描述提供绩效反馈。与各种行为导向型评价方法一样，人们在开发行为观察量表时以工作分析为基础，而且每一个职务的评价项目都需要单独开发，因此开发成本相对较高。行为观察量表法使用起来十分简便，成员参与性强，易被接受。

行为观察量表法存在以下缺陷：

（1）只适用于比较稳定、不太复杂的工作。只有这类工作才能够准确、详细地找出有关的有效行为，从而设计出相应的量表。

（2）不同的评价者对划分等级的理解有差异，导致评价的稳定性下降。这一问题类似于在图尺度量表法和等级择一法中理解“优异”“优秀”“较差”等概念时的问题。

（三）描述法

描述法（essay method）作为各类评价方法必要的补充，被视为另一类特殊的评价方法。描述法在设计和使用上比较容易，实用性很强，适合对任何人的单独评价。但是，描述法没有统一的标准，难以对多个评价对象进行客观、公正的比较，而且与评价者的文字写作水平关系较大，因而较适合发展性评价。

根据所记录事实的不同内容，描述法可以分为态度记录法、工作业绩记录法、指导记录法和关键事件法。

1. 态度记录法

所谓态度记录法，就是由评价者通过对评价对象日常工作情况的观察，将其在工作中表现出来的工作态度记录下来的评价方法。在记录过程中，记录者应该注意，不仅要将评价对象在评价态度方面表现出来的优点和长处记录下来，同时要有针对性地将评价对象的不足之处记录下来。这样的记录能够更好地运用于对评价对象绩效的指导。表 5－23是工作态度观察记录卡的一个样本。

表 5－23　工作态度观察记录卡

姓名：　　所属部门：　　职位名称：

观察期间：　　记录人：

项目	具体事实	
	长处	短处
积极性		
服务意识		
责任意识		
自我开发意识		
⋮		

在运用态度记录法时，还可以让记录者记录对评价对象的一些综合性评语或指导意见。在记录表中还可以添加一栏，用于评价对象在评价结束之后表明自己是否认可所记录的内容。我们可以采用如表 5－24 所示的表格形式。

表 5－24　态度记录法的补充

指导意见	
评价对象意见栏	你是否同意上述记录及对你的评价？为什么？
	若无其他意见，请在相应位置签字表示认可。 被评价人：　　日期：

2. 工作业绩记录法

工作业绩记录法要求评价者填写工作业绩记录卡，观察并记录评价对象在工作过程中的各种事实，分阶段记录所达到的工作业绩。另外，还可以用该表记录该人在遵守某些规章制度方面的表现。这种记录卡往往与前面谈到的目标管理法相结合。表 5－25 给出了一个单纯用于记录工作业绩的样表。

表 5－25　　工作业绩记录卡

姓名：　　所属部门：　　职位名称：
观察期间：　　记录人：

任务内容	进度	结果
任务一：……	1月： 2月： ⋮	
任务二：……		
⋮		
缺勤记录		
迟到或早退情况		

3. 指导记录法

指导记录法要求上级将其对下属的日常指导记录下来。这种方法多用于发展性评价。指导记录法可以与各种评价方法结合使用。表 5－26 给出了一个样表。

表 5－26　　指导记录表

姓名：　　所属部门：　　职位名称：
指导期间：　　直接上级：

时间	地点	相关事实	指导意见	改进目标

4. 关键事件法

关键事件法是由美国学者弗拉纳根（Flanagan）和巴拉斯（Baras）创立的。所谓关键事件（critical incidents）是指会对部门的整体工作绩效产生积极或消极重大影响的事件。关键事件一般分为有效行为和无效行为。关键事件法要求评价者通过平时观察，及时记录评价对象的各种有效行为和无效行为，是一种最常见的典型描述法。美国通用汽车公司 1955 年运用这种方法后获得了成功。通用汽车公司一位一线领班对他的下属杰克的工作协作性的记录如下：

其一，有效行为。

虽然今天没轮到杰克加班，但他还是主动留下加班到深夜，协助其他同事完成了一份计划书，使公司在第二天顺利地与客户签订合同。

其二，无效行为。

总经理今天来视察，杰克为了表现自己，当众指出了约翰和查理的错误，导致同事之间的关系紧张。

关键事件法的优势突出地体现在绩效反馈环节中。评价者根据所记录的事实及各类评价标准进行评价，最后把评价结果反馈给评价对象。由于关键事件法是以事实而不是抽象的行为特征为依据，评价者可以依据所记录的事实对评价对象说：某某先生，在"协作性"上，我给你的评价等级较低，这是因为在过去的 3 个月中，你对同事或上级表现出不协作态度至少有 3 次。这名员工如果觉得事出有因，或误解了上司的意图，或有其他理由为其"不协作"辩解，可能会与上级协商和沟通之后达成共识。

关键事件法能够帮助评价者实事求是地进行评价，不会挫伤评价对象的积极性。因为对评价对象来说，低评价针对的不是其人格，而是其工作行为，而且是可以明确指出的特定行为，所以比较容易得到评价对象的认同。更重要的是，通过使用关键事件法，评价者在绩效反馈时能够更清晰地告诉评价对象，要想在下一期获得高评价应该如何行动。总结以上内容，关键事件法的优点有：

（1）能够将组织战略和它所期望的行为结合起来。

（2）能够向评价对象提供指导和信息反馈，提供改进依据。

（3）设计成本很低。大多以工作分析为基础，所衡量的行为有效。

（4）参与性强，容易被接受。

需要着重指出的是，关键事件法往往是对其他评价方法，特别是各种量表法的补充。关键事件法在认定下属的良好表现和不良表现方面十分有效，而且有利于制定改善不良绩效的规划。但是，如果单纯运用关键事件法，会产生以下问题：

（1）对于比较复杂的工作，要记录评价期间所有的关键事件是不现实的。关键事件法适用于行为要求比较稳定、不太复杂的工作。

（2）运用关键事件法无法在员工之间进行横向比较，无法为员工的奖金分配提供依据。

（3）记录关键事件是一件非常烦琐的事，需要大量时间。尤其是当一名基层主管要对许多员工进行评价时，会耗费很多的时间。因此，关键事件法的应用成本很高。

（4）容易造成上级对下级的过分监视，导致关系紧张。

（5）评价报告是非结构化的，容易发生评价误差。

从上述几种方法的介绍中可以看出，描述法的核心作用是在绩效评价和绩效反馈环节提供充分的事实依据。因此，使用描述法的关键就是以客观、公允的态度，及时准确地记录各类事实情况。通常情况下，我们不主张单独使用描述法，但在现实的绩效评价和绩效管理系统中，描述法往往作为手段之一与其他各类评价方法结合使用，起到了非常重要的作用。

二、各种评价方法的比较和选择

（一）各种评价方法的比较

前面介绍了各种评价方法的具体内容和优缺点。不同的评价方法具有不同的特点，因而适用于不同的组织以及不同的评价对象。表 5－27 对几种常见的评价方法进行了简单的比较。

表 5－27　　常见评价方法的比较

评价方法	比较的维度			
	成本最小化	员工开发（提供反馈指导）	分配奖金和发展机会	有效性（避免评价错误）
描述法	一般	不确定	差	不确定
排序法	好	差	一般	一般
等级择一法	一般	不确定	差	不确定
行为锚定量表法	一般	好	好	好

从表 5－27 中可以看到，不同的评价方法各有所长。在实现管理决策的问题上，一些简单的量表法就能达到管理目的并节约成本。一些较为复杂的量表法的开发成本较高，但能够更有效地对员工的实际绩效情况进行评价。这就引发了一个问题：选择评价方法的依据是什么？

（二）评价方法的选择

不同的评价方法各有特点，在评价的有效性、结果的适用性以及使用成本上优劣不一，只有选择合适的评价方法才能在管理的成本和效用上做到二者兼顾。一般来说，选择评价方法的主要依据是评价指标，也就是说，人们需要根据不同类型指标的特性选择相应的评价方法，从而形成一个基于指标的评价方法组合。除此之外，在选择评价方法时还需要考虑所需数据的可获得性和便利性、评价结果的应用目的、可选评价方法的使用成本等因素。

1. 指标特性

根据指标的分类可知，不同类型的指标在结果导向与行为导向、主观与客观、前置与滞后等方面具有各自的特性。一般来说，结果导向的指标多为滞后指标，既包括软指标，也包括硬指标，软指标一般通过行为锚定和主观判断相结合的方式来评价，硬指标则只需通过客观数据的统计分析做出评价；行为导向的指标多为前置指标和软指标，需要基于关键行为事件和工作记录来做出判断。因此，管理者应该以每个指标的特性为基本依据，确定评价方法类型，并进一步选取具体的评价方法。如表 5－28 中，销售业务经理的工作业绩维度包括许多指标，其中“客户满意度”是一个依赖客户意见调查的主观判断指标，因此该指标应该选取量表法进行评价，同时这一指标又是一个以结果导向为主，兼具行为导向的综合评价指标，因此可以选取量表法中的综合尺度量表法进行评价。同理，“销售额增长率”是一个滞后指标，完全可以基于客观的销售数据进行绩效分析，因此可以采取比较法中的排序法进行评价。

表 5－28　　基于指标的评价方法组合——以销售业务经理为例

评价维度	评价指标		评价方法
工作业绩	财务指标	销售额增长率	排序法
		客户走访效率	配对比较法
	经营指标	产品发货准确性	排序法
		客户流失率	关键事件法
		客户走访计划完成率	工作业绩记录法
	服务指标	客户满意度	综合尺度量表法
		质量问题处理及时性	关键事件法
	管理指标	/	/
工作态度	责任感		行为观察量表法
	市场意识		行为锚定量表法

在对该业务经理的工作态度评价中，针对“市场意识”这一评价指标，我们建议采用行为锚定量表法进行界定，以此作为评价的标准，如表 5－29 所示。可以看出，基于指标特性选择具体的评价方法组合不仅具有可操作性，而且能够保证评价的有效性。

表 5－29　　市场意识指标定义

要素名称：市场意识　　职位等级：中层管理人员　　职位类别：市场经营

要素定义：在工作中关注市场动态，根据客户至上的原则，把客户放在首要的位置，对客户提出的正当要求予以满足，并以市场需求为导向，按照市场要求进行工作。

等级	定义	评分
S	不需要上级的指示就能够非常自觉主动地关注市场动态，工作中总是把客户放在首要的位置；时时处处为客户的利益着想，经常想在客户的前面，主动为他们解决困难，对客户提出的正当要求从不强调自身原因，非常热情且迅速地予以满足；所有工作都以市场需求为导向，从来不强调个人的意愿	
A	基本上不需要上级的指示就能够比较自觉主动地关注市场动态，工作中基本上能把客户放在首要的位置；一般情况下能够想在客户的前面，从客户的利益出发，主动为他们解决困难，对客户提出的正当要求比较热情且比较迅速地予以满足；所有工作都以市场需求为导向，基本上不强调个人的意愿	
B	市场意识一般，在上级的指示下才去关注市场动态；客户意识一般，只是被动地接受客户提出的要求并按规定予以解决；工作中偶尔会出现不以市场为导向的现象，偶尔也会因为个人意愿而影响市场需求的满足	
C	在上级给出明确的指示后也会很主动地去关注市场动态，工作中没有把客户放在首要的位置，经常强调个人的原因；针对客户提出的正当要求，态度比较冷淡，且经常不能按时予以解决；工作中有时会强调个人的意愿，有时不按市场要求进行工作，出现一些因个人意愿而影响市场需求满足的情况	
D	在上级的再三指示下才去关注市场的动态，工作中从来不把客户放在首要的位置；从不替客户着想，对客户提出的正当要求总是不理不睬，导致客户意见很大；没有以市场为导向，没有按照市场的要求工作	

2. 绩效数据的可获得性

选择评价方法的时候不仅要考虑指标特性，而且要分析获取该指标的绩效数据的可行性和便利性。不同的评价指标在衡量的难易程度上是有显著差异的，对绩效数据的类型、来源、规模、采集和分析过程等有相应的具体要求。因此，需要根据指标在绩效数据上的差异化要求选择相应的评价方法。例如，对于“协作性”和“文化认知度”两个主观判断指标，前者需要通过关键事件记录来分析评价对象在工作协调上的表现，后者则需要通过认知度调查来收集评价对象对组织文化的认知程度以及相应的行为表现。

3. 评价结果的应用目的

同一个评价指标由于评价结果的应用目的不同，所选择的评价方法也会有差异。评价结果的应用目的主要是绩效改进和为人力资源管理决策提供依据。由于薪资调整和奖金发放、培训和开发、晋升等不同管理职能需要通过绩效评价提供与之相对应的决策依据，因此选择评价方法时需考虑并满足这一管理需求。例如，“交叉销售计划完成率”这个指标如果用于支持晋升决策，可以使用配对比较法；如果用于分析培训需求，则可以使用工作业绩记录法。

4. 评价方法的使用成本

管理是需要资源投入的，选用评价方法也不例外。不同的评价方法对成本的要求有较大的差异，相对来说，量表法对专业人员和资金投入的需求要高于比较法和目标管理法。因此对于同一个指标，管理者应该根据自身的实际情况，以形成相对准确的评价结果并达到评价的应用目的为标准，选择恰当的而不是最佳的评价方法。

三、杭州市的绩效考核评价

（一）组织方式

杭州市各市直单位和区、县（市）的绩效考核评价根据考核目标的不同，采用不同的组织形式。其中，市直单位分为绩效目标考核、专项目标考核、创新创优目标考核三种。

一是绩效目标考核。绩效目标考核在预审制基础上实行差异化查访核验，市考评办根据市直单位月度目标进展报送情况和提供的印证材料的明晰程度开展考核预审，并按照预审情况实施年终差异化查访核验。对于部分佐证清晰、绩效外显的目标，免于进行年终目标检查；对于佐证材料较清晰、绩效不够明显的目标，免于台账资料检查，根据需要组织实地检查；对于佐证材料简单、绩效分析不够到位的目标，重点实施检查考核，条件具备的必须进行实地检查。市考评办通常组织若干考核组，分系统进行检查。每个单位检查考核的时间由各检查组根据实际情况确定。绩效目标考核以平时考核为基础，以年终完成情况、目标实施过程和目标实现取得的绩效为主要依据，通过绩效分析和报告、检查核验、绩效测评、综合评定四个步骤进行。市政府为民办实事项目、社会评价意见整改目标等由市考评办单独组织专项测评或绩效评价。

二是专项目标考核。由各考核组织单位按照年初经市考评办审定的考核办法组织实施。考核方式以平时考核为主，对于年终确需检查的，经申报审核后参加市考评办统一组织的集中检查。其中，只对该项工作进行考核，不参与考核组的其他考核工作。考核结果在规定时间内报市考评办。

三是创新创优目标考核。在市考评办核验创新创优目标申请验收材料的真实性和完整性等的基础上，组织专家实施两轮绩效评价，首轮按项目领域进行专业评审，第二轮组织综合评估。

区、县（市）年终目标考核的组织实施与市直单位稍有不同，区、县（市）针对不同的考核分项内容有不同的组织运作方式：

一是发展指标考核。主要考核发展指标的实现情况。由市统计局及有关部门提供基础数据，经会审后由市考评办统一进行核算。

二是工作目标考核。主要考核由市考评办下达的重要工作目标和共性目标的实现情况。具体由市考评办负责组织考核小组集中实施。以平时工作情况报送、统计报表、日常抽查等为依据，对于能评定考核结果的，不再组织年底检查；对于确需年终集中检查的，由牵头单位向市考评办申报，经审核同意后，参加市考评办统一组织的集中检查。

三是特色创新目标考核。主要由核验和绩效评估组成。核验主要指对各区、县（市）报送验收的特色创新目标是否按申报的内容、要求如期保质保量实现，是否有一定的应用实施期以发挥其成效，以及申请验收材料的真实性、准确性、完整性等情况进行程序性检查与审核。核验与市考评办的工作目标考核同步进行。绩效评估由市考评办组织专家按照评估标准实施评估。

四是综合考评重点工作单项奖项目复验。针对预设的区、县（市）重点工作单项奖项目，有关单位组织综合复验，复验内容主要包括目标任务完成情况、奖惩情况以及重点工作单项奖项目的绩效分析。复验与年终集中检查考核一并组织实施。

（二）程序步骤

1. 准备阶段

在这一阶段，市考评办主要负责制定年度绩效目标考核评价实施方案，下发有关考核通知，并组织相关业务培训。市直单位的业务培训分为绩效目标管理业务培训和专项目标考核业务培训两类，市直单位就年终目标考核工作进行部署。绩效目标管理业务培训针对年度绩效考核目标实现情况的自评、创新创优项目申报验收等工作，从考核对象、考核内容、实施步骤时间安排等方面进行辅导，专项目标考核业务培训主要就专项目标考核的总体安排和统筹安排年终各类检查考核加强协调管理的问题明确相关要求，对规范考核管理工作做出说明。

2. 实施阶段

市直单位年终目标考核的组织实施有单位自评、检查考核、意见反馈、公告公示、审核确定五个步骤。

（1）单位自评。由市直各单位对照考核指标逐项检查实施情况，通过杭州数字考评系统，填报绩效自评报告，详细说明绩效目标实现情况。市直各单位在填报目标实现情况时，如果目标中量化考核指标涉及具体项目，按照具体明确、社会公众可感知的原则，同时填写与目标实现情况表述相对应的具体项目明细清单。根据项目数量和类型的不同，可直接提供具体的清单明细，也可做一些分级、分层次的归并统计。目标实现情况实行网上“晒清单”，市考评办对各单位填报的目标实现情况进行梳理汇总后，通过“中国杭州”政府门户网站和“杭州考评网”及各单位网站进行公示，通过网上公示收集的意见可作为绩效目标考核的参考依据。

（2）检查考核。由市考评办组织考核小组到被考核单位听取汇报、查看台账、召开座谈会、实地检查，提出考核意见。考核小组成员由市考评办的工作人员、各系统联络人绩效信息员、各专项工作目标责任单位人员组成。在考核的同时，市考评办委托第三方对市直各单位申报的绩效测评项目进行测评。在考核的过程中，同时对创新创优目标的实现程度，以及申请验收材料的真实性、准确性、完整性等情况进行核验。每年的考核时间一般安排在1月，持续20天左右，每个单位检查考核的时间原则上不超过半天。考核小组成员到市直各单位检查，要在认真听取单位工作汇报、检查台账、询问有关情况的基础上，仔细填写杭州市市直单位目标考核登记表和绩效测评目标实现情况核验表。

（3）意见反馈。市考评办对绩效目标、专项目标考核结果及创新创优目标核验结果进行汇总，提出考核意见，并将目标考核情况反馈给被考核单位。被考核单位如对考核意见有异议，可在规定的时间内向市考评办提请复议。

（4）公告公示。在市直各单位自评及涉密审查的基础上，市考评办对市直各单位绩效考核目标创新创优目标实现情况进行汇总，并将目标及所含具体项目的完成情况在“中国杭州”政府门户网站和“杭州考评网”上进行公示，扩大社会监督，增强目标检查考核的针对性、有效性。

（5）审核确定。市考评办根据被考核单位提请的复议意见、通过公告公示征求到的公众评价和意见，对绩效目标、专项目标考核情况进行复审，确定考评结果。

3. 汇总评定阶段

市考评办汇总各项考核情况，其中，绩效目标考核得分由市考评办根据绩效目标考核情况计分；专项目标考核结果由考核组织单位根据市考评办《杭州市市直单位综合考评专项目标管理办法》的要求，提供考核得分或等次，由市考评办汇总审核。

关键词

绩效评价（performance appraisal）
评价主体（performance appraiser）
评价方法（appraisal method）
比较法（comparison method）
量表法（scaling method）
描述法（essay method）

复习思考题

1. 试述绩效评价的内涵。
2. 试述绩效评价的过程模型。
3. 绩效评价的内容有哪些？各自具有什么样的特征？
4. 常见的评价主体误区主要有哪几种？请结合实际情况，解释不同评价主体误区的含义和可能的产生原因。
5. 评价主体主要有哪几种类型？试对不同的主体进行比较。
6. 绩效评价周期的影响因素有哪些？如何设置绩效评价周期？
7. 试述主要的评价方法及各方法的区别。
8. 在选择评价方法时需要考虑哪些影响因素？试结合实例，解释各个因素是如何影响评价方法的选择的。

案例分析

壳牌石油公司管理人员的绩效评价

壳牌石油公司是全球主要的石油、天然气和石化产品生产商，同时也是国际主要的石化产品、公路运输燃料、润滑油、航空燃料和液化气销售商。壳牌组建于1907年，历经百年的发展，已经成为一家全球化的能源和化工集团，其业务遍布90多个国家和地区，员工人数超过10万。2014年，壳牌在《财富》世界500强企业中排名第二，仅次于沃尔玛，实现营业收入4 595.99亿美元，利润163.71亿美元。

在评价内容方面，壳牌对管理人员的绩效评价是业绩与胜任力相结合。在业绩评价方面，在结合职位分析、个人发展计划和组织经营发展计划的基础上，管理人员需要提出年度工作目标，确保公司的整体业务绩效和经营发展计划的顺利达成。壳牌将这一评价统称为目标和业绩评价（goals and performance appraisal，GPA）。在胜任力评价方面，管理人员的领导力是壳牌关注的核心，其主要目的是实现管理人员的个人发展，因此壳牌将胜任力评价称为个人发展计划（individual development plan，IDP）。壳牌的胜任力模型关注管理人员的基本能力、执行能力和处理关系能力。为此，壳牌专门创建了适应自身需要的管理人员素质胜任力模型，包括能力（capacity）、成就力（achievement）和关系力（relationships）三个方面，简称CAR模型。

在评价主体方面，壳牌采用360度反馈的方式从多元视角对管理人员进行评价。从上级、协作者到下属和客户，全方位收集考核信息，考察管理人员的工作表现，以保证考核信息的完整和客观性。在考核过程中，管理人员首先进行自我评价。然后，管理人员的上级、同事、下属和客户等都会对管理人员进行匿名考核。最后，由管理人员的直接上级根据相关人员对其的考核，对比管理人员的自我评价，向管理人员提供反馈，以帮助管理人员提高业绩和能力水平。

在评价周期方面，壳牌管理人员的评价周期分为定期评价和不定期的平时考核。定期评价就是对业绩和个人发展胜任力的全面评价，每年评价两次，一般在每年的6月和12月进行。平时考核是动态进行的，不仅对常规工作目标和内容进行评价，还对管理人员的流动工作进行考核。无论管理人员到哪里工作，即使是短期外派工作，也要跟踪评价，随时随地观察其工作表现。管理人员的每次短期工作结束后，其临时上级和合作者都要给出评语。这种无处不在的评价方式保证了管理人员绩效评价的有效性和连续性。

在评价结果应用方面，壳牌将评价结果广泛运用在个人发展、绩效薪酬和晋升决策等方面。首先，管理人员的个人发展计划在壳牌的绩效管理中发挥着重要的作用，尤其在促进绩效不断提升方面的作用更大。壳牌通过绩效考核将管理人员的个人发展与绩效管理紧密相连，构成了十分有效的绩效支持结构。其次，为了充分发挥薪酬的激励作用，壳牌在通过职级和平衡机制等薪酬体系要点设计保证内部公平性的同时，将个人薪酬与实际绩效挂钩，从而确保管理人员的薪酬不仅与个人绩效考核相关，而且与部门、企业的绩效逐层挂钩，使每一位管理人员重点关注个人工作的同时也关注部门和企业的绩效，从而培养管理人员的整体意识。壳牌管理人员的评价结果与薪酬的联系主要体现在年终奖和基本工资的调整两个方面。最后，壳牌管理人员绩效考核结果与其在职业生涯上的晋升紧密相关，最典型的就是壳牌管理人员的机会晋升。机会晋升通常意味着岗位的变动，当出现空缺职位的时候，公司会根据管理人员的业绩和能力评价结果、工作背景和工作意愿，将其调整到该空缺职位上，这种晋升形式可以用于提拔绩效突出者。

思考题

1. 试运用相关理论，对壳牌管理人员绩效评价的做法进行分析。
2. 你认为壳牌在管理人员的绩效评价方面有哪些成功经验？

第6章
绩效反馈

绩效反馈是绩效管理系统的最后一个环节，其目的是通过良好的沟通使员工了解自己在绩效周期内的绩效表现，并针对绩效方面存在的问题采取相应措施，从而提升绩效水平。及时有效的反馈既给管理者和下属提供了一个促进沟通的渠道，也为组织、部门和个人的绩效改进提供了一个平台，是绩效管理系统良好运转的重要保障。

第1节　概　述

一、绩效反馈的内涵

绩效反馈是指在绩效评价结束后，管理者与下属通过绩效反馈面谈，将评价结果反馈给下属，共同分析绩效不佳的方面及原因，制定绩效改进计划的过程。心理学家发现，反馈是使人产生优秀表现的重要条件之一。如果没有及时、具体的反馈，人们往往会表现得越来越差，因为在这种情况下，人们无从对自己的行为进行修正，甚至可能丧失继续努力的动力。同理，员工绩效表现不佳的一个可能原因是没有得到及时、具体的反馈。有学者认为，缺乏具体、频繁的反馈是绩效不佳最普遍的原因之一。

二、绩效反馈的意义

绩效反馈是对评价对象整个绩效周期内的工作表现及完成情况的全面回顾，有效的绩效反馈对绩效管理起着至关重要的作用。

首先，绩效反馈有利于提高绩效评价结果的可接受性。绩效反馈在绩效评价结束后为评价双方提供了一个良好的交流平台。一方面，管理者要告知评价对象绩效评价的结果，使其真正了解自身的绩效水平，并就评价结果出现的原因进行深入的探讨，使被评价者能够充分地接受和理解绩效评价结果；另一方面，评价对象也可以就一些具体问题或自己的想法与管理者进行交流，指出绩效管理体系或评价过程中存在的问题，解释自己超出或没有达到预期目标的主要原因，并对今后的工作进行计划与展望。绩效反馈为管理者和下属建立起一座沟通的桥梁，有利于双方在绩效评价结果上达成共识，不仅能够让评价对象更加积极主动，更赋予了其一定的权利，使评价对象拥有知情权和发言权，有效降低了评价结果不公正带来的负面效应，确保了绩效评价结果的公平和公正，进而提高了绩效评价结果的可接受性。

其次，绩效反馈有利于评价对象了解自己的成绩与不足。绩效反馈还是一个对绩效水平进行全面分析的过程。当评价对象取得成绩时，管理者给予的认可和肯定可以起到积极的激励作用。此外，管理者也要让评价对象认识到自身在知识、技能等方面存在的缺点与不足，并提出改进建议。绩效反馈使评价对象获得了鼓励，也发现了不足，为评价对象进一步提升绩效水平奠定了重要基础。

再次，绩效反馈有利于绩效改进计划的制定与实施。绩效反馈的一个重要目的是实施绩效改进，即针对评价对象当前绩效存在的不足提出改进计划，为下一个绩效管理周期的工作开展提供帮助和指导。绩效改进计划对绩效不佳的组织、部门和个人尤为重要，如果相关管理部门对此不能给予充分重视，评价对象自身也缺少绩效改进的动力，不去分析绩效偏差产生的原因，那么绩效不佳者很难发现改进绩效的有效途径和方式，也就无法达到提高绩效水平这一重要目的。另外，评价对象参与到绩效改进计划的制定过程中，会让其更容易接受绩效改进计划，增强对绩效改进的承诺，有利于绩效改进计划的贯彻落实。

最后，绩效反馈能够为员工的职业规划和发展提供信息。员工职业规划的更好发展是建立绩效管理体系的目的之一，因此在绩效反馈阶段，管理者应当鼓励员工讨论个人发展的需要，以便建立有利于实现这些发展的目标。由于讨论涉及员工进一步发展所需要的技能以及发展新技能的必要性，因此绩效反馈面谈通常还会讨论员工是否需要培训以及在哪些方面进行培训。管理者应当保证提供一定的资源为员工的学习提供支持。在绩效反馈面谈结束后，管理者应当根据反馈结果，结合组织、部门和个人的下一步计划，制定员工个人的发展计划。这些发展计划必须是具体的，通过管理者和下属的共同协商，明确员工需要做些什么、什么时候做；管理者要做些什么、什么时候做等。

三、绩效反馈的方式

一般意义上讲，反馈包括反馈信息、反馈源和反馈接收者三个要素。在绩效反馈中，上级为反馈源，评价对象为反馈接收者，而整个绩效周期内的工作绩效和绩效评价结果就是反馈信息。选择恰当的反馈方式对绩效反馈的效果是至关重要的。一般根据绩效反馈信息的内容以及反馈源态度的不同，将绩效反馈分为三类：负面反馈、中立反馈和正面反馈。其中，中立反馈和负面反馈都是针对错误行为进行的反馈，而正面反馈是针对正确行为进行的反馈。

（一）对错误行为进行反馈

管理者针对下属的错误行为进行反馈的目的是帮助下属了解自身存在的问题并引导其纠正错误。对错误行为进行的反馈就是通常所说的批评。在大多数人的印象中，批评往往是消极的，实际上批评应该是积极的和建设性的。这就是负面反馈与中立反馈的区别。下面通过一个例子来比较这两种反馈方式。小王上班经常迟到，在反馈中，他的上司就这个问题与他沟通。他的上司可以说："小王，你怎么那么懒，上班总是迟到，难道你就不知道守时吗?"同样，管理者也可以这样说："小王，我注意到上周5天你有3天迟到。你是不是有什么困难？这种行为是不被接受的，你以后还是要注意!"对于这两种反馈方式，前一种方式是典型的负面反馈，这种方式没有指出具体的数据来支持说话的内容，并且有针对个人的倾向，容易使下属产生抵触情绪；后一种是中立反馈，管理者让下属了解他迟到的具体次数，指出管理者无法接受这样的行为，而且提出了改进的具体意见。在下属表示接受这样的批评之后，管理者还应该通过一些认同的表示，加强反馈的效果。可见，这种积极的和建设性的反馈方式明显优于负面反馈。现在越来越多的研究学者和管理者已经认识到中立反馈的重要性。建设性批评是一种典型的中立反馈。美国加州大学洛杉矶分校的心理学家亨德里·温辛格（Hendry Wensinger）对中立反馈做了大量的研究，提出能够有效地促成建设性批评的七条原则。

（1）建设性批评要有计划性。管理者在进行建设性批评之前要对批评的目的、内容、方式等有所准备。有时，管理者和下属由于受到当时谈话气氛的影响而对自己的言行失去控制，这种在情绪失控状况下进行的反馈不但毫无意义，还会产生负面影响。因此，明确反馈的目的，有计划地组织好思路和语言，是促进建设性批评顺利实施的有效手段。

（2）建设性批评要维护对方自尊。自尊是每个人进行人际交往时都要试图维护的，管理者在做出绩效反馈时应当照顾下属的自尊。消极的批评容易使下属的自尊心受到伤害，对人际关系具有破坏作用。例如，小王又一次迟到了。上级见状气愤地喊道："你怎么又迟到了，难道你永远都不能准时一点吗?"这样的批评方式会伤害下属的自尊，造成管理者与下属之间关系紧张。管理者可以使用下面的批评方式来避免这类问题："你是不是需要……的帮助才能够……""我是不是忘了告诉你……"等。实际上，要做到维护下属的自尊，最简单的方法就是在批评对方之前进行换位思考。

（3）建设性批评要发生在恰当的环境中。绩效反馈应当选择合适的环境因素，充分考虑沟通的时间、地点以及周围环境，寻找最佳时机，以保证良好的反馈效果，尤其是在对员工错误行为进行反馈的时候。通常，人们主张单独与犯错误的员工进行交流，这种方式能够最大限度地维护员工的自尊心。但这一点并不是绝对的。例如，在团队的工作环境中，管理者如果只是进行私下的批评，往往不会得到充分的信息或帮助，不利于员工最大限度地改进绩效。如果管理者能够在团队中形成一种批评公开化的良好氛围，这类反馈就可以在团队集体会议上进行。在这种情况下，整个团队都能够向犯错误的成员提供必要的帮助。团队管理中一种常见的方式就是利用头脑风暴法为出现问题的成员提供建议。这样的团队会议能够激发成员之间团结互助的良好关系，有利于提高所有成员的工作绩效。

（4）建设性批评要以进步为导向。批评并不是最终的目的，批评的目的是促使员工取得进步。绩效反馈应着眼于未来，不应该抓住过去的错误不放。强调错误的批评方式会使下属产生防御心理，对绩效反馈起消极作用。例如，一位员工在进行市场调查时选择了不恰当的样本采集方法，影响了统计结果的可信度。管理者在发现这一问题之后不应指责“你的方法简直太笨了”“这个报告完全不能说明问题”等，而应该从改进绩效的目的出发，用下面的方式进行批评：“你应该……”“用……的方法能够使……”这类以进步为导向的批评才能够真正达到绩效反馈的最终目的——提高员工的未来绩效。

（5）建设性批评应是互动式的。负面反馈往往单向传递信息，这种方式会由管理者单方的操纵和控制引起下属的反感和抵触，从而产生排斥心理。建设性批评主张让员工参与到整个绩效反馈的过程中，也就是所谓的互动式绩效反馈。管理者应当通过有效的引导让员工提出自己的看法和建议。

（6）建设性批评应是灵活的。灵活性要求管理者在批评时根据不同的对象和不同的情况采用不同的方式，并在批评的过程中根据对方的反应进行方式的调整。

（7）建设性批评要能够传递帮助信息。建设性批评不仅仅是单纯的好坏对错这类信息的传递，更应当为员工提供明确、具体的建议，以表明管理者愿意为员工提供帮助。管理者应该让员工感受到管理者对他们的关注以及信心，并使员工相信自己能够得到来自管理者的充分帮助。这一点非常重要，因为当员工在工作中遇到困难时，他们需要的不是一个只会批评打压的上级，而是能提供指导和帮助的领导。这种传递帮助信息的批评有助于改善员工与管理者之间的关系，提高员工对管理者的信任感，从而提高工作绩效。

管理者只要在针对错误行为进行绩效反馈时注意上述七条原则，就能够避免无效的负面反馈，将中立反馈变成积极的建设性反馈，从而达到绩效管理的目的。

（二）对正确的行为进行反馈

通常，人们更加倾向于关注对错误行为的训导，而忽视对正确行为的反馈。事实上，对正确行为的反馈与对错误行为的反馈同等重要，两者的最终目的都是提高员工的绩效。对错误行为的反馈将注意力集中于减少不好的行为，而针对正确行为的反馈是为了强化这种正确行为 管理者在实践中要综合运用两种不同的方式对员工的绩效水平进行反馈，从而达到良好的反馈效果。管理者在进行正面反馈时应遵循以下四个原则：

（1）用正面的肯定来认同员工的进步，如应针对“成功率的提高”而不是“失败率的降低”。

（2）明确地指出受称赞的行为。

（3）当员工有进步时应及时给予反馈。

（4）正面的反馈中应包含这种行为对团队、部门乃至整个组织的整体效益的贡献。

（三）自我反馈

通常来讲，绩效反馈是通过管理者与员工之间的相互沟通实现的。自我反馈指的是下属在一套严格、明确的绩效标准的基础上主动将自己的行为与标准进行对比，发现并解决问题的过程。自我反馈是一种员工自己与自己进行沟通的形式，是绩效反馈的一种特殊方式。这种方式能够有效地使员工对自己的绩效表现有一个正确的认识。自我反馈机制的首要前提就是制定一套员工在进行反馈时使用的绩效标准，然后通过建立一套机制或办法，使其能够自觉地根据标准对自己的工作情况进行自我检查。

四、360 度反馈

360 度反馈（360-degree feedback）是 20 世纪 80 年代经美国学者爱德华兹和艾文（Edwards & Ewen）在一些企业组织中不断研究发展形成的，它是一种全方位的反馈机制，主要适用于管理人员。理解 360 度反馈的概念需要注意以下几个方面：第一，涉及的反馈主体包括管理者本人、上级、下级、同事、与之发生工作关系的内外部客户等。这些人员观察的视角不同，提供的信息内容也不同。第二，其作用在于提供绩效信息方面的反馈，而不是进行绩效评价。反馈信息主要用于管理人员的培训和开发，不能直接用于薪酬和晋升决策。这是许多组织使用 360 度反馈时在功能定位上常犯的错误。第三，它主要适用于管理人员，而不是一线员工。360 度反馈在日本称为管理者适应性评价技术，指通过反馈信息来评估管理者能力，进而判断其从事本职工作的适应状况。一些企业将 360 度反馈作为一种绩效评价或考核的方式在整个组织内推行，这种做法是不妥的。

下面以日本株式会社神户制钢所（KOBELCO）为例进行说明。该公司实施了一个名为“适应性观察调查”的项目，首先确定了适应性观察调查的适用范围和对象，明确了参加调查的具体名单；然后分部门提炼了适应性评价的要素，评价要素分为专业能力、概念化能力、管理能力和基础能力四类，每类能力又包含若干条目。该公司非研发部门适应性评价的要素如表 6－1 所示。

表 6－1　非研发部门适应性评价的要素（示例）

要素	非研发部门
专业能力 （TS）	专业知识技能 丰富的知识、见识 专业知识技能的应用 ⋮
概念化能力 （CS）	洞察力 决策的勇气 目标方针的明确 ⋮
管理能力 （MS）	领导能力 对上司及有关人员的说服力 协调能力 权限下放 ⋮
基础能力 （BS）	责任感 自信 ⋮

随后，该公司根据各评价要素的特点，分别确定了评价尺度和观察项目。其中，评价尺度为六个等级，观察项目以问题的形式列举，用以收集反馈意见，如表6-2所示。

表6-2　适应性评价的调查问卷（示例）

评价尺度
A. 完全做得到；B. 相当程度上做得到；C. 基本上做得到；D. 不好说；E. 基本上做不到；F. 做不到
观察项目
1. 在所负责的领域内是否具有高度的专业知识和技术？ 2. 对所负责的业务方面的行业动向及关联技术动向是否了解？是否具有丰富的知识和见识？ 3. 是否采取行动获取工作所必需的、确实可靠的信息和知识？ 4. 是否将自己拥有的专业知识和技术广泛应用于实际工作中？ 5. 是否多方面考虑事物的因果关系、洞察事物的本质？ 6. 是否为达成业务目标提出有效的、具体的实用方案？ 7. 为了实现目标，是否选择了最适当的言行？ 8. 是否敏锐地把握环境变化、对自己负责领域的变化有先见之明？ 9. 为达成业务目标，是否能获得相关人员的必要协助？ 10. 对后辈员工是否进行适当的指导、帮助并跟踪效果？ 11. 为达成业务目标，是否利用自己的影响力与有关方面进行说服、交涉？ 12. 当部门内外出现纠纷时，是否朝建设性方向努力协调、解决？ 13. 面对困难时，是否将其作为发挥自我能力的机会，积极地投入解决？ 14. 一旦接受了任务，能否负责地完成？ 15. 是否具有问题意识、关心新事物、不断挑战新课题？ 16. 是否持之以恒地进行自我开发、不断提高自己的能力？ ⋮

通过调查和数据分析，得到每个被观察的管理人员在各项评价要素上的分数，并以雷达图的形式将所有的评价要素得分显示出来，不仅可以从整体上观察该管理者的优势和不足，还可以对不同管理人员的适应性进行比较，如图6-1、图6-2所示。通过这个过程，人力资源管理决策尤其是培训需求分析有了比较客观的依据。

通过日本株式会社神户制钢所的适应性评价可以看出，相比传统的单一直线式的反馈，360度反馈具有以下优点：第一，360度反馈能够更加全面地掌握个体信息，尤其是有关工作行为的绩效信息，一定程度上减少了对量化数据的依赖，同时避免了过分重视直接上级看法的弊端；第二，360度反馈在信息渠道上的扩展有利于提高个体对反馈信息的认同程度，使管理决策更易执行。当然，这种反馈方式也存在一些缺陷：一是收集和处理信息的成本大大增加；二是由于有大量的信息要汇总，这种方法有可能使反馈过程机械化（填写大量标准化表格），导致人们只注重文字材料，忽略了面对面的直接沟通。总之，在绩效管理中，管理者与员工之间持续的绩效沟通才是真正决定绩效管理成败的关键所在。

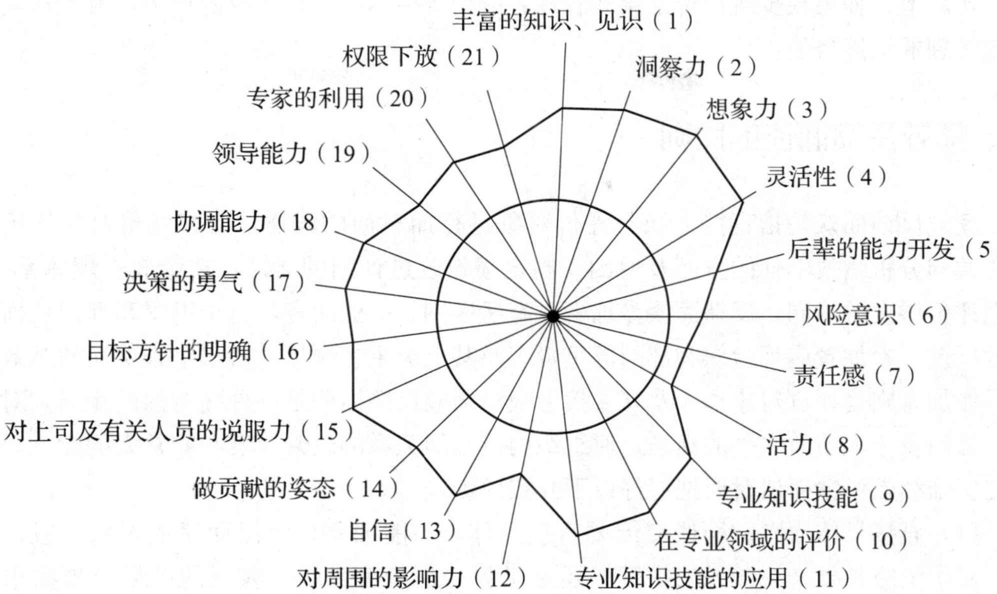

图 6-1　适应性评价的雷达图（示例一）

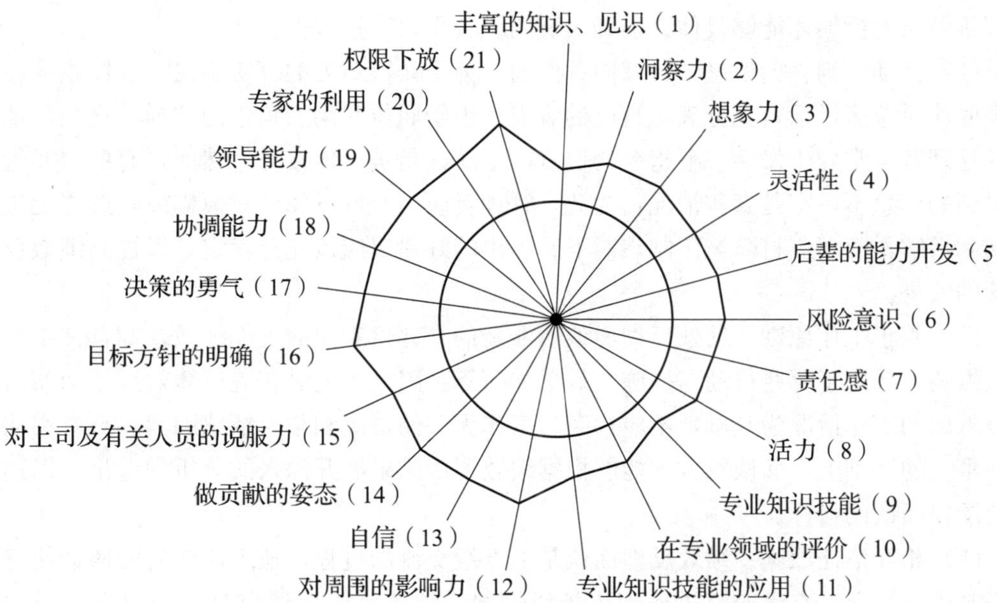

图 6-2　适应性评价的雷达图（示例二）

第 2 节　绩效反馈面谈

绩效反馈面谈是一种正式的绩效沟通。在许多组织中，绩效反馈面谈并没有得到足够的重视，人们往往将填写评价表格、计算评价结果视为绩效评价乃至绩效管理的全过程。实际上，如果缺少将评价结果和管理者的期望传达给评价对象的环节，就无法实现绩效管理的最终目的。

一、绩效反馈面谈的原则

绩效反馈面谈是指直接上级与评价对象进行面对面的沟通，告知评价对象评价结果，共同分析绩效不佳的方面及原因，制定绩效改进计划的活动。在绩效管理体系中，根据评价层次的不同，反馈面谈参加者也有所区别。一般而言，对于组织和部门层面的绩效反馈，参加者应为组织和部门的负责人及其上级主管领导；对于个人层面的绩效反馈，参加者则是评价对象本人及其直接上级。绩效反馈面谈是一种面对面的沟通，对组织、部门及个人绩效水平的提高，对组织内成员间关系的改善等具有非常大的影响，因此在实施绩效反馈面谈时要把握好以下几点原则：

（1）直接具体原则。面谈交流要直接具体，不能抽象地泛泛而谈或仅做一般性评价。对于上级领导来说，无论是赞扬还是批评，都应有具体、客观的结果或事实来支撑，使面谈对象明白哪些地方做得好，并清楚地了解存在的差距与缺点。面谈对象如果对绩效评价结果有不满或质疑的地方，可以向上级领导进行申辩或解释。唯有如此，绩效评价结果的反馈才能够具体、准确、透明、公平，真正取得实效。

（2）互动原则。面谈是一种双向的沟通，为了获得对方的真实想法，反馈主体应当鼓励面谈对象多说话，充分表达自己的观点。由于职位和沟通角色的差异，充当反馈主体的管理者常常处于发话、下指令的位置，下属只是被动地接受。然而，有些时候管理者得到的信息不一定是真实情况，为此，管理者应当允许下属针对模糊或疑惑之处进行询问和辩解，而不应打断与压制，对下属提出的好建议应该充分肯定，以提高绩效反馈面谈的效果。

（3）基于工作原则。绩效反馈面谈所涉及的是评价对象的工作绩效，即具体工作是怎么做的、采取了哪些行动与措施、效果如何等。因此，上级在进行绩效反馈面谈时必须以下属的工作情况为基础，不应掺杂与工作无关的情况和个人情感因素。只有在明确客观事实的基础上，面谈双方才能够根据绩效评价结果展开深入的分析和讨论，以达到绩效反馈面谈的目标。

（4）相互信任原则。绩效反馈面谈是上下级交流的过程，缺乏信任的面谈会使双方感到紧张、急促，充满冷漠进而产生抵触情绪。绩效反馈面谈应是一个双方沟通的过程，沟通要想得以顺利进行，促进双方的相互理解和达成共识，就必须营造一种互相信任的良好氛围。

二、绩效反馈面谈的步骤

（一）绩效反馈面谈的前期准备

为了充分实现绩效反馈面谈的目的，绩效反馈面谈的双方都应该做好充分的准备，主要包括以下几方面。

1. 选择合适的面谈时间

绩效反馈面谈的时间选择对最终的绩效反馈效果有很大影响。一般来说，管理者应该根据工作安排并在征得下属同意的前提下确定面谈时间。尽量不要将绩效反馈面谈安排在临近下班的时间和非工作时间。需要指出的是，确定的时间并不是一个时间点，而应当是一个合适的时间段。时间段的长短要适宜，过长会引起疲倦、注意力不集中，增加信息交流误差；过短则会由于信息没有充分、完全地传递而达不到沟通的目的。

2. 选择合适的面谈地点和环境

面谈的地点和环境会对反馈效果产生重要的影响。一般来说，在办公环境下，主要的反馈地点有管理者的办公室、会议室、接待室，其中小型会议室或接待室是比较理想的选择，因为这些地方一般都远离电话、传真，是不易被干扰的场所。现实中往往由于条件所限，管理者的办公室成为最常见的选择。在办公室进行绩效反馈面谈时，务必确保面谈不被干扰或者中途打断。管理者最好能够拒绝接听任何电话，停止接待来访的客人，以免面谈受到不必要的干扰。面谈的场所最好是封闭的，因为开放的办公区域比较容易受周围环境的影响。当然，反馈面谈的地点也可以选择工作场所之外的地方，如咖啡厅、茶楼等地点。这种非正式办公地点的选择可以有效地营造管理者与下属之间的亲近关系，使下属和管理者在轻松的环境中充分表达自己的真实感受。

3. 收集、整理面谈所需的信息资料

管理者和面谈对象都要收集和整理日常积累的有关绩效的各种信息。进行绩效反馈面谈之前，管理者必须准备且熟悉面谈所需的资料，这些资料主要包括绩效评价表格、工作情况的记录和总结、该绩效周期的绩效计划、绩效评价结果以及评价对象的基本信息。在面谈的过程中，面谈对象往往会根据自己的实际情况陈述整个周期的工作情况，因此也应充分收集整理一些能够表明自己绩效状况的事实依据等，还可以准备一些与绩效管理有关的问题，以便在面谈中向管理人员提问和咨询。

（二）绩效反馈面谈的过程

事先设计完整合理的绩效面谈过程是成功实施绩效反馈面谈的保证。在进行面谈前，负责面谈的管理人员应该对面谈的内容进行详细的计划。绩效反馈面谈的过程主要包括开场白、面谈的实施和面谈的结束。

1. 开场白

在绩效反馈面谈的开始阶段，管理者应该向面谈对象简要说明面谈的目的和基本程序。管理者可以从一个轻松的话题入手，帮助下属放松心情，以使下属能够在面谈中更好地阐明自己的看法。当然，如果下属能够很好地了解面谈的目的，并已经为面谈做好充分的准备，开门见山是最好的选择。

2. 面谈的实施

在绩效反馈面谈的实施阶段，管理者和面谈对象要就绩效评价结果、绩效改进计划深入交换意见，达成共识。一般来讲，管理者要先就下属的上一周期绩效表现做一个总体的回顾，并告知其绩效评价结果。对于下属表现好的方面，管理者要适时鼓励，对于绩效不佳的方面，管理者要采取建设性沟通的方式，注意沟通的方式方法。如果下属对绩效评价结果有异议，管理者要耐心倾听，并就存在争议的问题给出合理满意的答复。接着，管理者和面谈对象要就绩效不良的产生原因进行分析，找出问题所在并共同制定绩效改进计划和符合员工自身实际情况的个人发展计划。最后，管理者要与下属就下一个绩效管理周期的工作任务、工作目标及其衡量指标等进行商定，并签订绩效计划协议书。

3. 面谈的结束

当面谈的目的已经达到或由于某些因素无法取得预期进展时，管理者应当适时结束面谈。在绩效反馈面谈的结束阶段，管理者要对面谈对象进行正面激励，让面谈对象鼓足干劲，以满怀斗志的状态开始下一绩效周期的工作。

（三）绩效反馈面谈的总结和改进

在绩效反馈面谈结束之后，管理者要对面谈的整体情况和效果进行评估，对面谈过程中所记录的内容进行反思与总结，对面谈对象提出的疑问或要求予以高度重视，并采取具体的方法和手段加以解决。此外，管理者也要对自己在面谈过程中的表现进行反思，如是否采用了建设性的沟通方式、是否为下属提供了有效的支持与帮助等，以便在下一次绩效反馈面谈中取得良好效果。

三、绩效反馈面谈过程中应该注意的问题

绩效反馈面谈是一个双向沟通的过程。管理者只有掌握了一定的沟通技巧，获得员工的认可与信任，才能达成共识。管理者在绩效反馈面谈中应该注意以下问题。

（1）重视面谈的开始。许多管理者并没有认识到面谈开始的重要性，往往急于切入主题而忽略开始的方式。实际上，最初的几分钟谈话往往决定了面谈的成功与否。因此，开场白的设计至关重要，管理者要予以足够的重视。

（2）及时调整反馈的方式。管理者在与面谈对象沟通的过程中要根据实际情况的变化及时调整反馈方式。管理者的反馈方式主要有：指示型、指导型和授权型。指示型是比较传统的反馈方式，管理者急于解决问题，或者把自己看作权威并主张控制时，就会采取这种指示型反馈方式。与指示型相比，指导型和授权型需要更多的时间。指导型是一种教与问相结合的方式，管理者向下属解释并询问下属想法，并在适当的时机纠正下属的错误思想。授权型方式以下属回答为主，以解释和纠正为辅，管理者主要起引导作用。

（3）强调下属的进步与优点。绩效反馈面谈不受欢迎的一个重要原因在于，面谈中难免要谈论下属上一阶段工作中的失误，管理者如果没有掌握沟通技巧，很容易因对下属进行批评和指责造成下属的抵触和反感。鼓励与表扬是赢得下属合作的好方法。只有充分地激励下属，才能真正实现绩效反馈的目的。下属做得好的地方不能一带而过，应当花一些时间进行讨论。赞扬不仅可以使下属保持好的工作作风，还可以激励下属。对于绩效不良的方面，管理者也不能一味批评，而应当肯定下属的努力和贡献。

（4）注意倾听下属的想法。绩效反馈面谈是一个双向沟通的过程，即使采用指示型方式，也需要了解下属的真实想法。真正有效的沟通不能忽略倾听的重要性，来自下属的信息是十分重要的。倾听有助于全面了解情况，印证或改变管理者自己的想法。平衡讲述与倾听之间的关系是进行反馈面谈的要义，而衡量这种平衡最好的标准是看管理者是否调动了下属的积极性，是否赢得了下属的合作。管理人员在面谈时要学会倾听，鼓励面谈对象大胆说出自己的想法，在倾听中予以积极回应，不要轻易打断下属，更不要急于反驳。

（5）坦诚与平等应该贯穿面谈的始终。绩效评价结果可能涉及薪酬、晋升等比较敏感的问题，管理者在与下属面谈的过程中要有所顾忌，有时甚至要回避问题与矛盾。但是，这种隐瞒的方式并不能解决任何问题，最好的方式其实是坦诚相见，直接向下属展示评价表格。同时，管理者应当清楚自己和下属对于错误负有同等的责任，自己的判断与实际情况会出现偏差。当发现问题或认识到出现偏差时，管理者应当坦率地承认，这种态度有助于与下属进行进一步的沟通，并解决问题。

（6）避免冲突与对抗。冲突与对抗可能会彻底摧毁下属对主管的信任，导致下属对领导产生抵触情绪。双方一旦产生隔阂，问题就不仅仅是一次面谈的失败，很可能影响今后的合作。因此，面谈中出现不同意见时，管理者不能用领导的权威对面谈对象进行压制，而应就不同见解与面谈对象进行耐心的沟通，争取得到理解，同时要站在对方的立场，设身处地为其着想，争取在平和的氛围中就争议问题达成共识。

（7）形成书面记录。人力资源管理部门提供的各类计划和表格并不一定涵盖面谈涉及的全部问题。面谈中双方可能谈到工作中的许多问题，因此需要记录面谈的过程并形成书面文字，这一方面便于组织对正式文件的管理，另一方面能让下属感到面谈很正式且很重要。

第 3 节　绩效申诉

由于绩效评价的过程会受到评价标准模糊不清、评价主体的个人偏见、绩效信息不准确等主客观因素的影响，评价结果可能存在不准确或不公平的情况。一旦发生这种情况，绩效评价的可靠性和权威性就会受到影响。为了尽可能避免这种状况的出现，有必要建立科学的绩效申诉与争议处理制度，评价对象对评价结果存在异议时，可以通过正式途径进行申诉，维护自身的权益，同时提高评价的公平性。所谓绩效申诉是指评价对象由于对评价结果持有异议，依照法律、法规或规章制度向有权受理申诉的机构提起申诉，受理部门依照规定的程序对相应的评价过程和结果进行审查、调查并提出解决办法的过程。

一、绩效申诉的重要性

绩效申诉是健全的绩效管理体系的重要组成部分。建立完善的绩效申诉制度对保障绩效结果的公平公正、减少组织内部矛盾具有非常重要的意义，具体体现在以下几个方面：

第一，绩效申诉能够保障评价的顺利进行，提高评价的可接受性、公平性和公正性。评价对象对评价结果产生异议时，可以通过申诉表达。相关管理部门应启动相应的调查，对评价中的问题进行裁决，纠正评价中的错误，消除评价对象的不满，保障评价的顺利进行，从而促进评价的公平与公正。

第二，绩效申诉有利于及时发现和纠正评价系统中存在的问题。建立绩效申诉制度是完善绩效评价系统的重要途径。绩效评价由于受到主客观因素的影响，可能会出现评价不准确的情况。一种情况是评价主体方面的因素（如对评价不够重视、受不正当动机和目的的支配等）致使评价结果不准确，甚至出现营私舞弊、打击报复等不正当行为；另一种情况是客观评价系统的因素（如评价标准模糊等）导致评价不公平。绩效申诉可以为这些问题提供纠错机制，由评价对象将上述问题反映到组织内部负责绩效申诉的部门，相关部门一经查实，要在纠正评价结果的同时采取相应措施避免类似情况再次发生。

第三，绩效申诉有利于增强评价对象对组织的信任感。如果评价存在不公正现象使评价对象遭到不公正待遇且无处申诉，评价对象会首先对领导失去信任，进而对整个组织产生不信任感。如果建立了绩效申诉制度，评价对象对绩效评价结果有异议时就有了表达意见的渠道，这会让评价对象感受到尊重，愿意积极参与到绩效管理过程中，乐于接受评价结果，进而对组织产生信任感。

二、绩效申诉的原则

绩效申诉制度的基本原则是贯彻在绩效申诉过程中，对绩效申诉具有普遍指导意义的基本准则，至少应包括以下三个：

第一，合理原则。组织内部受理绩效申诉的部门要本着负责的态度，深入细致地查明相关事实，做出准确的认定。受理部门做出的决定要严格依据组织的相关规定，做到合理合规，不能徇私舞弊。

第二，公开原则。在处理绩效申诉的过程中应尽量公开进行，以使各方了解有关情况，监督申诉处理过程，消除误解。对于所涉及的申诉信息，除规定必须保密的之外，应尽量公开。此外，申诉处理结果也要公开，让申诉各方知晓处理结果。要保证绩效申诉处理全过程公开透明。

第三，及时原则。绩效申诉作为一种有效的绩效改进手段，不能拖延推诿。这要求绩效申诉的各个步骤必须在规定的期限内完成，申诉机构要尽快完成对案件的审查，并及时做出处理决定。

三、绩效申诉体系的构建

绩效申诉体系的构建对于任何组织来说都是一个系统工程。具体而言，构建一个完整的绩效申诉体系应该包括确定申诉参与方、界定申诉范围、明确申诉管辖权和设计申诉程序等环节。

（一）确定申诉参与方

申诉参与方主要包括申诉方、被申诉方以及申诉管理机构。申诉方是指对评价结果持有异议，依据相关规定以单位或个人名义向申诉管理机构提起申诉的组织或人员。简单地说，申诉方就是因对评价主体的评价结果不服而提起申诉的评价对象。被申诉方是指评价对象就评价争议案件提起申诉的单位或个人，也可以简单理解为评价主体。申诉管理机构是指受理绩效申诉的机构或部门，一般而言，该机构的职能由组织的人力资源管理部门承担。此外，权威的第三方机构也可以作为绩效申诉的管理机构，因为这类机构立场中立、行事客观，但是这类机构受职能权限和信息障碍等方面的限制，受理申诉工作的难度会加大。

（二）界定申诉范围

申诉范围是指申诉机构接受评价争议案件的范围。它涉及评价对象合法权益的保障程度，也涉及申诉申请的管辖权限。评价对象可提起申诉的事项至少包括以下方面：

（1）评价结果。评价结果一般用于对评价对象的奖惩以及指导其以后的工作，是绩效评价中相当重要的一部分。由于评价结果正确与否关系到评价对象的利益，当评价对象对评价结果持有异议时，应允许其提起申诉。

（2）评价程序。评价程序科学与否影响评价结论的正确性，并可能侵害评价对象的利益。因此，评价对象如果认为评价主体没有按照科学的或既定的程序进行评价，有权提起申诉。

（3）评价方法。评价方法的选择依赖具体的绩效指标，如果选择的评价方法不妥，会影响评价结果的准确性。同时，不同评价主体在采用评价方法上可能存在差异，出现使用不同衡量尺度评价同一个评价对象的情况，进而导致评价结果有所不同。因此，评价对象如果认为评价主体所用的评价方法不科学或不适合本部门的实际情况，可以向申诉机构提起申诉。

（4）评价指标。与评价方法一样，评价对象如果认为评价主体所用的评价指标不合理，可提起申诉。

（5）评价信息。用于评价的信息正确与否、真实与否关系到评价的准确性和可靠性。评价对象如果认为评价主体用于评价的信息不真实、不可靠，可向申诉机构提起申诉。

（三）明确申诉管辖权

申诉管辖是指有权受理评价申诉的组织或部门接受申诉方的申诉请求，并收集资料审查评价过程，最后依据相关规定做出裁决，同时终结申诉活动的行为。这一环节解决的是评价对象对评价主体的评价产生质疑时应向谁提起申诉的问题。以政府为例，当评价对象对评价结果产生质疑时，如果评价主体是上级或同级组织，评价对象可向评价主体同级的申诉机构提起申诉。如果评价主体是其下级组织，评价对象应向评价主体同级的申诉机构提起申诉，以免上级组织利用自己的权力和地位优势影响申诉机构的裁决。如果评价对象是各级人民政府而评价主体是其下级组织时，评价对象应该向上级政府的申诉机构而非同级的申诉机构提起申诉。因为行政监察部门归各级政府领导，向同级申诉机构申请不利于做出公正的裁决。另外，当国务院各部门是评价对象时，评价对象可向国务院监察机关申诉。

（四）设计申诉程序

申诉程序是申诉机构进行申诉时必须遵守的时间、步骤和方式等。科学、合理的程序是绩效申诉有序进行的保障，申诉机构应该按照科学的程序进行申诉处理，以保证绩效申诉处理的公平公正。科学的申诉程序应包括以下方面：

（1）申请。当评价对象对评价结果产生质疑，向申诉机构申请时，就开始进入申诉程序。评价申诉是依照“不告不理”原则，依申请而进行的，如果评价对象不提起申请，就不能进入申诉程序。

（2）受理。申诉机构在接到评价对象的申请后进行审查，看其是否符合申诉范围，是否符合受理的有关条件等，再决定是否受理。如符合条件，应立案受理。

（3）审理。受理绩效申诉后，申诉机构应调取相关证据，让申诉各方充分表达自己的意见和立场，围绕评价中的问题展开辩论。

（4）裁决。经过充分的论证和审查后，申诉机构应该以事实为根据做出公正的裁决，并将裁决结果送达申诉各方。

（5）执行。绩效申诉结果裁决后，申诉各方应在规定期限内执行。申诉机构应加强对申诉处理决定执行情况的监督。

（6）期限。科学的程序必须为各个步骤设置一定的处理期限，如立案期限、审理期限、送达期限、执行期限等，以提高绩效申诉处理的效率。

第4节　绩效改进

绩效改进既是绩效评价结果的重要应用领域，也是绩效反馈面谈中重要的沟通内容。传统的绩效管理侧重于评价已经发生的工作绩效，而现代绩效管理则强调如何改进绩效，使个人取得进步的同时推动部门的发展，从而实现组织的战略目标。因此，绩效改进是一个系统化的过程，通过对现有绩效状态的分析，找出与理想绩效之间的差距，制定并实施相应的干预措施来缩小绩效差距，从而提升个人、部门和组织绩效水平。绩效改进的流程可以分为绩效分析、绩效改进计划的制定、绩效改进计划的实施与评价三个阶段。

一、绩效分析

绩效分析是绩效改进流程的第一步，其目的在于明确个人、部门和组织层面的绩效差距，找出差距存在的原因，编制绩效分析报告。

（一）找出绩效差距

通过科学准确的绩效评价，将个人、部门和组织的绩效评价量表中的目标值与实际值进行对比，可以得出个人、部门和组织三个层面的绩效差距。由于组织资源有限，弥补绩效差距需要付出大量的人力、物力和财力，如果很多方面都存在绩效差距，就需要对绩效改进要点进行取舍。关于这个问题，国内外有许多研究，塞莫·勒维就提出了一种二维的选择方法（见表6-3）。组织应综合考虑每个拟选项目所需的时间、精力和成本因素，选择用时较短、精力花费少及成本低的项目，也就是确定哪个项目更划算。除此之外，绩效差距与组织战略的相关程度、存在差距的部门在组织结构中所处位置的重要程度等都是确定绩效差距排序的重要因素。

表6-3　选择绩效改进要点的方法

绩效	不易改变	容易改变
亟须改进	将其列入长期改进计划，或者与绩效薪酬一同进行	最先做
不需要改进	暂时不列入改进计划	第二选择（有助于其他困难的绩效改进）

（二）分析绩效差距存在的原因

根据学者们的研究，分析绩效差距通常有以下两种思路。

1. *四因素法*

四因素法主要是从知识、技能、态度和环境四个方面着手分析绩效不佳的原因，如图6-3所示。

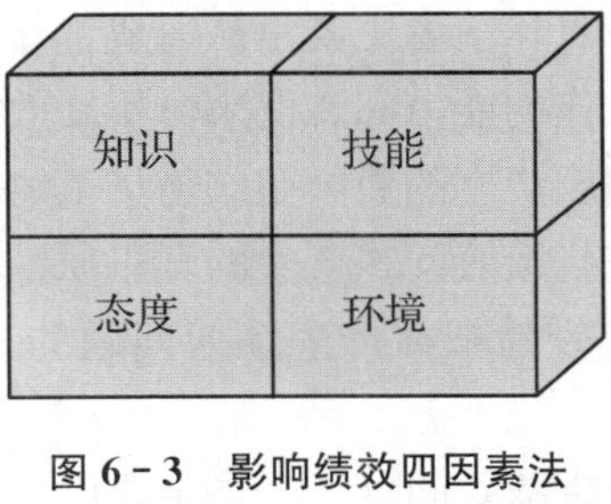

图6-3　影响绩效四因素法

（1）知识：员工是否具有从事这方面工作的知识和经验？

（2）技能：员工是否具备运用知识和经验的技能？

（3）态度：员工是否有正确的态度和自信心？

（4）环境：组织的激励政策及与直接上级的关系是否影响了员工的积极性（激励机制）？是不是资源缺乏导致最终的不良绩效（资源）？组织的流程是否影响高绩效的实现（流程）？组织的人际关系、气氛等是否不利于实现绩效目标（组织氛围）？是否存在影响绩效的外部不可控因素（外部障碍）？

2. 三因素法

三因素法从员工、主管和环境三个方面来分析绩效问题（见图6－4），认为如果绩效未达到预期的绩效水平，要从这三方面来考虑。

图6－4　影响绩效三因素法

在员工方面，员工所采取的行动本身可能是错误的，或者员工没有做应该做的事情。原因可能是主管的要求不明确、个人知识和技能不足、缺少动机等。

在主管方面，主管的管理行为不当可能导致员工的能力无法发挥，或者主管没有帮助员工改进其工作。通常可从两个方面分析主管的管理行为：一是主管做了不该做的事情，比如监督过严，施加不当的压力；二是主管没有做该做的事情，比如主管没有明确工作要求，没有对员工的工作给予及时、有效的反馈，对员工的建议不予重视，不授权给员工，不给员工提供教育和培训的机会，不鼓励员工尝试新方法和新技术。

环境方面包括员工工作场所和工作气氛等因素。这方面可能对绩效产生影响的是：工具或设备不良，原料短缺，工作条件不良（噪声、光线、空间和其他干扰等），人际关系紧张，工作方法或设备的改变造成工作困难等。

以上两种分析思路各有特点，前者主要是从完成工作任务的主体角度来考虑，通过分析员工是否具备承担此项工作的能力和态度来分析绩效问题产生的原因，这种方法容易造成管理缺位，即把绩效问题产生的原因归结为员工的主观问题，忽视了管理者对绩效问题的责任，不利于全面查找绩效问题产生的真正原因，同时也不易被员工接受；后者从更宏观的角度分析问题，较易把握产生绩效问题的主要原因，并认识到管理者的责任。

要想更加透彻、全面地分析绩效问题，必须结合以上两种思路，在管理者和组织成员充分交流的情况下，对产生不良绩效的原因达成一致意见，如表6－4所示。

表 6-4　绩效分析表

影响绩效的维度		绩效不良的原因	备注
员工	知识		
	技能		
	态度		
主管	辅导		
	其他		
环境	内部		
	外部		

（三）编制绩效分析报告

绩效分析报告是对前期分析工作的汇总和总结。要按照个人、部门和组织三个层次编制绩效分析报告，一方面展示现阶段的绩效差距及其原因，另一方面为下一步设计和实施绩效改进计划打下基础。

二、绩效改进计划的制定

在完成系统的绩效分析之后，要开始选择设计和开发能够针对绩效差距存在根本原因的缩小或消除绩效差距的方案，这些方案的组合就是绩效改进计划。绩效改进计划的成功与否和改进措施的选择有直接关系。

（一）改进措施的选择

经过绩效分析环节，明确绩效差距，选择绩效改进点，并对影响绩效的因素有比较清晰的认识后，就要考虑制定改进绩效的措施。改进措施的选择标准有两个：能否对症下药和成本的高低。一般来说，员工可采取的行动包括：向主管或有经验的同事学习，观摩他人的做法，参加组织内外的有关培训，参加相关领域的研讨会，阅读相关的书籍，选择某一实际工作项目，在主管的指导下训练等。主管可采取的行动包括：参加组织内外关于绩效管理、人员管理等的培训，向组织内有经验的管理人员学习，向人力资源管理专家咨询等。在环境方面，管理者可以适当调整部门内的人员分工或进行部门间的人员交流，以改善部门内的人际关系；在组织资源允许的情况下，尽量改善工作环境和工作条件等。

（二）制定绩效改进计划

绩效改进计划是关于改善现有绩效水平的计划。制定绩效改进计划实际上就是具体规划应该改进什么、应该做什么、由谁来做、何时做以及如何做的过程。以个人层面的绩效改进计划为例，其主要内容包括：

（1）个人基本情况、直接上级的基本情况以及该计划的制定时间和实施时间。

（2）根据上一个绩效评价周期的绩效评价结果和绩效反馈情况，确定工作中需要改进的方面。

（3）明确需要改进的原因，并附上前一个评价周期中个人在相应评价指标上的得分情况和评价者对该问题的描述或解释。

（4）明确写出个人现有的绩效水平和经过绩效改进后要达到的绩效目标，并在可能的情况下将目标明确地表示为在某个评价指标上的评价得分。

针对存在的问题提出的改进措施应当尽量具体并有针对性。除了确定每个改进项目的内容和实现手段外，还需要确定每个改进项目的具体责任人和预期需要时间，还可以说明需要的帮助和资源。比如，如果就某一方面进行培训，应当列出培训的形式、内容、时间、责任人等。对于特殊的问题，还应提出分阶段的改进意见，使员工逐步改进绩效。表 6－5 提供了一个包含绩效改进计划的绩效反馈面谈表，供读者参考。

表 6－5　　绩效反馈面谈和改进计划书模板

<table>
<tr><td colspan="2">面谈对象</td><td></td><td>职位编号</td><td></td></tr>
<tr><td colspan="2">面谈者</td><td></td><td>面谈时间</td><td></td></tr>
<tr><td colspan="2">面谈地点</td><td colspan="3"></td></tr>
<tr><td colspan="5">评价结果</td></tr>
<tr><td colspan="2">利益相关者</td><td></td><td>内部业务流程</td><td></td></tr>
<tr><td colspan="2">财务</td><td></td><td>学习与成长</td><td></td></tr>
<tr><td colspan="2">其他</td><td></td><td>总分</td><td></td></tr>
<tr><td colspan="5">本期不良绩效陈述</td></tr>
<tr><td colspan="5"></td></tr>
<tr><td colspan="5">本期不良绩效的原因分析</td></tr>
<tr><td colspan="2">影响绩效的维度</td><td>具体问题</td><td colspan="2">原因分析</td></tr>
<tr><td rowspan="3">员工</td><td>知识</td><td></td><td colspan="2"></td></tr>
<tr><td>技能</td><td></td><td colspan="2"></td></tr>
<tr><td>态度</td><td></td><td colspan="2"></td></tr>
<tr><td rowspan="2">主管</td><td>辅导</td><td></td><td colspan="2"></td></tr>
<tr><td>其他</td><td></td><td colspan="2"></td></tr>
<tr><td rowspan="2">环境</td><td>内部</td><td></td><td colspan="2"></td></tr>
<tr><td>外部</td><td></td><td colspan="2"></td></tr>
<tr><td colspan="5">备注：</td></tr>
<tr><td colspan="5">绩效改进计划</td></tr>
<tr><td colspan="2">计划采取的措施</td><td>预期目标</td><td>执行者/责任人</td><td>执行时间</td></tr>
<tr><td colspan="2"></td><td></td><td></td><td></td></tr>
<tr><td colspan="2"></td><td></td><td></td><td></td></tr>
<tr><td colspan="2"></td><td></td><td></td><td></td></tr>
<tr><td colspan="5">备注：</td></tr>
<tr><td colspan="2">面谈对象签字</td><td></td><td>面谈者签字</td><td></td></tr>
</table>

此外，绩效改进计划应当在管理者和员工充分沟通的基础上制定。单纯按照管理者

的想法制定绩效改进计划，可能会使改进项目脱离实际，因为管理者不一定很确切地知道每个员工的具体问题，管理者认为应该改进的地方可能并不是员工真正需要改进的地方。另一个极端情况是单纯按照员工个人的想法着手制定计划，虽然让员工制定绩效改进计划可以激发其积极性，但员工可能避重就轻，漏掉重要的项目。只有管理者和员工就这一问题进行充分探讨，才能有效地实现绩效改进的目的。

三、绩效改进计划的实施与评价

在制定绩效改进计划之后，管理者应该通过绩效监控和沟通，实现对绩效改进计划实施过程的控制。在这个控制的过程中，管理者监督绩效改进计划能否按照预期的计划进行，并根据评价对象在绩效改进过程中的实际工作情况，及时修订和调整不合理的改进计划。管理者应当督促员工实现绩效改进计划的目标，并主动与员工沟通，了解员工在改进过程中遇到的困难和障碍，以及需要管理者提供什么样的帮助。

成功的绩效改进计划离不开评价和反馈。绩效改进计划的完成情况反映在员工前后两次评价的结果中。如果员工的两次评价结果有显著的提高，说明绩效改进计划取得了一定的成效，可以在一定范围内推广使用。如果员工的两次评价结果没有显著提高，则应该反思绩效改进计划的有效性。尤其要与员工一起探讨原因准确与否、干预措施恰当与否等问题，为下一步绩效改进计划的制定打下基础。

在开展绩效改进计划的效果评价时，可以参考柯克帕特里克（Kirkpatrick）的四层次评估标准框架，也称柯氏评估模型，如表6-6所示。

表6-6　柯克帕特里克的四层次评估标准框架

层次	标准	重点
1	反应	受训者的满意程度
2	学习	知识、技能、态度、行为方式方面的收获
3	行为	工作中行为的改进
4	结果	受训者获得的经营业绩

（1）反应。这一标准一般衡量的是员工对绩效改进计划的感性认识，如员工对绩效改进结果的反应如何，工作场所的其他员工对绩效改进结果的反应如何。

（2）学习。这一标准一般衡量的是实施绩效改进计划之后，员工在原理、事实、技术和技能等方面的获取程度。比如，通过参与绩效改进计划，员工获取了哪些以前没有掌握的知识和技能，或者其原有的知识或技能得到了哪些丰富和提高。

（3）行为。这一标准一般衡量的是员工参与绩效改进计划项目中所学技能和知识的转化程度。比如，绩效改进计划是否对参与员工的行为产生了影响，员工回到工作岗位后是否运用了新习得的知识或技能。

（4）结果。这一标准一般衡量的是绩效改进计划的最终效果。比如，实施绩效改进计划是否节省了组织的成本，是否改善了员工的工作绩效。

四、杭州市的绩效反馈与改进

绩效改进是绩效管理的重要环节，也是绩效管理的落脚点。绩效反馈中发现的问题需要通过绩效改进来加以解决，从而达到提升绩效的目的。

1. 日常改进

日常改进指根据收集到的绩效信息和目标管理中发现的问题，进行有针对性的阶段性整改。在杭州市绩效管理实践中，日常改进主要通过绩效改进通知和专项绩效测评两种方式进行。发布绩效改进通知单是日常改进的主要形式。从 2009 年开始，对于一段时期反映比较集中或连续多次重复出现的问题，杭州市考评办通过发放绩效改进通知单，及时督促各责任单位落实整改，要求其 10 天内做出情况说明，提出处理意见并通过绩效改进反馈单反馈处理结果，如有必要可针对跟踪整改结果分时段进行多次反馈。对于整改落实情况，市考评办组织进行检查评估。设立绩效改进通知单机制是“即知即改”绩效改进理念的体现，有利于责任单位第一时间掌握工作中存在的问题，制定具有针对性和时效性的整改措施，及时解决问题，避免在后续工作中搁置已有问题或者使之积累、蔓延，从而改进和提升部门工作绩效。绩效改进通知单中发现的问题主要来源于绩效信息、目标过程管理和专项绩效测评。杭州市考评办建立了绩效信息库，通过第三方专门机构、绩效信息员等渠道，广泛收集媒体、相关民意机构等社会各界对市直单位履行职责情况的报道、评价、意见、建议和投诉等绩效信息。

2009 年，中央电视台《新闻 30 分》栏目以及人民网、新华网等多家媒体集中反映“杭州经济适用房大面积出现质量问题”“杭州在建经济适用房‘全面体检’”等关于杭州市经济适用房建设质量的问题，杭州市考评办采集各方信息后，及时向有关责任单位发出绩效改进通知单，要求其就相关问题做出情况说明，及时加以整改和反馈，这是杭州市考评办发出的首份绩效改进通知单。

责任单位接到通知单后，及时开展调查并组织整改。当时，群众投诉反映的主要问题是经济适用房墙面和地面有裂缝，铺装和粉刷空鼓，阳台、卫生间倒泛水和渗水、漏水，塑钢窗密封不严等。责任部门从督促整改、落实维修，全面检查、严格监管，立案查处、媒体通报，举一反三、落实责任等四个方面开展整改，使项目质量问题得到了较好的解决，开发建设单位还分批邀请业主进行复查。此后，责任部门加强跟踪，完善机制，长效管理，积极推行经济适用房标准化设计和施工，不断提高经济适用房建设的质量和品质。

除了绩效信息，杭州市还针对市委市政府重点工作、重大民生项目和社会公众关注的问题等开展专项绩效测评，发现绩效管理中存在的问题。专项绩效测评通过现场调查、满意度测评、深度访谈等方式，深入了解项目现状，查找问题，并给出可行性较高的对策建议。专项绩效测评有利于责任单位全面系统地掌握自身工作中各个环节的问题，完善整改措施，提升整体工作绩效。

2. 意见整改

意见整改指对社会评价收集到的各类意见进行一对一的整改，即对某一条或者某一方面的意见采取有针对性的措施，以进行绩效改进。意见整改和日常改进最主要的区别在于，日常整改是在日常工作中发现问题，第一时间制定整改措施以进行整改，具有较强的时效性，而意见整改是梳理分析收集到的社会评价意见后进行有针对性的整改，具有节点性的特点。自杭州市的综合考评实施以来，杭州市考评办建立了社会评价意见整改机制，具体包括评价机制、整改机制和反馈机制。在每年的综合考评中，杭州市考评办邀请社会各界九大层面的上万名公众参与，赋予社会公众话语权，让社会公众进行满意度评价，并对政府工作提出意见和建议，形成评价机制；杭州市考评办对收集到的社会评价意见进行梳理后下达给相应的责任单位，责任单位制定整改计划、明确整改目标、确定整改重点、形成意见整改机制；对于社会评价意见重点整改目标及整改情况，在媒体上进行公示，要求责任单位就整改工作向社会做出承诺，并请公众对整改情况进行监督，形成反馈机制。

社会评价意见整改工作主要包括意见征集、梳理分解、制定整改目标、实施整改和组织专项考评五大流程。在杭州市的综合考评中，每年都会收到上万条群众意见，杭州市考评办专门组织力量对这些意见和建议进行梳理，确定整改责任单位，其中，群众关注度较高、意见比较集中、连续几年反复提出的社会评价意见中的难点问题被列为杭州市考评办跟踪督办社会评价意见。责任单位在收到下达的社会评价意见后进行再梳理、分析，对于群众反映较突出、社会影响较大的重点问题，要制定整改目标，明确整改举措和责任。杭州市考评办从整改目标覆盖面、针对性、可行性等方面进行审核后，将社会评价意见正式下达给责任单位，并对整改目标进行公示，由整改责任单位向社会做出整改承诺。根据整改目标，责任单位有计划地开展整改工作，在整改过程中进行必要的互动，定期向杭州市考评办反馈整改进度。杭州市考评办通过明察暗访等方式，不定期地对整改工作进行抽查，并反馈抽查结果。年底，杭州市考评办在年终目标检查考核时由联合检查组对各单位社会评价意见整改情况进行检查考核，委托第三方对社会评价意见整改情况开展专项满意度测评，并将专项考核结果反馈给责任单位。

第 5 节　评价结果的运用

绩效管理是人力资源管理系统的核心，而评价结果能否有效运用关系到整个绩效管理系统的成败。如果评价结果没有得到应用，就会出现绩效管理与人力资源管理其他环节（晋升调动、培训、薪酬等）脱节的情况，产生绩效管理“空转”现象。久而久之，员工会认为评价只是例行公事，对自身无实质性的影响，绩效管理也就失去了应有的作用。

一般来讲，评价结果除了运用于绩效诊断与绩效改进之外，还应该运用于人力资源管理其他子系统，如招聘与甄选、职位变动、培训与开发、薪酬等。其中，最重要的是将评价结果应用于薪酬决策。

一、用于检验招募与甄选的预测效度

招募与甄选是人力资源管理的重要职能之一，是指组织通过运用一定的手段和工具，对求职者进行鉴别和考察，区分他们的人格特点与知识技能水平，预测他们未来的工作绩效，最终挑选出组织所需要的适当的职位空缺填补者的过程。在研究招募与甄选的效度时，通常选用绩效评价结果作为员工实际绩效水平的替代，在人员招募与甄选的过程中担当重要的效标。也就是说，在绩效评价系统准确的前提下，如果某人的评价结果比较优秀，说明招募与甄选的预测效度较好，是有效的；反之，说明招募与甄选的预测效度不佳，需要在方法技术上进一步完善。

二、用于做出职位变动的决策

评价的结果是职位变动的重要依据。职位变动不仅包括纵向的晋升或降职，还包括横向的工作轮换。如果评价的结果表明某些人员无法胜任现有的工作岗位，就需要查明原因并果断地进行职位调换，将他们从现有的岗位上换下，安排到其他能够胜任的岗位。同时，绩效评价还可以发现优秀的、有发展潜力的人员，组织需要积极培养和大胆提拔这些人员。这种培养还包括使相关人员在各个职位之间轮岗，培养其全面的能力并使其熟悉组织的运作，为今后在部门间的交流与协调做好准备。

三、用于确定培训与开发的内容

尤金·麦克纳（Eugene McKenna）和尼克·比奇（Nic Beech）将绩效评价分为发展性评价与评价性评价。发展性评价在系统分析评价对象的发展需要之后，主要关注如何对评价对象将来的绩效表现做出预测。因此，发展性评价更加注重如何确定评价对象可以改进的知识和技能，从而达到开发其工作潜力的目的。这种类型的评价往往与员工的职业生涯规划相联系。评价性评价将着眼点放在对评价对象做出判断上，往往与薪酬决定挂钩。人力资源的培训与开发是一种提高个人能力和组织绩效的有计划的、连续性的工作。培训的主要目的是使组织成员获得目前工作所需的知识和能力，着眼于当前的工作；开发的主要目的则是使组织成员获得未来工作所需的知识和能力。通过绩效评价和绩效分析，组织可以找出组织成员个人知识、技能等方面存在的导致其不能完全胜任工作的缺点和不足，进而有针对性地对这些方面进行培训。另外，组织也可能会考虑未来的变化，当绩效评价结果显示组织成员不具备未来所需的技能或知识时，对其进行开发是组织常见的选择。另外，绩效评价结果也可作为培训的效标，也就是用绩效评价结果衡量培训的效果。

四、用于薪酬的分配和调整

绩效评价最初的目的是更好地评价个人对团队或组织绩效的贡献，以更好地在薪酬分配的过程中体现公平原则。一般而言，为了强调薪酬的公平性并发挥薪酬的激励作用，组织成员的薪酬中都会有一部分与绩效挂钩，当然因职位不同，与绩效挂钩的薪酬在总薪酬中所占的比例也会有所不同。如何有效地发挥薪酬的激励作用，寻求绩效管理与薪酬管理有机结合的方式，是大多数组织面临的一个难题。有关绩效薪酬的具体内容将在下一章做详细的介绍。

关键词

绩效反馈（performance feedback）
绩效改进（performance improvement）
360 度反馈（360-degree feedback）

复习思考题

1. 如何理解绩效反馈的重要性？
2. 试述 360 度反馈的内涵及优缺点。
3. 请自拟情境设计一个绩效反馈面谈计划。
4. 解释绩效评价与绩效改进之间的关系。
5. 绩效评价结果在人力资源管理决策中有哪些作用？

案例分析

某公司主管的绩效改进计划

王强是某公司生产部新提拔的一名主管。他原来是该部门的一名普通员工，由于在技术上有所创新，被破格提升为主管。部门成员都视他为楷模，大家都十分钦佩他的工作才干。但是，生产部的经理李侠在上一周期的评价中发现，王强领导的一些新进公司的员工对王强在新员工培训工作中的表现很不满意。王强在指导员工能力这一评价指标上的得分受到了很大的影响。为此，李侠与王强进行了绩效反馈面谈，共同制定了下面的绩效改进计划，如表 6 - 7 所示。表格主体内容中的前三列是计划的内容，后两列（实际实施日期和取得的成果）则是李侠根据王强在实施该计划过程中的表现填写的。

表 6－7　　王强的绩效改进计划

员工姓名：王强　　职位：生产部主管　　计划执行时间：1月1日—3月30日

上级主管：李侠　　职位：生产部经理　　待改进绩效：对新员工的培训

<table>
<tr><th>计划采取的措施</th><th>执行者</th><th>计划实施日期</th><th>实际实施日期</th><th>取得的成果</th></tr>
<tr><td rowspan="2">1. 向资深主管谭进请教如何培训新下属</td><td rowspan="2">王强</td><td rowspan="2">1月15日</td><td>1月14日</td><td>约好第二天会见谭进</td></tr>
<tr><td>1月15日</td><td>与谭进会面，获得指导</td></tr>
<tr><td rowspan="2">2. 观察谭进对新进人员进行培训的过程</td><td rowspan="2">王强</td><td rowspan="2">下一次新人报到时</td><td>1月15日</td><td>谭进计划2月3日进行新员工培训，王强将观摩</td></tr>
<tr><td>2月3日</td><td>谭进训练新人，王强观察，觉得很值得学习</td></tr>
<tr><td rowspan="2">3. 参加人力资源管理部门主办的新员工座谈会</td><td rowspan="2">王强</td><td rowspan="2">下一次举办时</td><td>1月15日</td><td>向人力资源部查询，获知1月18日要举办。王强届时将参加</td></tr>
<tr><td>1月18日</td><td>要王强提出参加心得。他的若干意见已送人力资源管理部</td></tr>
<tr><td>4. 决定新人报到的最佳时间</td><td>王强与人力资源部协调</td><td>1月20日之前</td><td>1月19日</td><td>决定新人报到开始时间，由周一早上7点改为9点</td></tr>
<tr><td rowspan="2">5. 参加新员工培训座谈会</td><td rowspan="2">王强</td><td rowspan="2">2月15日</td><td>2月10日</td><td>讨论座谈会时间表与内容</td></tr>
<tr><td>2月18日</td><td>讨论该座谈会及王强参加后的收获</td></tr>
<tr><td rowspan="4">6. 阅读下列书籍：
(a)《干部与经理之自我发展》
(b)《有效的沟通》
(c)《干部与在职训练》</td><td rowspan="4">王强</td><td rowspan="4">2月15日之前</td><td>1月3日</td><td>安排订购王强同意阅读的三本书</td></tr>
<tr><td>1月14日</td><td>获悉王强已阅读第一本书的一半</td></tr>
<tr><td>1月31日</td><td>第二本书进行一半，前一本书全部读完</td></tr>
<tr><td>2月5日</td><td>第三本书及前一本书均已读完</td></tr>
<tr><td rowspan="2">7. 观察王强培训新员工</td><td rowspan="2">张明
（现任培训主管）</td><td rowspan="2">下一次王强进行新员工培训时</td><td>1月20日</td><td>获悉王强有一名下属将于2月15日报到</td></tr>
<tr><td>1月20日</td><td>听取张明观察王强培训新员工的意见</td></tr>
</table>

续前表

计划采取的措施	执行者	计划实施日期	实际实施日期	取得的成果
8. 与王强的新员工进行面谈	李侠	员工上岗工作后的一个星期	2 月 25 日	与王强的新员工周蓉谈话。她表示对王强提供的上岗培训大致满意，但在介绍公司一些生产安全方面的保障制度的时候，王强讲解得不太清楚，使她没有安全感
9. 为王强提供一份检查表供训练新人使用	张明	1 月 15 日	1 月 13 日	向张明查询，表还没做好，答应在 1 月 21 日前完成
			1 月 21 日	再向张明查询，还没有完成好
			1 月 25 日	检查表完成，已经交给王强
10. 为王强安排专用办公室用以培训新人	李侠	1 月 15 日	1 月 10 日	试着找一个专用办公室供王强使用。安排好人力资源部的会议室，如无人使用可借用。告诉王强，必要时可以用他的办公室，但需在 24 小时前通知，将尽力找一个永久场所
11. 安排永久的培训场所	李侠	2 月 1 日	2 月 1 日	试着找一个培训新人的场所，无所获
			2 月 20 日	再试着找一个培训场所。装运部可能有一个地方
			2 月 28 日	在装运部临时仓库的一角隔出一个临时场地。将继续努力安排一个永久场所

通过实施这项绩效改进计划，王强很好地完成了从普通员工到主管人员的转变，改变了过去仅依靠技术优势树立个人权威的状况。此外，绩效改进计划还帮助王强获得了他在改进绩效过程中需要的场所。这次绩效改进计划的成效在 4 月初的绩效评价结果中有了初步的体现，一些新员工开始改变对王强的最初看法，纷纷表示王强培训新员工的能力有所提高。

思考题

1. 试运用相关理论，分析王强培训新员工的能力提高的原因。
2. 你认为该公司在绩效改进计划方面还有哪些地方需要加强？

第7章 绩效薪酬

只有将绩效评价的结果与薪酬相联系，才能使绩效评价发挥应有的行为引导作用。绩效薪酬（performance-related pay，PRP）是近年来西方比较流行的一种与绩效管理制度相联系的薪酬管理制度，同时也可以视为组织激励计划（incentive plans）的一个组成部分。这种薪酬体系突出体现了个人绩效对其收入水平的影响。

为了更好地理解绩效薪酬的概念，首先应对薪酬的概念和构成有所了解。

第1节　薪酬概述

一、薪酬的基本概念和原则

（一）薪酬的基本概念

要准确理解薪酬的概念，必须先了解报酬（rewards）的定义。我们一般将员工为某个组织工作而获得的所有其认为有价值的东西称为报酬。从定义来看，报酬可以分为内在报酬和外在报酬。内在报酬指的是员工从工作本身获得的满足与激励，是一种无形的收入，如在工作中参与决策、承担责任、拥有发展机会等；外在报酬是指各种有形的收入。进一步地说，外在报酬可以分为财务性薪酬和非财务性薪酬。财务性薪酬包括以直接货币形式发放的直接薪酬（包括基本工资、绩效工资、绩效奖金、利润分红、股票期权等）和以间接货币形式支付的间接薪酬（包括保护计划、带薪休假、组织提供的各类服务及额外津贴等，即通常所理解的福利）。非财务性薪酬是指以非货币形式体现的非经济报酬，如舒适的办公环境、宽裕的午餐时间、私人秘书及司机、特定的停车位、体面的头衔等。报酬的构成如图 7－1 所示。本书所指的薪酬是指员工因被雇用而获得的各种以物质形态存在的经济收入、有形服务和福利等，即外在报酬中的财务性部分。

（二）确定薪酬的基本原则

对公平的追求可能是薪酬决定中最重要的原则。公平原则主要包括外部公平和内部公平。所谓外部公平就是与其他组织的工资水平相比，本组织所支付的工资水平必须是有竞争力的，否则将难以吸引并留住合格的员工；所谓内部公平就是与组织内其他人得到的工资相比，应该使每个员工都能够感到自己的工资水平是公平的。

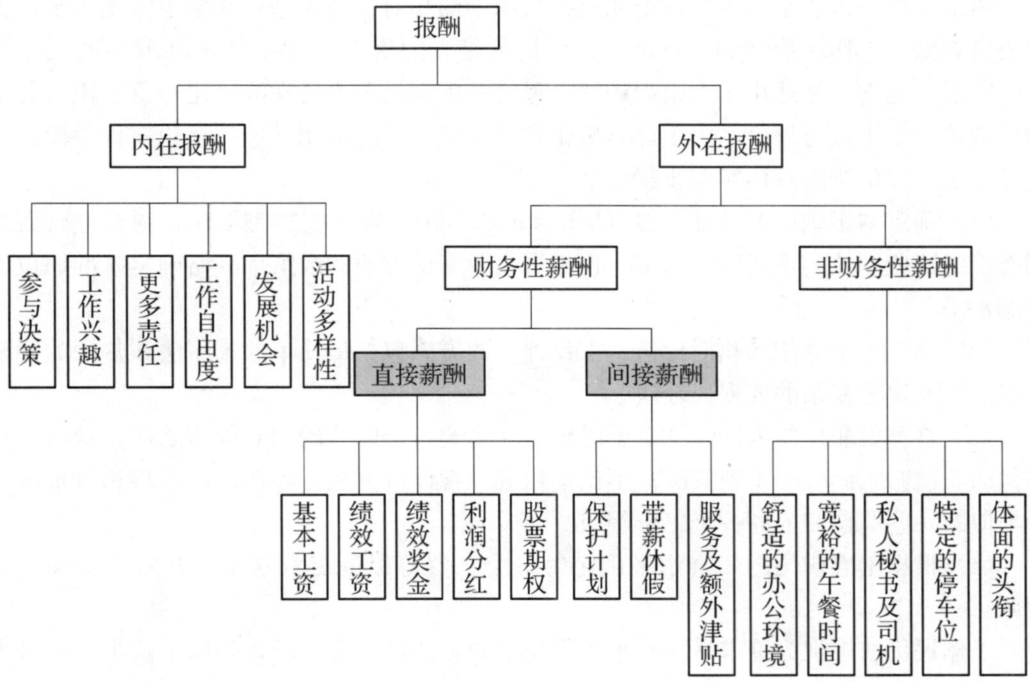

图 7－1 报酬的构成

二、基市的薪酬制度

从总体上看，组织基本的薪酬制度可以按照确定依据的不同划分为两类：一类是以职位为基础确定的基本薪酬，称为“以职位为基础的薪酬制度”（job-based pay）；另一类是以个人为基础确定的基本薪酬，称为“以个人为基础的薪酬制度”（person-based pay）。

（一）以职位为基础的薪酬制度

以职位为基础的薪酬制度是基于职位特征而言的，其基本工资的确定方法严格遵守公平原则的要求。确定基本工资的方法主要有两个：市场定价法和工作评价法。其中，市场定价法主要体现了外部公平原则的要求，工作评价法则主要体现了内部公平原则的要求。

1. 市场定价法

市场定价法就是指以相应职位在劳动力市场上的工资水平为标准确定员工工资水平的方法。市场定价法的基本手段是进行薪酬调查（salary survey）。薪酬调查在确定员工报酬时起关键作用。实际上，不论采用哪一种薪酬方案，薪酬调查都是最基本的步骤之一，这是由外部公平原则决定的。在市场定价法中，企业的薪酬水平完全由市场水平决定。这种定价方法的基本步骤包括：准备好简明的职位说明书，然后寻找市场上与该职位类似的职位相对应的平均工资水平。这种确定工资的方式往往只运用于各种工资方案中的基准职位。

2. 工作评价法

所谓工作评价法是一种以每个职位在组织中的相对价值为基础来确定薪酬水平的薪酬决定方法。工作评价（job evaluation）技术是人力资源管理中技术性最强的工作之一，它要求建立一套适用于本组织的评价尺度和标准，采用科学的量化评价手段对每个职位的价值水平进行评价。由于计算机化评价方式的广泛运用，这种量化评价手段日益便捷。工作评价法的具体实施步骤包括：

（1）确定本组织中的基准职位（benchmark job），即重要典型职位，通过进行薪酬调查确定这些职位的市场薪酬水平，再根据企业其他方面的政策和战略确定基准职位的薪酬水平。

（2）确定每个职位的相对价值。工作评价的方式包括最简单的排序法和常用的要素计点法以及比较复杂的要素比较法。

（3）将类似职位归入同一个工资等级。在确定每个职位的相对价值之后，就可以将类似的职位归入同一个工资等级。不论使用哪一种评价方法，人们都可以将相对价值水平类似的一些职位归入同一个工资等级。

（4）根据基准职位的工资水平确定每一个工资等级的工资水平，并对工资率进行微调。

工作评价法被视为追求薪酬水平内部公平原则的最重要手段，是确定基本工资水平的一种重要方法。即使在实行各种新型薪酬方案的组织中，工作评价法作为确定基本工资水平的方法仍广泛应用。

（二）以个人为基础的薪酬制度

随着经济环境的变化和人力资源管理的发展，越来越多的企业管理者认识到不断提高员工的人力资本水平是企业获得持续竞争优势的重要手段。因此，许多企业改变了原来仅凭职位甚至市场水平决定员工薪酬的制度，引入了一种以个人为基础的薪酬方式，作为对原有薪酬制度的补充。在传统的以职位为基础的薪酬制度下，只要职位的职能或作用发生变化，员工的薪酬就会随之发生变化。在这种以个人为基础的薪酬制度下，员工的技术水平、知识水平和能力水平成为确定薪酬水平的标准，只有在员工个人技能水平提升的情况下，员工的薪酬才会相应地有所提升。因此，以个人为基础的薪酬制度又称为技能工资制。

1. 技能工资制的优势

（1）能够更有效地实现内部公平原则。在以职位为基础的薪酬制度（包括工作评价制度和市场定价制度）下，职位的职能通常比较稳定，薪酬水平的增长速度不会很快。以个人为基础的薪酬制度为员工提供了更多的薪酬增长机会，更有利于实现内部公平原则。但是，有人对这种说法提出了不同的意见。在现实中，一些员工可能会得到管理者的“偏爱”而获得更多的指导和接受培训的机会，这样他们能够更好地提高自身的技能。在这种情况下，同工不同酬的现象恰恰反映了内部的不公平。

（2）可以适应工作内容不断变化的情况。以个人为基础的薪酬制度能够有效地适应一些工作内容不断变化的职位。在一些组织中，常常存在根据设备运转或客户服务的需要而在不同的职位之间调配人员的情况。对于非从事某种固定工作的员工来说，实行以职位为基础的薪酬制度并不适合，而以个人为基础的薪酬制度就能够适应这种情况的需要。

（3）能引导员工进行长期的自我开发。以个人为基础的薪酬制度适用于以长期雇佣为原则的组织。这种薪酬制度体现了组织对员工的期望，倡导员工不拘泥于职位所规定的工作职责，通过提高个人的技能水平在组织中寻求职业生涯的进一步发展。

2. 技能工资制的分类

更具体地说，以个人为基础的薪酬制度即技能工资制包括“以技术为基础的薪酬制度”（pay for skills）和“以能力为基础的薪酬制度”（pay for competency）两类。下面对这类实施方式进行简要介绍。

（1）以技术为基础的薪酬制度。以技术为基础的薪酬制度又称以技能为基础或以应用知识（knowledge）为基础的薪酬制度。这种薪酬制度通常适用于生产工人或技术人员。这种薪酬制度的基本思想是：根据员工所获得的技能资格证书或通过各类专项技能鉴定考试的结果所确定的技术水平支付薪酬，不管这种技术水平是否在员工现有的工作中得到运用。这种薪酬制度在西方国家已经存在较长的时间，目前仍然广泛使用。国内著名的通信设备供应商华为就使用企业内部的技能鉴定系统作为薪酬决定的重要手段。宝洁公司也采用过这种做法。

（2）以能力为基础的薪酬制度。通常，能力（competency）指的是员工所拥有的知识、技能和潜力等能够带来更好绩效表现的个人特征。与以技术为基础的薪酬制度相对应，以能力为基础的薪酬制度更加适用于企业中的职能管理类人员。通常，薪酬专家主张将能力分为基础能力和战略性能力。其中，基础能力是与职能标准相对应的、履行某个职位应具备的能力；战略性能力则指的是比前者更难以获得的、能够影响组织竞争优势的能力。

素质模型的提出为以能力为基础的薪酬制度提供了理论基础。越来越多的人认为，能力高的员工能够在未来取得较高的绩效水平，因而应该得到较高的报酬。但是，要将这一理念付诸实施，需要根据各类职位设计出相应的素质模型，在此基础上进行绩效评价指标的设计，以更好地预测员工的未来绩效，并将绩效评价的结果与薪酬挂钩。很显然，按员工“可能的业绩表现”提供薪酬比按员工“已有的业绩表现”提供薪酬更复杂。因此，这种薪酬制度的实施对管理者的要求较高。

第 2 节　绩效薪酬

一、绩效薪酬的内涵

所谓绩效薪酬是将个人的收入与绩效水平挂钩的薪酬制度，是与绩效管理制度密切相关的薪酬体系。这种激励性薪酬方案——一种激励性的计件工资报酬制度，是由“科学管理之父”弗雷德里克·泰勒创造的。19 世纪末，作为米德韦尔钢铁公司基层管理人员的泰勒十分关注“有组织的怠工”（soldiering）现象。他发现，工人有以尽可能慢的速度工作、把产量维持在可接受的最低水平的倾向。当时，已经存在简单的计件工资制，但实施的效率不高。工人根据产品数量和计件工资率来确定其收入。然而，部分雇主往往根据工人生产率的提高相应地削减计件工资率。这种行为导致工人只愿生产能够得到可以维持其生活的工资水平的产量，以免生产率的提高导致计件工资率的下降。泰勒针对这一问题提出应根据科学、正规的观察和分析方法确定标准的、能被广泛接受的日工作标准。由此，产生了著名的科学管理（scientific management）运动。泰勒所倡导的激励性计件工资报酬制度基于科学的工作标准，成为激励性薪酬制度的最初形式。

20 世纪 30 年代，科学管理运动让位于行为科学理论。行为科学理论将人性假设引入“社会人”时代，成为当时受到广泛关注的一种管理哲学。当时，产生了以注重满足工人社会需要为特征的管理手段，这种关注导致绩效薪酬计划的复兴。绩效薪酬方案的宗旨在于：通过将员工的薪酬水平与绩效水平挂钩，鼓励员工像考虑个人利益一样考虑企业的战略目标，从而促进企业战略目标的实现。

二、绩效薪酬的特征

各类绩效薪酬方案具有不同的特征，但卓越的绩效薪酬制度具有一些共性。了解这些特征将帮助人们更好地整合各类绩效薪酬方案，形成适合本组织的绩效薪酬制度。这些特征包括：

（1）与战略的一致性。薪酬战略必须与组织的发展战略相匹配，才能为实现组织战略服务。为了使薪酬制度更好地为组织的战略目标服务，薪酬制度所鼓励的员工行为应该围绕组织的重要目标进行。例如，对于一个想领导市场潮流的企业而言，薪酬方案应该使企业能够吸引具有冒险精神和学习精神的人才；对于想通过降低生产成本取得竞争优势的企业而言，薪酬方案则应当对有利于提高经营效率或降低成本的行为进行奖励。组织可以选择适合的薪酬制度来支撑战略的实现，使组织成员的行为与组织所倡导的战略保持一致。

（2）与绩效的相关性。强化理论和期望理论都指出，只有在绩效和薪酬之间建立一种明确的相关关系，才能够使薪酬制度真正发挥激励作用。实际上，实现绩效和薪酬之间的一致性是使薪酬与战略一致的最直接手段。通过建立绩效与薪酬之间的相关性，人们可以利用绩效管理手段引导组织成员的行为，从而使其行为有利于组织战略的实现。

（3）系统的完整性。各类薪酬计划具有不同的特点，综合使用各种薪酬计划能够增强组织的综合实力。绩效突出的组织通常能够很好地利用各种薪酬计划的特点让它们为特定的目的服务，用一种计划的优点弥补另一种计划的不足，使各种薪酬计划构成一个完整的体系。每个计划都是该体系中不可或缺的一部分。有的计划侧重给予组织成员稳定的、基本的生活保障，有的计划则强调鼓励组织成员的突出贡献；有的计划侧重短期结果，有的计划则强调奖励有利于组织长期发展的行为；有的计划基于组织或团队的绩效，鼓励团队合作，有的计划则强调个人的创新和突破。组织应根据战略发展的要求和自身人员的条件整合各种绩效薪酬方案，从而形成一套提升组织整体能力的薪酬方案。

（4）制度的灵活性。之所以强调制度的灵活性，主要出于两方面的考虑：一方面，世界上没有完美的薪酬制度，任何组织都应该根据自身的特点设计适合的薪酬制度；另一方面，组织面临的情况在不断发生变化，制度只有具有一定的灵活性，才能够持续地根据现有的状况进行恰当的调整。

三、绩效薪酬的基本类型

从绩效薪酬的定义可以看出，绩效薪酬的具体形式是多种多样的。通常，在实践中使用的都是各种薪酬方案的综合形式。为了更好地理解绩效薪酬的运作方式，我们粗略地列出一些常见的类型并做出比较和分析。

（一）适用于生产工人的绩效薪酬制度

1. 原理概述

绩效薪酬能够将个人的工作绩效与工作收入挂钩。生产工人的工作绩效可以直接反映在工作数量和质量上。因此，适用于生产工人的绩效薪酬制度具有一定的特殊性。在介绍绩效薪酬制度时，我们首先要介绍的就是通常仅适用于生产工人的几类绩效薪酬制度。

通常，可以用产量系数和品质系数表示生产工人在工作数量和质量方面的绩效表现情况。这两种系数都是通过将实际的生产情况与生产标准相比较得出的用于衡量实际生产状况的指数。

产量系数的计算公式是：

$$产量系数 = \frac{实际产量}{标准产量}$$

从公式中可以看出，产量系数与工人的实际产量成正相关关系，如图 7－2 所示。

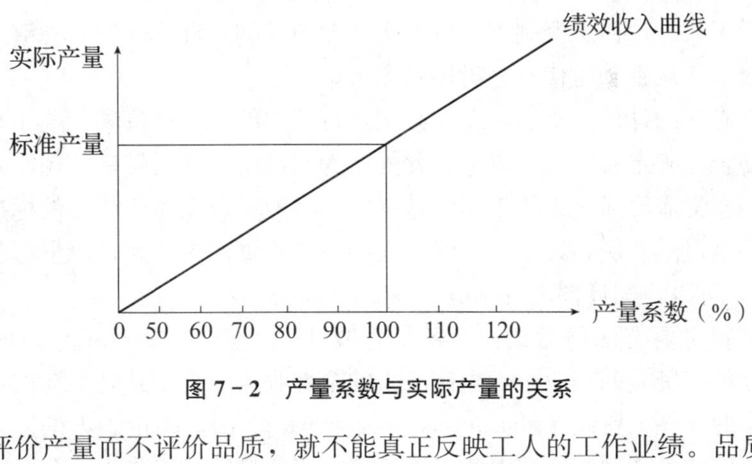

图 7－2　产量系数与实际产量的关系

如果只评价产量而不评价品质，就不能真正反映工人的工作业绩。品质系数能够反映工人工作绩效在质量上的表现。在确定品质系数前，首先应确定一个标准的品质要求。例如，某企业用废品率作为衡量品质的标准。当废品率为标准废品率3.0%时，品质系数等于1。实际废品率每降低0.1个百分点，品质系数将提高0.1，由此可以得到如表7-1所示的品质系数表。

表7-1　　　　品质系数表

废品率（%）	…	2.7	2.8	2.9	3.0	3.1	3.2	3.3	…
品质系数	…	1.3	1.2	1.1	1.0	0.9	0.8	0.7	…

另外，当工人的工作时间一定时，衡量生产单位产品的时间同样能够反映工人工作业绩中产量的情况。在这种情况下，产生了与产量系数作用相同的效率系数，计算公式为：

$$效率系数=\frac{生产单位产品的标准时间}{生产单位产品的实际投入时间}$$

当使用产量系数计算生产工人的绩效收入时，就是在使用计件工资制。标准工时制作为计件工资制的衍生品，正是以效率系数替代计件工资制中使用的产量系数。下面我们将对此做出详细的解释。

在产量系数和品质系数一致的情况下，工人的绩效收入（即与绩效相关的收入，可以是全部收入，也可以是收入的一部分，如个人绩效奖金收入）可以通过如下公式计算：

$$绩效收入=产量系数\times品质系数\times计算基数$$

上述公式体现了适用于生产工人的绩效薪酬制度的基本原理。在这个基本公式的基础上，发展出了各种具体的绩效薪酬形式。

2. 计件工资制及标准工时制

(1) 计件工资制。最原始和最常见的绩效薪酬形式就是适用于生产工人的计件工资制。所谓计件工资制（piece-rate system）指的是企业通过确定每件产品的计件工资率，将生产工人的收入与产量直接挂钩。计件工资制适用于生产产品品质单纯、易于控制、变化少的生产工人。计件工资制以工作的实际业绩计酬，计算简便，能够有效地激发员工提高生产效率，从泰勒时代一直沿用到今天。

为了建立有效的计件工资制，企业必须进行科学的工作评价和工业工程设计。工作分析能够帮助企业确定每小时工资率。此外，为了确定计件工资率，还需要明确产量标准。产量标准通常需要通过工业工程设计确定，一般可以用单位产品的标准耗时或每小时的标准产量来表示。例如，某生产线工人的小时工资率为5元，产量标准为每小时生产20件产品，可以得知计件工资率应为5/20=0.25元。

计件工资制主要有两种形式：一种是直线计件工资制（straight piecework plan）。在实施直线计件工资制的企业中，生产工人的全部收入取决于其所生产的产品数量。另一种是有保障的计件工资制（guaranteed piecework plan）。不论工人的产量达到何种水平，有保障的计件工资制都能够保障工人获得一定数量的基本收入。企业采用有保障的计件工资制，以确保工人的收入不低于法律规定的最低工资标准。

为了突出计件工资制的激励效果，有些企业还采用根据产量水平的不同确定不同的计件工资率的做法，以体现企业与工人共同分享生产率提高的收益。如果工人的产量高于标准产量，超出部分采用的计件工资率会高于一般的标准。

国外常见的计件工资制形式包括：

1）直线计件工资制。

$$Y = P \times WP$$

式中，Y 为收入；P 为产量（在此不考虑品质系数，仅指正品的产量）；WP 为计件工资率。

2）泰勒式的计件工资制。

当产量位于标准产量以下时：

$$Y = P \times WP_1$$

当产量位于标准产量以上时：

$$Y = P \times WP_2$$

式中，WP_1 为较低的计件工资率；WP_2 为较高的计件工资率。

3）有保障的计件工资制。

$$Y = \overline{Y} + P \times WP$$

式中，$\overline{Y}$ 为不论产量如何，工人均能够得到的基本工资。

4）美瑞克计件工资制（D. V. Merrick piecework）。

这种计件工资制与一般计件工资制的不同在于，强调鼓励新工人尽快提高产量水平。对于新工人产量增加的部分，给予不同的计件工资率 WP_3。

（2）标准工时制。标准工时制（standard hour plan）与计件工资制非常相似，是计件工资制的一种变形。其主要不同之处在于：计件工资制依据产品的计件工资率确定工人的报酬；标准工时制则依据工人生产效率高于标准水平的百分比付给工人同等比例的报酬。在这里，生产效率体现为生产单位产品所需的标准工作时间与实际所需工作时间的比较结果（即前面谈到的效率系数）。

例如，某工人所在职位的基本工资是每小时 6 元。每日的标准工资收入为 48 元。又假设该职位的产量标准是每小时生产 10 单位的产品，即生产每单位产品需要 6 分钟的工作时间。如果该员工一天（8 小时）生产了 100 单位的产品，他的生产效率可以表示为：单位产品需要的工作时间为 4.8 分钟。根据产量标准，该员工的生产效率为标准的 1.25 倍。因此，该员工当天的收入为 48×1.25=60 元。

标准工时制具有与计件工资制相同的优点：便于计算，易于理解和接受。但是，计件工资制和标准工时制都存在一些缺陷。以计件工资制为例，在现实中，雇主一旦发现其工人的收入高于平均水平，往往就会提高产量标准（从而降低计件工资率）。这使得许多生产工人对计件工资制产生了不信任感。此外，由于计件工资率是货币形式的（例如，每件产品的计件工资为0.8元)，因此，如果在新的工作评价中确定了新的小时工资率，就必须修订计件工资率。这是实施计件工资制过程中比较复杂的程序。另外，由于计件工资率表明了每件产品的价值中所含的工资额，产量标准必然与收入标准挂钩，雇主如果试图修改产量标准，即使对修改做出了充分、合理的解释，也会遭到相当多工人的抵制。

在标准工时制中，由于使用效率标准替代计件工资制中的产量标准，计算工人绩效收入时使用的计算基础采用时间单位而不是货币单位。在这种情况下，调整小时工资标准后需要进行的变动比计件工资制简单、易行。但是，计件工资制所具有的其他一些弱点也是标准工时制所不能避免的。

计件工资制和标准工时制都适用于工作内容相对固定的专业化较强的职位，处于这些职位的员工每天周而复始地从事大致相同的工作。这种特征同时反映了这两种制度存在的弊端。员工往往仅关注产出规定数量的产品（提高生产的速度），倾向于接受与完成工作直接相关的有限培训。因此，在这些职位中引进新的生产技术或调整生产流程更加困难。另外，这些成员所使用的设备往往不能得到良好的保养。类似的问题已使许多企业放弃了计件工资制和标准工时制，代之以同样适用于生产工人的班组激励计划或利润分享计划。

3. 班组激励计划

班组激励计划是对计件工资制和标准工时制的改造形式。在这种薪酬制度中，用于计算生产工人绩效收入的依据由前面两种制度中使用的个人工作业绩转变为班组的团队业绩。班组激励计划中用于衡量团队业绩的指标可以是产量系数，也可以是效率系数。一般存在以下三种形式的班组激励计划。

第一种形式要求管理者确定团队中每个员工的工作标准和实际产出水平，然后根据下面的三种方式计算其应得的绩效收入：按照产量或效率最高的员工的绩效水平衡量每个成员的绩效收入；按照产量或效率最低的员工的绩效水平衡量每个员工的绩效收入；按照团队的平均绩效水平衡量每个员工的绩效收入。

第二种形式是根据团队的整体业绩水平确定一个整体的工作标准，每位员工再根据各自的实际工作情况和既定的计件工资率计算应得的绩效收入。

第三种形式是最简化的班组激励计划。在这种形式中，不需要确定团队或员工的工作标准，而要依据某个团队能够控制的绩效指标的变化情况，确定团队能够共同获得的绩效奖金。

使用班组激励计划能够有效地提高班组成员的团队意识。在一个班组中，各个职位往往是相关的，因为一个工人的绩效不仅反映其个人努力的结果，也反映其他员工共同努力的结果。班组激励计划能够有效地增强成员的团队工作能力，有助于提高团队的工作业绩。对整个团队的工作业绩进行奖励能够有效地减少成员之间的猜忌，激发他们的团结和合作精神。另外，这种激励计划能够有效地促进在职培训，因为班组中的每一名成员都希望自己能够尽快成为团队业绩的主要创造者，从而获得团队的认可。

班组激励计划也存在诸多问题：由于不是根据本人的绩效确定其收入，成员无法明确地看到个人努力能够带来的收益；可能存在“搭便车”的行为，管理上容易出现问题。

（二）绩效工资

1. 概述

与前面介绍的适用于生产工人的绩效薪酬制度相比，绩效工资制度以及后面介绍的其他绩效薪酬制度能够更广泛地运用于组织中的各类成员及管理者。下面介绍两种与工资相关的绩效薪酬制度。

绩效工资制度与后面要谈到的绩效调薪制度都是与工资相联系的绩效薪酬制度。这两种薪酬制度在实施方法上存在许多类似的地方。但最本质的区别在于：绩效工资制度是根据每个评价周期的绩效评价结果进行的一次性加薪或减薪，而绩效调薪制度是根据评价结果（通常是年度中的绩效评价结果）累计式地对基本工资进行调整的制度。由于这两种制度之间存在许多相似之处，所以许多绩效工资实施方法都能够在一定程度上运用于绩效调薪制度的设计。

2. 绩效工资的计算方法

在实施绩效工资的组织中，年工资的增长通常与绩效评价等级联系在一起。工资的增长一般取决于两个方面的因素：一是由个人的（有时还包括组织的或集体的）绩效评价等级决定的绩效评价系数；二是由职位等级决定的计算基数。在后一个因素中，每个组织的具体做法往往不同：有的组织根据岗位的级别确定一个最高奖励比例，以现有基本工资或年度薪资总额和与职位相对应的最高绩效工资比例的乘积为计算基数；有的组织则根据现有基本工资所处的等级确定一个绩效工资的基数，甚至直接以原基本工资为计算基数。

最简单的绩效工资计算方法可以用表 7－2 表示。

表 7－2　　个人绩效评价等级及绩效评价系数表

绩效评价等级	S	A	B	C	D
绩效评价系数	2	1.5	1	0.5	0.2

计算公式为：

本期应得绩效工资额＝现有基本工资额×个人的绩效评价系数

表 7－3 是某公司员工个人基本工资标准一览表。在这个例子中，企业根据职位级别的不同设定了不同的职位基本工资的基数，这个基数也构成了绩效工资最初的计算基数。在进行调薪后，绩效工资的计算基数会随之发生变化。

例如，某部门的一名业务主管的基本工资位于 10 级，基数为 1 041 元。本期他的绩效评价等级为 A 等。根据上面的公式，本期该主管应得的绩效工资额为：

本期应得绩效工资额＝现有基本工资额×个人的绩效评价系数
＝1 041×1.5
＝1 561.5(元)

表 7-3　　个人基本工资标准一览表（一）

<table>
<tr><th>工资等级</th><th colspan="8">职位等级</th><th></th><th>基本工资基数（元）</th></tr>
<tr><td>1</td><td rowspan="5">办事员</td><td></td><td></td><td></td><td></td><td></td><td></td><td></td><td rowspan="7">纵向级差 5%</td><td>600</td></tr>
<tr><td>2</td><td></td><td></td><td></td><td></td><td></td><td></td><td></td><td>630</td></tr>
<tr><td>3</td><td rowspan="5">业务助理</td><td></td><td></td><td></td><td></td><td></td><td></td><td>662</td></tr>
<tr><td>4</td><td></td><td></td><td></td><td></td><td></td><td></td><td>695</td></tr>
<tr><td>5</td><td></td><td></td><td></td><td></td><td></td><td></td><td>729</td></tr>
<tr><td>6</td><td></td><td rowspan="5">业务主办</td><td></td><td></td><td></td><td></td><td></td><td>766</td></tr>
<tr><td>7</td><td></td><td></td><td></td><td></td><td></td><td></td><td>804</td></tr>
<tr><td>8</td><td></td><td></td><td></td><td></td><td></td><td></td><td rowspan="7">纵向级差 9%</td><td>876</td></tr>
<tr><td>9</td><td></td><td></td><td rowspan="5">业务主管</td><td></td><td></td><td></td><td></td><td>955</td></tr>
<tr><td>10</td><td></td><td></td><td></td><td></td><td></td><td></td><td>1 041</td></tr>
<tr><td>11</td><td></td><td></td><td></td><td rowspan="4">部门副经理</td><td></td><td></td><td></td><td>1 135</td></tr>
<tr><td>12</td><td></td><td></td><td></td><td></td><td></td><td></td><td>1 237</td></tr>
<tr><td>13</td><td></td><td></td><td></td><td rowspan="4">部门经理</td><td></td><td></td><td>1 348</td></tr>
<tr><td>14</td><td></td><td></td><td></td><td></td><td></td><td></td><td>1 470</td></tr>
<tr><td>15</td><td></td><td></td><td></td><td></td><td></td><td></td><td></td><td rowspan="6">纵向级差 15%</td><td>1 691</td></tr>
<tr><td>16</td><td></td><td></td><td></td><td></td><td></td><td></td><td></td><td>1 944</td></tr>
<tr><td>17</td><td></td><td></td><td></td><td></td><td></td><td></td><td rowspan="2">副总经理</td><td></td><td>2 236</td></tr>
<tr><td>18</td><td></td><td></td><td></td><td></td><td></td><td></td><td></td><td>2 571</td></tr>
<tr><td>19</td><td></td><td></td><td></td><td></td><td></td><td></td><td></td><td rowspan="2">总经理</td><td>2 957</td></tr>
<tr><td>20</td><td></td><td></td><td></td><td></td><td></td><td></td><td></td><td>3 400</td></tr>
</table>

一些组织在确定绩效评价系数时，不仅考虑个人的绩效评价结果，同时还考虑组织的绩效评价结果。这一因素可以用矩阵的形式表示。根据计算基数的不同，表中的数字会落在不同的区间。在表 7-4 所示的这个例子中，企业以现有工资额或总薪资收入与最高绩效工资比例的乘积为计算基数，表 7-4 中的数字处于 0～1 的范围内。

一般可以认为，绩效工资设计中最关键的问题就是基数的确定。绩效工资的增加额不是以累进的形式出现，强调了基数（也就是通常所说的“底薪”）的重要性。管理者应该尽可能地消除“底薪”的不公平，因为只有在这种情况下，绩效工资才有可能得到成员普遍的认可与接受。

表 7－4　　绩效工资确定矩阵

个人绩效（权重＝0.5）	组织绩效（权重＝0.5）				
	杰出（1.00）	极好（0.80）	较好（0.60）	可接受（0.40）	不可接受（0）
杰出（1.00）	1.00	0.90	0.80	0.70	0.00
极好（0.80）	0.90	0.80	0.70	0.60	0.00
较好（0.60）	0.80	0.70	0.60	0.50	0.00
可接受（0.40）	—	—	—	—	—
不可接受（0）	—	—	—	—	—

说明：确定个人绩效工资额的步骤如下：（1）将个人截至 6 月的直接工资或薪资的年度总额乘以最高的绩效工资比例；（2）将步骤（1）中的计算结果同表中相应的数相乘。例如，某人截至 6 月的年度薪资总额为 20 000 美元，其最高绩效工资比例为 7%，其个人绩效和组织绩效都是“极好”，他的绩效工资额将是 1 120 美元（＝20 000×0.07×0.80）。

资料来源：改编自德斯勒．人力资源管理：第 12 版．北京：中国人民大学出版社，2012.

3. 控制绩效工资总额的方法

从前面的例子来看，绩效工资制度似乎并不复杂。但在实践中，考虑到组织的支付能力，绩效工资制度中总是包含各种用来控制绩效工资总额的手段。避免突破绩效工资总额的方法一般有以下两种。

（1）指导性或强制性分布法。很显然，如果大部分员工处于“杰出”类的最高评价等级，组织应支付的工资总额可能很快就会超出所能承受的范围。为了避免这种情况的出现，有的组织实行了带有一定程度强制规定的评价方法，为应该有多大比例的员工落入某个绩效评价等级提供了一个指导性规定。这些指导性规定各不相同，有的是真正的强制分布评价法；有的并不具备强制性，只是一种指导性规定。

（2）平均系数分配法。前面介绍的指导性或强制性分布法在很大程度上是为了拉开员工绩效评价的差距，避免评价中的主观倾向。因此，这种方法往往不能准确地将绩效工资总额控制在预定的范围内。下面将要介绍的平均系数分配法则是一种能够在明确应分配绩效工资总额的基础上确定个人或部门应得绩效工资额的方法，即按照从组织到部门再到个人的思路，层层确定绩效工资的方法。现举例说明这种方法的原理及常见的操作办法。

步骤一，组织季度绩效工资总额的确定。

组织要从季度财务状况出发，平衡成本控制和有效激励的关系，设定一个合适的比例，确定用来发放绩效工资的总额。

步骤二，部门季度绩效工资总额的确定。

组织季度绩效工资总额首先在各部门之间分配，分配依据是各部门的季度绩效评价结果。具体计算公式如下：

$$\text{部门间季度绩效工资平均系数}=\frac{\text{组织季度绩效工资总额}}{\sum(\text{部门季度绩效工资基数总额}\times\text{部门季度绩效评价系数})}$$

$$\text{各部门季度应发绩效工资总额} = \text{部门季度绩效工资基数总额} \times \text{本部门季度绩效评价系数} \times \text{部门间季度绩效工资平均系数}$$

步骤三，个人绩效工资的计算。

各部门应发绩效工资总额在部门内分配时，根据个人在该季度中的工作业绩和具体表现提供区别性奖励，个人应得季度绩效工资与个人的季度绩效评价等级挂钩。具体计算公式如下：

$$\text{部门内季度应发绩效工资平均系数} = \frac{\text{本部门本季度应发绩效工资总额}}{\sum(\text{个人季度绩效工资基数} \times \text{个人绩效评价系数})}$$

$$\text{个人季度实得绩效工资} = \text{个人季度绩效工资基数} \times \text{个人季度绩效评价系数} \times \text{部门内季度应发绩效工资平均系数}$$

（三）绩效调薪

调薪是指对基本工资的调整。这种调整是对工资基数的调整，是一种累计性的调整。决定调薪的基本因素一般包括：市场因素（包括市场薪资水平变动、物价变动等）、个人绩效因素、组织绩效因素、职位变动因素等。根据调薪依据的不同，可以将调薪分为普遍调薪和绩效调薪两类。普遍调薪多出现在企业组织中，是指企业根据经营发展情况、市场工资水平变动和物价变动情况，以年为周期对员工的月基本工资进行的调整。绩效调薪是绩效薪酬制度的一种，指的是组织根据个人的年度绩效评价等级，每年分别确定不同的调薪比例。与绩效评价相关的调薪就是绩效调薪。与绩效工资的情况类似，绩效调薪也有一些不同的具体实施方式。

例如，某公司对绩效调薪的比例做出如表7-5所示的规定。

表7-5　　绩效调薪的比例（%）

绩效评价等级	S	A	B	C	D
部长级	8	4	2	0	−10
主管级	9	5	3	0	−10
普通员工级	10	6	4	0	−10

由于绩效调薪将对基本工资产生长期的重要影响，绩效调薪的力度格外引人注目。调薪的范围就是每个职位等级对应的工资浮动范围。之前谈到工资时，我们曾给出表7-3。表7-6仍然是一张个人基本工资标准一览表，除了给出基本工资基数，还给出了两种调薪幅度下个人基本工资调节的上下限。

如表7-6所示，这两种绩效调薪的幅度为±30%。绩效调薪不仅要依据前面给出的调薪比例来进行，还应该受到调薪幅度的限制。

另外，还有一种做法是依据现有工资水平与目标工资水平之间的比率，确定相应评价等级下的调薪比例。也就是说，绩效调薪比例取决于两个因素：第一个因素是个人的绩效评价等级；第二个因素是现有工资水平与目标工资水平之间的比率。

表 7-6　　个人基本工资标准一览表（二）

<table>
<tr><th rowspan="2">工资等级</th><th colspan="8" rowspan="2">职位等级</th><th rowspan="2"></th><th colspan="3">调薪幅度±30%（元）</th></tr>
<tr><th>最低</th><th>基数</th><th>最高</th></tr>
<tr><td>1</td><td rowspan="5">办事员</td><td></td><td></td><td></td><td></td><td></td><td></td><td></td><td rowspan="7">纵向级差5%</td><td>420</td><td>600</td><td>780</td></tr>
<tr><td>2</td><td rowspan="6">业务助理</td><td></td><td></td><td></td><td></td><td></td><td></td><td>441</td><td>630</td><td>819</td></tr>
<tr><td>3</td><td></td><td></td><td></td><td></td><td></td><td></td><td>463</td><td>662</td><td>860</td></tr>
<tr><td>4</td><td></td><td></td><td></td><td></td><td></td><td></td><td>486</td><td>695</td><td>903</td></tr>
<tr><td>5</td><td></td><td></td><td></td><td></td><td></td><td></td><td>511</td><td>729</td><td>948</td></tr>
<tr><td>6</td><td></td><td rowspan="5">业务主办</td><td></td><td></td><td></td><td></td><td></td><td>536</td><td>766</td><td>995</td></tr>
<tr><td>7</td><td></td><td></td><td></td><td></td><td></td><td></td><td>563</td><td>804</td><td>1 045</td></tr>
<tr><td>8</td><td></td><td></td><td></td><td></td><td></td><td></td><td></td><td rowspan="7">纵向级差9%</td><td>613</td><td>876</td><td>1 139</td></tr>
<tr><td>9</td><td></td><td></td><td rowspan="6">业务主管</td><td></td><td></td><td></td><td></td><td>669</td><td>955</td><td>1 242</td></tr>
<tr><td>10</td><td></td><td></td><td rowspan="6">部门副经理</td><td></td><td></td><td></td><td>729</td><td>1 041</td><td>1 354</td></tr>
<tr><td>11</td><td></td><td></td><td></td><td></td><td></td><td></td><td>794</td><td>1 135</td><td>1 475</td></tr>
<tr><td>12</td><td></td><td></td><td></td><td></td><td></td><td></td><td>866</td><td>1 237</td><td>1 608</td></tr>
<tr><td>13</td><td></td><td></td><td></td><td rowspan="4">部门经理</td><td></td><td></td><td>944</td><td>1 348</td><td>1 753</td></tr>
<tr><td>14</td><td></td><td></td><td></td><td></td><td></td><td>1 029</td><td>1 470</td><td>1 911</td></tr>
<tr><td>15</td><td></td><td></td><td></td><td></td><td rowspan="4">副总经理</td><td></td><td rowspan="6">纵向级差15%</td><td>1 183</td><td>1 691</td><td>2 198</td></tr>
<tr><td>16</td><td></td><td></td><td></td><td></td><td></td><td></td><td>1 361</td><td>1 944</td><td>2 527</td></tr>
<tr><td>17</td><td></td><td></td><td></td><td></td><td></td><td></td><td></td><td>1 565</td><td>2 236</td><td>2 906</td></tr>
<tr><td>18</td><td></td><td></td><td></td><td></td><td></td><td></td><td></td><td>1 800</td><td>2 571</td><td>3 342</td></tr>
<tr><td>19</td><td></td><td></td><td></td><td></td><td></td><td></td><td></td><td rowspan="2">总经理</td><td>2 070</td><td>2 957</td><td>3 844</td></tr>
<tr><td>20</td><td></td><td></td><td></td><td></td><td></td><td></td><td></td><td>2 380</td><td>3 400</td><td>4 420</td></tr>
</table>

在劳动力市场比较发达的国家，通常会有专门的权威机构或咨询调查机构进行定期的市场薪资水平调查。在这种情况下，现有工资在工资浮动范围内的位置则用个人实际工资与市场工资之间的比较比率来表示。在缺少市场工资水平信息的情况下，也可以用职位工资与一定调薪比例的乘积作为目标工资。这时，现有工资在工资浮动范围内的位置则可以用个人实际工资与目标工资之间的比较比率来表示。表 7-7 给出的例子使用的是前一种做法。

如表 7-7 所示，当某人的绩效评价等级是 EX 时，实际工资与市场工资之间的比较比率（以下简称“比较比率”）为 120，他所能获得的工资增长（即调薪水平）为 9%～11%。另一个人的绩效评价等级同样是 EX，但比较比率为 85 的人所能获得的工资增长是 13%～15%（注意，由于受到通货膨胀的影响，表 7-7 中的数字所表明的调薪幅度可以说是很低的）。这种根据比较比率确定相同评价等级下不同调薪比例的做法是为了控制工资成本。如果前面比较比率已经达到120的人得到的调薪比率为13%～15%，他的工资水平将很快超出薪酬制度中规定的目标比较比率。

表7－7　默克有限公司绩效加薪水平表

绩效评价等级	绩效加薪比例（%）			
	比较比率 80.00～95.00	比较比率 95.01～110.00	比较比率 110.01～120.00	比较比率 121.01～125.00
EX（绩效超常）	13～15	12～14	9～11	达到浮动上限
WD（绩效优秀）	9～11	8～10	7～9	—
HS（绩效良好）	7～9	6～8	—	—
RI（尚有改进余地）	5～7	—	—	—
NA（绩效不佳）	—	—	—	—

说明：比较比率＝个人实际工资÷市场工资×100。

资料来源：诺伊，等．人力资源管理：赢得竞争优势：第7版．北京：中国人民大学出版社，2013.

表7－8体现了不同评价等级下的目标比较比率。对于一个绩效评价等级连续达到EX的人应当按照市场工资率水平的115%～125%来支付工资（也就是说，比较比率为115～125）。如果该成员现在的工资水平与上述水平相差很大，就有必要以较大的增长比例调整其工资水平，使其工资尽快提升到目标水平。同时，如果工资水平已经达到应有的水平（接近目标比率），就只需要对其提供较小的工资增加比例。在这种情况下，调薪的目标就是使工资水平维持在目标比较比率的水平上。

表7－8　绩效评价等级与目标比较比率

绩效评价等级	目标比较比率（%）
EX（绩效超常）	115～125
WD（绩效优秀）	100～120
HS（绩效良好）	90～110
RI（尚有改进余地）	80～85
NA（绩效不佳）	无

实际上不论采用前面介绍的哪种做法，都不能对基本工资总额进行精确的控制。很显然，如果大多数成员处在最高的两个评价级别，就意味着大多数人的工资最终都会达到组织愿意支付的最高水平，这将给组织带来很大的工资成本问题。因此，绩效评价等级的分布也成为绩效调薪制度中用于控制总额的关键因素。前面我们在控制绩效工资总额时所谈的第一种方法同样能够在这里运用。

绩效加薪采用的是逐年累加的做法，这种方式会给人们造成一种既得利益心理。个人职业生涯早期所给予的较大绩效加薪会成为基本工资中固有的一部分，个人不需要继续做出努力就能够持续得到这种利益。因此，出现了不对基本工资进行累加的绩效工资，甚至出现了用绩效奖金（不会成为基本工资一部分的绩效奖励）取代绩效工资增长的做法。

绩效工资和绩效调薪是两种作用于工资的绩效薪酬制度。由于工资往往成为一般个人工作收入的重要组成部分，并成为影响劳动力成本的关键因素，因此，绩效工资和绩效调薪制度的科学性和合理性就成为人们关注的焦点。

历史上一直都存在对这两类工资制度的批评。反对这两类工资制度的人将争论的焦点集中在绩效评价系统的科学性上。如果评价被认为是不公平的，以评价结果为基础的绩效工资制也是不公平的。在这个问题上，人们对评价主体的选择产生了争议。传统的做法是只把上级作为评价者，容易导致评价结果的片面性和主观性。由于工资在个人收入中的特殊地位，当绩效评价结果与工资相联系时，评价者往往会有中心化倾向，从而缩小不同成员加薪额度的差距。绩效评价中的种种问题会在绩效工资制度和绩效调薪制度中凸显出来，从而削弱这两类制度的有效性。因此，为了更好地发挥这两类制度的作用，提高绩效评价制度的有效性就成为最关键的问题。

著名的管理学家爱德华·戴明（Edward Deming）曾经针对绩效工资制度提出反对意见。他认为，评价个人绩效是不公平的，因为“人与人之间存在的绩效差异基本上是由他们所处的工作系统本身造成的，而不是个人的原因”。在这里，工作系统包括的基本要素有：工作环境、原材料、设备、上级的管理水平、同事的工作状况、客户等。这些要素在很大程度上超出了个人所能控制的范围。这一点正是针对评价可控性原则提出的尖锐批评。另外，戴明还认为，对个人绩效的过分关注（将个人绩效与薪酬水平挂钩）对团队工作是不利的。因此，他提出应该尽量削弱个人绩效与工资之间的联系。

当然，对绩效工资的批评并不能抹杀这种工资制度能够带来的激励作用。至少在目前，还没有人能够对绩效工资制度做出一个得到广泛认同的、最终的评判。人们应该注意到对绩效工资制的种种批评，并将这些批评视为自身实施绩效工资制度时应该注意避免的问题。

（四）个人长期激励计划

前面讲到的激励工资是个人短期的激励报酬，长期激励计划把目光放到成员多年努力的成果上，也就是说，长期激励计划关注的是超过一年的绩效周期的员工绩效，并对这个长期的绩效进行考核和奖励。最常见的长期激励计划是员工持股计划。除了员工持股计划外，还有很多长期激励形式。表 7－9 中列出了其他一些长期激励计划的形式。

员工持股计划（employee stock ownership plan，ESOP）是资本持有者、知识所有者等全体员工分享企业所有权和未来收益权的一种制度安排。员工持股计划基于自愿行为，企业所有者自愿有计划地将企业的部分所有权和未来收益权转让给员工，员工也自愿认购或受赠企业的股权。企业通过员工持股计划实现知识资本化，使劳动、知识以及经营者的管理和风险的累计贡献得到体现和回报，从而使企业竞争优势的经验曲线不断得到延伸。从现代企业管理的角度看，员工持股计划是企业在由传统的简单契约到复杂契约的转变过程中，为解决各资本（资金、土地、劳动、技术、知识产权等）所有方的权利与利益分配问题，在各资本所有者之间建立利益共同体和命运共同体的具体措施。

表7-9 长期激励计划举例

类型	内容
溢价股票期权	股票的预购价格高于发行时的市场价值，其目的在于产生比标准股权更强的激励作用
长期股权	将股权期限延长到10年以上，使授予期限比传统授予期限长3～4年，目的是将公司高层管理人员长期留在公司
指数化股权	股票的预购价格按照一种股指上下浮动，激励绩优股的产生
外部标准的长期激励	分期授予基于外部标准而不是内部的预算或目标。推动本公司与其他大公司进行业绩比较，尤其是同行业的大型公司，只有继续高于这些公司，才能获得风险收益
职业津贴	在雇员退休以前，股票不得全额兑现。这种方法适用于对公司核心雇员的激励和约束，增加核心员工在组织的工作时间

资料来源：米尔科维奇，等．薪酬管理：第6版．北京：中国人民大学出版社，2002.

目前，员工持股计划的应用越来越广泛：美国实行全员持股的公司有17 000多家，其中至少有1 000家企业的大股东是全体员工；在超过1/4的500强企业中，员工持有10%以上的股份。继美国之后，德国、法国、英国、日本等也把员工持股计划作为重新安排产权的一项重要措施加以实施。日本在20世纪60年代后期开始建立员工持股计划，在上市公司及非上市公司中普遍实行。目前，91%的在本国证券市场上市的日本公司都向员工提供了员工持股计划。

为了使员工持股计划更好地起到激发工作积极性的作用，作为一种绩效薪酬计划，员工持股计划应该将员工的行为与相应的收入挂钩。但是对于普通员工而言，通过自己的行为影响企业绩效是比较困难的。因此，员工持股计划往往需要强调员工拥有参与企业决策的权利。研究表明，在员工参与企业决策程度较高的情况下，这种所有权计划能够对企业绩效产生更积极的影响。

员工持股计划也带来了许多问题。我们之所以强调员工持股计划是自愿性的，一个重要的原因在于员工可能会由于参与了这样的计划而遭受财务损失。这种风险是员工持股计划存在的一个非常重要的负面问题。员工投入自己的财产购买本公司股票，这种证券购买行为往往不基于某一个合理的投资组合，这种单一性的投资可能会给员工带来巨大的风险：当企业的经营陷入财务困境，员工为保住工作往往不得不选择购买企业的股票，这种情况下，员工面对的风险是非常明显的。另外，即使公司目前的经营状况良好，在员工持股计划与企业补充养老金相结合的情况下，企业一旦经营不善，就会给员工的养老问题带来隐患。另外，由于员工持股计划对员工而言不仅意味着收益，也意味着风险，员工可能会据此要求企业提供更高的工资来补偿这种风险。这也是企业必须考虑的问题。

企业实施各种绩效薪酬制度的目的是进一步提高企业绩效。我们知道，所有权计划是将员工的部分收入与组织绩效在股票价格上的表现相联系。由于企业的股票价格在很大程度上受到许多外部条件的影响，这种绩效薪酬计划的货币成本往往很难确定。对于企业来说，如果在实施员工持股计划后，企业的实际价值没有发生变化，股东所掌握的企业价值实际上就降低了。这种"损失"并不是实施员工持股计划的企业能够准确预见和控制的。

（五）团队激励计划

团队日益成为人们关注的焦点。团队可以完成个体无法完成的任务，很多时候合作比个人单枪匹马的效果要好。要保证团队的协调与合作，有必要制定团队激励计划。

当然，团队激励计划也存在一定的问题，其中最主要的是"搭便车"问题，也就是说，在每个团队中，总有绩效高低之分，员工对团队的贡献肯定存在差异，但干得少的员工并没有因其低绩效而比别人少拿薪酬，这会挫伤优秀员工的积极性。因此，团队激励计划可能会造成优秀员工的流失。

尽管对团队报酬制度存在许多悲观的论调，但仍有许多公司在员工团队内部采用了团队报酬。团队报酬主要有两种形式：利润分享和收益分享。在利润分享计划中，支付薪酬的依据是组织绩效在利润指标上的表现。收益分享计划是让员工得到对企业收益进行分享的权利。与利润分享计划不同，收益分享计划被认为是成本节省所带来的收益在企业和员工之间进行分配的一项计划。因此，收益分享实际上是成本节省分享，收益分享计划又分为基于总成本节省的拉克（Rucker）计划和基于劳动力成本节省的斯坎伦（Scanlon）计划。

1. 利润分享计划

作为一种团队激励计划，利润分享计划能够激发员工更多地考虑如何提高组织绩效。受益于利润分享计划的员工能够像企业所有者一样去思考企业的经营问题，从而有效降低代理成本，增强员工的合作精神。利润分享计划不涉及员工的基本工资，因此当企业的经营有困难时，企业无须依据利润分享计划正常支出或过多地支出员工的报酬，也无须在很大程度上依靠解雇员工解决问题，这有利于实施长期雇佣。

但是在利润分享计划下，员工所获得的利润分享收入的多寡并不能体现他们的工作绩效。不是所有的员工都能够控制企业利润的多寡，对于普通员工来说，影响企业的利润水平更是一件遥不可及的事情。由于一般员工无法通过自己的行为控制组织的绩效，期望值很低，甚至为零，因此利润分享计划并不能起到很好的激励作用。从这个意义上讲，利润分享计划更适用于企业的高层管理者（有时还包括一些中层管理者）。

2. 收益分享计划

20世纪30年代，收益分享计划最初运用于美国俄亥俄州曼斯菲尔德市的帝国钢铁与马口铁工厂。该方案的设计者约瑟夫·斯坎伦是该工厂所在地的地方工会主席，因此收益分享计划也称为斯坎伦计划。斯坎伦计划也就是人们所说的基于劳动力成本节省的分享计划，该计划的目的是在不影响员工积极性的前提下，降低公司的劳动力成本。表7-10是斯坎伦计划中的一个报告示例。

表 7-10　　收益分享计划（修订四年后的斯坎伦计划）报告示例　　单位：美元

项目	第一和第二阶段的平均值	第二和第三阶段的平均值
1. 销售额	1 000 000	1 000 000
2. 库存变动和在制品	100 000	100 000
3. 产品销售价值	1 100 000	1 100 000
4. 允许成本（82.5%×上述第 3 项）	907 500	907 500
5. 实际成本	850 000	917 500
6. 收益（上述第 4 项－第 5 项）	57 500	－10 000
7. 员工股份（上述第 6 项的 55%）	31 625	－5 500
8. 月储备金（上述第 7 项的 20%）	6 325	－5 500
如果没有奖金，则为上述第 7 项的 100%		
9. 可分配奖金（上述第 7 项－第 8 项）	25 300	0
10. 公司分配份额（上述第 6 项的 45%）	25 875	－4 500
11. 参与分配的薪酬总额	132 000	132 000
12. 奖金占薪酬总额的比例（上述第 9 项÷第 11 项）	19.2%	0.0%
13. 月储备金	6 325	－5 500
14. 上期末储备金	0	6 325
15. 年末储备金	6 325	825

资料来源：诺伊，等．人力资源管理：赢得竞争优势：第 7 版．北京：中国人民大学出版社，2013：539-540.

斯坎伦计划规定，如果工厂的劳动力成本占产品销售额的比例低于某一既定标准，员工（以及组织）可以获得货币奖励。表 7-10 展示的是一个修订过（如增加了除劳动力成本以外的其他成本）的斯坎伦计划。由于在第一和第二阶段的实际成本（850 000 美元）比计划成本（907 500 美元）低，所以获得了 57 500 美元的收益。公司获得成本节约收益的 45%，员工获得成本节约收益的剩下 55%。不过，在应当由员工分享的份额中会有一部分奖金被储备起来，以防下个月出现实际成本超出计划成本的情况。

拉克计划的公式比斯坎伦计划的公式更复杂，需要确定一个比率反映总工资中每一单位货币生产的价值。当总工资确定后，乘以确定的比率，得到预期的生产价值，将预期的生产价值与实际的生产价值相比较，余额再根据比率分配给员工。可见，拉克计划将激励与各种节省联系起来（不像斯坎伦计划只关注劳动力成本的节省），这使得拉克计划可以更好地与个人激励计划结合在一起。

四、各种绩效薪酬制度的比较

前面介绍了各种常见的绩效薪酬制度。这些薪酬制度具有不同的特征，适用于不同类型的员工。下面给出表7-11，对这些绩效薪酬制度进行对比。

表7-11　各种绩效薪酬制度对比

项目		绩效工资制度	绩效调薪制度	员工持股计划	利润分享计划	收益分享计划	班组激励计划
方案特征	支付形式	一次结清的工资	累进式地调整工资	产权（收益权）	奖金	奖金	奖金
	支付频率	每季度或每年	每年	出售股票或分红时	每半年或一年	每月或每季度	每月或每季度
	需评价绩效	员工个人绩效	员工个人绩效	股票价值	利润	分公司或工厂绩效	团队绩效
	覆盖面	全体员工	全体员工	全体或部分员工	全体员工	全体员工	全体员工，常见为生产工人
实施结果	激励效果	收入与绩效之间的联系密切	收入与绩效之间的联系密切	收入与个人绩效之间联系非常少	收入与个人绩效之间联系较少	在较小的组织单位中能够起一定激励作用	在团队与团队之间的竞争中起激励作用
	吸引力	有助于留住高绩效员工	有助于留住高绩效员工	有利于留住员工	有利于吸引所有员工	有利于吸引所有员工	有利于吸引所有员工
	文化影响	鼓励个人竞争	鼓励个人竞争	关注组织绩效	关注组织绩效	团队合作	团队合作
	成本影响	需要完善的个人绩效评价系统	需要完善的个人绩效评价系统	不易明确成本	将支付能力与成本挂钩	将支付能力与成本挂钩	将支付能力与成本挂钩
适用条件	组织结构	适用于大多数企业	适用于大多数企业	适用于股份制企业	适用于大多数企业	适用于较小的独立工作单位	适用于较小的独立工作单位
	管理风格	员工参与					
	工作类型	适用于易于衡量绩效的工作	适用于易于衡量绩效的工作	适用于各类工作			

关键词

薪酬（compensation）

绩效薪酬（performance-related pay）

复习思考题

1. 如何理解薪酬的基本概念？
2. 基本的薪酬制度有哪些？
3. 绩效薪酬有哪些基本类型？
4. 试结合实际对比各种绩效薪酬方案。

案例分析

华为的员工持股计划

总部位于深圳的华为技术有限公司（以下简称“华为”）成立于1987年，初始资本只有21 000元人民币。经过多年的稳健成长，华为已经成为全球领先的信息与通信解决方案供应商、世界500强公司，业务遍及全球。

1998年出台的《华为基本法》第一章第四部分第十七条中明确指出：“我们实行员工持股制度。一方面，普惠认同华为的模范员工，结成公司与员工的利益与命运共同体。另一方面，将不断地使最有责任心与才能的人进入公司的中坚层。”作为重要的激励手段，员工持股计划已经在华为实行14年。1990年，初创期的华为按照员工的级别、绩效、可持续贡献等给予其股票，员工以工资、年底奖金出资购买股份，资金不够的，公司协助贷款，员工享受分红权，但不享受公司法中股东所享有的其他权利；员工所持股份在退出公司时的价格按照购股之初的原始价格回购，员工也不享有股东对股票的溢价权。

2001年后，华为公司实行相应的员工持股改革：新员工不再派发长期不变的1元1股的股票，老员工的股票也逐渐转化为期股，即所谓的“虚拟受限股”(下称“虚拟股”)。虚拟股由华为工会负责发放，每年华为会根据员工的工作水平和对公司的贡献，决定其获得的股份数。员工按照公司当年净资产价格购买虚拟股。拥有虚拟股的员工的主要收益变化是除了可以获得一定比例的分红，还可以获得虚拟股对应的公司净资产增值部分。

2008年，华为再次调整虚拟股制度，实行饱和配股制，即规定员工的配股上限，每个级别达到上限后，就不再参与新的配股。这一规定也让手中持股数量巨大的华为老员工配股受到了限制，给新员工的持股留下了空间。经过调整后的虚拟股制度一直沿用至今。

华为通过工会实行员工持股计划，员工持股的比例是 100%。据华为 2013 年年报透露，截止到 2018 年 12 月 31 日，该公司员工持股计划参与人数达到 96 768 人。员工持股计划将公司的长远发展和员工的个人贡献有机地结合在一起，使得全体员工聚焦企业的发展，而不只是一味地关心个人的利益得失，进而形成了华为独特的分享激励机制。

思考题

1. 试运用相关理论，分析华为在员工持股计划中有哪些成功经验。
2. 你认为华为在实施员工持股计划过程中存在哪些问题？

参考文献

[1] 方振邦，唐健．战略性绩效管理．5 版．北京：中国人民大学出版社，2018.

[2] 方振邦，韩宁．管理百年．北京：中国人民大学出版社，2016.

[3] 方振邦，冉景亮．绩效管理．2 版．北京：科学出版社，2016.

[4] 方振邦．管理学基础．3 版．北京：中国人民大学出版社，2015.

[5] 方振邦，徐东华．管理思想百年脉络：影响世界管理进程的百名大师．3 版．北京：中国人民大学出版社，2012.

[6] 方振邦，葛蕾蕾．政府绩效管理．北京：中国人民大学出版社，2012.

[7] 中共中央组织部干部一局．干部综合考核评价工作指导．北京：党建读物出版社，2006.

[8] 魏江．管理沟通：理念与技能．北京：科学出版社，2001.

[9] 康青．管理沟通．4 版．北京：中国人民大学出版社，2015.

[10] 彭剑锋，包政．现代管理制度·程序·方法范例全集：人事考核卷．北京：中国人民大学出版社，1993.

[11] 桑助来．中国政府绩效评估报告．北京：中共中央党校出版社，2009.

[12] 杜胜利．企业经营业绩评价．北京：经济科学出版社，1999.

[13] 孙耀君．西方管理学名著提要．南昌：江西人民出版社，1995.

[14] 金秀坤．韩国劳资关系．北京：经济科学出版社，2005.

[15] 陈清泰，吴敬琏．公司薪酬制度概论．北京：中国财政经济出版社，2001.

[16] 陈芳．绩效管理．深圳：海天出版社，2002.

[17] 高毅蓉，崔沪．绩效管理．大连：东北财经大学出版社，2015.

[18] 林新奇．绩效考核与绩效管理．北京：清华大学出版社，2015.

[19] 林新奇．绩效管理．2 版．北京：中国人民大学出版社，2016.

[20] 罗帆，卢少华．绩效管理．北京：科学出版社，2016.

[21] 赵曙明．绩效考核与管理：理论、方法、工具、实务．北京：人民邮电出版社，2014.

[22] 阿吉斯．绩效管理．3 版．北京：中国人民大学出版社，2013.

[23] 伍斌．政府绩效管理：理论与实践的双重变奏．北京：北京大学出版社，2017.

[24] 王荣奎．成功企业人事管理制度范本．北京：中国经济出版社，2001.

[25] 郑晓明．绩效管理实务手册．北京：机械工业出版社，2001.

[26] 张德．人力资源开发与管理．2 版．北京：清华大学出版社，2001.

[27] 成天祥．人力资源管理．广州：中山大学出版社，2001.

[28] 林荣瑞．管理技术．厦门：厦门大学出版社，2000.

[29] 包国宪，鲍静．政府绩效评价与行政管理体制改革．北京：中国社会科学出版社，2008.

[30] 姜异康，唐铁汉．政府绩效管理的理论与实践．北京：国家行政学院出版社，2007.

[31] 威廉姆斯．业绩管理．大连：东北财经大学出版社，1999.

[32] 巴克沃．绩效管理：如何考评员工表现．北京：中国标准出版社，2000.

[33] 柯林斯．基业长青．北京：中信出版社，2002.

[34] 柯林斯．从优秀到卓越．北京：中信出版社，2005.

[35] 诺伊．人力资源管理：赢得竞争优势：第 7 版．北京：中国人民大学出版社，2013.

[36] 弗里茨．个人绩效合约：树立切实可行的目标．广州：中山大学出版社，2001.

[37] 佛尼斯．绩效！绩效！：提高员工业绩的教导对谈法．北京：中国财政经济出版社，2002.

[38] 哈维特．绩效评估．长春：长春出版社，2001.

[39] 孔茨，韦里克．管理学：第 9 版．北京：中国人民大学出版社，2014.

[40] 罗宾斯．组织行为学精要：全球化的竞争策略．北京：电子工业出版社，2002.

[41] 罗宾斯．管理学：第 11 版．北京：中国人民大学出版社，2012.

[42] 罗宾斯．罗宾斯管理艺术．北京：中国人民大学出版社，2015.

[43] 贝特曼．管理学：第 10 版．北京：北京大学出版社，2016.

[44] 德鲁克．公司绩效测评．北京：中国人民大学出版社，1999.

[45] 德鲁克．变动中的管理界．上海：上海译文出版社，1999.

[46] 德鲁克．创新和企业家精神．北京：企业管理出版社，1989.

[47] 德鲁克．管理任务、责任、实践．北京：中国社会科学出版社，1987.

[48] 德鲁克．现代管理宗师德鲁克文选．北京：机械工业出版社，1999.

[49] 德鲁克．有效的管理者．北京：工人出版社，1989.

[50] 德鲁克．21 世纪的管理挑战．北京：机械工业出版社，2006.

[51] 德斯勒．人力资源管理：第 12 版．北京：中国人民大学出版社，2012.

[52] 麦克纳，比奇．人力资源管理．北京：中国人民大学出版社，1997.

[53] 卡普兰，诺顿．平衡计分卡：化战略为行动．广州：广东经济出版社，2004.

[54] 卡普兰，诺顿．战略地图：化无形资产为有形成果．广州：广东经济出版社，2005.

[55] 卡普兰，诺顿．战略中心型组织．北京：人民邮电出版社，2004.

[56] 卡普兰，诺顿．组织协同：运用平衡计分卡创造企业合力．北京：商务印书馆，2006.

[57] 卡普兰，诺顿．平衡计分卡战略实践．北京：中国人民大学出版社，2009.

[58] 尼文．政府及非营利组织平衡计分卡．北京：中国财政经济出版社，2003.

[59] 方振邦，金洙成．韩国地方政府绩效管理实践及其对中国的启示．东北亚论坛，2010 (1).

[60] 方振邦，罗海元．中国公共组织平衡计分卡应用设计（上）．北京行政学院学报，2008 (1)．

[61] 方振邦，罗海元．中国公共组织平衡计分卡应用设计（下）．北京行政学院学报，2008 (2)．

[62] 方振邦，罗海元．政府绩效管理创新：平衡计分卡中国化模式的构建．中国行政管理，2012 (12).

[63] 方振邦，葛蕾蕾，罗海元．构建促进科学发展的领导干部实绩考核体系．国家行政学院学报，2013 (3)

[64] 朱健仪．信息化人力资源管理探析．中国管理信息化，2007 (2).

[65] Ung-Yong C，Hyun-Yun C，Sung-Hee K，et al. A Case Study of Local Government's Balanced Performance Management System Focused on BSC Implementation in Bucheon City. Reasearch of Management Accounting (Special Issue)，2008，7 (3)：222.

[66] Jones G R，George J M. Contemporary Management. 2nd ed. New York：Irwin McGraw-Hill，1999.

图书在版编目（CIP）数据

绩效管理 / 方振邦，杨畅编著．—2 版．—北京：中国人民大学出版社，2019.8
新编 21 世纪人力资源管理系列教材
ISBN 978-7-300-27133-0

Ⅰ.①绩… Ⅱ.①方… ②杨… Ⅲ.①企业绩效-企业管理-高等学校-教材 Ⅳ.①F272.5

中国版本图书馆 CIP 数据核字（2019）第 141411 号

新编 21 世纪人力资源管理系列教材
绩效管理（第 2 版）
方振邦　杨　畅　编著
Jixiao Guanli

出版发行	中国人民大学出版社		
社　　址	北京中关村大街 31 号	**邮政编码**	100080
电　　话	010－62511242（总编室）		010－62511770（质管部）
	010－82501766（邮购部）		010－62514148（门市部）
	010－62515195（发行公司）		010－62515275（盗版举报）
网　　址	http://www.crup.com.cn		
经　　销	新华书店		
印　　刷	北京密兴印刷有限公司	**版　　次**	2015 年 4 月第 1 版
规　　格	185 mm×260 mm　16 开本		2019 年 8 月第 2 版
印　　张	19.25	**印　　次**	2021 年 7 月第 4 次印刷
字　　数	430 000	**定　　价**	38.00 元

教师教学服务说明

中国人民大学出版社管理分社以出版经典、高品质的工商管理、统计、市场营销、人力资源管理、运营管理、物流管理、旅游管理等领域的各层次教材为宗旨。

为了更好地为一线教师服务，近年来管理分社着力建设了一批数字化、立体化的网络教学资源。教师可以通过以下方式获得免费下载教学资源的权限：

在中国人民大学出版社网站 www. crup. com. cn 进行注册，注册后进入“会员中心”，在左侧点击“我的教师认证”，填写相关信息，提交后等待审核。我们将在一个工作日内为您开通相关资源的下载权限。

如您急需教学资源或需要其他帮助，请在工作时间与我们联络：

中国人民大学出版社　管理分社

联系电话：010-82501048，62515782，62515735

电子邮箱：glcbfs@crup. com. cn

通讯地址：北京市海淀区中关村大街甲 59 号文化大厦 1501 室（100872）